欣悉我的著作系列即将在中国人民大学出版社出版，结构主义人类学理论亦将在有着悠久文明历史的中国继续获得系统的研究，对此我十分高兴。值此之际，谨祝中国的社会科学取得长足进步。

克洛德·列维－斯特劳斯

2006年1月13日

于法兰西学院社会人类学研究所

Claude Lévi-Strauss

列维-斯特劳斯文集

15

忧郁的热带

TRISTES TROPIQUES

[法] 克洛德·列维－斯特劳斯／著
Claude Lévi-Strauss
王志明／译

中国人民大学出版社
·北京·

克洛德·列维－斯特劳斯

总　序

克洛德·列维-斯特劳斯为法兰西学院荣誉退休教授，法兰西科学院院士，国际著名人类学家，法国结构主义人文学术思潮的主要创始人，以及当初五位“结构主义大师”中今日唯一健在者。在素重人文科学理论的法国文化中，第二次世界大战后两大“民族思想英雄”之代表应为：存在主义哲学家萨特和结构主义人类学家列维-斯特劳斯。“列维-斯特劳斯文集”（下称“文集”）中文版在作者将届百岁高龄之际由中国人民大学出版社出版，遂具有多方面的重要意义。简言之，“文集”的出版标志着中法人文学术交流近年来的积极发展以及改革开放政策实施以来中国人文社会科学所取得的一项重要学术成果，同时也显示出中国在与世界学术接轨的实践中又前进了一大步。关于作者学术思想的主旨和意义，各位译者均在各书译后记中作了介绍。在此，我拟略谈列维-斯特劳斯学术思想在西方人文社会科学整体中所占据的位置及其对于中国人文社会科学现代化发展所可能具有的意义。

列维-斯特劳斯的学术思想在战后西方人文社会科学史上占有独特的地位，其独特性首先表现在他作为专业人类学家和作为结构主义哲学家所具有的双重身份上。在人类学界，作为理论人类学家，50 年来其专业影响力几乎无人可及。作为“结构主义哲学家”，其声势在结构主义运动兴盛期间竟可直逼萨特，甚至曾一度取而代之。实际上，他是 20 世纪六七十年代法国结构主义思潮的第一创始人，其后结构主义影响了法国甚至西方整整一代文化和学术的方向。比萨特更为重要之处则表现在，其影响不限于社会文化思潮方面，而是同时渗透到人文社会科学的各个专业领域，并已成为许多学科的重要理论和方法论的组成部分。可以说，列维-斯特劳斯的结构主义在诸相关学科领域内促成了各种多学科理论运作之交汇点，以至于以其人类学学科为中心可将其结构理论放射到许多其他相关学科中去；同时作为对传统西方哲学的批评者，其理论方法又可直接影响人文社会科学的认识论思考。

当然，列维-斯特劳斯首先是一位人类学家。在法国学术环境内，他选择了与英美人类学更宜沟通的学科词 anthropology 来代表由自己所创新的人类学—社会学新体系，在认识论上遂具有重要的革新意义。他企图赋予“结构人类学”学科的功能也就远远超过了通常人类学专业的范围。一方面，他要将结构主义方法带入传统人类学领域；而另一方面，则要通过结构人类学思想来影响整个人文社会科学的方向。作为其学术思想总称的“结构人类学”涉及众多学科领域，大致可包括：人类学、社会学、考古学、语言学、哲学、历史学、心理学、文学艺术理论（以至于文艺创作手法），以及数学等自然科学……结果，20 世纪 60 年代以来，他的学术思想不仅根本转变了世界人类学理论研究的方向，而且对上述各相关学科理论之方向均程度不等地给予了持久的影响，并随之促进了现代西方人文社会科学整体结构和方向的演变。另外，作者早年曾专修哲学，其人类学理论具有高度的哲学意义，并被现代哲学界视为战后法国代表性哲学家之一。他的哲学影响力并非如英美学界惯常所说的那样，仅限于那些曾引起争议的人生观和文化观方面，而是特别指他对现代人文社会科学整体结构进行的深刻反省和批评。后者才是列维-斯特劳斯学术理论思想的持久性价值所在。

在上述列举的诸相关学科方法论中，一般评论者都会强调作者经常谈到的语言学、精神分析学和马克思哲学对作者结构人类学和神话学研究方式所给予的重大影响。就具体的分析技术面而言，诚然如是。但是，其结构主义人类学思想的形成乃是与作者对诸相关传统学科理论方向的考察和批评紧密相连的。因此更加值得我们注意的是其学术思想形成过程中所涉及的更为深广的思想学术背景。这就是，结构人类学与20世纪处于剧烈变动中的法国三大主要人文理论学科——哲学、社会学和历史学——之间的互动关系。作者正是在与此三大学科系列的理论论辩中形成自己的结构人类学观念的。简言之，结构人类学理论批评所针对的是：哲学和神学的形而上学方向，社会学的狭义实证主义（个体经验主义）方向，以及历史学的（政治）事件史方向。所谓与哲学的论辩是指：反对现代人文社会科学继续选择德国古典哲学中的形而上学和本体论作为各科学术的共同理论基础，衍生而及相关的美学和伦理学等部门哲学传统。所谓与社会学的论辩是指：作者与法国社会学和英美人类学之间的既有继承又有批判的理论互动关系。以现代“法国社会学之父”迪尔凯姆（Emile Durkheim）为代表的“社会学”本身即传统人种志学（ethnography）、人种学（ethnology）、传统人类学（anthropology）、心理学和语言学之间百年来综合互动的产物；而作为部分地继承此法国整体主义新实证社会学传统的列维-斯特劳斯，则是在扩大的新学术环境里进一步深化了该综合互动过程。因此作者最后选用“结构人类学”作为与上述诸交叉学科相区别的新学科标称，其中蕴涵着深刻的理论革新意义。所谓与历史学的论辩是指：在历史哲学和史学理论两方面作者所坚持的历史人类学立场。作者在介入法国历史学这两大时代性议题时，也就进一步使其结构人类学卷入现代人文社会科学认识论激辩之中心。前者涉及和萨特等历史哲学主流的论辩，后者涉及以年鉴派为代表的150年来有关“事件因果”和“环境结构”之间何者应为“历史性”主体的史学认识论争论。

几十年来作者的结构人类学，尽管在世界上影响深远，却也受到各方面（特别是一些美国人类学和法国社会学人士）的质疑和批评，其中一个原因似乎在于彼此对学科名称，特别是“人类学”名称的用法上的不同。一般人类学家的专业化倾向和结构人类学的“泛理论化”旨趣当然会在目标和方法两方面彼此相异。而这类表面上由于学科界定方式不同而引生的区别，却也关系到彼此在世界观和认识论方面的更为根本的差异。这一事实再次表明，列维-斯特劳斯的人类学思想触及了当代西方人文理论基础的核心领域。与萨特以世界之评判和改造为目标的“社会哲学”不同，素来远离政治议题的列维-斯特劳斯的“哲学”，乃是一种以人文社会科学理论结构调整为目的的“学术哲学”。结构主义哲学和结构人类学，正像20世纪西方各种人文学流派一样，都具有本身的优缺点和影响力消长的过程。就法国而言，所谓存在主义、结构主义、后结构主义的“相互嬗替”的历史演变，只是一种表面现象，并不足以作为评判学派本身重要性的尺度。当前中国学界更不必按照西方学术流派演变过程中的一时声誉及影响来判断其价值。本序文对以列维-斯特劳斯为首的结构主义的推崇，也不是仅以其在法国或整个西方学界中时下流行的评价为根据的，而是按照世界与中国的人文社会科学整体革新之自身需要而加以评估的。在研究和评判现代西方人文社会科学思想时，需要区分方向的可取性和结论的正确性。前者含有较长久的价值，后者往往随着社会和学术条件的变迁而不断有所改变。思想史研究者均宜于在学者具体结论性话语中体察其方向性含义，以最大限度地扩大我们的积极认知范围。今日列维-斯特劳斯学术思想的价值因此不妨按照以下四个层面来分别评定：作为世界人类学界的首席理论代表；作为结构主义运动的首席代表；作为当前人文社会科学理论现代化革新运动中的主要推动者之一；作为中国古典学术和西方理论进行学术交流中的重要方法论资源之一。

20 世纪 90 年代以来，适逢战后法国两大思想运动“大师凋零”之会，法国学界开始了对结构主义时代进行全面回顾和反省的时期，列维-斯特劳斯本人一生的卓越学术贡献重新受到关注。自著名《批评》杂志为其九十华诞组织专辑之后，60 年代初曾将其推向前台的《精神》期刊 2004 年又为其组编了特刊。我们不妨将此视作列维-斯特劳斯百岁寿诞“生平回顾”纪念活动之序幕。2007 年夏将在芬兰举办的第 9 届国际符号学大会，亦将对时届百龄的作者表达崇高的敬意。凡此种种均表明作者学术思想在国际上所享有的持久影响力。列维-斯特劳斯和结构主义的学术成就是属于全人类的，因此也将在不断扩展中的全人类思想范围内，继续参与积极的交流和演变。

作为人类文化价值平等论者，列维-斯特劳斯对中国文化思想多次表示过极高的敬意。作者主要是通过法国杰出汉学家和社会学家格拉内（Marcel Granet）的著作来了解中国社会文化思想的特质的。两人之学同出迪尔凯姆之门，均重视对文化现象进行整体论和结构化的理论分析。在2004年出版的《列维-斯特劳斯纪念文集》（L'Herne出版社，M. Izard主编）中有Yves Goudineau撰写的专文《列维-斯特劳斯，格拉内的中国，迪尔凯姆的影子：回顾亲属结构分析的资料来源》。该文谈到列维-斯特劳斯早年深受格拉内在1939年《社会学年鉴》发表的专著的影响，并分析了列维-斯特劳斯如何从格拉内的"范畴"（类别）概念发展出了自己的"结构"概念。顺便指出，该纪念文集的编者虽然收进了几十年来各国研究列维-斯特劳斯思想的概述，包括日本的和俄罗斯的，却十分遗憾地遗漏了中国的部分。西方学术界和汉学界对于中国当代西学研究之进展，了解还是十分有限的。

百年来中国学术中有关各种现代主题的研究，不论是政经法还是文史哲，在对象和目标选择方面，已经越来越接近于国际学术的共同标准，这是社会科学和自然科学全球化过程中的自然发展趋势。结构主义作为现代方法论之一，当然也已不同程度上为中国相关学术研究领域所吸纳。但是，以列维-斯特劳斯为首的法国结构主义对中国学术未来发展的主要意义却是特别与几千年来中国传统思想、学术、文化研究之现代化方法论革新的任务有关的。如我在为《国际符号学百科全书》（柏林，1999）撰写的"中国文化中的记号概念"条目和许多其他相关著述中所言，传统中国文化和思想形态具有最突出的"结构化"运作特征（特别是"二元对立"原则和程式化文化表现原则等思考和行为惯习），从而特别适合于运用结构主义符号学作为其现代分析工具之一。可以说，中国传统"文史哲艺"的"文本制作"中凸显出一种结构式运作倾向，对此，极其值得中国新一代国学现代化研究学者关注。此外，之所以说结构主义符号学是各种现代西方学术方法论中最适合中国传统学术现代化工作之需要者，乃因其有助于传统中国学术思想话语（discourse）和文本（text）系统的“重新表述”，此话语组织重组的结果无须以损及话语和文本的原初意涵为代价。反之，对于其他西方学术方法论而言，例如各种西方哲学方法论，在引入中国传统学术文化研究中时，就不可避免地会把各种相异的观点和立场一并纳入中国传统思想材料之中，从而在中西比较研究之前就已“变形”了中国传统材料的原初语义学构成。另一方面，传统中国文史哲学术话语是在前科学时代构思和编成的，其观念表达方式和功能与现代学术世界通行方式非常不同，颇难作为“现成可用的”材料对象，以供现代研究和国际交流之用。今日要想在中西学术话语之间（特别是在中国传统历史话语和现代西方理论话语之间）进行有效沟通，首须解决二者之间的“语义通分”问题。结构主义及其符号学方法论恰恰对此学术研究目的来说最为适合。而列维-斯特劳斯本人的许多符号学的和结构式的分析方法，甚至又比其他结构主义理论方法具有更直接的启示性。在结构主义研究范围内的中西对话之目的绝不限于使中国学术单方面受益而已，其效果必然是双向的。中国研究者固然首须积极学习西方学术成果，而此中西学术理论“化合”之结果其后必可再反馈至西方，以引生全球范围内下一拨人类人文学术积极互动之契机。因此，“文集”的出版对于中国和世界人文社会科学方法论全面革新这一总目标而言，其意义之深远自不待言。

“文集”组译编辑完成后，承蒙中国人民大学出版社约我代为撰写一篇“文集”总序。受邀为中文版“列维-斯特劳斯文集”

作序，对我来说，自然是莫大的荣幸。我本人并无人类学专业资格胜任其事，但作为当代法国符号学和结构主义学术思想史以及中西比较人文理论方法论的研究者，对此邀请确也有义不容辞之感。这倒不是由于我曾在中国最早关注和译介列维-斯特劳斯的学术思想，而是因为我个人多年来对法国人文结构主义思潮本身的高度重视。近年来，我在北京（2004）、里昂（2004）和芬兰伊马特拉（2005）连续三次符号学国际会议上力倡此意，强调在今日异见纷呈的符号学全球化事业中首应重估法国结构主义的学术价值。而列维-斯特劳斯本人正是这一人文科学方法论思潮的主要创始人和代表者。

结构主义论述用语抽象，“文集”诸译者共同努力，完成了此项难度较大的翻译工作。但在目前学术条件下，并不宜于对译名强行统一。在一段时间内，容许译者按照自己的理解来选择专有名词的译法，是合乎实际并有利于读者的。随着国内西学研究和出版事业的发展，或许可以在将来再安排有关结构主义专有名词的译名统一工作。现在，“文集”的出版终于为中国学界提供了一套全面深入了解列维-斯特劳斯结构主义思想的原始资料，作为法国结构主义的长期研究者，我对此自然极感欣慰，并在此对“文集”编辑组同仁和各卷译者表示诚挚祝贺。

李幼蒸 2005 年 12 月

国际符号学学会（IASS）副会长

中国社会科学院世界文明研究中心特约研究员

C. Lévi-Strauss
de l'Académie française
Tristes
tropiques
Terre Humaine
Plon

原书封面

卡都卫欧族

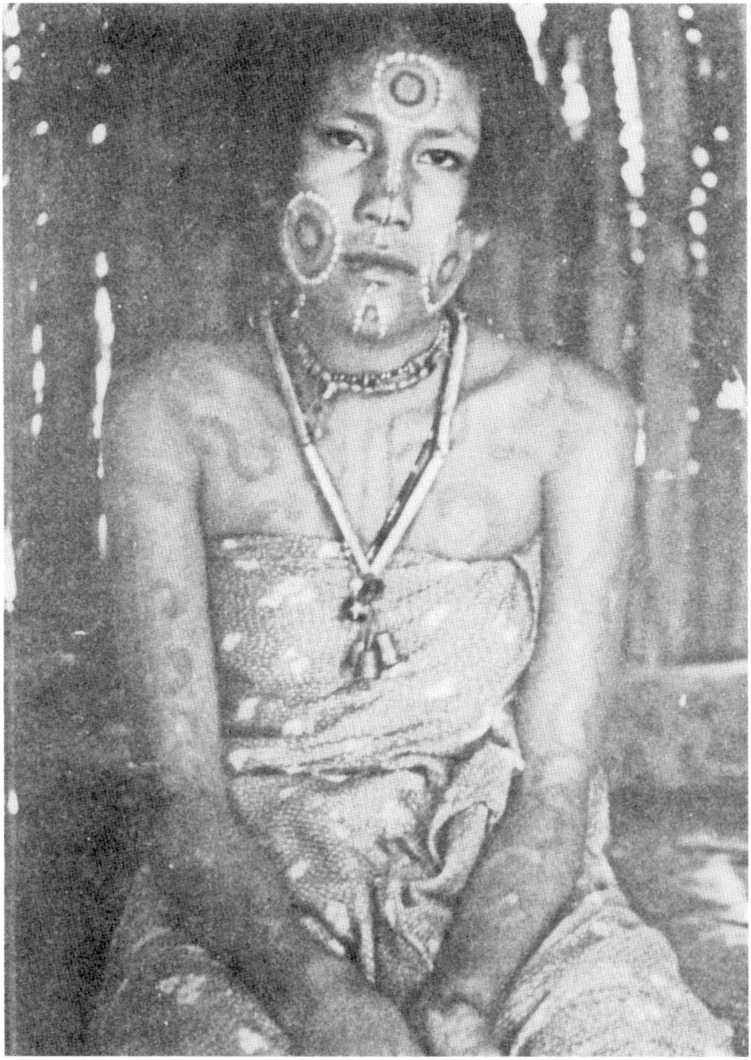

卡都卫欧少女准备她的发情期仪式

土著的脸画

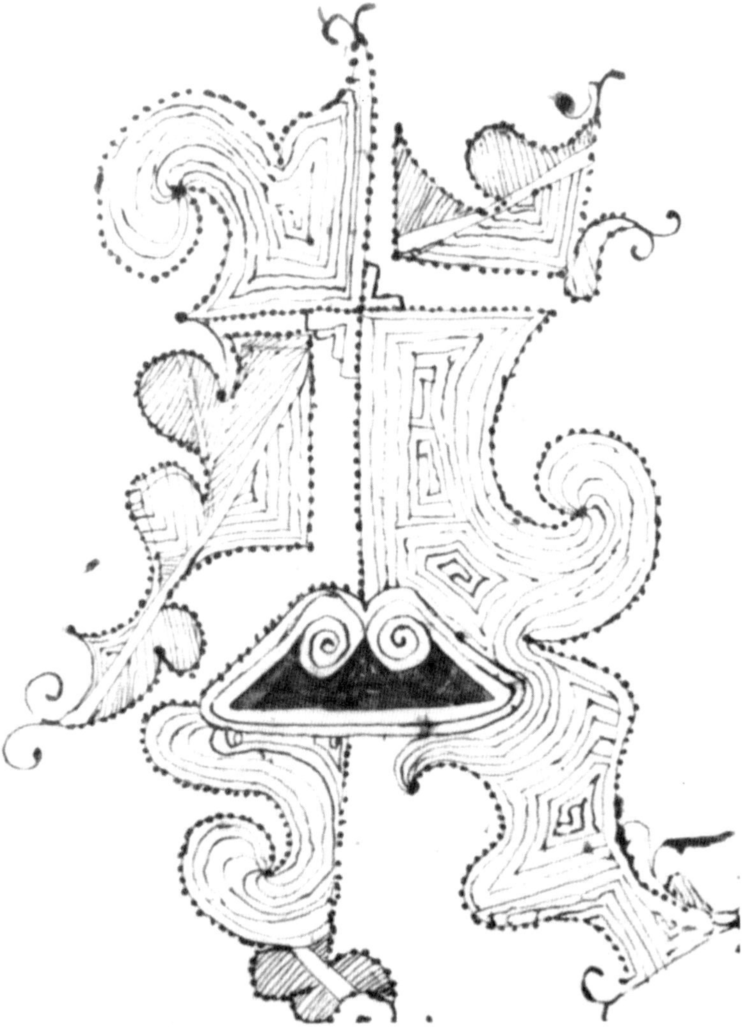

土著的脸画

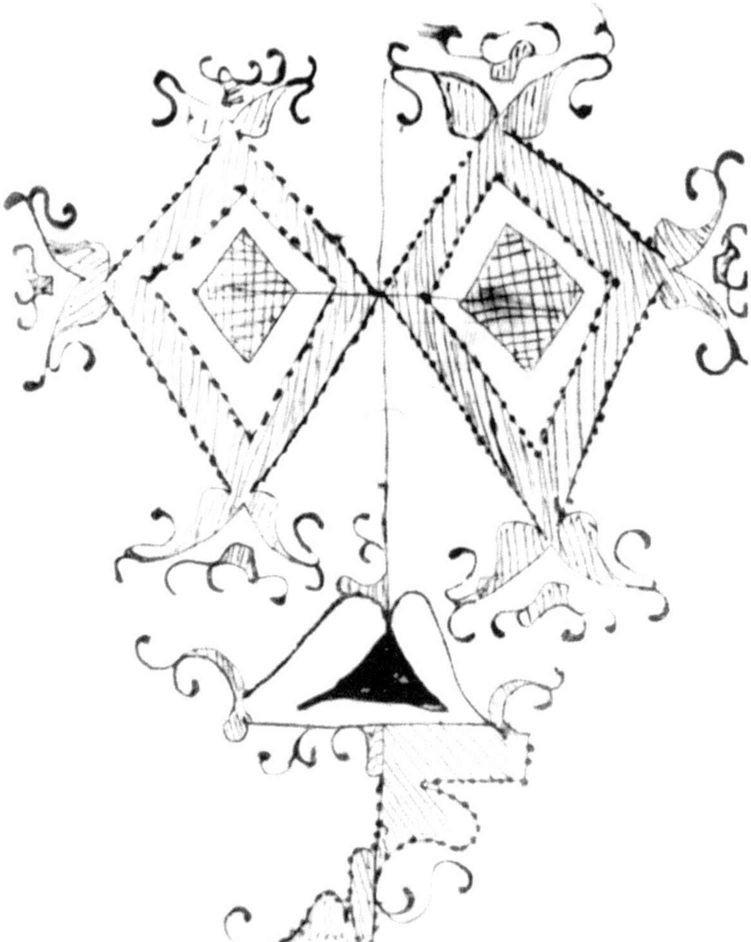

一位卡都卫欧妇女的作品

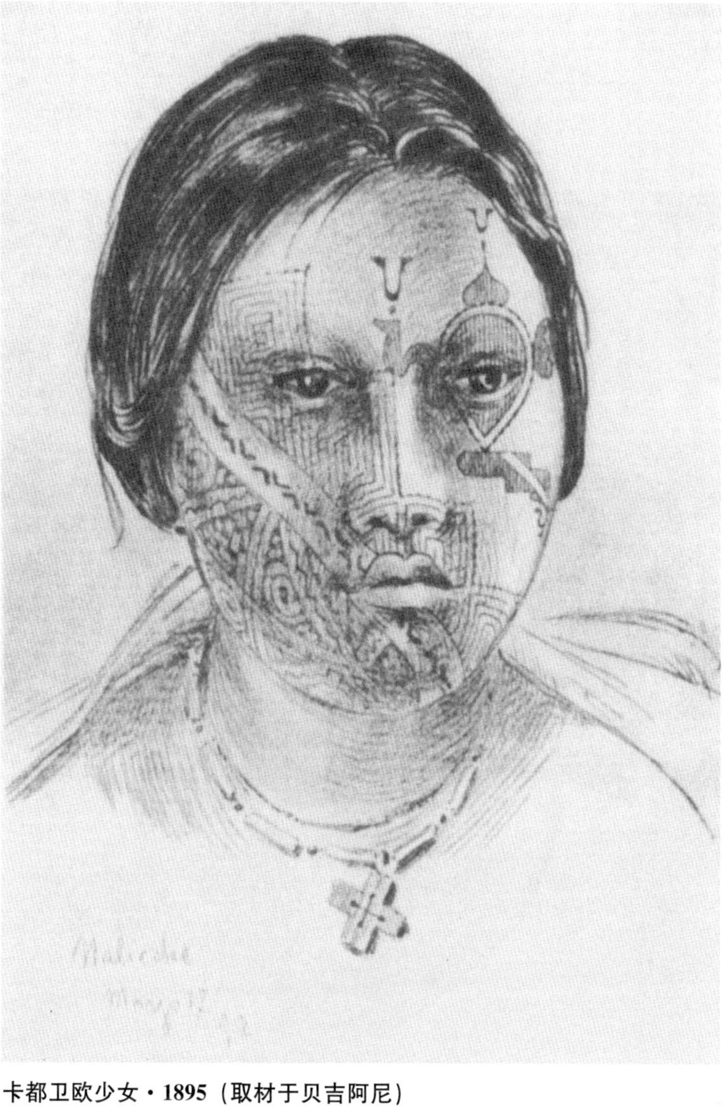

卡都卫欧少女·1895（取材于贝吉阿尼）

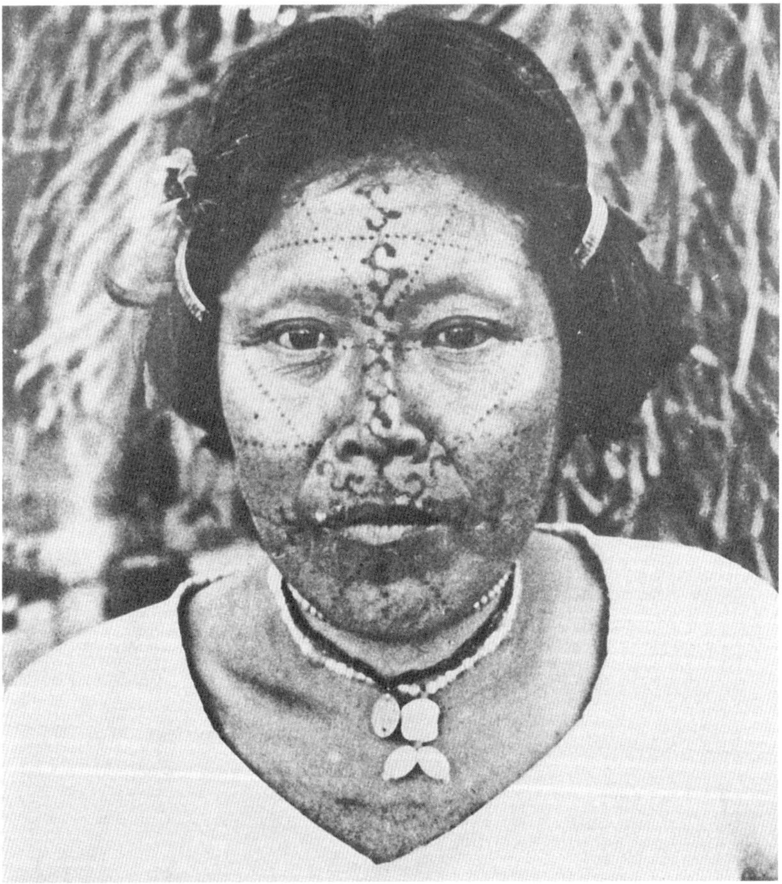

画脸的卡都卫欧妇女

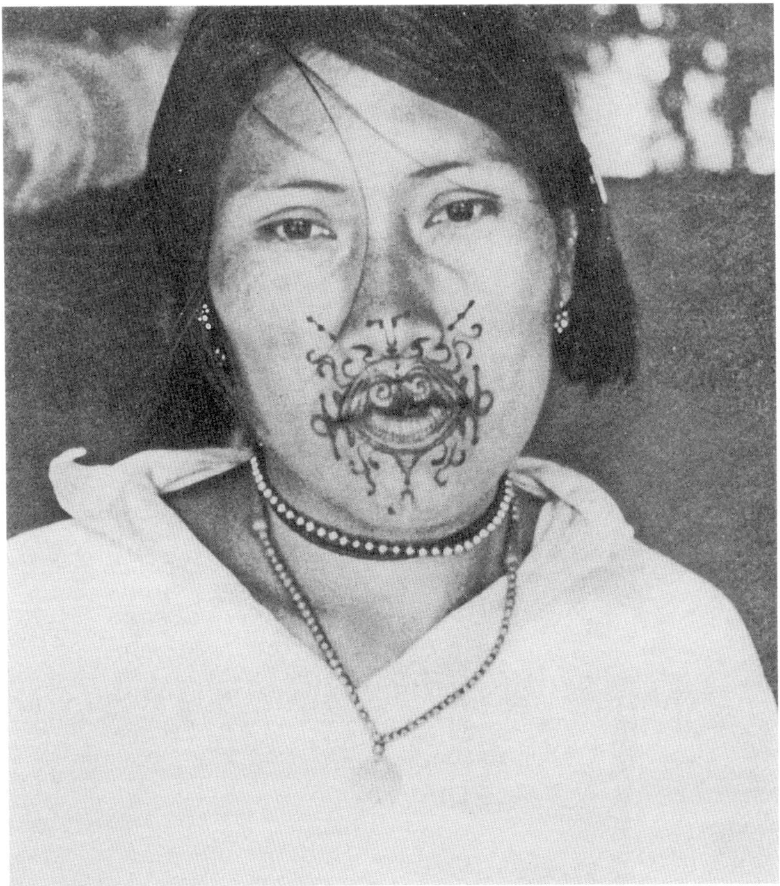

画脸的卡都卫欧妇女

潘塔那勒沼泽区

卡都卫欧族的首府那力客

帕拉那的原始森林

波洛洛族

葬礼(取材于 M.Reńe Silz)

搬出马里多

男人会所进餐

葬舞

刺猬氏之舞

作者的最佳向导穿着仪式服饰

波洛洛族的一对夫妇

客贾拉村：中间是男人会所，背景是图加垒茅屋的一部分

南比克瓦拉族

行动中的南比克瓦拉族人

休息中的南比克瓦拉族人

旱季的栖身之所

盖茅屋准备迎接雨季

两名南比克瓦拉族男子（请注意，其中一人的臂镯上插着一根卷烟）

沙班内群的巫师

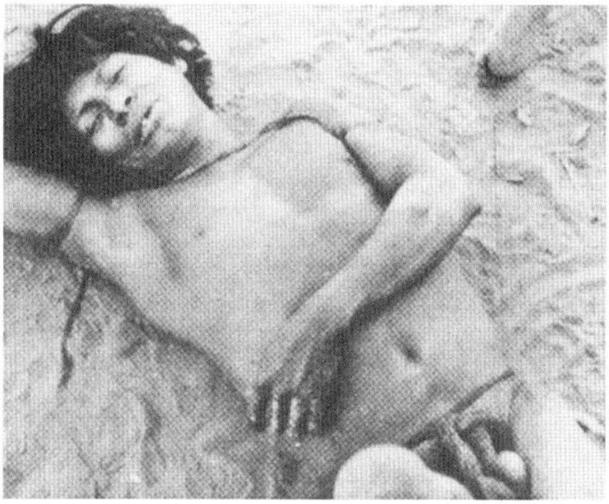

瓦克雷托苦族酋长

调制箭毒

南比克瓦拉族射箭的右手摆法

南比克瓦拉族营地：妇女穿珠子、编织　南比克瓦拉族人钻河贝做耳环

一夫多妻之家

妇女哺乳

亲密时刻

午睡

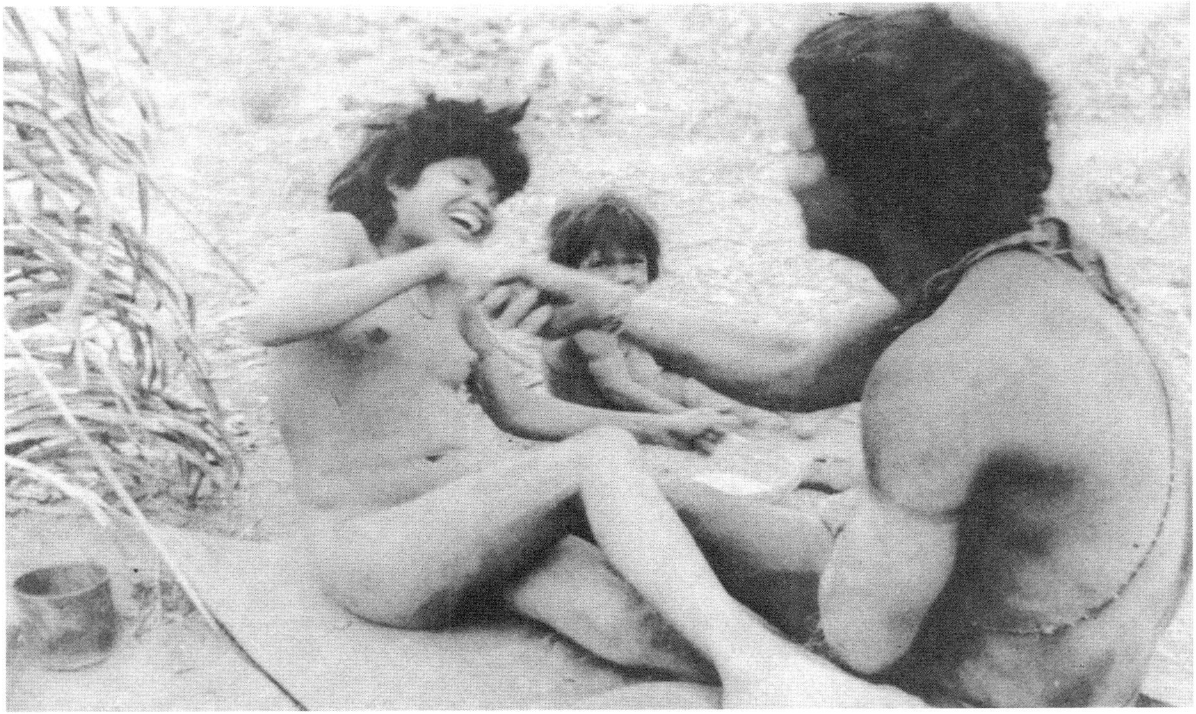

夫妻调笑

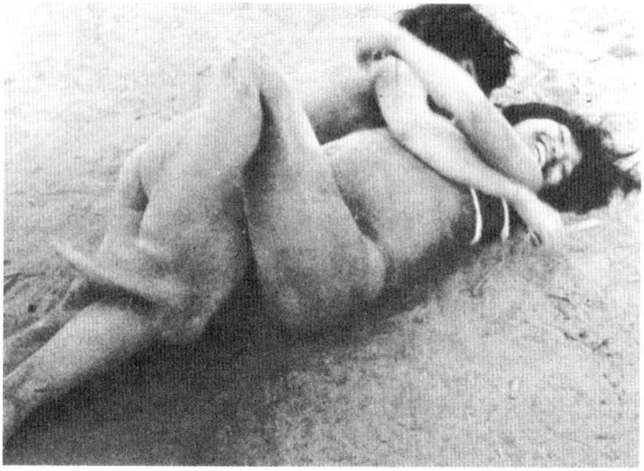

温柔之乐

嬉闹

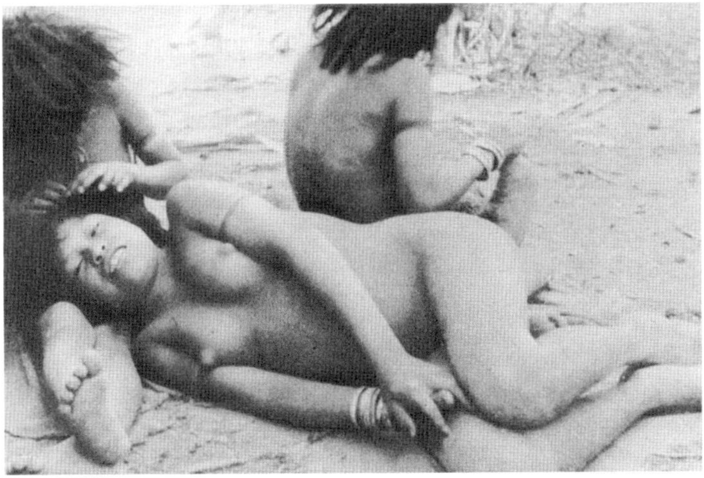

捉虱子

头上趴着一只猴子的少女

头上趴着一只猴子的小女孩

怀孕妇女小睡

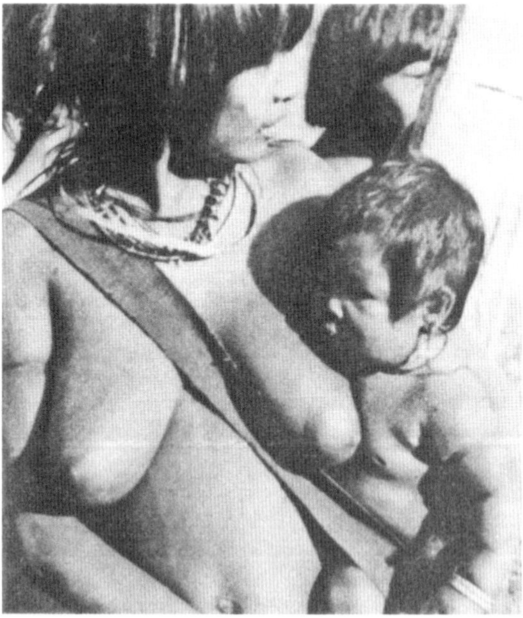

带孩子的妇女

编织中的南比克瓦拉族妇女

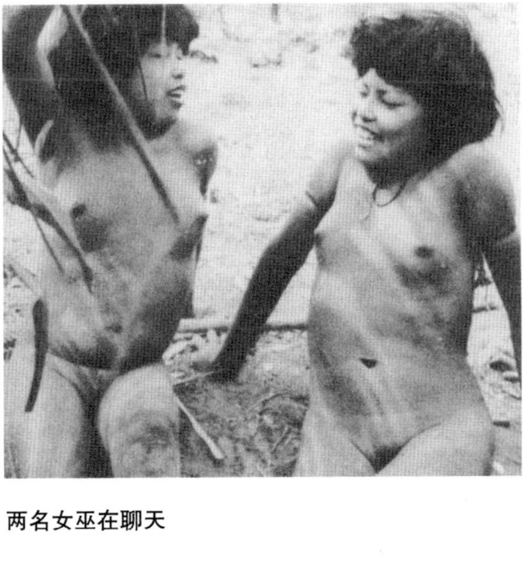

两名女巫在聊天

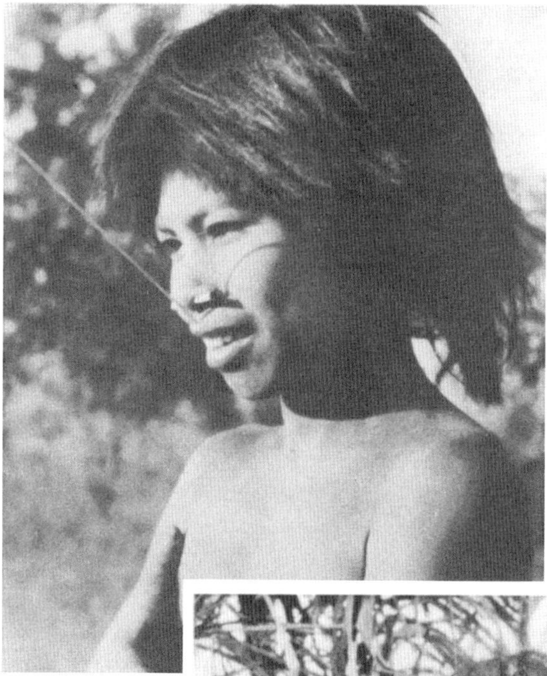

穿鼻针的南比克瓦拉族少年

南比克瓦拉族少女

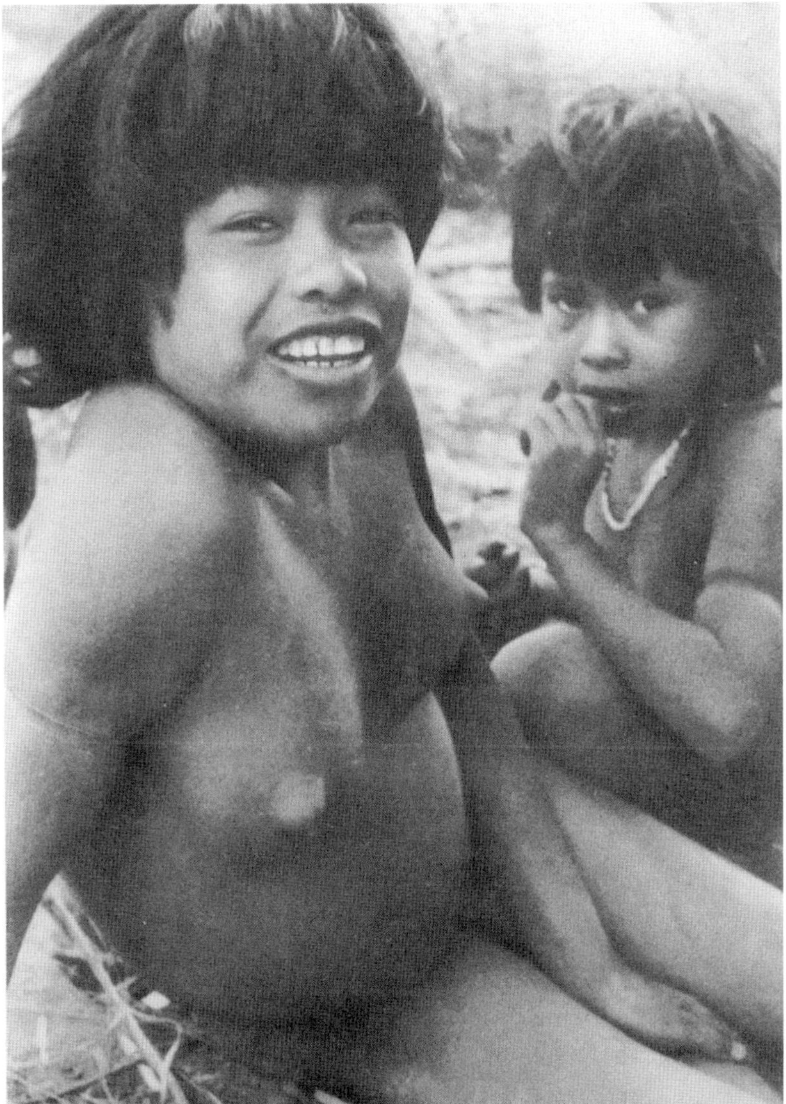

南比克瓦拉族人的笑容

吐比卡瓦希普族

在皮门塔布沿诺河从事调查

蒙蝶村的田园

在蒙蝶村的空地上

蒙蝶村男子用硬树脂制成的唇塞

蒙蝶村圆形小屋内观

蒙蝶人射箭，请注意右手的姿势（“地中海式”)，与波洛洛族及南比克瓦拉族的姿势（美洲常用的姿势）不同

两位蒙蝶族母亲

蒙蝶族妇女与她的孩子（小孩双眉涂胶，等胶硬后，连眉毛一起拔掉）

小母猴鲁西达

与吐比卡瓦希普族在马查多河边扎营

吐比卡瓦希普族人（帕廷）剥猴子（他戴阳具护套，腰系皮带，皮带是新得的礼物）

吐比卡瓦希普族酋长塔培拉希

塔培拉希的妻子昆哈津带着孩子

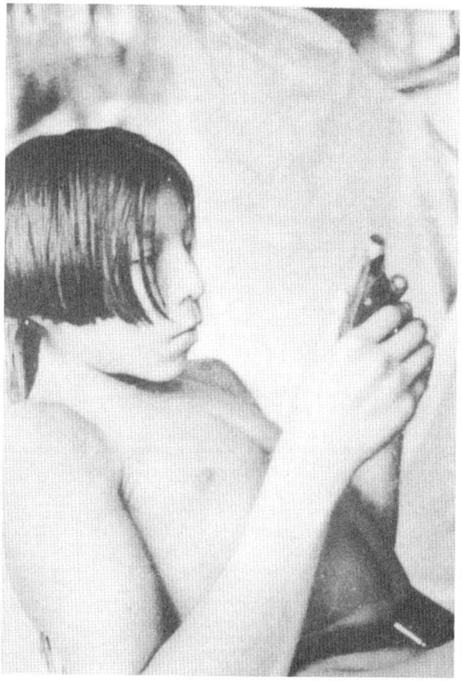

塔培拉希的儿子
普卫累札

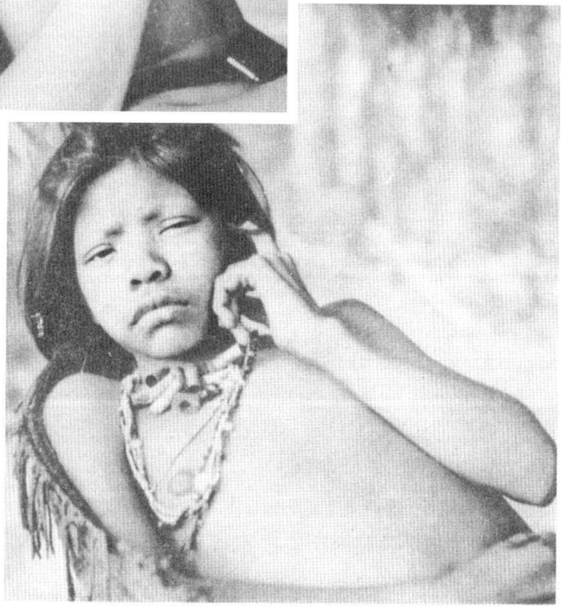

偏哈娜：
一对兄弟共同
的妻子

吐比卡瓦希普族老者

顺帕拉那河而下遇到激流，搬船而行

目录

第一部 结束旅行

一 出 发 …………………………………………… 3
二 船 上 …………………………………………… 10
三 西印度群岛 …………………………………… 19
四 追寻权力 ……………………………………… 29

第二部 行脚小注

五 回 顾 …………………………………………… 43
六 一个人类学家的成长 ………………………… 49
七 日 落 …………………………………………… 63

第三部 新世界

八 郁闷的赤道无风带 …………………………… 77

九　瓜那巴拉湾 …… 89
十　穿越回归线 …… 100
十一　圣保罗市 …… 108

第四部　地球及其居民

十二　城与乡 …… 125
十三　前锋地带 …… 139
十四　魔　毯 …… 148
十五　人　群 …… 157
十六　市　场 …… 168

第五部　卡都卫欧族

十七　帕拉那邦 …… 181
十八　潘塔那勒沼泽区 …… 191
十九　首府那力客 …… 203
二十　一个土著社会及其生活风格 …… 213

第六部　波洛洛族

二十一　黄金与钻石 …… 239
二十二　有美德的野蛮人 …… 257
二十三　生者与死者 …… 275

第七部　南比克瓦拉族

二十四　失去的世界 …… 299
二十五　在塞尔陶 …… 314
二十六　沿着电报线 …… 329

二十七　家庭生活 …………………………………………………… 341
二十八　一堂书写课 ………………………………………………… 358
二十九　男人、女人与酋长 ………………………………………… 375

第八部　吐比卡瓦希普族

三十　独木舟之旅 …………………………………………………… 391
三十一　鲁滨孙 ……………………………………………………… 404
三十二　在森林之中 ………………………………………………… 415
三十三　蟋蟀的村落 ………………………………………………… 427
三十四　贾宾鸟的闹剧 ……………………………………………… 436
三十五　亚马孙流域 ………………………………………………… 447
三十六　谢林葛尔 …………………………………………………… 455

第九部　归　返

三十七　奥古斯都封神记 …………………………………………… 465
三十八　一小杯朗姆酒 ……………………………………………… 476
三十九　塔希拉遗址 ………………………………………………… 493
四十　缅甸佛寺基荣之旅 …………………………………………… 508

第一部

结束旅行

一 出 发

我讨厌旅行，我恨探险家。然而，现在我预备讲述我自己的探险经历。话说回来，我是考虑了很长一段时间以后，才终于决定这样做的。我最后一次离开巴西，已经是15年前的事了，在这15年中间，我好几次都计划开始进行我目前要做的工作，但每次都因为一种羞辱与厌恶之感而无法动笔。每次我都自问：为什么要不厌其烦地把这些无足轻重的情境，这些无甚重大意义的事件详详细细地记录下来呢？一个人类学者的专业中应该不包含任何探险的成分；探险只是人类学者工作过程中无可避免的障碍之一，只会使人类学者平白失去几个星期、甚至几个月的有效工作时间；有时因为找不到报导人而浪费好几个小时；有时是因为饥饿、疲倦或生病而白费时光；另外还有在原始森林深处生活所无可避免的，像服兵役那样非进行不可的一千零一种烦人而又不得不做的杂事，把光阴平白消耗掉，毫无结果……单是和我们所要研究的对象接触，就必须花掉这么多时间和精力。这并没有使我们的专业增添任何价值，反而应该被看成一种障碍。我们到那么远的地方去，所欲追寻的真理，只有在把真理本身和追寻过程的废料分别开来以后，才能显出其价值。为了能花几天或几个小时的时间去记录一个仍然未为人知的神话，一条新的婚姻规则，或者一个完整的氏族名称表，我们可能必须赔上半年的光阴在旅行、受苦和令人难以忍受的寂寞上；但是，再拿起笔来记录下列这类无用的回忆与微不足道的往事："早上五点半，我们进入雷齐费（Recife）① 港口，海鸥鸣声不绝，一队载满热带水果的小船绕行于我们船只四周。"这样做，值得吗？

我自己觉得，这类描述居然相当受欢迎；有市场，真是一件难以理解的事情。描写亚马孙河流域、西藏、非洲的旅游书籍、探险记录和摄影集充斥书店，每一本都强烈地要吸引读者的注意力，结果是使读者无法评估这些书籍里面的证据是否有价值。看这类书籍的读者，其评断能力不但没有因这些著作而觉醒，反而要求多来一点这类精神食粮，然后狼吞虎咽一番。目前，探险已成为一种生意，做探险者并不如一般所想的那样辛勤工作努力多年，发现一些前所未知的事实；目前的探险不过是跑一堆路，拍一大堆幻灯片或纪录影片，最好都是彩色的，以便吸引一批观众，在一个大厅中展示几天。对观众而言，探险者实际上跑了 20 000 多公里路这件事，

① 本书是根据英译本、参照法文原本译出，括号内所注为英译本对应词，特此说明，下同。——编者注

似乎就把他一大堆其实待在家里也可抄袭到的老生常谈和平淡闲话，都神奇地变成有重大意义的启示录了。

从这类有图为证的演讲里，从这类旅游书籍里，我们到底学到什么呢？我们学到的是：需要几个旅行箱；船上的狗如何胡来；东拉西扯的小插曲里面掺杂着一些老掉大牙，几乎是过去五十年内出版的每一本教科书都提到的片段知识；这些陈旧的片段知识还被厚颜地（其厚颜的程度，却也正和观众的天真无知相吻合）当做正确的证据，甚至是原创性的发现来现宝。当然有些例外，每个时期也都有一些真正的旅行者：目前大受读者欢迎的作者中就有一两位。但是我的目的不在谴责骗徒，也不在赞美真诚者；我的目的是要了解法国特有的一种社会与道德现象。这种现象，在法国也还是最近才出现的。

约在 20 多年前，人很少旅行，普莱耶勒厅（Salle Pleyel）一类的演讲厅也没有现在这样，每个星期总有五六次让人在那里陈述旅游故事。那时候巴黎只有一个暗淡、冰冷、年久失修的小戏院，供人作这类活动。那戏院位在植物园角落一栋古老建筑物里面。当时博物馆之友社（Société des Amis du Musée）每个礼拜在该处举行自然科学的演讲会，也许现在还在举行。

有一架放映机装着亮度不足的灯泡，把不太清楚的影像投射到过大的银幕上，演讲者再怎么努力，都很难看清楚影像的外观，观众则简直无法分辨是画面上的影像，还是墙上的污迹，在比公告开讲时间慢了半小时以后，演讲者仍然绝望地在想，会不会有人来听演讲。每次演讲会都有几个固定听众，散坐在座位上。每次在演讲者几乎绝望的时候，演讲厅内就会跑进一大堆小孩子、小孩子的妈妈或保姆，把半个厅坐满。他们有的是要换换环境，有的只是要避一避室外的灰尘与噪音。演讲者便向这群被虫蛀的鬼魂和无法安静的小孩所组成的听众宣布他宝贵的记忆。这些记忆是他经过多少努力、细心、辛勤工作而得的结果。他的记忆受到当时当地的阴冷所影响，就在半黑暗中说话的时候，他可以感觉到，那些记忆一件一件离他而去，一件一件掉落，好像圆石跌进古井的底部一般。

这就是人类学者归来的景象，只是比他出发时的仪式又更惨淡一些；法美委员会（Comité France-Amérique）在现在改名为富兰克林·罗斯福路的那条街上的一栋房子里面为他饯行；那座房子没人住，会前两个小时左右，请来的职业办餐会人员会先把炉子、盘子等摆好，并且赶着抽风让空气流通，结果席间仍然弥漫着一股霉腐的味道。

大家都是在那里第一次见面，我们对此种场合的严肃并不习惯，对这里的尘埃处处和无聊无趣也不习惯。房间很大，我们围着房间中央一张小圆桌而坐，时间又不多，只够我们打扫这片设席之处。我们是一群刚开始在各个省城中学教书的年轻教师，乔治·杜马（Georges Dumas）突发奇想，要把我们从潮湿的寒冬蛰藏中，从城里带家具的住宅里——屋里充满了一种热甜酒的气味，还有地窖和冷树枝的气味——一下子搬到赤道的海洋与豪华的游艇上去。往后，种种经验，和我们当时不免虚幻的想象没有什么相近的地方。旅行者往往命定如此。

在乔治·杜马写那本《论心理学》（*Traité de psychologie*）期间，我曾是他的学生。每个星期一次，我记不清是星期四早晨还是星期日早晨了，一群哲学系学生在圣安妮厅碰面。厅里与窗户相对的那一面墙上，挂满了疯子五光十色的画。置身于那房间，让人觉得已经处于某种特殊的异国情调之中。讲台上方是杜马粗壮的身架，其上顶着一颗凹凸不平的头颅，好像一大块放在海底一段长时间漂白了的树根一样。他面色如蜡，使他的脸、刷子般的白短发、四处生长的白山羊胡，呈现一致的调子。这样一颗长满根根须须的头，像奇特的漂流物，却因着漆黑如炭的眼珠的闪动，而一下子变得充满人味。那双眼珠使整个头的白色更加突出。这种黑白对比重现于他所穿的衣服上面，他穿浆烫过的白衬衫，领子往下翻，戴着黑色宽边帽，打一个松松的黑色蝴蝶结，加上黑色的西装。他的课堂演讲没什么了不得的内容，他也从不在课前做任何准备。他自己很清楚，光靠他那富于表情的嘴唇，以及不时浮现的微笑，还有最重要的——他那粗犷的、抑扬有致的声音，就足以迷住听众了。他的声音可也真是魔力十足，调子奇特，不仅带着他老家朗格多克（Languedoc）一带的口音，而且，在这区域性的特别音调以外，还带着一种古老的法语口语的音调，这使他的声音与脸孔配合，在两种不同的意义指标上，共同呈现出一个单一的、粗犷有力的风格，一种典型的16世纪人文主义者风格。16世纪的人文主义者既是医生，又是哲学家，杜马不论在外形上或心灵上都是其后代。

上课的第二个钟点，有时候第三个钟点，都用来展示各种心理病患。这些展示课上，有些手脚异常灵活的表演者，做非常特殊的演出；有些是被关多年的患者，早已习惯于此类展示与表演，知道在这种场合他们该干什么，会制造该有的病征，或者做一定程度的抗拒举动，好让他们的管理者有机会表演驯服技巧。观看的人其实也并非全不知情，不过仍然心甘情愿地欣赏种种动人心弦的表演与展示。如果某个学生得到大师的青睐，大师会让那学生个别访问一个病患。有天早上，我个别访问一个穿羊毛衫的老妇人，她认为自己就像密封在冰块中的一条烂透的沙丁鱼：外表上看起来完好无缺，她说，但只要外表的保护层一融化，她就要支离破碎了。我碰过的任何野蛮的印第安人都不会比那天早上的经验更可怕。

乔治·杜马是科学家，同时也是一个喜欢恶作剧的人，他的批判性的实证主义并不太高明，不过他善于提出种种综合性的观念，并且让那些综合起来的观念一直受他的实证主义驾驭；他是个极高贵的人，多年以后我看见他的高贵性的明证。地点是在他出生的雷地酿（Lédignan）村，当时他已退休，时间是战后他逝世以前不久。那时他已几乎全盲，但他特地写一封恳切而礼貌的信给我，目的只在重新强调他向在当时的政治风潮中首先被迫害的人表示团结关怀之意。

我一直遗憾没能在他年轻的时候就认识他。他年轻的时候，肤色深得像个南美洲的征服者（conquistador），心里充满19世纪的心理学理论所开发出来的种种科学研究的可能性，热情勃勃地要对新世界展开精神层面的征服。他与巴西社会的关系是一见钟情；由于这种神秘的现象，使400年前欧洲的两种现象相遇。这两种现象是：法国南部的一个新教家族中所保存的某些要素；以及在赤道的环境里过着步伐缓慢的日子的极端精致化、颓废的资产阶级社会所保存的某些要素。这两种现象不仅相遇，而且一下子就看出彼此的亲近关系，几乎合二为一。乔治·杜马的错误是他从来没了解到，这种巧遇带着深重的古旧而不合时代的性质。整个巴西社会中，受乔治·杜马的魅力所动的就只有那些地主阶级。地主阶级一段短时间的当权使他们误信自己代表真正的巴西。他们逐渐把资本转移到一部分是外资拥有的工业投资上去，同时想经由城市的议会制度来取得某种意识形态的保护。我们的学生充满恨意地称为 gran fino（上层阶级）的正是这些地主阶级。我们的学生有的是新移民，有的是小地主的后代，这些小地主当时被世界贸易的波动弄得几近破产。最奇怪的是，乔治·杜马一生中最伟大的成就是创办圣保罗大学（I'Université de São Paulo），这间大学使出身贫寒的学生可以取得提升社会地位所需的资格，然后进入行政系统中工作。结果是，我们的大学计划帮助培养了一群在相当程度上反对我们的秀异阶层，其中一部分原因是杜马，法国外交部（Quai dÓrsay）也追随他拒绝了解这群秀异分子其实是我们所创造出来的最有价值的事物这件事实，即使这群秀异分子企图推翻那些封建地主，事实仍是如此。那些封建地主使我们得以来到巴西，但是他们这样做的原因是想借此取得一个文化的表面，同时也是因为我们可以给他们提供娱乐。

在法美晚餐会的那天晚上，不论是我的同事、我自己或是我们的太太，都完全不知道我们在巴西社会的演进过程中所要扮演的非自愿性的角色。我们那时候都忙着互相观察，努力避免在社交场合闹笑话。乔治·杜马警告过，我们必须有所准备，准备过一种和我们的新老板同样的生活，换句话说，我们也要成为汽车俱乐部的会员，要常光顾跑马场和赌场。那种生活对习惯于每年收入 26 000 法郎的年轻教师来说是异乎寻常不可思议的。由于肯到国外工作的人太少，我们的薪水都增加两倍，即使如此，那种生活还是不可思议。

“最重要的是，”杜马告诉我们，“要注意服装。”然后，他接着告诉我们，有一间店在巴黎中央菜市场（des Halles）附近，叫做“在让娜特的十字架上”（A La Croix de Jeannette），在那里不用花多少钱就能买到合适的服饰。他说话的语气天真无邪，令人感动。他说以前他年轻的时候，念医学院那段时间即经常能在那里买到很过得去的服饰。

二 船 上

不论如何，我们这个小群体从来也没想到，之后四五年，自己居然成为海运公司航行法国与南美之间货客两用轮头等舱的全部旅客，鲜有例外。当时我们可以选这条路线上唯一豪华客轮的二等舱，或者坐没那么高级的船只的头等舱。一心往上爬的人选择豪华轮的二等舱，自己垫一些钱，目的是期望能在船上和外交大使之类人物打打交道，以谋得某些不见得能兑现的好处。其他人则乘货客两用船，航期比豪华客轮多六天，而且在不同港口停留，不过，搭货客两用船的人在船上几乎是唯我独尊。

货船改装的客船，本来预备容纳 100 到 150 个客人，那时候常常是我们 8 个到 10 个客人享用船上一切设备，甲板、小房间、休息室和餐室几乎没有别的客人。这是20年前的事情，我真希望那时候我能真正领略我们所享受到的特权与豪奢。整个航程有19天之久，在这段时间内，由于人少，整条船上的空间几乎是无止无尽，是属于我们自己的王国；整条船几乎成为我们的封地，跟随我们而移动。航行两三趟以后，我们对身处船上已完全习惯，对于船上的马赛船员的名字都很熟悉。他们留胡子，穿鞋跟坚固的皮鞋，端鸡肉和比目鱼给我们吃的时候，全身都是大蒜味。船上的饮食，安排的方式近似讽刺作家拉伯雷（Francois Rabelais）笔下的粗鲁人物所会安排的那样，再加上我们人那么少，使食物变得非常多。

一种文明的结束，另一种文明的开始，我们所在的世界忽然领会到或许我们的世界由于人口太多已变得太小——对我而言，这些不用多说的现实并不是因为看到那些表格、统计数字与革命才深深体会到。我对这些事实有真正切身的感觉是在几个礼拜以前，在离开巴西15年之后，我想用老方法搭船重访巴西，借此重温逝去的青春景象。但电话询问的结果却是：我必须在4个月以前预订舱位。

我本来以为欧洲与南美洲之间既然已有客机飞来飞去，想搭船旅行的客人一定很少，一两个个性怪异的人罢了。哪想到认为某种新要素的引进必然会取代旧的要素这种想法纯粹是幻想。海洋并没有因为航空的发展而变得更为平静，就像巴黎近郊并没有因为蔚蓝海岸附近大兴土木而稍微恢复其乡村景观一样。

最近这次乘船计划很快就放弃，在这次马上放弃的计划与20世纪30年代令人难忘的航行之间，我曾在1941年搭船远航一次。那次航行的经验对于未来的世界深具象征意义，不过当时我并未意识到这一点。在德法停战之后，由于罗维（Robert H. Lowie）[①] 和梅

① 美国著名人类学家。——译者注

托（A. Métraux）对我的人类学著作表示出极大的兴趣，再加上在美国的一些亲戚热心奔走，洛克菲勒基金会援救沦陷于德军占领区可能受迫害的学者计划中，把我包括在内，邀请我去纽约的社会研究新学院（New School of Social Research）任职。问题是怎么去纽约。首先我想告诉当局我预备回到巴西继续进行战前的研究工作。当时巴西大使馆位于维希（Vichy）[①] 的一栋建筑物的第一层，非常拥挤。我去那里申请重新签证，看见了一幕简短的悲剧上演。巴西大使是苏沙-丹塔斯（Luis de Souza-Dantas），我和他相当熟，即使我和他完全不认识，他大概也会照样办理。大使把官印拿起来就要盖在护照上面，他身旁的一个顾问冷冷地、有礼貌地提醒他，照新规定他已无权盖印了。大使的手僵滞于半空中数秒之久。大使用一种焦急的、含着请求的眼光看着他的顾问，试图说服他把头转向一边视若无睹，好让大使把举在半空的官印盖下去，使我最少可以离开法国，即使仍进不了巴西。然而一点用也没有；顾问不停地瞪着大使的手，那只手终于落到桌上的文件旁边。我无法取得签证，大使把护照还给我，一副无奈深沉痛苦的歉然之情。

在法军败退的时候，我自军中退下来，住在离蒙彼利埃（Montpellier）不远的塞文山脉（Cévennes）附近。回到那里以后，我开始打听是否有办法从马赛离开法国。根据港口一带的小道消息，有条船很快就要航向马丁尼克（Martinique）。一个码头一个码头地问，一间小办公室问完又到另一间，终于被我打听出来，要开的那条船是海运公司的船，也就是以前曾替法国对巴西的大学援助计划提供那么多年的可靠服务的公司。1941 年 2 月一个吹着冰冷寒风的日子，我在一间没有取暖设备，几乎是关闭停止营业的小办公

① 法国被德国占领期间的傀儡政权政府所在地。——译者注

室中，见到该公司的一位工作人员。以前他是负责代表公司不时访问我们的人。他说不错，是有这么一条船，而且很快要起航，不过我却绝对不能搭那条船。为什么呢？他觉得其中原因非我所能了解，他也难以解释；现在一切都和以前不一样了。现在的情况又是怎样呢？现在的这趟航程将是又漫长又难过，他无法想象我可以坐在那艘船上。

原来他还一直把我看成是法国次级的大使级人物，而事实上我早觉得自己不久将成为集中营的一分子。还有，在那之前的两年，有一年我在原始森林中度过，另外一年则在一场混乱的撤退过程中，由一个军营转往另外一个军营，从马其诺防线，经过萨尔特(Sarthe)、科雷兹（Corrèze)、阿伟龙（Aveyron）一直撤到贝济埃(Béziers)。在这期间，我搭过运牛车，在羊槽中睡过觉，因此对于这位公司人员的顾虑我觉得是多余的。我可以想象自己又在大海中漫游，和几个冒险进行暗盘交易的海员分享简单的食物，分摊辛劳的工作，在甲板上睡觉，由于日子漫长空虚而变得对海洋有一种可敬的亲密感。

我终于拿到一张保罗-勒梅赫乐船长号（Capitaine Paul-Lemerle）的船票，但真正的情况要等到上船的那天我才明白。两排手执轻机枪、头戴钢盔的机动保安队（gardes mobiles）把整个码头围封起来，阻止登船的旅客和送行的亲友接触，粗鲁地打断人们的道别，随口加以侮辱。我们就在两排机动保安队监视之下登船。这次航行一点都不像是孤独的航行，而像是递解囚犯。我们的遭遇已够奇怪，但更令我吃惊的是旅客的数目。350 个人挤在一艘小汽船上面，船上只有两间小客房，客房中总共只有 7 个铺位。其中一个客房给 3 位妇女住，另外一间给 4 位男士住，我是其中之一。我之所以能分到一个铺位，全得归功于 M. B.（我在此谢谢他)，他无法容忍以前是他船上头等舱的旅客居然被像牲畜一般的载运。其他乘客，男人、女人和小孩全都被挤进船舱，船上的木匠临时搭建些铺位，上盖草席，既无灯光也缺空气。四个享有特权的男士里面，有一个是奥国人，金属商人；另一个是年轻的“贝凯”（béké）——意即有钱的混血儿——战争使他与他的故乡马丁尼克分隔开来，他觉得该受到优待，原因很简单，整船的旅客就只有他一个人既不会被人疑为犹太人也不是外国人，更不会是无政府主义者；第三个是非常特殊的北非人，他强调其目的是去纽约待几天（这个说法非常怪异，因为搭这条船到纽约得花 3 个月时间），他的皮箱里面有幅德加（Degas）的画。此人是犹太人，和我一样，不多也不少，然而他似乎和沿途所有的殖民地、保护地的警察、侦探、宪兵和安全人员都很熟悉，很处得来——个中原因对我而言一直是个解不开的谜。

在宪兵称为流氓无赖的人里面，包括布列东（André Breton）和塞尔日（Victor Serge）。布列东身处船舱之中，非常的显眼、不合适，常常在所剩无几的空间踱来踱去。他身穿厚厚的外套，看起来像只蓝熊。在漫无止境的航行途中，我们通了不少封信，因此发展出相当持久的友谊，在那些信中，我们讨论美学上的美与绝对的原创性之间的关系。

至于塞尔日，他以前曾是列宁身旁的人，这样特殊的地位使我觉得不容易和他亲近。而塞尔日的外表看起来像个拘谨的老处女，我再怎么样也难以把想象中的列宁的合作者塞尔日与眼前这个人对起来。他的脸孔轮廓非常细致，胡子刮得精光，声调明净，举止缓慢，整个人有种无性别的特质，这种无性别的特质我后来在缅甸边境的佛教和尚身上再次看见，这种特质和在法国通常被认为是参与谋叛活动的分子那种极度阳刚、显现超活力的形象完全格格不入。对这种现象的解释是，由于文化样式（cultural types）都是建基于非常简单的对比上，在每个社会中发现的类似的文化样式，在不同的社会中却被用来完成很不一样的社会功能。塞尔日一类的角色可以在俄罗斯完成一种革命性的角色，但如果换一个社会环境，可能要扮演其他的角色。如果可以运用某种分类格式，把每个社会里面如何利用类似的人物样式去扮演不同的社会功能加以分类排比，建立出一套近似的模式出来，社会与社会之间的关系会变得容易得多。与其依照职业的性质安排会议，医生与医生开会，教师与教师开会，工业家与工业家开会，我们不如采取其他的安排方式，这样，我们就可以发现个别的人们与他们所扮演的社会角色之间，其实有更细腻的关系。

除了乘客以外，那艘船还运载一批黑货。在地中海和非洲西岸，我们都花费极多时间躲在不同的港口，显然是为了躲开英国海军的检查。躲在港口的时候，有法国护照的旅客有时可以上岸，其他的人则要待在船上有限的空间里干等。由于天热，而且越接近赤道越热，船上的乘客再也无法老待在船舱底下，于是甲板就慢慢变成餐厅、卧室、婴儿房、洗澡间和日光浴场。但是最难忍受的恐怕要数军队中所谓的卫生安排。沿着甲板两旁的栏杆，靠海的一边给女士使用，靠岸的一边给男士使用，船上工作人员各筑起两间小木房，既无窗也无通风设备。一间小木房里面装了几个淋浴用的水龙头，但只在早晨供水；另一间小木房里面有个粗制滥造的木槽，四周圈着锌板，木槽直通入海，功用很明显。我们这些讨厌人群、讨厌集体蹲下的人只好一大早就起来。由于船摇晃得相当厉害，蹲也蹲不稳。于是，在航行途中，喜爱整洁的乘客慢慢地互相比赛谁起得早，到后来只有能在早上 3 点左右即起来的人能享受一些隐私权。到最后，简直连上床睡觉都不可能。淋浴的情形也差不多，只是时间晚了大约两个钟头。淋浴所要面对的最大问题倒不是如何保有一些隐私权，而是在供水不足的情况下如何挤进人群找到一个位置。由于洗澡的人太多，水龙头的水好像一下就变成水蒸气，根本淋不到人体上面。不论是方便或洗澡，每个人都想越快大功告成越好，因为那些不通风的小木房是由未处理过的、含树脂的杉木板钉成的，一旦灌进脏水、小便和海上的空气以后，便开始在阳光照射之下发酵，形成一种温温甜甜的令人头昏恶心的怪味。这种味道再和其他味道混在一起，很快就叫人无法忍受，特别是在起浪的时候。

在海上航行了一个月以后，我们终于在半夜里看见了法兰西堡上面的灯塔。看见灯塔的时候，我们最盼望期待的却并不是一顿好餐，一张有床单的好床或可以好好睡一觉。所有以前曾享受过所谓文明享受的人，过去四个礼拜以来所受的最大痛苦并非饥饿、疲倦、睡眠不足、过分拥挤等，最大的痛苦不是这些，而是被迫要又脏又臭，再加上热，使脏臭变得无法忍受。船上乘客有些是年轻漂亮的女人，她们和其他乘客也已开始眉来眼去，某种情感也渐渐成熟。对她们来说，在最后道别以前以最美丽的姿态出现并不仅仅是在卖弄风骚：弄得整齐漂亮可以说是把旧账做个了结，还掉一笔债，证明一下基本上她们当得起旅途中所得到的注意。她们只是出于一时的善意，接受那些注意和关怀，好像是放债一般。因此当每一个出自肺腑的喊叫，喊的并不是传统的海上故事所描述的“陆地！陆地！”，而是“可以洗澡，终于可以洗澡，明天终于可以洗澡了！”这样喊叫，除了带着一点可笑的做作以外，也带有某种成分的病态，几乎每个人都这样喊。喊叫的同时，每个人都急急忙忙地找出最后一块肥皂、一条干净的毛巾或一件干净的上衣，全都是特意为此一重大时刻而预留的。

这个水疗法的梦把经过400年殖民统治以后的法兰西堡所拥有的文明设备想象得过分乐观了，事实上法兰西堡的浴室非常有限。

更严重的是，船上的乘客很快就发现，和他们一等船靠了岸以后所受的遭遇相比之下，那艘又脏又臭又挤的船简直变成一个具有田园风味的避难所了。我们上岸后就落入一群患有集体心理病狂的士兵手中，如果当时我这个人类学家不是忙着使尽一切智力以避掉灾难的话，他们的病倒是非常值得忍受苦难去仔细研究的。

大部分法国人都经历过一场奇怪的战争，一种可笑的战争，但是没有任何形容词可以用来正确地描述驻扎在马丁尼克的军官的战争经验。他们只有一项任务，看守法兰西银行的金块。这项任务逐渐变成一场噩梦，而喝太多潘趣酒只是噩梦形成的因素之一而已；其他还有更难察觉但同样重要的因素，包括他们孤立的情境，与法国都会相隔如此遥远，再加上一个充斥着海盗故事的历史传统，使他们轻而易举即可把以前的故事中独脚、戴金耳环的海上大盗用北美洲的间谍或德国负有秘密任务的潜水艇加以取代。结果是某种兴奋之情把大部分人弄得张皇失措，虽然事实上并没有任何战事发生——因为根本就看不见任何敌人的影子。连当地的原住民言谈之间也流露了同样的心理过程，只是更为平淡无奇一些。“没有鳕鱼了，这个岛完蛋了！”是他们经常挂在嘴边的话。有些人则认为希特勒就是耶稣基督本人再世来惩罚白种人的，因为他们两千年来都不遵从其教导。

在法德停战时，岛上的下级军官不但没有加入自由法国一边，反而觉得他们和维希政府没有任何冲突。他们计划保持中立；他们的身体和精神状态，如果以前曾经够资格参与战斗的话，几个月折腾下来，也早已无法作战了；他们病态的脑袋觉得把近在跟前可以见得到的美国人当做敌人，用来代替那远在天边非常抽象的真正的德国敌人，倒是相当妥当安稳。何况有两艘美国战舰不停地在港口巡弋。法国军队中有个聪明的副司令官经常在船上吃午餐，而他的上司则故意激起其军队成员怨恨盎格鲁-撒克逊人的情绪。

他们需要有敌人来发泄其侵略性，那种侵略性已酝酿了好几个月之久；他们需要找些替死鬼来把法国吃败仗的账全算上；他们觉得法国打败仗并不是他们要负责任，因为他们没有参与任何战事，但他们还是总觉得有罪恶感（其实他们自己正好代表一种典型，一种不关心、虚妄与幻想的极端典型，这种不关心、虚妄与幻想本身最少打败了一部分的法国）。就这个观点来看，我们所乘的船正好载运来一批最适当的人选。好像维希政府当局准许我们的船开往马丁尼克，目的就是要给马丁尼克岛上的这些绅士们送来一船替罪羔羊似的。驻扎在岛上的士兵，穿赤道军服，钢盔配枪，在船长室中一个一个审问我们。他们的目的似乎不是在做登岸前的询问，而是把我们每个人毒骂一顿出气，我们只有听的分。非法国人的乘客都被归入敌人一类；法国乘客没有资格当敌人，不过都因为背弃自己的国家这种懦夫行为而挨骂。这些士兵骂别人懦夫、遗弃自己的国家等，实在是非常矛盾；他们自己打从战争爆发以来就一直活在门罗宣言的保护之下。

至于洗澡则提也别提了。他们决定把所有乘客全都关在海湾一角一个叫做“拉札累”（Le Lazaret）的军营里面。只有三个人获准自由上岸：一个是有钱的混血儿，因为他自成一类；另一个是那位神秘的突尼斯人，他有特殊的证件；最后一个是我，当地的权威人士看在船长的情面上特准我自由登岸。船长和我是老朋友，他曾是我在战前经常搭的一艘船上的大副。

三　西印度群岛

法兰西堡在下午2点是个死城。在城中间有座约瑟芬（Joséphine Tascher de la Pagerie，后来又称Joséphine de Beauharnais）的雕像，由于无人照顾，颜色发绿。雕像附近是市场，种了不少椰子树，长满野草，还有一些很难令人相信会真有人住在里面的破旧简陋小屋。在一间没有客人的旅馆订了房间以后，那个突尼斯人和我，仍对早上受士兵盘问的事心有余悸，马上跳进一辆出租车，直驶拉札累营房。我们要赶快去安慰我们船上的伙伴，特别是其中两位年轻的德国女人，她们在船上的时候曾暗示我们，如果能尽快洗个澡，不惜背叛她们的丈夫。就此观点来看，拉札累的一切只添加我们的失望之情。

我们坐的老福特车用一挡吃力地往陡坡上面爬的时候，我很愉快地发现好多种以前在亚马孙河流域时相当熟悉的蔬菜，不过此地的名称和亚马孙一带的名称有出入——亚马孙地区称为 fruta do conde 的蔬菜，此地叫 caïmite（这种蔬菜外形像朝鲜蓟或小凤梨，味道像梨）；巴西称为 graviola 的，此地称为 corrosol；mammão 则叫做 papaye；mangabeira 则叫 sapotille（即 sapodilla）……一边高兴地看着这些我曾经很熟悉的蔬菜，我一边想着刚发生的令人痛苦的一幕，试着把那痛苦的一幕和其他类似的经验联结起来。对船上同行的旅客而言，他们以前的生活大体平静无波，现在一下被推进这种大冒险似的旅程里面，他们所遭受到的那种愚蠢与嫉妒、怨恨的混合似乎是一种听都没听说过、非常特别、非常例外的现象。事实上，他们把这种现象对他们自己所产生的切身影响以及对虐待他们的人的影响，看做似乎是一种人类历史上从来没有前例的大灾难。但我自己对这个世界的现象倒看过一些，此前几年也曾亲历过一些不寻常的经验，因此这种现象对我而言并不算完全陌生。我知道当代人类由于人口数目太多，所要面对的问题越来越复杂，再加上交通与通讯工具的急速改进，当代人类的皮肤似乎被因此带来的越来越多的物质与知识交流弄得越来越不耐烦，结果就是类似我们早上经历过的痛苦经验慢慢地出现。在马丁尼克这个法国殖民地，战争与战败所带来的唯一后果，是把这种普遍的过程加速推进罢了。战争与战败只是促成一种持久性的污染的触媒，而污染本身并不会从地球上消失。某个地方的污染也许会暂时消沉，但会在其他地方重新出现。一旦社会人群所拥有的空间开始紧缩的时候，愚蠢、怨恨与容易轻信受骗便会像脓一样的产生，马丁尼克岛的经验并不是我所碰到的第一次。

就在不久以前，战争爆发之前几个月的时候，在回法国途中，我去过巴伊阿（Bahia），在那里的镇上走动，看教堂。那地方据说共有365间教堂，一年里面的每个日子都有一间特殊的教堂，风格各异，内部装饰也不一样，依照日子与季节而各有其特色。我完全沉醉在给各栋建筑的细节拍照上，从一个教堂转到另一个教堂，一群半裸的黑小孩跟在我后面，不停地求我："给我们照一张相！给我们照一张相！"我终于被这种迷人的求乞方式所动，他们宁可要我替他们照张他们永远看不到的照片，而不向我讨铜板，我答应替他们照张相。照完相以后，我往前走了不到百码左右，一只手突然按住我的肩膀：两个便衣巡检人员一直跟着观察我的行动，现在他们告诉我，我刚刚进行了一项对巴西不友好的行动。他们说，我照的那张照片如果拿去欧洲的话，可能会被人认为巴西确实有黑皮肤的人的说法并非毫无根据，而且，更可能被用来证明巴伊阿的街头浪童的确是没有鞋子穿。他们把我拘留起来，还好拘留的时间很短，因为我要搭的船很快就要起航。

我搭的那条船给我带来接二连三的厄运：未起航的前几天我即有过类似的经验，当时船仍停靠山托斯港（Santos）。我一踏上甲板，一个穿着整齐制服的巴西海军司令官带着两个海军陆战队士兵，两人的枪都上好了刺刀，把我关禁在我的小舱房里面。花了四五个钟头才把迷雾澄清。在那以前有一年的时间我担任法国巴西探险队工作，根据协议，探险队所收集的一切物质材料都得由法国与巴西两国分享。探险队的一切工作归里约热内卢国家博物馆监督。博物馆立刻通知全国所有的港口，如果发现我企图偷运弓箭、有羽毛的头饰等离开巴西，如果所运的数量超出法国所该分配到的那一份的话，应该不顾一切立刻把我拘禁。可是，在探险结束以后，里约热内卢的博物馆改变主意，要把巴西该分得的那份送给圣保罗的一个科学机构；然后他们通知我，法国该分得的那一份该由山托斯港出口，而不是由里约港出口。可是，他们忘记一年以前曾做过不同的决定，因此而根据过时的指示把我当罪犯拘禁起来，那些早先宣布指示的人早已忘掉他们曾发过指示，可是负责执行该项指示的人却仍然记得去照章行事。

还好当时每个巴西官员的内心仍然有潜在的无政府主义思想，原因是伏尔泰和法朗士（Anatole France）著作思想的片段曾经遍布巴西森林最深处，成为其民族思想的一部分。（有一次在内地，有个情绪兴奋的老人对我大叫："哦，先生，你是法国人！哦！法兰西！安那托雷！安那托雷！"并用双臂拥抱我；他第一次看见法国人。）基于过去的经验，我知道在表情上一定要尽量表示对巴西这个国家的尊重之感，也特别要对海军军官表示尊重；但我也知道必须同时提出一些敏感的问题。这样做果然有效。心怀恐惧担忧了几个钟头以后（由于我准备离开巴西不再回去，因此把我的书和私人东西全都和收集来的民族学资料一起装箱，我真怕就在船要起航的时候那些东西会被丢散弃置在码头上面），我自己口述一份报告给那位官员，用一种严厉的语气表示，这位官员允许我把行李运走，以免使他的国家牵扯进国际争端中而受辱，并说是他做此明智的决定。

我敢这么大胆地冒险行动，可能是受另一次经验的影响。两个月前我被迫在玻利维亚南部的一个大村庄换飞机。我和维拉医师（Dr. J. A. Vellard）在那里待了好几天。在那里发生一件事，使南美洲警察显得非常可笑。在1938年的时候，搭飞机旅行和目前的情形很不相同。在南美洲的边远地区，文明的发展曾跳跃省略好几个阶段，飞机很快就被当地人拿来作为地域性的公车加以使用。那里的人以前得花好几天时间，或乘马或走山路才能抵达市集地点，公路并不存在。现在他们搭飞机只要花几分钟时间（不过飞机常常一误点就误上好几天）就能把母鸡和鸭子搬运自如。乘客常常被迫蹲在家畜中间，整座小飞机挤满了赤脚的农民、动物以及其他太重或太大而不方便在森林山路上面搬运的行李和货物。

在等飞机的时候，我们无事可做，便在街上逛，整个村庄的街道在雨季中变成满地泥泞。街上因此隔一段时间就铺上一块大石头，专门给行人走路之用，车子在这种街道上根本无法通过。一个巡逻人员发现我和维拉博士的两张生面孔，马上逮捕我们，拘禁起来，直到我们能说清楚为何出现在那里以后才放行。我们被关在一间有老式豪华家具的房子里面。那座房子原来是前任省督的官邸，墙四周都有木板，木板前面有不少书架，全都有玻璃门，书架上面装满厚厚的精装书。整间房子充满书香气氛，唯一和书无关的是个有玻璃橱窗的告示柜，柜中贴着一面告示，字体很精美，刻在铜板上面，告示的内容可以直译如下："严厉警告，绝对不准从档案中撕纸张来做任何特别用途或卫生用途。任何违犯者必受惩罚。"

我在马丁尼克岛的遭遇得到改进。其中原因我坦白承认得归功于一个在工务局（Ponts et Chaussées）的高官的照顾。这个居高位的官僚外表冷淡不可亲近，不过他内心的真正感觉和一般在官僚体系中任职的人很不一样。而另外一部分功劳则是因为我常常去拜访一家宗教性报纸的办事处。在那地方，某个天主教派的神父们——教派的名称我已忘记——收藏了好几柜子的考古遗物，时间远溯到印第安人的时期；我把闲暇时间用来做那些考古遗物的目录清册。

有一天我走进巡回法庭，正好碰上一场审判在进行；这是我第一次，也是到目前为止最后一次到法庭看审判。受审的人是个农民，他和人争吵的时候一气之下把对方的耳朵咬下一块。被告、原告和证人都滔滔不绝地用土话发表他们的言辞；在法庭上，土话显得异常新鲜，令人觉得有点怪异。他们的证词都经由翻译译成法语给庭上的三个法官听。法官们都穿着红色的有皮草镶边的法官袍子，袍子在湿气重的空气中已失去光彩，法官们则热得痛苦。奇形怪状的袍子挂在法官身上好像是沾满血迹和绷带似的。他们花了5分钟的时间即给那位坏脾气的农民判了8年徒刑。一个人的命运居然这么随随便便地在这么短的时间里就被决定，令我异常惊奇。我没有办法让自己相信刚才目击的这一切确实发生过。一直到今天为止，没有一个梦，不论它是多么怪异，多么不可思议，会令我觉得比这一幕审判更无法置信。

马丁尼克岛的海军当局和当地的商人意见不合，这是和我同船的旅客终于获释的原因。海军当局把他们视为间谍或叛徒，当地商人则把囚禁这批人于拉札累营房看做是使当地平白遭受钱财损失的事，虽然乘客们被关起来也并没享受免费食住。最后商人的观点获胜，于是每个船上的乘客便有两星期的时间可以自由自在地把最后一张法币花掉。不过，乘客的行动仍然在警察的严密监督之下，特别是女乘客，被诱惑、挑逗、鼓励与报复所织成的网紧紧裹着。岛上的多米尼加大使馆围满了申请签证的人。一大堆谣言传说有船要来拯救我们脱离苦海。小村庄的商人们对大镇上的生意人有那么多生意感到嫉妒，于是他们要求也要分配一些逃难者，这就使情况大为改观。结果是我同船的乘客被迫在内陆的村子里过完一天，然后再换到另一个村子。我并不必和他们一起到处迁徙，不过有次我为了和其他人一道去他们在柏莱山（Mont Pelé）山脚的新住地，我有机会——谢谢做此安排的警察——在岛上走了几趟令人难忘的路，路上的景观远比南美洲大陆更具古典的异国情调。那山好似深色的枝状玛瑙，围绕在一片闪着银光的黑沙滩之上，而在其山谷中弥漫着乳白色的雾气，可以觉察到——倾听湿气下滴的声音，是用耳朵而非眼睛觉察到——那些庞大、柔软、多毛的羊齿植物叶子，突出于像活化石一般的树干上面。

到那时为止我的遭遇可以说比其他乘客好得多，不过我仍深为一个问题所困扰。现在我必须谈谈那个问题，因为写这本书得先把那个问题解决才行。而解决那个问题却并非易事。我唯一的财富是一箱和田野工作有关的文件：其中包括语言学的和技术工艺的引得卡片、旅行日志、人类学笔记、地图、图表和照相底片，全数约有数千件。这箱可疑的东西是靠职业走私者才得以运出法国，同意运这些东西的走私者也冒了相当大的风险。一到马丁尼克岛后，我们所受的待遇使我马上决定，不论是海关人员、警察或海军情报人员，绝对不能让他们看到箱子里面的文件。他们只要一看到，一定会把这些文件当做某种密码指令（特别是那些方言的笔记），或是防卫工事的图样，或是入侵的计划（地图、素描和照片）。因此我坚决表示我的旅行箱只是途经马丁尼克，因此那个箱子可以维持密封，存放于海关的储藏室。这样做的结果是我必须搭外国船离开马丁尼克岛，那箱子将直接被搬到该船上。这是我后来才知道的。我曾为此安排花费不少精神，最后才得到这个妥协的结果。如果我准备搭多玛尔（D'Aumale）号船前往纽约的话（这条船几乎是条货真价实的鬼船，我的同伴们等这条船足足等了一个月，最后它才终于出现。那是个美好的早晨，整条船刚油漆过一遍，看起来好像是另一个世纪里的玩具船），我的箱子则先正式登陆马丁尼克岛，然后正式办手续运出。我无法接受这种条件，因此我搭一艘白得不可思议的瑞典香蕉船离开，其目的地是波多黎各。船上只有 8 位旅客，航程 4 天，我几乎享受到以前的快乐时光，安静的几乎是单独渡海。我尽情地享受这个难得的机会。

领教了法国警察以后，我还得领教美国警察。在波多黎各登岸以后，我发现两件事：我们离开马赛以后的两个月时间内，美国移民法已经修改，我身上的社会研究新学院的公文已无法满足新规定；然而，更严重的是，那些我觉得可能让马丁尼克岛的警察找出不少麻烦的人类学文件，我曾特别在马丁尼克岛做了种种防范措施，没想到美国警察把我所有的疑虑全部化为现实。在法兰西堡，我曾被指控为被美国收买的犹太阴谋分子。在波多黎各，我却又被美国警察看做很可能是维希政府的使者，甚至可能是德国所派遣的。这就是被指控为受美国收买的报偿。我立刻打电报给新学院，要他们设法让我符合新的移民法规。我等着新学院的答复，同时也等联邦调查局派一个读得懂法文的专门人员。在等待的时候，移民当局把我拘留在一间简陋的西班牙式旅馆里面，费用由船运公司付。由于我的笔记有四分之三并不是用法文写的，而是用一种巴西中部几乎是没有人知道的方言，要找到一个适当的专家，真不知道要等多久的时间。我每天吃煮牛肉和埃及豆。有两个脏兮兮胡子都没刮好的当地警察轮流日夜看守我的房间大门。

在这间旅馆的庭院里，有天晚上，和我同乘一条船到波多黎各的郭德史密特（Bertrand Goldschmidt）曾向我解释原子弹的原理，同时表示（这是在 1941 年 5 月）各个强权国家正在进行科学竞赛，竞赛成功的将是战争的胜利者。他后来成为原子能协会的主管之一。

几天以后，我的旅伴们全都解决了他们的问题，出发前往纽约。我自己一个人留在三环市（San Juan），身旁跟着两个警察。他们在我的要求之下，答应随时跟我去三个我可以前往的地方——法国领事馆、银行和移民办事处。如果想到其他地方去，我必须先得到特别允许。有天我获准去大学一趟，跟随我的那位警察很懂门道地留在大学外面，在门口等我，以免令我觉得受侮辱。他和他的同伴都觉得无聊，他们有时故意把规定忘掉，主动地允许我带他们去看电影。我终于获得自由，在登船以前有两天的时间可以在岛上到处看看，陪我一起走的是贝勒（M. Christian Belle），法国领事，但最令人吃惊的是，他也是研究美洲印第安人的专家。在那种地方那样的时候，居然碰见他实在可惊，他讲一大堆在南美洲海岸航行的经验故事。不久以前，报纸报道苏铁勒（Jacques Soustelle）正在西印度群岛一带游说当地的法国人，呼吁他们支持戴高乐，那天他抵达波多黎各岛。我取得当局特别允许之后，才和苏铁勒见了一面。

因此，波多黎各是我和美国的第一次接触；我第一次闻到温暖的汽车油漆散发出来的味道，第一次闻到冬青树的味道（法国人把冬青树称为“加拿大茶”，thé du Canada），这两种完全不同的味道可以说是美式生活享受的两个极端，一端是车子，另一端是洗手间，收音机、糖果、牙膏等等排列于两者之间。在日常用品店里做事的女店员穿着带水仙花白制服，棕色头发，我试着去猜在她们那化妆得像面具一样的脸孔后面到底在想些什么。我第一次觉察到典型美国小城镇的一些特色，也是在波多黎各，不过是从大安的列斯群岛（Greater Antilles）这个特殊的角度观察出来的。建筑物都相当脆弱，而且都争着要达到某种惹人注意的效果，结果是使得整个城镇像原来是为世界博览会而搭建，临时性的，现在却变成永久使用。不过，就波多黎各而言，会让人觉得它是在博览会中的西班牙展览区。

旅行途中种种意外事件常会带来此类意义多样的景象。由于我在美国的最先几个礼拜是在波多黎各度过，以后我便在西班牙发现了美国。就像几年以后，我所参观的第一座英国大学校园是在西孟加拉邦的达卡市，校园里面全是新哥特式建筑，因此我到今天为止仍把牛津大学看做是印度，只不过这个印度成功地制伏了泥泞、发霉以及四处蔓生的植物罢了。

我在三环市待了 3 个礼拜以后，联邦调查局的人终于来了。我立刻赶去海关把行李箱打开；那是一个严肃的时刻。一个彬彬有礼的年轻人走上前，随便抽出一张引得卡。他把眼睛眯起来，凶悍地转过身来对我说："是用德文写的！"原来，那张引得卡上记载的是一本史丹宁（von den Steinen）所写的经典著作：《巴西中部的原住民》（*Unter den Naturvölkern Zentral-Brasiliens*，1894 年柏林出版）。他是研究马托格洛索（Mato Grosso）中部的一位前辈，研究成绩相当不错，时间也相当早。我向调查局的年轻人把事情解释清楚，他一下就明白了，此后他对我行李箱中的东西再也提不起任何兴趣。一切都没有问题，都 OK；我可以进入美国本土；我可以自由行动。

好了，诸如此类的小意外层出不穷，说也说不完，该停笔了。我以上所述的和战争有关，但更早以前所述的那些，则属于战前时期。我也可以再叙述一些更后来所发生的，是我过去几年来在亚洲旅行所经历到的。然而，如果这类事情发生在现在（1953 年）的话，负责检查我的联邦调查局人员可能不会这么轻易地就感到满意，放我过关。所有一切地方的气氛全都变得越来越具沉重的压迫性。

四　追寻权力

有件无关紧要的小意外，一直留在我记忆之中，像个征兆，有如某些极重大的变异的前兆，透露出一点可疑的味道或风向。为了能够深入内地长期考察，我决定把圣保罗大学的教职辞掉，因此比其他同事早几个星期出发返回巴西。这是 4 年以来第一次整艘船上只有我一个人是学院工作者。很巧，那班船正好也是第一次有一大堆乘客，其中有些商人，不过大多数是前往巴拉圭的整批法国军事部队。本来是非常熟悉的航程，因为他们，气氛完全改观，难以辨认。军官和军官太太们把横越大西洋的航程看做与往殖民地探险无异；换句话说，他们把去充当一个人数不多的军队顾问这件事，看做和去占领一个被征服的国家无异。为了最少在心理上做好充分准备，他们把甲板变成练兵场，把船上其他乘客变成土著一样。我们完全不晓得如何躲掉他们的吵闹声与自以为是的行为，他们把船上的工作人员都弄得坐立不安。然而，这支部队的主管本人的态度和他的属下有极大差别；他和他太太都极为有礼，很会替别人考虑。有一天，他们跑到我为了躲避吵闹声所选中的一个偏僻角落来找我，问些我过去的研究工作以及我此行的目的等问题。同时，他们还成功地间接让我了解到，在事实上他们也只是毫无权力而又视界清明的旁观者。他们两人的言语思想与军队的言行形成异常强烈的对比，使我觉得其中一定暗藏某些隐秘之情；三四年之后，我偶然在报纸上看到这位军官的名字，便又想起这次意外碰面谈话的事，我了解到，他个人的处境的确充满矛盾。

那或许是我第一次了解到一些后来在世界其他地方发生的，同样令人丧气的经验所代表的意义。旅行，那些塞满各种梦幻似的许诺，如魔术一般的箱子，再也无法提供什么未经变造、破坏的宝藏了。一个四处扩张、兴奋过度的文明，把海洋的沉默击破，再也无法还原了。热带的香料，人类的原始鲜活性，都已被意义可疑的一片忙乱所破坏变质。一片忙乱迫使我们压抑我们的欲望，使我们注定只能取得一些受过污染的回忆。

目前，波利尼西亚的岛屿被水泥覆盖，变成停靠在南海的航空母舰，整个亚洲渐渐像极了一个破落的、光线阴暗的郊区，非洲到处可以看见临时匆忙搭盖起来的小城镇，军用与民用飞机在来不及破坏原始森林的原始性以前就着手侵犯其纯真与无邪，在这样的情境下，旅行所能带给我们的所谓逃避，除了让我们面对我们历史里比较不幸的那一面以外，还能提供些什么呢？我们伟大的西方文明创造这么多我们现在正享受的神奇事物，但在创造出这些神奇事物的同时，也免不了制造出相应的病象出来。西方世界最有名的成就是它所显现出来的秩序与协调，在其中孕育着一些前所未见的复杂结构，但为了这个秩序与和谐，却不得不排泄出一大堆有毒的副产品，目前正在污染毒害整个地球。我们在世界各地旅行，最先看到的是我们自己的垃圾，丢掷在人类的颜面上。

因此，我是可以了解为什么那些旅游书籍中的种种假象会这么受人热爱。这些著作创造了一些应该仍然存在，但事实上早已不存在的幻象。如果我们想保留任何希望，希望不必同意过去两千年的历史并非完全无法避免这样的结论的话，那些旅游书籍所假造出来的东西还是应该存在。现在我们对过去所发生过的事已完全无能为力；文明已不再是在整块长有各种各样野生植物的肥沃土壤里一两个受保护的地区中，精心辛苦培育出来细致易摧的花朵。目前的肥沃土壤中丛生的野生植物，由于到处滋蔓，看起来似乎相当可怕，但事实上由于其顽强的生命力可以使受精心培育的花卉植物能够式样繁多，而且可以再增强生命力。可是人类选择只种一种植物，目前正在创建一个大众文明（mass civilization），好像甜菜是大批大批地种植一样。从今以后，人每天享受的就只有这么一样东西。

在以前，为了从印度或美国带回一些像巴西红（brésil，一种红色漆，“巴西”的名称即由此得来）之类今日看来没有什么价值的东西，人们要冒丧失生命的危险。那时冒生命危险要取得的东西包括胡椒在内，现在看起来相当可笑，可是在法国亨利四世的时代，胡椒非常流行，宫女随身带些胡椒种子在她们的糖果盒中，像吃糖果那样地吃。这些东西在视觉上和感官上所引致的奇异感，使眼睛觉得暖和，使舌头觉得很辣，给一个一向并没自觉到自己的枯燥乏味的文明带来一大堆新的感性经验。我们甚至可以因此说，经过一道双重反复的手续，我们今日的马可波罗从同样的地方带回种种道德上的香料味素，我们的社会越来越自觉到自己是一直在往下沉，也就觉得越来越需要这些道德刺激品，今日的马可波罗带回来的是照片、书籍和旅行故事。

另外还有一项类似，我觉得更为重要。不论是有意或无意，现代的香料味素等调味品都是伪造过的。这当然并不是指今日的调味品是纯粹心理层面的而已，而是指即使说故事的人再诚实也无法提供真实的东西，因为真实的旅行故事已不可能了。为了使我们可以接受，记忆都得经过整理选择；这种过程在最诚实无欺的作者身上，在无意识的层面进行，把真实的经验用现成的套语、既有的成见加以取代。举例来说明，有次我打开一本旅游书籍，上面描述某一个部族是野蛮人，还保存某些原始习俗，然后用几章的篇幅粗枝大叶地胡乱描述一番；可是我在当学生的时候就曾花好几个礼拜的时间读专业人类学者对那个部族的研究，有的是最近的报告，有的是 50 年前那个部族尚未和白人接触，尚未染上白人的传染病死得所剩无几，尚未成为一群无根的病态的人之前就做过的研究报告。另外还有一个部落，据说是一个年轻的旅行者第一次发现，他花了 48 小时做完他的研究；但事实上那个年轻人所看到的（这点非常重要）却是一个被迫迁出他们原来居住地，被迫搬到一个临时性住所的部族，那个年轻人天真地误以为那地方是该部族的永久村庄。还有，通常他们都把如何和该部族的人接触的过程特意省略不谈，以免泄露出原来早已有传教站一直不停和该部族维持联系长达 20 年之久这一类的事实，或者避免泄露出当地的机动船可以直驶该部族居住地区的心脏这样的事实。不过，此类事实在有经验的人眼底可以从图片上的一些小细节看出来，原因是照相者并不能每次都能避免把所谓被第一次发现的部族用来煮东西的生锈的汽油罐子照进相片里面。

像以上举的这些空虚的所谓发现，还有人们居然那么轻易地就相信，甚至可以说鼓励这一类发现，甚至少数值得赞赏的个别例子，在某种程度上，使浪费在这类事情上的精力得到少许补偿（那些精力可以说是加倍地浪费掉了，因为其结果只能使其所欲掩盖起来的颓败更为扩大）——所有这一切表示，不论是其作者或是其读者大众，都具有强烈的心理上的动机，研究原始民族的某些制度有助于了解这些动机。了解原始民族成为时髦的事情，使人类学得到很多有害无益的合作与帮助，人类学本身倒可以有助于了解、澄清这种时髦风尚的本质。

在很多北美洲的部族里面，和青春期必须通过的一些历练有关的情况，常常对一个人的社会地位有决定性的影响。有些年轻人不带任何食物，自己乘着独木筏在水中漂流；有些人则一个人跑上山，去面对严寒、雨水和野兽。有时候他们一连好几天，好几个礼拜，甚至好几个月都没好好吃东西，或只吃粗糙的食物，或者长期禁食，甚至使用催吐剂来使自己的身体情况变得更虚弱。一切事情都被用来作为与另外一个世界沟通的手段。他们沉浸在冰冷的水里很长一段时间；故意砍断几个手指关节；或者把削尖的木头插入他们的背肌下面，木头上绑上绳子，绳子的另一端绑着重物，然后拖着那重物走路，目的是为了把筋膜划破。他们即使不采取上述的极端手段，最少也会不断地做些毫无意义的工作，把自己弄得筋疲力尽，有时候是把身上的毛一根一根地拔掉，有时是把松树枝上的针叶一根根地拔掉，不然就是在一块大石头上面打洞。

进行这些历练，会使他们进入一种精神恍惚、身体虚弱、神经不稳的状态，他们希望借此可以和超自然界沟通。他们相信一种神奇的动物，被他们所受的强烈痛苦和他们的祈祷词所感动，不得不在他们眼前出现；会看到异象显示使他们明白，他们日后的保护神是谁，他们可以依照该保护神的名字取名，因此得到特殊的能力

（权力），并因此而决定他们能享受的权力，决定他们在自己社群中的地位。

我们是不是能够因此下结论，认为就这些土著看来，社会不能提供给他们任何东西。不论是制度或是习惯，对他们来说都好像是一种一再重复不变的过程，机会、运气或能力在其中似乎毫无作用。他们可能觉得改变命运的唯一手段是冒险进入那些危险重重的地区，在那里社会规范完全失去意义，社群的要求和保护性的规划也不具有任何作用；直接进入平常的、有秩序的生活边缘，进入身体能力无法承受的边缘，接受身体与精神折磨的最极限。处于这种不稳定的边缘地带，一方面是冒着走过头以致永远回不来的危险，另一方面则可能从环绕于有组织的社会四周广大未被利用的力量里面，取得自己可以利用的力量。把一切都豁出去的人有可能因此取得力量，可以修改一个除此以外无法改变的社会秩序。

不过，这种解释可能仍然过分肤浅，因为在美洲平原或高原上面的印第安人的社会里，个人信仰并没有和集体的教条有太大出入。整个辩证过程都源出于整个社群集体的习俗与哲学。个人的信念从群体中学来；信仰守护神本身是个群体现象，是社会群体本身教育其成员，使他们相信，在社会秩序的架构里面，他们唯一的希望是努力去试着采取一种荒谬的、几乎是绝望的办法来脱离该秩序。

当代法国社会里面，在读者大众与他们的“探险家们”之间，上述的“追求权力”的现象相当风行。我们的青春期男女，同样也能自由地去追求从孩提时代起整个社会从四面八方加在他们身上的种种刺激，他们也可以用各种不同的方式来逃避当代文明加在他们身上的种种规范。逃避的方法有时是往上爬，去爬山，有时是往下掉，掉入地球的内部，有时是平面行走，到遥远的国家旅行。还有，他们所追求的极端可能是心灵上的或道德上的，像有些人故意把自己陷入一些困境，其严重的程度，以目前的知识水准来看，几乎是不可能活下去的。

社会对这一类冒险行动是否能带来任何所谓理性的结果完全漠不关心。他们既不是在从事科学上的新发现，也不是在创造诗篇或文学。他们的举动所产生的有形后果非常有限。重要的是他们这样做的过程本身，而非这样做可能有的什么目标。就像上举的北美洲土著的例子那样，一个年轻人离开他自己的社群几个礼拜或几个月，以便能使自己亲历某种极端的情境（有时候这样做的人是完全诚实的，有时候则是小心翼翼相当做作，不过土著社会中也同样的两种例子都存在），然后回来的时候就拥有某种力量，其表现方式是写几篇报纸上的文章，或写些畅销书，或在挤满人的演讲厅公开演讲。这种现象所具有的魔术性质可以从社会中的自我欺骗看出来，可以解释所有这一类现象。最重要的事实是，这些野蛮民族，只要和他们稍做接触即可使一个旅行者变得与众不同，这些冰冷的山峰、深陷的洞穴或难以进入的森林——这些地方都是可以得到高贵的、获利的启示之宝贵地点——所有这些，在不同的意义上，都是我们自己社会的敌人。我们的社会在快要毁灭他们的时候就假装他们具有高贵性质，可是如果他们真的有能力成为对手的时候，却又对他们充满恐惧与厌恶。亚马孙森林里的野蛮人是感觉敏锐、毫无力量的被牺牲者，他们是被机械化文明所捕捉的可怜的一群，我甚至可以告诉我自己，我所能做的只不过是去了解正在毁灭他们的命运的真相；但是我拒绝相信那种比他们自己的魔术更为站不住脚的魔术，我拒绝那种在深为好奇的大众面前展示彩色照片，而不展示现在已荡然无存的土著面具的行为。或许社会大众误以为野蛮人的可爱之处可以利用此类照片捕捉得到。把野蛮生活消灭掉还不满足，甚至浑然不知野蛮生活已被消灭的事实，读者大众还觉得需要热切地用历史早已消灭掉的人和社会的影子来满足历史的怀旧的食人主义。

我是这些扫除原始森林的人的老前辈。我会不会是唯一的除了一把灰烬以外什么也没带回来的人呢？我会不会是替逃避主义、根本不可能这一事实做见证的唯一的声音呢？像神话中的印第安人那样，我走到地球允许我走的最远处，当我抵达大地的尽头时，我询问那里的人、看见那里的动物和其他东西，所得到的却是同样的失望："他笔直地站立着，痛苦地哭泣、祈祷、号叫。但是还是听不到什么神秘的声音。他睡觉的时候，也并没有被带往有各种神秘动物的庙堂里去。他已完全明白确定：没有任何人会赋予他任何力量、权力……"

以前的传教士经常说，梦是野蛮人的神，但对我而言，梦却永远无法捕捉，像水银一样滑出我的手掌。不过，还是可能有一些闪亮的晶体散置于一些地方。像库亚巴（Cuiaba），那个出产过很多金子的地方；或是在乌巴图巴（Ubatuba），目前是个无人的港口，但200年前西班牙大船曾在该处不断地满载而去；或许是在阿拉伯沙漠的上空，其颜色像鲍鱼贝上的珍珠光泽那样又紫又绿；或许是在美洲，或是在亚洲；在新西兰的沙岸上面，或是在玻利维亚高原，或是在缅甸边境。我可以随便挑出一个仍然带有浓厚神奇色彩的地名：拉合尔（巴基斯坦）。

在毫无特色的郊区有座机场；无止无境的大道，两旁种着树，排着独门独户的洋房；一间旅馆位于四周围起来的一片草地中间，看起来像是诺曼底一带的种马农庄，一排一模一样的建筑物，门全在底层，像马房的门一样间差排列，每道门走进去都是一模一样的公寓式隔间，前面一间起居室，后面一间洗澡间，卧室在中间。两英里长的大道尽头是个省城常见的广场，广场四周通向更多的大道，几间店铺——一间药铺、一间照相馆、一间书店、一间钟表店。置身于这些广大而毫无意义的空间之中，我觉得我所要寻找的东西已无法得到。老的，真正的拉合尔到哪里去了呢？原来它离这些规划很差，早已破败的郊区相当远，为了去那里，我得穿过两英里路的市集。在市集里面，有人利用机械锯把厚如锡板的黄金片造成廉价的首饰，另外有小铺子在卖化妆品、成药和进口的塑胶用品。后来我终于走到一些幽暗的小街道上，我必须把身体紧贴在墙上好让一群毛染成蓝紫色的绵羊通过，让体型庞大的水牛（每只大约有乳牛 3 倍大）通过，这些水牛有时候会友善地冲到人身旁，还有，让更多的手推车通过，这大概就是真正的老拉合尔吧？我所看到的那些年久失修、破落不堪的木造结构，这是不是就是我所要寻找的真正的拉合尔呢？那些木雕上面的雷纹和刻图的精妙处，被胡乱安装的电线遮住，很难欣赏。那些电线缠来绕去好像是老屋子里面的蜘蛛网。有时候，似乎会有一个意象，一种回声，从过去涌现出来，在窄窄数码的空间里停留短暂的一两秒钟：小街道上的金匠银匠工作之中所发出的清澈的声音，好像是有 1 000 只小手臂的精灵在敲击木琴。走完这些小街道以后，我马上又置身于广大的大街网里面。这些大街横穿过一批 500 多年的老房子中间。那些老房子在最近发生的暴乱里受到极大的破坏，不过那些房子在过去就常常遭受破坏，破坏了又重修，一次又一次，因此看起来好像是一堆年代古老的不得了、难以形容的破旧建筑的堆积。到处看这些景象，我所做的正是一个空间考古学家的本分工作，锲而不舍地要从残片遗物中去重现早已不存在的地方色彩，不过这种工作是徒劳无功的。

有这样的认识以后，幻想便开始一步一步地布下它的陷阱。我开始希望我活在能够做真正旅行的时代里，能够真正看到没有被破坏，没有被污染，没有被弄乱的奇观异景的原本面貌；我希望自己是贝尼埃（Bernier），是达维尼埃（Tavernier），是曼努西（Manucci）……我希望自己像他们那样旅行，而不是像我自己这样旅行。这类想法一开始出现以后，便可以无止无境地继续下去。在哪个时代去看印度最好？在什么时候是研究巴西野蛮民族的最好时机？可以得到最纯净的满足，可以看见他们被污染、破坏之前的景象？到底是在18世纪的时候和布干维尔（Bougainville）同时抵达里约比较好呢？还是在16世纪的时候和列维（Léry）与铁卫（Thevet）同行比较好？每次把时间往上推5年，我就能挽救一个习俗，得到一项祭仪或分享一种信仰。但是我对于有关的记载很熟悉，我也明白，把时间往过去推回一个世纪的话，也得同时放弃可用来增进知识的许多材料与研究方法。因此我便陷在一个圈圈里面，无法逃脱：不同的人类社会之间交往越困难，就越能减少因为互相接触所带来的互相污染，但也同时使不同社会的人减少互相了解、欣赏对方优点的机会，也就无法知道多样化的意义。简而言之，我只有两种选择：我可以像古代的旅行者那样，有机会亲见种种奇观异象，可是却看不到那些现象的意义，甚至对那些现象深感厌恶加以鄙视；不然就成为现代的旅行者，到处追寻已不存在的种种遗痕。不论是从上面的哪一种观点来考察，我都只能是失败者，而且败得很惨，比表面上看起来还惨。我在抱怨永远只能看到过去的真相的一些影子时，我可能对目前正在成形的真实无感无觉，因为我还没有达到有可能看见目前的真相发展的地步。几百年以后，就在目前这个地点，会有另外一个旅行者，其绝望的程度和我不相上下，会对那些我应该可以看见但却没有能看见的现象的消失，而深深哀悼。我受一种双重的病态所困扰：我所看得到的一切都令我大起反感，同时我又一直不停地责怪自己没有看到那么多我应该看得见的现象。

我被这种两难困境困扰，很长一段时间无法行动，但我觉得在那污浊的液体现在已开始沉淀了。逐渐消失的形式越来越清晰，混乱渐渐被排除。原因是时间不停地流逝。遗忘把记忆一拨拨地带走，并不只是将之腐蚀，也不只是将之变成空无。遗忘把残剩的片段记忆创造出种种繁复的结构，使我能达到较稳定的平衡，使我能看到较清晰的模式。一种秩序取代另外一种秩序。在两个秩序的悬崖之间，保存了我的注视与被注视的对象之间的距离，时间这个大破坏者开始工作，形成一堆堆的残物废料。棱角被磨钝，整个区域完全瓦解：不同的时期，不同的地点开始碰撞，交错折叠或里外翻反，好像一个逐渐老化的星球上面的地层被地震所震动换位。有些属于遥远过去的小细节，现在却突耸如山峰，而我自己生命里整层整层的过去却消逝无迹。一些看起来毫不相关的事件，发生于不同的地方，来源于不同的时期，都互相接触交错，突然结晶成某种纪念物，好像是建筑师所精心设计出来的，远比我自己个人生命史更见智慧。"每一个人，"夏多布里昂（Chateaubriand）写道："身上都拖带着一个世界，由他所见过、爱过的一切所组成的世界，即使他看起来是在另外一个不同的世界里旅行、生活，他仍然不停地回到他身上所拖带着的那个世界去。"［夏多布里昂所写的《意大利之旅》（*Voyages en Italie*）12 月 11 日条下所记］从此以后，可能把两个不同的世界之间沟通起来。经由预想不到的方式，时间把生命与我自己之间的距离拉长；在我能够回顾省思我以前的经历之前，必须先经过 20 年之久的遗忘期。以前我曾在世界各地到处追寻那些经验，可是当时并不了解其意义，也不能欣赏其精华本质。

第二部

行脚小注

五 回 顾

1934 年秋天，是个礼拜日，早上 9 点钟的一通电话决定了我一生的职业。打电话的人是布格列(Célestin Bouglé)，当时他是高等师范学院的领导。过去几年来，他表示对我印象不错，不过保持相当距离：原因之一，我并不是师范学院毕业的，另外，即使我是的话，我也并不属于他非常热心的为之安排升迁机会的小圈子。他打电话给我一定是他想不出有其他更合适的人，因为他单刀直入：“你是不是还想要研究人类学?”我的回答是：“是，毫无疑问，是要。”“那么你就去申请到圣保罗大学教社会学课程。圣保罗郊区到处都是印第安人，你可以利用周末去研究他们。不过，你必须在中午以前给乔治·杜马一个肯定的答复。”

巴西、南美洲在当时对我并无多大意义。不过，我现在仍记得非常清晰，当我听到这个意想不到的提议时，脑海中升浮起来的景象。我想象一个和我们的社会完全相反的异国景象，“对蹠点”（位于地球直径两端的点）这个词对我而言，有比其字面更丰富也更天真的意义。如果有人告诉我在地球相对的两面所发现到的同类的动物或植物，外表会相同的话，我一定觉得非常奇怪。我想象中的每一只动物、每一棵树或每一株草都非常不同，热带地方一眼就可看得出其热带的特色。在我的想象中，巴西的意思就是一大堆七扭八歪的棕榈树里面藏着设计古怪的亭子和寺庙，我认为那里的空气充满焚烧的香料所散发出来的气味。这种嗅觉上的幻想应该是因为在潜意识里我知道 Brésil（巴西）和 grésiller（焚烧的噗噗声）的音非常接近，这两个词的发音如此接近，一直到现在每次我想到巴西的时候，我最先想到的是焚烧中的香料。

事后加以考察，这些想象的意象并不见得是那么随意。我后来学到，一个情境的真相并不能在日常的观察中看到，而是要在一种有耐心的，一步一步慢慢来的蒸馏过程中去寻找，像语音上的类似使我想到香料这件事实，可能鼓励我去演练一种自发自动的双关语，用来作为一种象征的解释工具，那种象征的解释当时我还无法明白地提出来。探险应该不是单纯地走过很多表面上的距离，而应该是一种深入的研究：一件一闪即逝的小插曲，一片风景的片面，或是一句偶然听到的话，可能就是了解及解释整个区域的唯一关键所在，如果缺少那个关键，整个区域可能就一直不具任何意义。

在当时，布格列所说的有一堆印第安人的话给我带来其他的问题。我想他误以为圣保罗是个土著的小镇，最少其郊区住满土著，他误以为圣保罗大概和墨西哥市或特古西加尔巴（洪都拉斯）

（Tegucigalpa）差不多。他是哲学家，曾写过一本书叫做《印度的种姓制度》（*The Caste System in India*）。他从来没想到是不是最好先去印度一趟，亲眼看看其实际情况（那本著作1927年版的序里有“事件变易不居，制度则长存”这样的豪语），他不认为土著人民所要生存的条件本身会对人类学研究有重大的影响。更重要的是，大家都知道他并非具有此类漠不关心想法的唯一的官方社会学家；事实上，像他这样的例子今天还是存在。

不论如何，当时我自己也非常无知，便相信了那些可以很方便的纳入自己计划里面的幻想，特别是连乔治·杜马自己对这个问题也并没有清楚的概念。在土著社会还没有完全被消灭以前，杜马曾到过巴西南部，更重要的是，那时候他喜欢和他们在一起的那些人是独裁者、封建地主和喜欢艺术的有钱人等，他们并不能就这个问题给他任何启示。

因此，当马格利特（Victor Margueritte）带我去参加午餐会的时候，我大吃一惊。在餐会上听到巴黎的巴西大使表示官方的观点说：“印第安人？哎哟！亲爱的先生，他们在几年前就全部不见了。这是我的国家历史上很悲哀、很可耻的一段。但是16世纪的葡萄牙殖民者是一群贪婪残忍的人。他们具有那个时代常见的野蛮性，这实在也怪不得他们。他们把印第安人捉来，绑在炮口上，然后轰成碎片。印第安人就是这样不见了。社会学家可以在巴西发现很多非常有趣的事情。但是印第安人么，忘掉算了，你一个也看不到……”

现在我回想起这一段话，觉得实在是不可思议，即使是出自1934年的gran fino（上层统治阶级）口中，还是不可思议。当时巴西的秀异分子（令人高兴的是现在已有所改变了）容不得任何人提起印第安人或是巴西内地的原始情况，不过他们倒会承认，有时甚至自己说出来，他们的长相之所以会有些异国情调是因为他们的曾祖母可能有印第安人血统。不过他们绝对不愿意承认他们的长相之所以有些奇特是因为他们有黑人的血统。在葡萄牙帝国统治的时代，这些秀异分子的祖先倒是觉得有黑人血统并不是什么需要掩饰的事情。拿曾任巴西驻法大使的苏沙-丹塔斯（Luis de Souza-Danta）来说，他毫无疑问有印第安人血统，而他也很可能以此为傲。但是他是一个旅居国外的巴西人，而且早在十几岁的时候就移居法国，早已忘记他自己国家的真实面貌。在他的记忆里，真相早已被一种流行的、官方的理想化看法所取代。在他还记得的一些细节里面，我想他喜欢贬低一下 16 世纪的巴西人，以免触及他父母那一代的男人所最喜欢的一种娱乐，或许他年轻的时候也仍然进行过那种娱乐活动。那种娱乐是到医院去收集天花患者的衣服，然后把那些有天花传染菌的衣物和其他的礼物一起挂在印第安人经常走过的小径上面。这种休闲活动造成相当可观的成果：1918 年地图上面的圣保罗邦，面积和法国差不多，其中三分之二的地方被标示为“只住印第安人的未知地带”；等到 1935 年我到圣保罗的时候，那些地方连一个印第安人也没有，除了少数几家人在礼拜天常跑到山托斯（Santos）海滩去卖所谓的特产以外。值得庆幸的是，圣保罗的郊区在 1935 年时，虽然是连一个印第安人也没有，但是往内陆走个 3 000公里，还是可以找到一些印第安人。

在结束关于此段时期的追忆以前，我必须暂停一下，对那个我有机会窥望一下的世界再亲切地望它一眼。由于马格利特（Victor Margueritte）的关系，我才得以认识那个世界（就是他介绍我与巴西大使馆的人认识的）。我还是学生的时候，曾替他工作过一段时间，以后也一直保持友善的关系。那时的工作是负责出版他的一本书——《人类的祖国》（*La patrie humaine*）。工作的内容包括带着他自己亲笔签名的书本，代他送给 100 多个巴黎的名人（他坚持送书的时候必须说是大师送的书）。此外，我还得写新闻稿，建议写书评的人有哪些片段或许他们可以用得上，等等。我对他的记忆一直非常鲜活，不只是因为他对待我一直都很有礼很客气，而且还因为他本人和他的著作所形成的对比矛盾（这种事情最容易给我造成难以磨灭的印象）。他的作品看起来又天真又粗糙，虽然其中也含有相当宽宏的感情，但是他这个人却值得回忆。他的脸具有哥特式天使像常见的那种女性的阴柔迷人和细致之感；他的举动又具有本能的高贵性，这就使他的缺点——爱好虚荣是其中之——不至于令人厌恶或令人惊异，因为这些缺点都似乎变成是他特别的性情与智识能力的一些征象而已。

他住的地方是一间老式的资产阶级公寓，非常宽大，位于第 17 区（巴黎），现在他仍住在那里，眼睛几乎看不见东西了，他太太非常辛勤地照顾着他。他太太本人，年龄（年龄会把年轻时候才会发生的身体上与道德上的特征相互混淆之情况消除）使她那一度曾被称赞为“痛快”的个性变成丑陋与易怒。

他很少见人，因为他相信年轻人没人能欣赏他的长处，还因为他曾被官方圈子摒弃过。但最主要的原因是，他把自己的架子抬得那么高，他觉得越来越难找到可以沟通的人。我从来没能确定，到底是自然产生的结果或是经由特意的选择，他和少数几个人共同创立一个国际超人联盟，只有五六个成员，其中包括凯瑟琳（Keyserling）、雷蒙（Ladislas Reymond）、罗曼·罗兰（Romain Rolland），我想爱因斯坦也曾加入过一段时间。这个联盟的基本关系是，每次其盟员出版一本书的时候，散居世界各地的其他盟员马上称誉那本著作为人类天才的最高表现之一。

但是最令人感动的地方是马格利特想一个人挑起整个法国文学遗产的重担时所表现出来的那份天真。他出身于文学世家对他的这项抱负有相当帮助；她母亲是马拉美（Mallarmé）的表姊妹，因此他的装模作样里面可以用不少掌故和回忆做后盾。他提到左拉、龚古尔、巴尔扎克和雨果的时候，好像他们是他的叔叔伯伯或祖父母，好像他们都把遗产交给他保管似的。当他很不耐烦地大声说“他们说我的作品没有风格，巴尔扎克呢？他有什么风格？”的时候，人家会以为是置身于帝王世家之后的面前，好像他是在提起他祖先那有名的热情奔放的脾气，以便开脱自己的错误似的。凡人似乎应该把那些事情看做是被官方认可的对当代历史上的一些大变动之解释，而不只是一些个人的特征，因此也就应该很高兴能够看到那些脾气还可在一个活生生的人身上出现。比他更有才华的作家不在少数；不过，他们很少能够像他那样优美地对自己的职业怀有这样贵族的想法。

六　一个人类学家的成长

我念哲学的目的，是可以借之参加法国中学教师资格鉴定的考试，但选择哲学并不是因为我真正喜欢念哲学，而是因为我对截至当时所选修过的其他科目都不喜欢。在高中的最后一年念哲学班，也就是最高级班时，我有点倾向于某种理性的一元论，觉得我能够支持这种理论并为之辩护；因此我非常用功地念书，想进到罗德里克（Gustave Rodrigues）所教的那一班，当时他被誉为“高级进步的”。不错，他那时候是 S. F. I. O. 的激烈分子之一[①]，不过在哲学方面他所教的也不过是柏格森主义和新

---

① S. F. I. O. 是 Section Français de l'Internationale Ouvrière 的缩写，即工人国际法国支部。——译者注

康德主义的某种混合罢了，令我大失所望。他非常热切地诉说他那些枯燥无味的教条观点，整堂课都激动得手舞足蹈。我从来没有看过这么天真的信念和这么贫乏的知识能力结合在一起，蔚为奇观。1940 年德军进入巴黎之时，他自杀了。

在他的课堂上，我第一次学到，任何问题，不论是多么微不足道或严肃重大的问题，都可以用同一种方法解决。这种方法就是把对那个问题的两种传统看法对立起来。第一种看法利用常识作为支持的证据；然后再用第二种看法来否定第一种看法。之后，将以上两种看法都证明为不够完整，而用第三种看法说明前面两种看法的不足之处。最后，经由名词的搬弄，把两种看法变成是同一个现实的两个互补面：形式与内容；容器与容物；存有与外表；延续与断裂；本质与存在，等等。这一类的练习很快就变成纯粹是语言的搬弄，靠的是一点说双关语的能力，用双关语取代思想：语音的接近、语音的相似、语音的多样性逐渐成为那些聪明矫饰的知识转折的基础，那些知识的转折被认为就是良好的哲学推理的标记。

在巴黎大学念 5 年书的收获，就是学到了做此类心灵体操的技巧，做这种心灵体操的危险性是显而易见的。首先，维持智识平衡的技巧是这么简单，可以适用于任何问题。为了准备考试，准备接受法国中学教师资格必修课的超级折磨（口试部分，包括先准备几个小时以后，然后随便抽出一个试题出来考），我和同学们设想出各种非常不可思议而奇奇怪怪的题目。我有自信，只要给我 10 分钟时间准备，我就能够对公共汽车与有轨街车的优劣比较，发表一场长达一小时的演讲，而且使演讲词具有完备的辩证架构。这种方法不但是一把万能钥匙；它还使人相信，只要做些细微的调整，思想上一切丰富的可能性都可以全部简化成一个几乎不变的模式。这有如将音乐都化约成一个单一的曲调，只要音乐家晓得那个调子可以读成高音部或低音部。从此观点来看，我们的哲学训练使智力得到练习的机会，但这些练习却在脑筋上留下枯燥化倾向的结果。

把知识的增加与知识结构的复杂化加以混淆，我觉得还会产生更严重的危险。我们被要求要得到一个动态的综合结论，方法是从最不完备的理论下手，一步步地走到最微妙精细的理论为止；但这样做的同时，由于我们的老师都深迷历史性的研究方法，我们还得解释精细微妙的理论如何慢慢由最不完备的理论演变出来。基本上，这样的体系并不是要发现什么是真什么是假，而是要了解人类如何慢慢克服一些矛盾。哲学不是科学研究的仆人与帮手，哲学只是意识对意识自身所做的某种美学上沉思。哲学被认为是经过几世纪的演进而构建出越来越高级大胆的结构，同时也解决了均衡或举证的问题，同时也发明了逻辑上的完整性，哲学技巧的完美程度，或哲学论证本身内部的一致性程度，被视为哲学之真伪的判断标准。教哲学有点像是某种教艺术史方法，把后起的哥特式艺术宣称为一定优于较早期的罗马式艺术，就哥特式艺术本身而言，又认为华丽炫目的哥特式要比原始的哥特式更为完美，但做此宣称的同时，却根本不需讨论什么是美，什么是不美的问题。记号不与记号指涉对象发生任何关系，因为根本没有任何指涉对象存在。专业技术取代真理。经过几年这样的训练后，我发现自己现在非常切身的深信少数几个毫不精致烦琐的信念，和我在 15 岁时相信的信念大致相同。我越来越清楚地看见这些智识工具的缺陷，不过这些智识工具最少还具有工具性价值，适合我的要求。现在我不再有可能被这些工具内部的复杂性所欺骗的危险，也不会因陷入思考这些智识工具令人着迷的繁复性而忘记其实际用途。

不过，我怀疑我会那么快就决定放弃哲学而改学人类学，可能还有一些更私人性的理由，使我对哲学感到厌恶，而寻求一种逃避之道。在蒙德马桑城（Mont de Marsan，巴黎西南687公里的城市）高中教一年书，边教边准备教材之后，我被调到拉昂市（Laon，古城）。调去拉昂市以后，我在学期刚开始时，痛苦地发现从此以后我要一辈子重复教同样内容的课程。我的心灵结构中的一项特异的质性，应该是一种弱点，使我很难对同一个题目专心两次。一般说来，中学教师资格鉴定考试被看做是一种非人的试炼，通过后，只要高兴，此后就可以一辈子平平静静地过日子。对我而言，情形正好相反。我第一次参加考试就顺利通过，是和我同年应考的学生中年纪最小的一个，而且，准备那些原理、理论、假设等，并没有使我觉得筋疲力尽。我的折磨来得比较慢：教了一年书以后，我发现我根本没有办法上台讲课，除非每年都让我教一门新的课程。这个问题（可说是一个缺陷）在我必须口试学生的时候，变得更为尴尬：随便抽出的问题出现后，我完全不能确定应考的学生到底应该怎样回答才算正确。连最笨的学生似乎都能把一切相关的答案全部说了出来。那些问题本身，好像因为我曾一度用心思考，而在眼前消失不见了。

现在，我时常想，人类学之所以会吸引我，是因为人类学研究的文明和我自己特殊的思考方式之间，有一种结构上的类似，而我自己觉察不到。我没有兴趣明智地在同一块土地上年复一年的耕耘收获、耕耘收获：我的智力是新石器时代式的。有如土著所放的草原野火那样，有时候会使一些意想不到的地区大放光明；有时候可能使那些地区得到些养料，从那些地区摘取一些作物，然后就迁移到别的地区去，把燃烧过的大地留置其后。不过，在那时，我并不能对这种较深层的动机有任何自觉。我当时对人类学一无所知，我从来没上过人类学的课。当傅瑞哲爵士（Sir James Frazer）最后一次——大概是1928年吧，我想——到巴黎大学去做值得纪念的演讲时，虽然我知道这件事，但从来没有想到要去听他的演讲。

不过，在很小的时候，我就有收集异国奇物特产的嗜好。但那只不过是一种古董收藏者式的兴趣，收集的东西全看我能买得起什么而定。到了十几岁的时候，我仍然不晓得我到底想做什么。一个在较早的时候教过我哲学的教授克雷松（Andé Cresson）建议我学法律。他是第一个建议我该学什么的人，他说学法律和我的性情最合适。我想起他的时候，心中充满感激，因为他那错误的建议里面包含了一半的真理。

由于他的建议，我便不参加高等师范学院的考试。我注册当法律系学生，同时准备考取高中哲学课教师的资格，因为这样最容易。法律系的教学方式受一种奇怪的宿命感所笼罩。在精神上，当时的法律学和神学很接近；但另一方面，由于当时开始进行的一些改革，法律学又渐渐和新闻报道接近；结果便使法律学陷于神学与新闻报道之间，看起来无法给自己找到一个又坚固又客观的基础；要坚固就失去客观，要客观就无法那么坚固。法学家本身是社会科学家的研究对象之一，这让我想到传说中那种要向动物学家展示魔灯的动物。很幸运的是，在那时候，只要把那些课程手册背熟，花几个礼拜的时间就可以通过考试。法律课所教的东西没有什么内容，但更令我厌恶的是那些学法律的学生。我不晓得现在的情况是否仍然一样，但在1928年左右，一年级的新生可以分做两类，甚至可以说是两个不同的种族：一种学法律和医学，另一种学人文和科学。

不论“外向”与“内向”这样的名词是多么令人讨厌，用这两个名词来形容两种不同的学生倒是非常合适。一种学生年轻（传统俗话用来指同一个年龄组的那种意思）、吵闹、富侵略进取性，即使是必须采取最鄙俗的手段也在所不惜地要突出自己，在政治上倾向于右派（当时的右派）；另一种学生过分早熟、彬彬有礼、害羞，通常是左派，他们的目标是进入他们急着要与之平起平坐的成人世界里去。

这种对比的存在很容易解释。外向的学生念书的目的是要进入专门的职业圈里，他们的行为是在庆祝自己从高中得到解放，而且已在社会功能结构中取得了一定的位置。他们处于高中学生那种尚未分殊化的身份与将来要从事的专门工作之间的过渡时期，这种过渡时期使他们觉得置身于边缘情境，可以享受两种身份所能享有的一切特权。

文科学生和理科学生的一般出路——教书、研究及其他杂七杂八的工作——在性质上相当不同。选择文理科的学生并没有真正向童年道别，相反，却是设法要留在其中。教书这行是使大人能一直留在学校里面的唯一职业。文科的学生有个特征，他们有拒绝群体要求的态度倾向。一种几乎是和尚修道士一样的倾向，促使他们暂时或永远的躲入研究工作，全心全力于保存与传播一份和现时当刻无关的遗产。至于那些准备当学者做研究工作的人，他的目的只有整个宇宙的生命差堪比拟。那些认为选择做研究工作等于是做一种认同与承诺的人，实际上是错得离谱。即使是那些自认他们的研究是一种认同承诺的人，所谓的认同承诺并不在于接受某些素材，或认可那些材料的某种功能，也不在于做此选择所带来的机会与危险；他们的认同承诺，实际上是在对他们研究的材料做评断，从外面做评断，好像他们并非其中的一分子那样；他们的认同承诺，事实上只是他们停留于不做认同承诺的一种特殊方式。从这个观点看，教书和做研究不能和专门职业训练相互混淆。研究工作的伟大和不幸，在于研究工作是一种避难所，一种传教站。

在专门职业与可视为避难所或传教站的那些意义不甚明确的活动（其性质往往同时具有避难所与传教站的一些特征，但通常会有一种比较明显的特征）的对比之间，人类学占的是一个非常特殊的位置。人类学属于以上对比中的第二类活动里最最极端的一种。人类学家自己是人类的一分子，可是他想从一个非常高远的观点去研究和评断人类，那个观点必须高远到使他可以忽视一个个别社会、个别文明的特殊情境的程度。他生活与工作的情境，使他不得不远离自己的社群一段又一段长久的时间；由于曾经经历过如此全面性、如此突然的环境改变，使他染上一种长久不愈的无根性；最后，他没有办法在任何地方觉得适得其所；置身家乡，他在心理上已成为残废。人类学像数学或音乐一样，是极少数真正的召唤（vocations）之一。人可以在自己身上发现这种召唤，即使是从来没有人教过他。

除了这些个人的特质和社会的态度以外，另外还有一些纯属智识性质的促成因素。1920 年到 1930 年的 10 年间，心理分析理论开始在法国流行。心理分析理论让我觉得，我们所学的那些用来建构哲学论文，以及后来用来教书所使用的静态的对立——理性的与反理性的、智识的与情感的、逻辑的与前逻辑的——都只不过是一种不必要的智识游戏罢了。首先，在理性之外，存在着一个更重要也更实在的范畴，即有意义这个范畴，它是理性的这个范畴的最高存在模式，但是我们的老师们却提都不提它。其中原因应该是他们对柏格森的《论意识的直接素材》（*Essai Sur les donnèes immèdiates de la conscience*）比对索绪尔（F. de Saussure）的《普通语言学教程》（*Cours de linguistique générale*）更有兴趣。其次，弗洛伊德的著作使我明白对立并不以我们在哲学课上所学的那种方式存在，因为正是那些表面上看起来最情绪性的行为，最不合理性的过程，还有那些所谓前逻辑的表现等，才是最富有意义的。扬弃柏格森式的信仰，扬弃那种把存在与事物都变成一堆废话，以便使他们成为无法言说的那种绕圈子的辩词以后，我做出以下的结论：存在与事物都可以维持其各自的价值，不必失去其清晰的轮廓，那轮廓正是存在与事物之间借两者间的关系相互澄清界定之物，那轮廓的存在，使存在与事物能够各具其可辨认了解的结构。知识的基础不是弃绝一切关系，也不是以物易物；知识实际上只是选取那些真正的面相性质，也就是选取那些和我的思想本身的性质吻合的性质特征。原因并非像新康德派宣称的那样，并非因为我的思想会对所思之物产生无法避免的影响；原因是我的思想本身也是事物之一。思想既然是这个世界的一部分，也就具有这个世界所具的自然属性。

我和同一代的其他人都一起经历过这样的智识成长过程，不过在我自己，这个过程含有因为从小对地质学就非常有兴趣所带来的一些特色。我认为最宝贵的回忆之一，并不是那些到巴西中部一个前所未知的区域去探险的经验，而是在朗格多克地区的石灰岩高原上远足的经验，远足的目的是找寻两个不同的地层之间的接触线。那种经验和简单的散步或看看一些地方很不一样。那是一种追寻，对不明就里的旁观者可能毫无意义，但对我却是智识本身，包含其中所牵涉的一切困难和所能提供的一切快乐。

每一处景观初看之下都只是一片混乱，一个人可以自由地赋予它任何自己想要的意义。但是，除了那些农业上的考虑，人文地理上的不规则，以及其他各种历史的与史前史的意外事件以外，最华丽丰富的意义，毫无疑问要算那些比上列的各种现象更早发生过的，是上列现象必须服从的，而且在很大的程度上可以解释上列现象的那些地质的演变。一条苍白模糊的线纹，或者是岩石碎片的形状与质地上的一点几乎看不出来的差异，都是以前曾有两个海洋前后存在过的证据，同一个地方，今天我却只能看到一片荒废的土壤。我不顾一切障碍——悬崖的面貌、山崩、矮树丛或耕植的土地——也不顾什么道路、篱笆，一心追寻年代古老的停滞的遗痕时，看来我的行动好像毫无意义可言。但是做如此对比的唯一目的，是为重新捕捉主要意义（master-meaning），主要意义可能不明显，但是所有其他的意义都是一种局部的或扭曲的转换。

奇迹有时候的确出现，譬如：当你忽然发现在一个隐蔽的缝隙的两边，居然并生出两种不同种属的绿色植物，靠得非常之近，而每一种都选择了最适合自己的土壤；或者是，可以同时在岩石上面发现两个菊石的遗痕，看到它们微妙不对称的回纹，这些回纹以它们自己的方式证明两个化石之间存在着长达几万年的时间距离，在这种时候，时间与空间合而为一：此刻仍然存活着的多样性与不同的年代相重叠，并且加以保存延续。思想和情感进入一种新的层次，在那当中，每一滴汗，每一片肌肉的移动，每一息呼吸，全都成为过去的历史的象征，其发展的历史在我身体重现，而在同时，我的思想又拥抱其中的意义。我觉得自己处在更为浓郁的智识性里面，不同的世纪，间隔遥远的地方在互相呼唤，最后终于用相同而唯一的声音说话。

我开始熟悉弗洛伊德的理论时，很自然地把他的理论看做是将地质学所代表的方法应用到了个人上。不论是地质学或心理分析，研究者最初都发现自己面对着看来完全无法了解的现象；为了掌握、挖掘一个非常复杂的现象的要素，研究者都必须具备很细腻的性质，像敏感、直觉和品位等。即使如此，在那些看似无法理解的一团现象里面所找出来的秩序，既不能是临时权宜性的，也不能是偶然任意性的。地质学家所研究的历史和心理分析家所研究的历史相像，而和历史学家所研究的历史不同，前两者都是要把物质宇宙或心灵宇宙的某些基本特征投射到时间的层面上，很像活人画（tableau vivant，由活人化妆扮演的静态画面）那样。可以把活人画的比喻更往前推一步：那种称为“字谜”（charades）的游戏是个简单的好例子，玩法是把每一个动作都解释成是某些永恒不变的真理在时间的过程中展现的结果，其中的具体面貌，测字谜者认为会在道德的层面上重现出来，但是在别的行业中，那些都称为法则或学说。在这些例子中，美学兴趣兴起的结果都直接导致知识的获得。

雾月18日的改变

当我17岁时，有次度假认识一个年轻的比利时社会主义者。他现在是比利时的驻外大使。他引导我认识马克思主义。马克思是个伟大的思想家，更令我快乐的是，阅读他的作品，使我第一次接触到从康德到黑格尔这条哲学研究路线的发展；我接触到一个全新的世界。从那时候开始，我对马克思的钦佩始终不变，每次我要考虑一个新的社会学问题时，几乎都要先重读几页《路易·波拿巴的雾月十八日》（*The 18th Brumaire of Louis Bonararte*）[①] 或是《政治经济学批判》（*Critique of Political Economy*）。附带要一提的是，马克思著作的品质和他是否准确的预言了某些特定的历史发展完全没有关系。追随卢梭（Rousseau）的先例，马克思证明社会科学的基础并不是建立在各类事件之上，正如物理学的基础并非建立在感官所能觉察到的材料上一样：做研究的目的，是为了建造一个模型，要研究其性质，要研究在实验室的条件下会产生哪些不同的反

① 雾月，法兰西共和历的第二个月，相当于公历10月22—23日至11月21—23日。——译者注

应；以便在日后能把观察所得的结果用来解释经验世界实际发生的事情，后者可能和预测的情况非常不同。我觉得马克思已经很明确地证明了这一点。

而在现实的另一个层面上，我觉得马克思主义的方法和地质学及心理分析的方法相同（此处所指的心理分析专指弗洛伊德所讲的心理分析）。这三门学问都证明，了解乃是把一种事实化约成另外一种；证明真实的事实常常不是最显而易见的；证明真理的本质早已存在于它小心翼翼地要维持其不可捉摸性本身。这三门学问都要面对同一个问题，即感觉与理性之间的关系这个问题，而三者的目标也都一样：想达到一种超级理性主义（superrationalism），把感觉与理性整合起来，同时又不使两者失去其各自原有的一切性质特征。

因此我对当时甫出现的新式的形而上学倾向持反对的态度。我反对现象学的理由是它企图假设经验与现实之间存有某种延续性。我同意现实（reality）不但包括经验在内，而且可以解释经验，但是我从前述三个灵感源泉学到：现实与经验之间的过渡过程是一种非延续性的、断裂处处的过程；我也学到，为了掌握到现实，得先将经验排斥在外，然后再把经验重新整合进一个不带任何感性情绪（sentimentality）的客观综合里。至于后来汇集成存在主义的那些知识运动，我不觉得它们可以算是一种正当的思考活动（a legitimate form of reflection），原因是存在主义对主体性（subjectivity）的种种幻想过分纵容。把私人性焦虑提升成庄严的哲学问题，太容易导致一种女店员式的形而上学了，作为一种教学方法也许尚可原谅，但是这样做非常危险。在科学尚未发展到可以完全取代哲学之前，哲学有其任务，存在主义有容许人们对哲学的任务采取随随便便的态度的危险。哲学的任务是：了解存在与它自身的关系，而不是了解存在与我自己的关系。现象学与存在主义不但没有取消形而上学，反而给形而上学提供了两种辩解的方法。

马克思主义与心理分析都是社会科学，前者偏向研究社会，后者偏向研究个人；地质学是物质科学，但是它的研究方法与研究目标孕育了历史；人类学则在社会科学与物质科学之间建立起其研究领域：人类学认为人类的唯一限制是空间的因素，人类的存在给地质史意义上的地球所经历的种种转变赋予了意义，而此意义是历经为数甚多，如同地球的种种动力般无名，甚至不为人知的社会，累积无数个世代持续不断的辛勤劳作的结果。人类学给我带来智识上的满足：作为一种历史，人类学把世界历史和我自己的历史这两个极端链接起来，因此显示了两者共有的存在理由。人类学以研究人类为其目标，使我得以免除疑虑，因为人类学研究对所有人类都具有意义的种种人类与人类之间的差异与变化，而不研究专属于某一个单一文明的特有事物，那些特殊的事物在外来的观察者的注视下都消失为乌有，不再存在。最后，人类学满足了我前面提过的那种永远跃动、深具破坏性的口味，因为人类学提供我一堆事实上永远无穷无尽的研究材料，习俗、礼仪和制度样式之繁多，永远研究不完。人类学使我的个性和我的生命之间得到和谐。

情形既如上述，而我居然对人类学的信息一直置若罔闻，看来是件相当奇怪之事。其实我还在学校中迷失的那几年里，法国一流社会学家的著作早已不停地向我传播这个信息。然而，直到 1933 年至 1934 年年间，我才如获天启地了解到这个信息。那是因为我偶然读到罗维（Robert H. Lowie）所写的《原始社会》（*Primitive Society*）一书，在当时已不是什么新书。此书提供给我的，不是从书本上摘取一些观念，然后立刻把那些观念变成哲学思考，此书的作者描述他自己在原始社会的亲身经验，并且经由他自己的参与涉入指出那些经验的意义所在。读这本书使我的心灵可以逃出那种短视的、土耳其浴似的气氛，在那里面，我的心灵被哲学思考的练习所囚禁。我的心灵一旦进入自由的天地，觉得鲜活，充满活力。像一个城市居民被移到山上一样，我沉醉于宽广的空间中，惊讶的眼睛审视环绕四周的财富、多种多样的事物。

我就此开始接触英美人类学，从此保持亲密而持久的关系。起先是远距离的接触，透过书本，然后是经由亲身接触来维持其关系。结果引来严重的误解。首先是在巴西时，大学的教授期待我参与他们的行列，教他们所喜欢的涂尔干式社会学。他们的倾向有两个主要的理由，一方面是实证主义的传统在南美洲仍然深具活力，另一方面是他们想替温和的自由主义提供哲学基础。寡头统治势力通常选用温和的自由主义作为与个人权力斗争的武器。我到巴西时，正是我对涂尔干公开反叛并且反对把社会学用来做任何形而上学的用途之时，那时我正努力要扩展我的视野，毫无任何兴趣再去建造监狱的围墙。从那以后，我常常被人批评为过分奴化的尊崇英美思想。这种批评完全胡说八道。事实上，目前我可能比任何人都更忠于涂尔干社会学的传统，法国以外的人对这点都非常清楚。另外，我自动自发地宣扬对我有影响的美国学者是：罗维、克鲁伯（Kroeber）和鲍亚士（Boas），他们的思想和早已过时那么久的詹姆士（James）派或杜威（Dewey）派的美国哲学的差别，我认为是差上十万八千里，他们的思想和目前被称为是逻辑实证论的哲学之间的差异也是最少十万八千里。他们三个，有的是在欧洲出生，有的是在欧洲接受学术训练，有的是受教于欧洲教授，他们所代表的是很不一样的思想：在知识的层面上，他们代表一种综合，反映了4个世纪以前哥伦布去美洲以后才可能出现的种种综合——把一种坚固的科学方法与新世界所提供的独特的实验领域结合起来的综合。

他们三个人从事人类学研究时，不但可以利用当时最好的图书馆设备，而且可以很方便地离开他们任教的大学去研究土著社会，就像我们可以去巴斯克（Basque）地区或去蔚蓝海岸一带（Riviera）那样。我在这里所称赞的不是一个知识传统，而是一种历史情境。能够实地去研究那些仍然未被认真研究过的社会，而且是保存得相当完好，一切的破坏才刚刚开始的社会，一定是个很不寻常的方便和优点。让我说个小插曲来表明我的意思。加州的某个野蛮部族，整族被屠灭，只剩一个印第安人奇迹般地活了下来。他在几个稍大的城镇附近活了好多年，没有引起任何人的注意，他仍然敲打石片制造狩猎用的石箭头。可是动物逐渐全消失了。有一天，这个印第安人被发现在某个郊区的外围，全身赤裸，饿得快死。后来他到加州大学当打杂工人，安详度过其余生。

七　日　落

以上所写的那么漫长、多余的随想或设计，其结果是 1934 年 2 月有天早晨，我去马赛港搭船前往山托斯港。从那次以后，还有无数次的出发，在我记忆中全都混合起来，只留下少数几件特殊的印象：首先，法国南部的冬天充满一种特异的欢愉气氛；天空的颜色淡蓝，比平常更不可捉摸，空气锐利刺人，几乎是一种无法忍受的快感，类似在极渴的时候大口吞下冰冻起泡的饮料那样。与此形成对照的，是港边热度过高的船只其走道上所弥漫着的强烈味道，海洋的味道，船上厨房煮东西的味道和新油漆味的混合。我也记得在半夜时所感到的满足和心安，甚至可以说是一种安详的幸福之感。这种感觉是因为模糊地意识到引擎的声音、海水打在船身上的声音所带来的，好像移动本身创造出一种在本质上比静止更为完美的平静；的确，有时在夜里忽然感觉到船已停靠在某个港口而惊醒的时候，静止不动给人带来不安全和不舒服的感觉，渐渐习惯并视之为自然而然的情况，一旦有所变易时，总是令人感到不安。

这些船沿途停靠很多港口。航程上的第一个礼拜几乎全部花在岸边装货卸货上，只有晚上的时候才航行。每天早上醒过来，船已停靠于一个新港口：巴塞罗那（西班牙）、塔拉戈纳（西班牙）、维兰西亚（西班牙）、阿里堪第（西班牙）、马拉加（西班牙）、卡迪兹（西班牙），然后是阿尔及尔（阿尔及利亚）、奥兰（阿尔及利亚）、直布罗陀（西班牙），航行一段以后就到卡萨布兰卡（摩洛哥），最后到达喀尔（塞内加尔）。然后才开始直接横渡大西洋，有时候直驶里约和山托斯港，偶尔会在最后慢慢沿着海岸航行，在雷齐费、巴伊阿、维多利亚等巴西港口靠岸。一路上的空气渐渐变得暖和，西班牙的山脉渐渐消失于地平线上，顺着非洲海岸，沿岸一带太低，到处都是沼泽，难得直接看见，会有好几天的时间都看到海市蜃楼的奇观，像小丘或像悬崖峭壁。整个经验正好是航行的反面。我们所搭的船不再是一种交通工具，而是一个居住的地方，一个家，在其前面是一座转动的世界舞台，每天早上舞台会停止转动，使我们看到一幅全新的布景。

不过，当时我对人类学的研究观点与方法仍然不懂，无法充分利用这些很有利的机会。在那以后，我学习到对一个城镇、一个地区或一个文化这么匆匆一瞥是很得力的训练观察力的方法，因为停留的时间很短暂便不得不尽力集中精神。为时极为短暂的观察有时候甚至可以使人捕捉到一些特质，这是在其他的情况下，即使经过很长的时间也无法看到的。但是当时我觉得其他的现象更为迷人。带着生手的天真，每天我都站在空荡荡的甲板上，兴奋地望着那片我从来没有看过的、那么宽广的地平线，用好几分钟的时间注视着四分之一的地平线，观看整个日出日落的过程，代表着超自然的巨变之起始、发展与结束。如果我能找到一种语言来重现那些现象，那些如此不稳定又如此难以描述的现象的话，如果我有能力向别人说明一个永远不会以同样方式再出现的独特事件发生的各个阶段和次序的话，然后——那时候我是这么想的——我就能够一口气发现我本行的最深刻的秘密：不论我从事人类学研究的时候会遇到如何奇怪特异的经验，其中的意义和重要性我还是可以向每一个人说个明明白白。

经过这么多年以后，我怀疑自己难以再有这种如蒙神助的感觉。我还有机会重历一遍那样热情满怀的时刻吗？那时候我手拿笔记本，一秒一秒地记下我所看见的景象，期望能够有助于把那些变易不居、一再更新的外观形态凝固并记载下来。现在我还是对我那时的企图感到深深着迷，还不时发现我自己的手仍然在试。

船上所记

科学家把黎明与黄昏看做是同一个现象，古希腊人也是这么想，在他们的字眼里，黄昏与黎明都用同一个字来表示，只是在字前加个形容词来表示是指早晨或指晚上。这种混淆充分显示他们的主要兴趣是理论性的玄想，同时也暴露出他们对事物的具体面貌相当忽略。在某个特定的时刻里，地球当然很可能是摆荡于阳光所照及的区域与阳光所照射不到的地方或阳光将再照射到的地方之间，这种摆荡的动作本身是个无法分割的运动。然而事实上，黄昏与黎明这两种现象的差异可能比夜晚和早晨的差别更大。清晨是前奏曲（prélude），黄昏则是序曲

(overture)，后者是在结尾的时候出现而非在开始的时候，像老式的歌剧那样。太阳的面貌预告将来的天气；如果一大早会下雨的话，太阳是阴暗灰白的，如果要放晴的话，太阳的颜色粉红、轻快而带点雾气。但是黎明并不能保证一天的天气状况。它只是启动天候过程，宣布：会下雨还是放晴。日落则是另外一回事；日落是一场完整的演出，开始、中间和结尾全具备。日落奇观好像把过去12个小时之内所发生过的战斗、胜利及失败具体地重演一遍，只是规模小了一点，速度也放慢了一些。这就是人比较注意日落而较少注意日出的理由；黎明所提供的信息，只不过是温度计或晴雨计所表示的信息之辅助品，在比较不文明的社会中，则是月亮圆缺、鸟类飞翔或潮汐涨落所显示的信息之辅助品。日落则把笼罩人类身体的风、寒、热、雨等等联结成神秘的结构，使人的精神提升。人类意识的运作也可从这些软绵绵的星群排列中见出端倪。当天空开始因日落而大放异彩的时候（法国的剧院习惯上在要开演时会敲三响，但在有些剧院中，突然打亮脚灯表示戏要开演），在乡村小路上行走的农民停下脚步，渔夫让船无目的地漂浮，野蛮人坐在变得比较暗淡的火堆旁边眨眼睛。回忆往事是人类的大快乐之一，但是如果记忆真正照本宣科什么都重新来过的话，很少有人会愿意去再经历一次他们所津津乐道的疲倦与痛苦。记忆是生命本身，但是是另外一种性质的生命。因此，当太阳落向平静如镜的水面，好像某个天山的吝啬鬼施舍东西下来那样的时候，或者是当日轮使山峰的轮廓显明，好像一片有锯齿的硬叶子时，人最能够在一个短暂的白日梦中接受启示，那些晦暗的力量、雾气、闪电等的启示，接受那些他整天暗暗地感到在他自己内部交战不已的力量之启示。

因此，人类灵魂内部一定进行过非常罪恶的争战，不然的话，外表上发生的那些平淡无奇的事情，应该不会引起如此壮观激烈的大气层的展览才对。整天没有发生什么值得记的事情。快下午四点的时候——也就是太阳开始失去外表轮廓的清晰，但仍然维持住亮度的时候，一片金色的光使所有东西变得模糊，这片金色光芒好像是为了遮掩某种准备工作而故意聚集起来似的——门多查（Mendoza）号改变航向。海潮微微涨起，使船只轻轻摇动，每摇动一次，就使人觉得更热一点，不过船改变航向时所行走的弧度很难察觉得到，很容易就会把方向的改变误以为只是正常的摇摆程度稍微增加而已。事实上，没有人注意到航向已改变。在大海中航行，从A航行到B，应该是最接近纯粹几何学式的移位了。没有风景可以告诉人们已经沿着纬度线慢慢地走了多远，或已穿过等温线，已越过等雨线。在陆地上移动50公里路，有时候就好像到了另外一个星球，但是在大海中走个5 000公里，景观也没什么改变，至少在没有经验的人看来是如此。不必忧虑行程，不必管方向，对那凸起的地平线后面那片看不见的陆地不具任何知识，像这一类的问题都不会骚扰到旅客的心思。他们似乎觉得自己是被关在某个狭窄的空间几天的时间，目的是越过特定的距离，因此可以替他们的特权赎罪，他们的特权是从地球的一端被运到另外一端，一点都不必动用自己的四肢。不过即使想动用四肢也有困难，他们都变得虚弱，因为他们上午睡觉，懒散的饮食，吃东西早已不能带来感官的享受，而只是一种消磨时间的方式，每顿饭只要能吃上一大段时间，就可以填充一下空虚的日子。

更重要的是，没有任何人做任何努力。人们当然知道在那个大盒子底下是船的引擎，有人在那里工作，使引擎继续转动。但他们不要任何人去看他们，乘客们也没想到要去看他们，船上的官员也不想告诉乘客任何事情，乘客也没有什么话要对船上的官员说。人们只能在船上懒散地踱来踱去，有的船员在通风器上加些新油漆，几个穿蓝色工作服的人在头等舱的走廊上推着一块湿布，这是英里渐渐减少的唯一证明，湿布轻轻的打着生锈的船身所发出的声音隐约可闻。

下午4点50分的时候，西方似乎被一种复杂的结构所充满，那个结构的底部是完整的水平状，像海洋一样。那个复杂的结构好像是经由某种无法理解的运动从海中分裂开来，一层厚厚的看不见的水晶体插入大海和那个结构中间，把两者分隔开来。钩在那个结构的顶端，悬挂入天空深处的方向，好像是地心引力倒反过来一样所造成的，是飘摇摆动的鹰架，膨胀的金字塔和空虚的泡沫，被云朵所构成的模型夹住不动，但这些东西看起来不像云彩，这些东西的外表光滑，有球根状的突起，好像镶上金属雕刻过的木头那样。这个混乱一团的庞然大物把太阳遮盖起来，颜色相当暗，相当突出，只有几处地方显得明亮，在其顶端可以看见一道道的火舌升起。在天空的更高处，许多斑驳的金黄线条慢慢地变成漫不经心扭绞在一块的曲线，本身似乎非任何物质，只是纯粹的光线而已。

往北边的地平线望去，看见的是主要结构变得越来越狭窄，在四散的雪片中往上升，在这些后面，在很远的地方，慢慢出现一条粗线，顶端火红；最接近仍然看不到的太阳的那一边，太阳的光使这些残剩的结构显出比较明显的边线出来。北方更远处，各种不同的形状渐渐消失，只剩下一条色带，暗淡平坦，溶入海中。

在南方，那条色带重新出现，四周围满石板状云，好像天文上的多尔门（Dolmens）似的，立在支持它们的那一大片结构之冒烟的顶端上面。

把背完全对着太阳，直接看着东方，可以看见两群云块重叠，云块的两端向外延伸，看起来好像突出于光线之外，因为太阳光在其后面，照亮了整片小丘状的、膨胀的、稀薄的堡垒，闪闪发光，好像珍珠，闪着粉红的、紫色的和银色的光。

在另一方面，在西方，在那些充斥天空的暗礁背后，太阳缓慢地前行；在太阳往下坠的每个不同阶段中，一两条阳光会刺穿那黑暗的结构，或者会沿着一条路线射出来，在光线出现的时候，把阻碍物切成一堆圆圈形的片片，大小不同、亮度各异。有时候，阳光会缩回去，好像拳头紧握起来那样，好像云制的手套只愿容许一两个坚硬发亮的手指出现那样。有时候，一只灼热的章鱼会从蒸汽的洞穴跑出来，然后又重新缩回去。

日落有两个不同的阶段。首先，太阳好像建筑师。然后（当太阳光只是反射光，而非直射光的时候）太阳变成画家。太阳一从地平线上消失，光马上转弱，形成的视平面每一秒钟都更为复杂。白天的光线对透视构成妨碍，但在白天与黑夜的交界地带，可以形成奇幻的、同时也是天赐的建筑物。黑暗一降临，一切又都平淡无奇，好像某些色彩美妙的日本玩具一样。

日落的第一阶段开始的正确时间是5点45分。太阳已低垂，但还没触到地平线。太阳一开始在云块结构底部出现的那一刹那，像蛋黄一般喷射而出，光芒四射于仍然与之联结在一起的云块上面。光芒四射之后，紧接着的是光芒回缩：围绕太阳的四周变得暗淡，在海平面与云块底端之间的空间，一整片迷蒙的山脉出现，一下子闪闪发亮不可名状，一下子阴暗而棱角峥嵘。与此同时，本来平坦稀薄的云块变成浑厚汹涌。那些坚实黑暗的形体缓慢地移来动去，背景是一片宽广火红地带慢慢从地平在线往天空的方向延伸，色彩缤纷的阶段于焉开始。夜晚的庞大结构慢慢消失。在白天占据西方天空的庞然大物看起来好像是一块金属，其背后照着亮光，先是金黄，然后朱红，最后是桃红。已经变形最后终于要消失的云块，开始被那亮光所熔解、所灼烧，被一群鬼火牵引上升。

天际突然出现许多雾霭，组成种种网络；这雾霭好像是以海平面的、倾斜的、垂直的、甚至旋涡的各种方式散往各方。太阳光慢慢减弱的时候（好像小提琴的弓从不同的角度移动、接触不同的弦一样），也就把每个雾霭网络轮着爆炸成七颜八色的彩带，那些彩带几乎可以说是每个个别雾霭网络的专有质性，但同时却又完全是任意随机的质性。在个别雾霭网络刚出现的时候，其轮廓清晰、明确、脆而易碎，好像玻璃丝那样；然后慢慢消解，好像是因为暴露于一个充满火焰的天空，热度太高，颜色慢慢黯淡，也就失去本来的个性，往外延伸，越来越稀薄，最后终于消失。一个雾霭网络消失的同时，另外一个刚刚形成的雾霭网络出现。到最后只剩下模糊的蓝色互相撞击，就像是不同颜色、不同浓度的液体，被一层一层地倒进一个透明的碗里，虽然看起来层次分明，却慢慢地混合起来。

然后就很难再继续观察远方天空上的景观了，那些景观似乎每隔几分钟，甚至几秒钟就重复出现。太阳在西方一碰到地平线的时候，在东方很高的天空上，突然出现以前看不到的云层，有红紫色的斑点。所能看到的云层很快扩大，出现新的细节和色调，然后很快又暗掉，从右到左暗淡下去，好像有人拿着抹布慢慢地、坚定地将之抹掉。几分钟以后，清澄的天空重新出现于云层的堡垒之上。天空转成紫色，云堡则渐呈灰白色。

在太阳所在的那个方向，一块新的色带从原先的那块色带背后出现，原先的则变得好似一块均匀而模糊的水泥。新出现的色带散出火光。当它的光彩开始暗下去的时候，留在天空深处的斑驳效果，到目前为止仍未演出，现在开始渐渐扩大。天空的底部渐成金黄，四处迸发；天空的顶部，本来一直闪闪发光，变成棕色、紫色。同时，好像是那些斑驳纹迹被放在显微镜下面看那样：可以看见原来是由数不尽的微小光丝所组成，那些光丝像骨架一般支持着天空。

现在，太阳直射出来的光线已完全消失。天空剩下一片粉红与黄色：虾红、鲑红、亚麻黄、草黄；然后可以看到这些丰富的颜色也开始消逝。天空的景观又重新以各种白色、蓝色、绿色再创造一遍。然而地平线还是有些角落享受着自己无法持久的但却独立自在的生命。在左边，一面本来看不见的面纱突然出现，像是几种神秘的绿色的随意混合；颜色渐渐转红，起先是深艳的红色，然后暗红，紫红，炭黑，最后，整个面纱变成只不过是一张粗糙的纸张上面一个炭黑的斑记罢了。在其后面，天空呈高山植物的黄绿色，那条色带则仍然漆黑，轮廓完整清晰。西边的天空上，细小水平状的金黄线条仍然闪闪发光一两分钟，但北方则夜晚已经降临：那些小丘状的堡垒变成是石灰抹过的天空底下一些白色的凸起而已。白天消逝，夜晚来临所经历的这样一系列几乎是完全相同，但又无法预测的过程，是最神秘的事情。没有任何事情比这个更为神秘。它让标记很突然地在天空出现，充满焦灼、不确定性。没有人可以预测任何一个特别的夜晚会采取什么样的形式降临。经由某些不可理解的炼金术，每种颜色都成功地变成其互补色，虽然我们知道，画家如果想取得同样的效果，必须使用一瓶新颜料，把颜料挤进他的调色盘上面。对夜晚而言，它可以调出来的颜色无止无尽，夜晚只是一个虚幻的奇观之开始：天空由粉红变成绿色，但是其真正原因只不过是某些云彩在我没注意到的时候变成鲜红，对比之下，使天空看起来像是绿色，虽然天空的颜色一定也是粉红，不过色调太浅，无法和新出现的非常强烈深厚的颜色相抗衡罢了。不过天空的颜色转变并没引起我的注意，因为由金黄变成红色比由粉红变成绿色更不会引人惊异。结果是，夜晚好像就偷偷摸摸地来了。

于是，夜晚便开始用金黄与紫红的颜色来取代原来由金黄与紫红所形成的景观，温暖的色调被白色与灰色所取代。夜晚的照相底片上面慢慢出现大海上的海景，一幕庞大无比的云彩银幕，出现于大海的上空，慢慢消失，变成两座平行的半岛，一个平坦的沙滩海岸有时会在一个摇摆不定的、低垂的平面上出现，其箭头射入海中。白天的最后几道光芒从一个斜度很大的角度射到云朵的箭头状尖端上面，使之非常突出清楚，好像坚固的岩石一般，使整个幻象变得更为可观。这些云朵看起来就像用光亮与阴影雕塑出来的那样，好像太阳已经不能把它闪闪发光的雕刻刀在斑岩、花岗岩上面，而只能在薄弱、雾气样的东西上面雕刻，不过即使是在衰败下落的时候，太阳仍然维持它原有的风格。

天空慢慢变得不那么拥挤塞满，在那一片海岸景观般的云彩后面，可以看见海滩、珊瑚礁、成群的小岛屿、沙堆等慢慢成形，全都被宁静的天空之海所淹没，天空之海在渐渐消逝的云朵形成的庞然物上面撒上无数的峡湾与内陆湖泊。由于环绕着那些云朵箭镞的天空看起来像海洋，由于海洋通常反映天空的颜色，天空的景观就成为某个遥远的地面景观的再现，太阳在那个遥远的地方会再下落一次。此外，只要看一下天空底下的真正的海洋，整个海市蜃楼的幻象即刻消失：海洋既不是正午时一片灼热的平面，也不是晚餐后所出现的那种美妙、缓缓动荡着的平面。光线，现在几乎是水平照射，只把正对着它们那一面的海浪侧面照亮，其他的则在阴影之中。海水因此显得非常突出，阴影清晰浓厚，好像是用金属材料打制出来的那样。所有的透明性全部消失。

然后，经由一个很平常，但又一直是无法觉察得到的急速的转变，夜晚又变成白天。一切全部改变。天空，靠近地平线的地方一片漆黑，再往上一点则呈黄色，最高的地方一片蓝色，马上就要出现的白天把残剩的一些云朵逼得四散逃窜。这些云朵很快就成为一些空虚易败的影子，好像布景里边的房屋，灯光一熄，马上显露出它们急就章、临时性的脆弱本质，使人可以看清楚它们所创造出来的幻象，并非它们自己有何可观，只不过是灯光、视线所玩出来的魔术罢了。不久以前，它们还鲜活生动，每时每刻变化无穷；现在则凝结在一个痛苦的、无法改变的形式里面，在天空里面，当天空渐渐转暗的时候，会很快使它们与天空难以区分。

第三部

新世界

八　郁闷的赤道无风带

在塞内加尔的达喀尔（Dakar），我们向旧世界道别。在还没看见绿角群岛（Cape Vert Islands）以前，我们抵达事关人类命运的（非洲）北纬 7 度线。1492 年哥伦布如果继续往前直航的话，就会发现巴西，但他在此改变航向，因此在两个礼拜以后，奇迹般地靠岸于千里达岛（Trinidad）和委内瑞拉海岸。

我们渐渐接近赤道无风带（Le Pot-au-Noir, the Doldrums），以前的航海者极度恐惧的赤道无风带。在这片海域内，两个半球特有的风都吹不到，所有的帆下垂好几个星期之久，没有一丝风吹动它们。空气停滞，使人觉得是被关在一个封闭的空间里面，而非置身大海；深色的云朵，没有风去扰乱其平衡，只受到地心引力的影响，慢慢地解体往海上掉落。这些云朵如果不是那么沉滞的话，它们那迤逦的尾端可能会在光亮如镜的海面上留下痕迹。看不见的太阳把光线直射在海上，海比天空明亮，有种油质不刺眼的光泽，天空还是青黑色，使空气与水的亮度关系整个颠倒过来。如果把眼前的景观倒过来看的话，使天空与海洋调换位置，就可看见一个比较正常的海上景观。由于光线比较暗，各种自然的要素比较沉静，使地平线看起来比较近，在地平线上偶然可以看见狂风（squalls）在懒散地移动，好像一些模糊而短的圆柱，使海面与阴云满布的天空之间距离更为缩短。在这两片并列的平面夹缝里，船急切地往前航行，好像如果不赶快利用这一段短短的时间逃走，就会被压碎似的。偶尔会有狂风打到船上，狂风的轮廓变形，占满所有的空间，用它潮湿的皮带鞭打甲板。然后，越过船身的狂风又恢复了原形，呼啸之声消失。

海上看不到任何生命的迹象。海豚所激起的黑色涟漪曾在船前涌现，比激打船首的水花泡沫更为坚实也更有节奏，很秀美地在后退的浪花顶端一再出现；现在，地平线不再被海豚所喷射出来的水柱划开，海也不再那么蓝，不再看得见成群的鹦鹉螺，也看不到鹦鹉螺①群纤细的红紫粉红色膜翅外张如帆。那么，当我们走到深沉大海的另一边时，古代航海者所见到过的神奇景象是不是还存在，还会欢迎我们的到来吗？当古代航海者行经这未被探险过的地域时，他们心中并不是要发现新世界，而只是要证实旧世界的历史。

---

① 鹦鹉螺（nautilc），动物名。属软体动物头足纲。体似章鱼，后端附一奇异之螺壳，壳无螺顶，外面褐色，有赤褐斑，里面是真珠质，内腔分隔为数房。肉体前端有头，眼一对，有柄，口旁有丝状触角。躯干后端延长为细管一条，名体管。呼吸用鳃，鳃有四。腹内无墨囊。栖海底，常以壳向上，头向下。产于印度洋与菲律宾等处，壳可制酒杯，或作为装饰品。——译者注

他们证实了亚当与尤利西斯确实存在过。当哥伦布第一次横越大西洋，航抵西印度群岛时，他或许以为所到之地是印度，不过，他更确定的是发现了地面上的天堂之存在，从那时到现在虽然已有400年，但仍然无法完全扫除一两万年以来新世界一直是在历史的变易之外这一事实所造成的巨大的时间差距。有些差距还是继续存在，不过是存在于另一个层面。我很快就学到，南美洲虽然不是什么人类堕落以前的伊甸园，但由于它所具有的神秘声名，它还是某种黄金时代的具体呈现，特别对有钱人是如此。南美洲得天独厚的地位开始像受阳光照射下的雪一样融化掉。到今日只剩下小小的可贵的一小片；同时，这一小片地方只有享受特别恩宠的少数人可以去，那地方也因此而变质：以前是永恒的，现在成为历史性的；以前是形而上学的，现在变成社会性的。哥伦布所瞥见的地上天堂还是会继续存在，同时也受到破坏变质，变成只是富人的豪华生活方式之专属品。

赤道无风带上蓝墨水色的天空，郁闷无比的空气，并不仅仅表示赤道已近在眼前。他们也是两个不同的世界开始正面接触的道德气氛之具体表征。在两个世界之间这一片毫不快乐的海洋，还有平静无比的天气——其唯一目的似乎是让邪恶势力有机会可以重整旗鼓，取得新力量——这些是两个如此极端相异的地区之间最后一道神秘的界限。这两个地区，由于不同的条件、情境，使他们如此不同，以致那些首先意识到此间的巨大差异的人们无法相信两个地区的人同样是人类。一整块几乎很少被人类碰过的大陆突然呈现于一群连他们自己的大陆都无法让其满足的贪得无厌的人面前。人世间的一切事物都被这第二次原罪弄得天翻地覆，发生疑问：上帝、道德与法律全都发生问题。一切事物都以一种同时性的又是相矛盾的方式，在实际上被证实却也在原则上被撤销：伊甸园、上古黄金时代、青春之泉、亚特兰蒂斯人（Atlantide）、赫斯佩里地人（the Hesperides）、受宠佑的群岛等都被发现为在真实世界中存在；可是天启（revelation）、救赎、习惯与法律却因另外一群更纯洁、更快乐的种族之实际存在而受人质疑（这群人当然并不真的是更纯洁，也不是更快乐，不过一种根深蒂固的悔恨之感使他们看起来好像是更纯洁、更快乐）。人类从来没有经验过这么重大的考验，而且，除非有一天在几百万公里以外，我们发现另外一个星球上居住着会思考的生物，这种经验也不会再有第二次。我们最少在一方面比古代航海者更具优势。我们知道两个世界之间的距离可以被拉近，一个世界可以走到另一个世界，而早期的航海者则相当害怕，怕他们一直前行的结果是进入一片空虚乌有之中。

为了把握 16 世纪之人的感觉，掌握他们觉得其所面对的两难困境之绝对性、完整性与无法变易性，必须记得某些意外事件。在以前称为希斯班尼欧拉（Hispaniola），即今日的海地与圣多明各（多米尼加）（Santo Domingo），当地原住民在 1492 年的总数在 10 万人左右，一个世纪以后，人口锐减到只剩 200 人，有些人死于天花及其他身体疾病，但更多人的死因是他们对欧洲文明的恐惧与厌恶。当时一个调查委员会接着另外一个，被派到该地去研判其原住民的本质。如果他们真的是人类的话，他们会不会是旧约上所说失踪的以色列部族的后裔呢？他们会不会是乘大象到那里去的蒙古人呢？或者是莫多克王子（Prince Modoc）在几个世纪以前带去当地的苏格兰人呢？他们到底一直都是异教徒呢？还是失去信仰的天主教徒？那些是受圣托马斯（Saint Thomas）洗礼过的人？他们到底是不是真的是人，或者只是一些古怪可怕的生物或野兽呢？西班牙费蒂南王五世（King Ferdinand V）的态度即是如此。在 1512 年他把整批的白人女奴隶运到西印度群岛，唯一的目的是防止西班牙男人与原住民妇女结婚，因为原住民“一点都不能算是理性的生物”。当拉斯加沙斯（Las Casas）提议禁止强迫劳动，所得到的反应与其说是愤怒不平，倒不如说是无法置信。“那么，”他们大叫，“我们是不是被迫连运输用的动物都不能驱使?”

当时派遣的调查团里面，最有名也有名得很有道理的是由天主教圣热罗姆修会（Order of Saint Jerome）修士所组成的那一团。这一团人令人感动的原因有二：一是他们诚实谨慎的态度，这种态度在1517年以后的殖民扩张活动中再也看不到；二是这个团反映了那个时代的人之心态。他们的调查过程很像是一种心理社会学的调查，用最现代的研究设计方法，要求殖民者回答一系列问题。做此研究的目的是想发现，依据他们的意见，这些印第安人到底能不能像卡斯提尔（Castille，西班牙中部地区）的农夫那样有能力独自生活。这个调查团所得到的结论都是否定的。“在不得已的时候，或许这些印第安人孙子辈的后代可以独立生活，但是，目前他们的能力实在太低，说不定他们的孙子辈能否独立生活都有问题。只要看看他们一见到西班牙人就逃走，没有报酬就不肯工作，他们反常的程度到了无缘无故把自己所有的东西平白送给别人的地步。他们甚至拒绝把被西班牙人割掉耳朵的族人驱逐。”他们所下的一致的结论如下：“把这些印第安人都变成人类奴隶，比任由他们像野兽一样自由自在还好……”

又过了几年以后，有关巴西土著的消息又增加一点，使以上的结论更为有力：“他们吃人肉，毫无任何公义的形式；他们赤身裸体，吃跳蚤，吃蜘蛛，吃幼虫……他们没有胡子，如果脸上偶尔长些毛，便迫不及待地把毛拔个精光。”［见1525年欧蒂斯（Ortiz）向印第安局所作的演讲］

属于同一个时期，在附近的另一座岛屿［波多黎各，根据欧维也多（Oviedo）的证词]，印第安人把这些人捕捉来，活活淹死。淹死以后几个礼拜之内，印第安人派警卫看守尸体，目的是要看看这些白人的尸体会不会腐烂。比较一下这两种截然不同的研究方法，可得到两个结论：白人相信社会科学，印第安人则相信自然科学；白人认为印第安人是野兽，印第安人则怀疑白人可能是神。这两种态度所表现的无知程度大致相等，不过印第安人的行为显然表现了更高的人性尊严。

智识了解上的困难，使得道德问题的考虑增添病态的因素。早期的探险家对他们所看到的一切事情都觉得大惑不解。德艾理（Pierre d'Ailly）那本《世界的影像》（*Image of the World*）中，提到一个新发现的、异常快乐的人种，称为gens beatissima，其中包括小黑人、巨型生物以及无头人。马提（Pierre Martyr）则引述各种怪异的动物：长得像鳄鱼的蛇，牛身象鼻的动物，牛头四脚的鱼其背上有数以千计的痣和龟壳，还有吃人的提布龙（tyburons）怪兽。但是，这些所谓的怪兽，只不过是巨蟒、貘、海牛（manatees）或河马（hippopotamuses）以及鲨鱼罢了（鲨鱼的葡萄牙文名称叫做Tubarao，即所谓的“提布龙”）。但是，在另一方面，看起来相当神秘却又被视为是自然而然的事情。哥伦布解释为什么他会突然改变航向，因此没能到达巴西，他在正式的报告中提到一些极不可能出现的情况，那种情况从他报告以后一直到现在没再发生过，而且在一个湿气永远很重的地带很不太可能发生。他报告说，一阵焚烧似的热气使人无法检视船舱，水箱和葡萄酒箱都因此爆炸，谷仓突然燃烧，腊猪肉和干肉被烤了一个星期之久，阳光异常强烈，船员以为自己将被活活炙死。在那快乐的年代里，任何事情都有可能发生，就像今天一样，特别是如果我们相信飞碟的话！

我们目前航行所经过的地点，差不多就是当年哥伦布看到美人鱼的地方。事实上，他是在加勒比海附近，也就是第一次航行接近尾声的时候，但是美人鱼如果在亚马孙河三角洲出现，也相当合适。哥伦布写道："三个美人鱼把身体露出水面，看起来虽然没有图片所画的那么美，但她们的圆脸毫无疑问是人脸。"海牛的头圆形，乳房在身体前面；母海牛喂乳的时候，用前脚掌把小海牛紧紧抱在胸前，把母海牛看成美人鱼一点都不奇怪。特别是那个时候，人们不但描述甚至画棉花树，把它称为并且画成是绵羊树，也就是一棵不长水果却长绵羊的树，吊在树上的绵羊其背上的毛都长到了可以剪羊毛的程度。

同样的，拉伯雷在他的《巨人传》（*Pantagruel*）第 4 册里面，很可能是根据一些去过西印度群岛的航海家所说的故事，而对今日人类学家称为亲属制度（kinship system）的现象加以戏谑式的讽刺，他根据一些非常有限的资料加以任意发挥，因为在事实上很难找到多少亲属制度里面，一个老头子会称一个小女孩为"父亲"。在上举的各个例子里面，16 世纪的思想缺少某项比知识更为重要的要素：一种科学思想不可或缺的要素，16 世纪的人对于宇宙的和谐安排不敏感；就像今天在美学方面，一个农民看过意大利画或非洲雕刻的外观之后，无法见及其中所含的有意义的和谐性，便没有办法分辨一幅波提切利（Botticelli）的画和一幅伪作之间的区别，也看不出一件帕呼因（Pahouin）族的雕像与一件廉价的垃圾之间的差别。美人鱼和绵羊树所代表的不仅仅是某种客观事实上的误认；在智识上，这些例子应该算是缺少鉴赏力的明证；这些例子表现的是一种心智上的缺陷，虽然在其他方面很有天分，也表现出相当的教养，可是却缺乏观察力。有此缺点并不构成我们对他们加以谴责的充分理由，相反的，我们该为他们在有此种缺陷的情况下仍能取得那么多成果而尊敬他们。

由欧洲启程开往北美洲或南美洲的船只甲板，给现代人提供一个很好的众神庙，使他可在其中念他的祈祷文，比雅典所能提供给雷南（Renan）的更好。我们再也不能像雷南那样崇拜一个视野有限的文明里贫血的女神。在那些英雄的身后——那些航海者、探险家和新世界的征服者——他们（在月球之旅的时代未开始以前）进行了人类所能做到的唯一完全的旅行探险，我追随着他们的脚步，心里想的是那些担任后卫以使大门不致关闭，可是所得的报酬却又如此残酷的那些人。我指的是印第安人，他们的例子，经由蒙田、卢梭、伏尔泰和狄德罗等人的著作，使我在学校所接受的教育得到实质上的丰富充实。呼隆族（Hurons）、伊洛魁族（Iroquois）、加勒比族（Caraibes）和吐比族（Tupi）——现在我就要去面对他们！

哥伦布所看到的第一片闪闪发光的，被他误以为是海岸的东西，事实上是一种在日落与日升的空当间产卵的海生闪光虫；他那时候还不可能见到陆地。不过，那个失眠的、在甲板上度过的夜晚里，我在等待美国的出现时，所看到的确实是大陆上面的亮光。

在那前一天，我们即已意识到抵达新世界了，虽然实际上还看不到新世界；船转向南，沿着与从贾柏圣奥古斯汀（Cabo são-Agostin）到里约的海岸线平行的方向航行，但我们还是离海岸太远。最少还得两三天的时间，我们才能拥抱美国的海岸。我们的感觉也不是因为庞大海鸟的出现，那些声音尖锐的热带鸟或是暴君似的海燕类鸟，它们攻击塘鹅，强迫塘鹅在飞行时把口中的猎获物吐出，并非是这些海鸟告诉我们航程已快到终点。因为这些海鸟常飞离陆地很远，哥伦布曾因误以为海鸟出现即表示陆地接近而付出相当代价，他误以为他成功了，而事实上，他的船仍在大西洋中途而已。飞鱼飞向空中，其尾部轻打水面，身体由外展的翅带动，好像一片蓝色镜面上到处闪烁的银点。此前常见的飞鱼在近几天以来已经越来越少见了。

但是越来越接近新世界的旅行者，对接近新世界这件事实的感觉和“巴西”这个字眼在巴黎所引起的种种联想南辕北辙。这种感觉很难向没有亲身经历过的人描述。

首先，几个礼拜以来所习闻的大海味道似乎不再那么自由得到处流畅；那大海的味道好像碰到一座看不见的墙，被挡住不能流动，不再吸引住旅行者的注意力。旅行者把注意力转移到一种性质相当不同的味道上去，那种味道他无法根据以往的经验加以定义、描述：那味道有点像森林中的轻风与温室的气息不断地交替，是植物界最基本的原质，带有一种特别的新鲜性，其浓度高到几乎要导致某种味觉上的中毒，又像是一段段强有力乐曲的最后一个音符，特别突出的演奏出来，目的好像是为了把各种不同水果味的香气所组成的章节既分离开来，又组合在一起。如果一个人曾经先在巴西的塞尔陶（Sertão）之某个波特金（botequim）中吸过那黑色而涂过蜂蜜的卷成螺旋状的烟卷味道之后，又一头栽进一颗刚剖开的热带辣椒里去的话，他就可以了解上述感觉。这种烟卷用烟叶制成，先把烟叶发酵再卷成几码长的长卷。这些相当接近的味道之混合，可以使人体认识到曾经单独拥有其中秘密长达数千年之久的那个美洲。

但是当第二天下午4点，新世界终于在地平线上出现的时候，其影像看起来似乎并不逊于它所出产的香料。长达两天两夜的时间，一片硕大无朋的山脉清晰可见。山脉庞大的原因并非因为它很高，而是因为山脉的样态不停地重复，很难辨识出个别山脉的起点和断裂，只看见一串陡峭的山脉结成不断的锁链。这些山脉光滑的石壁突出海面几百米，形成各种奇异的形状。类似的景观有时候可以在沙滩上从被海浪冲坏的沙堡残余中看见，但是没有人会相信这样的景观实际上可能以如此庞大的规模存在，至少在我们居住的星球上似乎不可能。

这种巨大的印象是美洲特有的，而且随处可见，在城镇或乡村都可看见。我在巴西沿岸感觉到这一点，在巴西中部高原上也感觉到，在玻利维亚的安第斯山脉、在科罗拉多一带的落基山脉、在里约热内卢的郊区、在芝加哥的郊外或在纽约的街道上，都可以感觉到这种巨大的印象。不论是在何处，都会造成同样有力的印象；任何一个特定的景观令人想起其他的景观，街道也只是街道，山脉只是山脉，河川只是河川。令人觉得陌生难辨的原因，是因为人的体积和环绕其身边的物体体积之间的关系是如此不成比例，似乎完全不可能以任何共同的标准去同时衡量二者。等到一个人渐渐对美洲习惯了以后，就不知不觉做了各种调整，使两者之间重建起一种正常的对应关系；这种调整本身做调整的人自己几乎觉察不到，其中的过程就像飞机降落时会使人在心理上微微一震那样，只能勉强感觉到一点点。但是两个不同世界原本缺乏可资比较的比例充斥我们的一切判断，同时加以扭曲。那些坚持说纽约很丑的人们，只不过是一种感官上的错觉的牺牲者而已。他们还不会学着用另外一种尺度去衡量新世界，把纽约认为是个城镇，因此对纽约的街道、公园、纪念性建筑物大肆攻击。当然，客观上来看，纽约是个城镇，但是具有欧洲式感性的人却是使用欧洲景观的尺度去观察纽约，这是一种很不一样的尺度。但事实上美洲的景观所呈现的是一种比欧洲更为庞大宽广的体系，我们完全缺乏可与之相比拟的事物。纽约的美和它是一个城镇毫无关系。只要我们放弃既有的观念，马上就可领略到纽约的美是美在它把城镇完全转化成为一个人工的景观，城市所具有的一般规则不再适用，唯一重要的价值在于那些灯光所映衬出来的富丽像天鹅绒一样的性质，远方建筑物轮廓的明确清晰，在摩天大楼之间令人惊叹的险峻绝壁，以及严肃阴郁的楼间谷地，其中点缀着五颜六色的车子，好像花朵一般。

做了以上的陈述以后，再回过头来描述里约热内卢，使我觉得相当尴尬。里约热内卢常被人称赞为很美，但我却无法动心。其中原因实在也很不容易说明白。我觉得里约所在的景观和里约这个城市本身极不成比例。糖块山（The Sugar Loaf Mountain）、柯可瓦多（Corcovado）以及被赞誉不止的自然景观，对于一个进入海湾的旅行者而言，好像是一个没有牙齿的嘴巴上面胡乱凸起的牙根。这些隆起的部分几乎是经常被一层浓厚的热带雾气所笼罩，它们也就无法填满整个地平线，即使没有雾气笼罩，它们也还不足以填满地平线。如果想取得一个令人满意的视野，就必须从陆地的那一边往海湾这一面望，而且要站在高处往下看。在朝海的那一面，视觉上的幻觉正好和在纽约所见的相反。在里约，自然本身看起来好像是一片尚未建造完工的建筑工地。

同时，单凭眼睛所能见到的景观，根本无法看出里约海湾的庞大。船航行的速度缓慢，必须小心避过海湾里面的大小岛屿，从长满树木的山坡上忽然吹下来的气息和凉快的感觉，使人预感到好像和花卉及岩石都已产生了具体的接触，虽然在事实上还看不到花卉或岩石，使旅行者先尝到这片大陆的特性。这使人又想起哥伦布的描述："树很高，好像碰到天顶；如果我没了解错的话，这些树长年不会落叶；我曾在11月份的时候看见这些树叶新鲜油绿得像是西班牙5月份时的树叶那样；有些树甚至在开花，有些则结着果实……只要一转身，到处都听得见夜莺的歌声，同时有数千种不同类的鸟给它们伴唱。"

这就是美洲；这块大陆造成一个无法逃避的巨大影响。它的存在，由黄昏时刻使里约海湾雾蒙蒙的地平线生趣盎然的种种活动的迹象组合而成；但是，对于一个新来者而言，那些活动、形状和亮光并不代表省份、村庄与城镇；它们也不代表森林、草原、河谷与景观；它们也不表现出生活其中之人的活动与工作，那些人互相之间都是陌生人，因为他们都各自局限于自己的家族与职业之中。整个景观构成一个特殊的、全球性的整体。一个人四周环绕着的并不是种类繁多的生物与物质，而是一个单一的、令人惊叹的存在：新世界。

九　瓜那巴拉湾

里约港的海湾直伸入城市心脏：船正靠在市中心，另一边正是 Ys 新城，早已被海浪全部吞没。在某个意义上来说，这是事实，因为第一个殖民聚居点，非常简单，位于一个多岩石的小岛上，待会船必须经过该岛。这个岛的名称根据建立聚居点的人取名：卫尔给农（Villegaignon）。我沿着里约-布兰柯大道（Avenida Rio-Branco）行走，这一带原来是吐比南巴族（Tupinamba）印第安人的聚居村庄，而我口袋中装的是列维（Jean de'Léry）的著作，人类学家的每日祈祷书。

列维在 378 年前几乎是与今日同一天抵达此地。另有 10 个日内瓦人与他同行，都是新教徒。他们是应卫尔给农之邀而去。卫尔给农在瓜那巴拉湾居住不到一年，即改信新教。他和列维以前是学校里的同学。卫尔给农是个很奇特的人，他尝试过各种各样的职业，也经历过各式各样的恋爱故事。他曾和土耳其人打过仗，和阿拉伯人、意大利人、苏格兰人打仗（诱拐苏格兰女王玛丽·史都华，以便她能和法兰西斯二世结婚的人，就是卫尔给农），也和英格兰人打仗。他曾在马耳他（Malta）和阿尔及尔（Alger）打仗，也曾在塞利索尔（Cerisole）打过仗。他后来的主要兴趣似乎是军事建筑，那时候他充满冒险的一生似乎快到尾声，对军事建筑这行业的失望，使他决定去巴西定居。但是到巴西以后，他的一切构想还是脱离不了他流浪成性、无法止息的本性，充满野心。他到巴西的主要目的，本来是去建立一个殖民地，但在同时他也一定是要设法自己建立一个王国。他的首要目标是给在法国正饱受迫害的新教徒提供一个避难所。卫尔给农是受过洗的天主教徒，但思想上可能是自由派。他取得了科利尼（Coligny）的支持，也取得洛林地区（Lorraine）红衣主教的支持，到处为他要建立的殖民地招兵买马，对象包括天主教徒与新教徒在内，有时候则到公共场所去招收被拷的犯人、疯子及逃走的奴隶。终于在 1555 年 7 月 12 日，他找到了 600 个人，送上两条船。船上的人员是五花八门，代表社会的各个行业，包括刚从牢狱出来的人，这些人就是卫尔给农召集到的拓荒者。不过，他忽略了两样东西：女人和补给品。两条船的起航出了不少差错，两次被迫回到迪波（Dieppe）。最后，终于在 8 月 14 日出发成功；不过，很快又碰上其他问题。非洲西北岸的加那利岛（Canary Islands）爆发战事，水源受污染，引发坏血病。卫尔给农的船于 11 月 10 日靠岸于瓜那巴拉湾。当时，法国人与葡萄牙人，为了取得土著支持，已经竞争多年。

当年法国在巴西海岸所享受的特殊地位，有不少值得注意之处。法国势力最晚在16世纪初即已开始，当时法国派遣了几支探险征服队，其中最有名的是1503年由龚维尔（Gonneville）率领的一次。龚维尔在那次探险结束以后，从巴西带回一个印第安人女婿。几乎是同一个时期（1500年），加布尔（Cabral）发现圣克鲁斯岛（Santa Cruz）（玻利维亚）。不过，我们或许应该把时间更往前推一段。法国人很快就给这片土地取名为巴西（Brésil）——早在12世纪的时候，巴西就是一片充满神秘感的大陆，知道的人都尽量保守秘密，该大陆出产木漆，有很多名词，像ananas（凤梨）、manioc（木薯）、tamandua（小食蚁兽）、tapir（貘）、jaguar（美洲豹）、sagouin（狨猴）、agouti（刺豚鼠）、ara（南美大鹦鹉）、caiman（凯门鳄）、toucan（南美产的巨嘴鸟）、coatii（南美浣熊）、acajou（桃花心木）等法文名词，都是直接来自各个印第安人的方言，并没有经过西班牙语或葡萄牙语的转化手续。因此，迪波地区的人传统上认为巴西是由库辛（Jean Cousin）首先发现，早于哥伦布的首航4年，或许也有几分事实。库辛的船员中有个人姓品容（Pinzon）。哥伦布在帕洛斯（Palos）附近，几乎放弃航行计划，是品容家族的一员鼓励哥伦布，使他重燃希望，继续前行。哥伦布首次航行时，当拉品达号（La Pinta）船长的是另品容家的一员，每次哥伦布在考虑是否必须改变航程时，都先要和品容商量。另外，在哥伦布放弃航向巴西的路线，而没有发现巴西的第二年，首先抵达巴西海岸，成为官方承认发现巴西的第一个人，又是另一位品容。他所到的地点是贾柏圣奥古斯汀。不过这个问题将永远得不到满意的答案，因为在迪波的记录，包括库辛的航行记录，都在17世纪消失了，消失的原因是英国人的炮轰所引起的一场大火。不过，在我抵达巴西大地的那一刻开始，我便禁不住想起作为400年前法国人与印第安人之间亲密关系见证的那些令人难以置信的事件和悲剧性的意外：诺曼地区去的翻译人员，在巴西和土著过一模一样的生活，娶印第安人为妻，变成食人族；可怜的史塔笃（Hans Staden），有好几年在惊恐里生活，觉得自己随时可能会被活活吃掉，可是每次都走运活下来。有一次他想借那把非常没有古伊比利亚味道的红胡子冒充法国人，以免被吃掉，可是勾尼昂王（King Quoniam Bébé）告诉他："我已逮过5个葡萄牙人，全都吃掉了，他们都想冒充法国人，全都是撒谎!"法国人与印第安人之间一定早有某种持续性的关系存在，1531年，那艘拉佩勒琳（La Pélerine）号船在回航法国时，才会除了运载3 000匹豹皮，300只不同属的猴子，还运载了600只"已懂得几句法语"的鹦鹉。

卫尔给农把科利尼堡（Fort Coligny）建筑在海湾正中央的一个岛上；建堡工人是印第安人，提供食物给殖民者的也是印第安人；不过，印第安人很快对这种只有往没有来的供应关系感到不耐烦，集体逃离，放弃自己的村落。其后，饥荒与疾病成为堡中的家常便饭。卫尔给农开始露出他专横的本性，罪犯集体反抗的时候，他便施以集体屠杀。堡中的传染病很快传上大陆，仍然忠心的少数印第安人都受到传染，800人死亡。

卫尔给农当时正受困于某种精神危机，对人世的俗务不大注意。和新教徒接触的结果，他改信新教，请求加尔文派些传教士到巴西去教他有关新教信仰的事情。因此，1556年，加尔文教派派出一支探险队，列维即是该探险队的成员。

从此刻开始，历史的发展异常曲折，很奇怪的是到现在为止，居然还没有小说家或电影剧作者对这段事迹加以利用。一小群法国人，为了逃避宗教纷争，为了想建立一个天主教徒与新教徒可以在一个自由的容忍的政府之下共存的新小区，历尽艰险，最后，发现他们所到的地方陌生得像另外一个星球。他们对当地的地理环境一无所知，对当地的土著也一无所知，没有办法种植植物来养活自己，身染各类病痛与传染病，一切生活所需必须仰赖一个语言不通且充满敌意的社会来供给，他们知道自己已陷入自造的罗网之中。天主教徒企图说服新教徒改宗，新教徒企图使天主教徒改教。他们不把精力用来谋生，一连几个礼拜都在讨论下列问题：最后晚餐的真义到底是什么？做奉献用的葡萄酒是不是应该先掺水？聚餐与洗礼都引起极为热烈冗长的争辩，争辩完毕以后，卫尔给农有时候被说服改宗，有时候又回到他原来所信的天主教。

事情闹得不可开交，最后派使者去欧洲请教加尔文，要求他仲裁那些引起争论的问题。使者派出以后，争论更加剧烈，卫尔给农开始失去理智。列维留下的记录中写道，他可以从卫尔给农所穿的衣服颜色推知他的情绪，以及他震怒时可怕的程度。最后，卫尔给农变成反新教，要把新教徒饿死。新教徒再也不能在岛上的社区中扮演任何角色，便搬到大陆去住，和印第安人成立联盟。法国人与印第安人之间的那种田园诗一般的关系，促成列维完成了人类学著作上的经典之作，《巴西大陆之旅》(*Le voyage fait en la Tevve du Brésil*)。这个故事的结局甚惨：受过种种折磨以后，日内瓦人最后搭上一艘法国船回欧洲。在回程中，他们不能再像上一次去往巴西的途中那样，仗着装备整齐，可以沿途向遇到的船只“刮油水”，也就是抢劫；这趟船上的人一直在饿肚子。他们把猴子吃掉，把鹦鹉吃掉。那些鹦鹉非常宝贝，有个印第安妇人，是列维的朋友，要人家用一门大炮来换，才肯交出她的鹦鹉。船上的老鼠卖到 4 枚埃居币（écus）一只。后来断水，最后在 1558 年抵达布列塔尼（Brittagne)，有一半的人已饿死。

而岛上的殖民社会开始在恐怖与判处死刑的氛围中解体。卫尔给农受岛上所有的人痛恨，有些人视他为叛徒，有些人视他为背教者，印第安人很怕他，他自己很怕葡萄牙人，最后他终于放弃他的梦。科利尼堡终于在1560年，在卫尔给农的侄儿布瓦勒-孔德(Boisle-Comte)的指挥之下，被葡萄牙人攻陷占领。

我在里约做的第一件事，就是随意到处走走，企图重新捕捉些上述古老故事的风味。后来我有机会真正体验到其中一部分，是国家博物馆为了纪念一个日本学者，在海湾顶端一带组织了一次考古挖掘试验，我参加了。我们的汽船停靠于多沼泽的海潮上面，停船地点附近有一艘弃船，生满了锈。那艘船当然不会是16世纪的，不过有艘生锈的破船弃置该地，使那块空间增添了不少历史气氛，那艘破船是该地唯一可以替时间的飞逝做见证的东西。远方的城镇在低垂的云雾与从清早就下个不停的细雨中消失不见。黑色污泥中有不少螃蟹，热带红树林外形肿大，看不出到底是蓬勃生长还是衰败的迹象。污泥与红树林后面，可以看见几间孤立小屋的侧影，看不出是属于哪个时代。再远一点，山坡顶端被白色雾气所笼罩。我们接近树林，便看到我们此番前来的目的了——最近有农民在这里发现一些破碎陶片的砂砾石坑。我摸摸那厚厚的陶片，毫无疑问是吐比族印第安人的陶片，因为陶片最外一层白漆边缘饰以红色和精细的黑色格状纹样，这种红色与黑色格状纹饰，据说可以迷惑那些到处寻找藏放瓮中的人体残骸的恶鬼。起先人家告诉我，车子可直接开到这个遗址，因为离城镇中心不过50公里，不过雨可能会把路堵住，迫使我们停留一个礼拜之久。这样的话，那就使我们与无力改变这个忧伤地点的过去更为接近了。列维可能在此类地点待过，磨掉那些烦人的等待时光，他可能看过那些速度甚快的棕色的手，拿着刮刀，沾上黑漆，来创造那些“像格状纹饰、像同心结以及其他数以千计的各种可爱的图案”。那些图案，正是目前我想从软化了的破陶片背面辨认的图案。

第一次到里约，还是很不同的。那是我生平第一次到赤道的另一边，在热带。我当时想，会有什么样的迹象来显示这种转变呢？会听到什么样的新声音来证明此事呢？哪一个我未曾听过的音符会首先进入我的耳朵呢？我最先注意的是微不足道的事物：我在一间客厅里。

我穿着轻便的衣服，在弯弯曲曲、黑白斑驳、高低不平的道路上逛。我看见大道两旁又窄又暗的小街道有几点特色：建筑物与道路之间的界线不像欧洲那么明显。不论商店橱窗的装饰是如何精致复杂，店面都直接延伸到街道上，使人很难分清到底身在店内还是店外。街道不只是作为交通，也是人生活的地方。这些街道又繁忙又安详，比欧洲的街道拥挤，也维护得更好，终于使我找到一个比较的标准。从一个半球到另一个半球，从一块大陆一种气候到另外一个，首先只不过是把欧洲商店橱窗那层薄薄的玻璃取消。在欧洲，那层玻璃只是以人为的手段，创造同样的效果。我对里约的第一印象，是觉得它像是露天的米兰骑楼（galleries）①、阿姆斯特丹的骑楼（Galerij），观看全景的通道（Passage des Panoramas）或巴黎圣拉札尔（Gare Saint-Lazare）车站的大厅。

通常，人都把旅行视为空间的转换。这种观念有欠充足。旅行不但在空间进行，同时也是时间与社会阶层结构的转变。任何印象，只有同时与此三个坐标联系起来才显出意义。不过，空间本身即有三个坐标，所以，如果想完整描述任何旅行经验，必须要同时使用五个坐标。我在巴西一上岸，马上感觉到这一点。我已来到大西洋这边，在赤道的另一边，同时非常接近南回归线。有很多事情都足以说明这一点：经常湿热的天气，不用再穿毛衣，房子与街道

① galleries，即商店前有顶的人行道。——译者注

的对比取消（这种对比，我后来发现是西方文明的一项常数）。不过我很快发现，此项对比由人与丛林的对比加以取代。在一个完全人文化了的地理景观中，人与丛林的对比并不存在。此外，还有椰子树，新种的花朵，在咖啡馆前面成堆的绿色椰子，椰子剖成两半，内有甜汁，散出隐藏着的新鲜味道。

我同时也注意到其他变化：以前穷，现在我富有，第一项原因是我的物质条件已改变；其次，当地物产价钱极低。一个凤梨只卖20个苏（sous），一把香蕉卖两法郎，一只鸡，由意大利店主烤好，才卖4法郎。好像是儿歌里面的“塔定太太的豪华饭店”（the palace of Dame Tartine）。最后，到达一个新港口时的那种开放心态，那些使人觉得有义务要加以利用的不求自来的机会，形成一种暧昧情况，使人容易暂时放弃平日的自制，忽然意气风发，以挥霍为快。当然，情况也可能与此正好相反。法德停战后，我抵达纽约，一文不名，就有这种经验。但是，不论是增加还是减少，不论你的物质状况改善或变糟，除非是奇迹发生，否则旅行不可能不在这方面带来一些变化。旅行不仅仅是把我们带往远处，还使我们在社会地位方面上升或降低一些。它使我们的身体交换了空间，同时，不论是更好或更坏，也使我们脱离自己原来的阶级脉络，因此，一个地方的颜色和风味不可能和我们自己面对，经验那些颜色和风味的时候所处的是那种预料不到的社会地位。

以前，旅行者旅行的时候，接触到和他自己的文明极不一样的文明，那种文明给他的第一印象是一切都极怪异。过去几个世纪以来，这样的例子变得越来越少。不论是到印度或美国，现代旅行者觉得惊奇的程度小到他自己都不愿意承认的地步。在选择旅行的目的地或行程时，现代旅行者可以任意自由地选择某个欧洲入侵的特殊时刻，或是选择某个机械化的程度。追求异国情调，结果只是在追求一个他早已熟悉的发展形态的不同阶段而已。现代旅行者就像是一个古董爱好者，由于材料有限，不得不放弃他所收藏的黑人艺术，在他到处旅行时到各地的跳蚤市场去讨价还价，购买那些有点古怪的粗制滥造的东西。

这一类的区别，事实上可在每个城镇的中心觉察出来。就像每种不同的花在特别的季节里开放一样，一个城镇的每个区都带有该区成长的年代遗痕，显示它发展的最高程度及其衰落的过程。在城镇成长衰落的形态里面，有其年代次序，也有巧合成分。以巴黎为例，沼泽（Marais）地区在 17 世纪达到顶峰，现在已减退；第 9 区，一种开化较晚的种属，在第二帝国时代达到极点，现在则是一些破败的建筑，居住其中的是一种较为寒微的植物，像昆虫一样，在其中找到适合他们那些规模有限的活动之场所。第 17 区则冻结于它那破产了的豪华富丽之中，好像一株大太阳花在大限已过之后，仍然高贵地昂着它衰败的头。不久以前，第 16 区辉煌灿烂，现在它鲜艳的花朵被办公大楼与公寓建筑所掩盖，慢慢地变成与其他的巴黎郊区没什么差别。

我们在比较地理上与历史上相差甚远的城镇时，这些年代循环方面的相异，还要加上变迁速率的差异，使情况更为复杂。一离开里约的市中心那种明显的 19 世纪末 20 世纪初的外貌，马上就看到安静的街道，长长的大道两旁种着棕榈树、芒果树、修剪整齐的红木树和古色古香的洋房各有自己的庭院。这些街道和建筑令我想到拿破仑三世时代的尼斯（Nice）或比阿里茨（Biarritz）。后来我看到加尔各答的住宅区时也有这种感觉。热带地方的城镇，与其说是深具异国风味，不如说是过时的风景。这些城镇的植物固然在一定程度上显示它们的风貌，但是某些建筑上的细节与生活的方式，使人得到一种印象，觉得并不是走了遥远的一段路，而是在时间上不知不觉地往后倒退。

里约热内卢的建造过程和一般城镇不同。它首先建于沿着海湾的那一段平坦的沼泽地，然后往内陆发展，穿越那些环绕着海湾的陡峻山岳，好像弯曲于一只很紧而又大小不甚合适的手套里面的手指那样。狭窄的城区，有的二三十公里长，沿着花岗岩的底部发展，有的花岗岩陡到不能生长任何植物的程度；偶尔在一个突出的岩角上面，或是一个深邃的岩罅里面，会长出一片森林，由于人无法抵达该处，那些森林是真正的原始森林，虽然离城镇如此之近。在这些凉快的、深邃的走廊上空飞行，飞机降落的时候使人觉得好像碰到那些树枝，飞机在生机盎然的植物毯之间滑行，然后降落地面。虽然里约附近到处都是山，但里约对这些山简直不屑一顾，一部分的原因是山顶缺水。在这方面，里约和孟加拉的吉大港（Chittagong）正好相反；在那里，那些小圆锥形的山丘，耸立于多沼泽的平原之上，绿草之中可见到橙色的泥土闪闪发光，几乎每一座山丘的顶端都建有一座孤独的别墅，一座富人的堡垒，使他可以避开逼人的闷热和沼泽的脏乱。里约正好相反：那些小圆球状的山顶，由整块的花岗岩像铸铁一般的铸成，把热气强烈地反射出来，使在峡谷底部循环的空气永远无法上升。也许目前的都市化已把这个问题解决了，不过，在 1935 年一个人居住地点的高度表，同时也是一个人社会地位的衡量表：住得越高的人，社会地位越低，一点都错不了。穷人住在高高山坡上面的法维拉斯（Favellas），当时那里住的是黑人，穿着洗得干干净净的旧衣服，谱出生动的吉他旋律，每逢嘉年华会，从山上下来，连人带曲，集体侵入城镇。

城镇不仅依高度而变化，也随距离变化。走进那些建筑于两山之间的狭窄城区以后，整个景观便有郊区的特色。里约布兰柯大道尽头的波塔弗果（Botafogo），仍然是里约热内卢的高级城区之一，但是过了弗列门果（Flamengo）以后，会使人以为是置身巴黎的纳伊利（Neuilly）。柯帕卡巴那隧道（Copacabana Tunnel）附近一带，20年前很像是圣德尼（Saint Dennis）或布尔日（Le Bourget），不过略带一些粗犷的味道，有点像第一次世界大战前的法国郊区。柯帕卡巴那现在到处都是摩天大楼，当时还只是个小省城，有各式各样的手艺行业与小商店。

我对里约的最后印象是在我最后离开之前不久，我到柯可瓦多（Corcovado）山坡上的一间旅馆去看几个美国同行。到那里去得坐相当简陋的电缆车，轨道建造于松松的岩石上面；坐这种电缆车使人觉得是在修车厂与山上小屋之间，沿途检查站上有虎视眈眈的管理人员，他们看起来又有点像是游乐园的招待。搭这种缆车穿越肮脏多岩石的荒地，有时几乎垂直地爬上悬崖，所得的奖品是在山顶上发现一座建于帝国时代的单层建筑物，规模不大，用灰泥与黄土涂过的墙壁。吃晚餐的地方是一个权充阳台用的平台，从平台望去，看见的是一堆水泥建筑，廉价的别墅与其他城市建筑。在远方，倒看不到在这种异质杂拌的景观中常见的工厂烟囱，而是看到一个闪亮的、缎子般光滑的热带海洋，海面上一轮硕大无朋的明月。

我走回船上。船起航，灯火辉煌，噼啪作响。灯火在海的面前游行；海弯曲翻腾，好像在检视一条漂浮海面的花街柳巷。傍晚时分，一场雷雨，远方的水域闪亮如巨兽之腹。同时，残断的云朵把月亮遮住，风把云吹成锯齿、十字架和三角的形状。这些奇形怪状的云朵仿佛自内部发光，在黑色的天空上，看来好像是热带的北极光。在这些黑烟似的云朵空隙间，不时看见微红的月亮部分出现，被遮住，又出现，好像在空中飘浮流过的一盏苦闷的灯笼。

十　穿越回归线

里约与山托斯之间的海岸，深具热带景观那种梦幻般的美。沿岸的山脉有时候高达 2 000 米，落进海中，形成小小的岛屿与溪流。细沙滩的边缘，长着椰子树，或是花朵怒放的深色森林。沙滩旁边，围绕着砂岩或花岗岩，只有从海上才有办法进去。每隔 100 公里左右，即有一个小港口。港口上面那些破败的 18 世纪建造的房屋，以前曾经是船主、船长或副总督们格局豪华的住宅，现在由渔夫居住。安格拉多雷（Angra dos Reis）、乌巴图巴（Ubatuba）、巴拉提（Parati）、圣塞巴提安（São Sebastião）和维拉贝拉（Villa Bella）等地方，都曾经是黄金、钻石、黄玉、贵橄榄石（Chrysolites）等的集散地。那些黄金宝石都是麦那斯吉瑞（Minas

Geraes）所出产，也就是王国中的“一般矿山”所出产，由骡子队沿着山脉，驮运几个礼拜，运到集散地。现在重访那些小径，看到山脊，实在很难想象，这些小径上的交通曾经那么繁忙，到了有人可以靠捡拾驮货牲畜沿路遗失掉落的鞋子即可谋生的程度。

布干维尔（Bougainville）对采矿与运货所必须注意的事情，曾有描述。挖掘出来以后，黄金得立刻交给每个政区设立的“基本中心”（Foundation Houses），像里约多模特（Rio dos Mortes）、沙巴拉（Sabara）或塞罗弗利欧（Serro Frio）。在那些地方，皇家税先收，该归矿主的金子都制成金条，上面盖明重量与标号，还有国王的徽记，然后交给矿主。在矿区与海岸的中点附近，建有一个主仓库，在那里又重复检查一遍。那儿的军官带着 50 个士兵，负责抽取五分之一，每个人、每只载货的牲畜都抽税，抽取的由国王与负责的军队瓜分。因此，由矿区出发的骡子队经过检查站的时候，都停下来接受“非常彻底的检查”，也就毫不奇怪。

然后，个别的商人把金条拿到里约热内卢的铸造厂去换金币，每个值 8 个皮雅斯（piastre）的古金币（half-doubloons）。这还得让国王抽取八分之一，作为铸造费。布干维尔写道：“这个铸币厂……是世界最好的铸币厂之一，有各种设备，用最快的速度铸币。由于黄金从山上运下的时间与葡萄牙开出的船只抵达港口所需的时间相同，铸造过程必须迅速，快得令人吃惊。”

钻石的开采制度比黄金还严厉。根据布干维尔的描述，签合同的人“必须把发现的每一粒钻石明确记载，而且所有钻石都交给国王指定的专人。他马上把钻石放进铁箱子，用三道锁锁起来。他锁一道，总督锁一道，皇家财产监督官（the provador of the Hacienda Reale）锁第三道。箱子锁好，连同开锁的钥匙一起放进另一个铁箱子，加封条，封条上有负责上锁的三人的签名。总督没有权力检查箱子的内容。他的工作是把这个上了封条的箱子再放到另外一个坚固的箱子里，把他自己的官印封条贴到锁上，箱子送往里斯本。这个箱子在国王面前打开，让国王挑他中意的钻石，挑好以后，依照协议的价格，付钱给签合同的人。”

曾经发生过这么多剧烈活动的地方，曾经在1762年一年之内，运输、检查、铸造及运送119阿洛别（arrobes）黄金（也就是1.5吨多的黄金）的地方，现在几乎毫无痕迹可寻。那一片海岸又回复到以前乐园似的状态。唯一的遗迹，是几座寂寞华丽的房屋，在其前面曾有多少西班牙大帆船（galleon）靠过岸，房屋的墙壁仍然受海湾涌上来的浪轻轻击打着。这些令人骇异的森林、处女湾和险峻的岩石，人们也许会相信除了几个从高原下山来的赤脚印第安人以外，没有任何其他人知道。但是，事实上，就在200年前，这些地方曾建有不少工场，锻炼出现代世界的命运。

饱食黄金以后，世界开始渴望糖，糖则吞食奴隶。首先，矿坑衰竭，在那以前，森林受毁以取得坩埚所需的燃料。然后是奴隶制度废止。最后，是逐渐增加的世界需要，使圣保罗和它的港口山托斯，把注意力转移到种植咖啡上面。先是黄色，然后白色，黄金最后变成黑色。在这一切的变化，这些使山托斯成为国际贸易中心之一的种种变化之外，其景观仍然保有一种精致周全的美。船慢慢在岛屿之间前行的时候，我第一次感受热带的冲击。我们被一条充满绿色植物的海峡所包围。好像只要我们伸出手就可摸到植物，那些植物在里约一带都是藏在山坡顶端，不易上去的茂盛的隐秘处。在圣保罗附近这比较平庸的环境里面，有可能与自然景观建立实质接触。

山托斯的腹地是一片淹水的平原，上面有不少珊瑚礁小湖和沼泽，数不清的河流穿插其中，还有海峡和运河，其形态不断地被一层珍珠般的雾气笼罩而显得模糊，看起来好像地球本身，刚刚在创世的第一天出现。香蕉园的颜色是一种所能想象得出来的，所有颜色里面最新鲜、最柔和的绿色；我的记忆力喜欢把这种绿色和恒河三角洲（Bramaputra）上黄麻的绿金色联想在一起，但是这种绿色比黄麻的色调更为刺激。但这种色调是如此细致，和黄麻的绿金色所呈现的那种坦然的富丽引人注目性质相比之下，所显现出的脆弱性，使整个气氛带着最初、最原始状态的味道。车子必须在香蕉树丛中开行半个小时。香蕉树事实上是巨型的蔬菜，而非侏儒状的树木，它充满汁液的枝干顶端是一堆橡胶质的叶子，叶子位于一棵巨型的棕色与粉红色的莲花之间渐渐出现一只多手指的手。走完香蕉林之后，路面高度有 800 多米，直接建筑于山脉上。沿着海岸，随处可以见到峻峭的斜坡藏护着人迹难到的原始森林，其茂密的程度只有往内地的亚马孙谷地走几千里才可见到勉强与之比拟的森林。当车子在连“发针式的转弯”都不足以形容的弯角时吃力地鸣叫，路沿着一条连绵不断的螺旋线条往上延伸，路上的雾气令人想起其他地方的高地，我有充分的时间可以观察那些树木植物，全都一层一层地排列着，像博物馆中的标本那样。

这里的森林和西方的森林不一样，最大的区别是树叶与树干之间的明显对比。树叶颜色比较深，它的绿色调令人想起矿物的色调，而非植物的，特别是令人想起玉石和电气石（tourmaline），比较不像翡翠与橄榄石（peridot）。而树干呢，好像是耸立于一片深色叶子背景前面的白色与灰色的骨架。由于山路离森林边缘太近，我无法观察整个森林，无法把森林当做一个整体来思考，便把注意力集中于细节部分。那些比欧洲所见的更为繁茂的植物，其枝干和叶子看起来像是用金属切割成的，对自己的形貌充满自信，其外形可以经得起时间的考验与摧残。从外面加以观察，热带的自然似乎和我们所熟悉的那种自然分属两个截然不同的范畴。热带的自然显示了更高程度的永久性，其存在也更叫人无法忽略。就像卢梭(Douanier Rousseau)① 所画的异国情调的风景一样，活生生的物体都具有无生命的物件所有的高贵之感。

以前，我也曾有过类似的印象。那是我第一次到普罗旺斯地区(Provence）去度假时发现的，在那以前我都是到诺曼底和布列颠尼一带度假。那些以前我觉得模糊无趣的植物被另一种植物取代，每一种植物都似乎具有特别的意义。这种感觉就像是突然被人从一个普通的村落运到一个考古遗址上面去一样，遗址上面的每一块石头，不再仅仅是一座屋子的一部分，而且是历史的见证。我在多岩石的地面上兴奋地踩来踏去，嘴上念着地面上所见的每一小枝叶的名字叫做麝香草（thyme)、牛至草（origan)、迷迭香草（rosemary)、罗勒车（basil)、榉（cyste)、月桂树（sweet bay)、熏衣草(lavende)、野草莓树（arbousi)、山柑（caper-plant）或乳香黄连木（lentisk)。我告诉自己，这些植物每一样都是植物界的贵族，负荷着各自的特殊使命。我觉察到那种强烈胶质的味道是一种更为实在的植物生命形式的证明，同时也是理由。普罗旺斯地区的植物想以它们的香味向我表明的那些内容，热带植物则用它们的形状来表明。热带植物不是一个味道与习性的世界，不是一个菜单与迷信的植物王国，热带植物是一个由杰出的舞者所组成的舞蹈团，每一团员都展示其最出色的舞姿，好像是要表达其意愿，并且表达得非常清楚，因为生命里再没有什么可害怕的事情。这场静止不动的芭蕾，只有吧吧作响的泉水里面的矿物质所造成的不安偶尔稍加扰乱。

我们抵达最高点时，景观又是全然不同；潮湿的热带热气已消

---

① 19世纪末期的法国画家。——译者注

失不见，藤类植物与岩石之间的交错缠绕也不见了。从山脉所看到的那片广大的沸腾着的海洋已经看不见了。代之而起的，是一块与大海方向相反的光秃不平的高原，其山脊与山谷陈列于一个变幻多端的天空底下。一场毛毛细雨开始落下。虽然我们离海仍然很近，我们所在的地方已高出海平面 1 000 米。从这个高度望去，高地地区开始形成一系列的层阶，第一层即是海岸一带，也是最难爬上去的一层。整个景观慢慢往朝北的方向降低。它一直降到亚马孙盆地，在往北 3 000 公里远的地方终于完全衰颓，成为巨大的断层。打断它缓缓降落的，只有离岸 500 公里的波图加塔山脉（Serra de Botucata）和离岸 1 500 公里的查帕达马托格洛索（Chapada do Mato Grosso）两个悬崖。必须要穿越这两个悬崖，沿着亚马孙流域的大河流，才能看见一片像攀附在海岸断崖边的那种原始森林。巴西的最主要地区，也就是在大西洋、亚马孙与巴拉圭之间的地区，是一块由海岸附近开始慢缓降低高度的大台地，它是一块跳板，跳板因长满树丛而皱褶成波状，被一圈厚厚潮湿的森林与沼泽所环绕。

在我四周，侵蚀作用不断改变在演进中的地理景观，不过其中那些混乱的因素要由人类负责。首先，清理一片土地来种植东西，用了几年以后，土块变贫瘠，被咖啡树顶掉下的雨水冲走。然后就转移地点，搬去一块丰饶的处女地重新种植。在旧世界中，人与土地之间所建立的那层小心翼翼、互相取予的关系，那种经年累月互相调适的关系，从来未曾在新世界出现过。在新世界，土地被虐待，被毁灭。一种强取豪夺式的农业，在一块土地上取走可以取走的东西以后，便移到另一块土地去夺取一些利益。拓荒者行动所及所利用的地区被称为边缘点缀（fringe），是有道理的。他们几乎是在清理出一片可种植的土地的同时，也把那块土地毁了。他们注定只能占着一道迁移不止的地带。这种地带一方面蚀毁原始森林，另一方面留下一片片已丧失其优点的土地。像一场森林火灾一样，这种农业的大火吞没消化掉它自己赖以存在的东西，这种农业大火在100年时间之内烧遍整个圣保罗邦（State of São Paulo）。点火的是19世纪中叶的矿工（mineiros），他们放弃了衰竭的矿区，由东往西迁移，我在帕拉那河（Parana）河岸看见他们，正穿越过一片混乱的被砍下的树干和一些被连根拔起的家庭。

由山托斯到圣保罗去的路，穿越过一些最早被上述方法使用过的地区之一。它看起来像一个考古遗址，说明了一种早已过时的农业方式。曾经长满树木的小山和坡地，现在只盖覆薄薄一层粗糙的杂草，使其轮廓更加分明。偶尔可以觉察到那些原本种咖啡树木的小丘所形成的虚线。在山谷里面，树木再次占领地面，但它已不再是原始森林那种高贵的建筑了。它只是加波埃拉（capoeira），也就是再生林，由一片连绵不绝的瘦削树木所组成。有时候可看见日本移民的小房子。这些日本移民，企图用古老的方法使土地复苏，以便能种蔬菜。

欧洲的旅行者，对于他无法用习以为常的观念加以描述的地理景观，会感觉不安。由于自己的地理景观明显被人类所征服，因此我们对原始的自然面貌不习惯。原始景观有时看起来充满野性，但实际上并非如此，只是人与自然的互动关系的速率较为缓慢罢了（森林即是如此）。不然就是（在山区）问题远为复杂，因此人类在几个世纪以来，并没有发展出一套有系统的反应方式，而只是采取一大堆随机应变的方法；这些临时起意的解决方式，所具有的那些一般性的原则，由于并非有意如此，在外来者看来就具有原始的特色。他们的适应方式被视为是自然景观的原始风貌的一部分，虽然在事实上乃是一系列的无意识的努力和决定所造成的。

但是，即使是欧洲最粗犷的地理景观，仍然具有某种秩序，以普森（Poussin）为例，即曾很完美地表达了该种秩序。只要你走进多山的地区，观察干旱的山坡与森林之间的对比；观察森林如何从平原地区开始，一层一层往上升，不同的山坡，由于某些特殊的树种数目特别多而显出特别的颜色。这种庄严的和谐，只有在美洲旅行过的人才能了解，原来并不是自然景观的自然面貌，而是人与地理环境之间长期合作的结果。人很天真地赞叹自己过去努力所得的成果。

在美洲有人居住的地区——不论是北美或南美都一样（不过，安第斯高原、墨西哥和中美洲是例外，那些地方人口密度较高，人类的劳动也持续不断较为久远，使其情况和欧洲相近）——只有两个选择：自然被完全征服，变成一个露天工厂，而非农业区（西印度群岛的蔗田，或美国大农业地带的包谷田；即是露天工厂）；不然就是我以下要举的一些例子所表现的情况，人在一块地域内居住相当长时间，长到足以把该地域毁掉，但却没有长久到能够发展出一种缓慢的、持续性的共生关系，使那块地区成为具有自然人文景观的尊严。像圣保罗的近郊、纽约州、康涅狄格州，甚至是落基山区，我渐渐认识到一种比欧洲更野性的自然景观，那些地区由于人口密度较低，耕作的程度较粗放，其景观却又缺少任何真正的新鲜性，结果是一种受残虐破坏的景观，而不是原始野性的景观。

这些庞大宽广得像一整个省份的地区，目前是一幅残败景象，但以前曾有人居住过，虽然只住了一段不长的时间。住一段时间以后，那些人继续迁徙，留在背后的是一片受毁伤的景观，随处可见到人类以前活动的遗痕。在这些战场之上，这些他曾与一片陌生的土地搏斗了数十年的战场上，一种千篇一律的植物相正慢慢在一片混乱中重新出现，这些植物很容易使人产生错觉，因为在其伪装出来的无邪外表底下，保存了以前争斗的记忆与模式。

十一　圣保罗市

有些恶作剧的人，把美国定义为一个直接从野蛮阶段进入颓废阶段的国家，中间没有经过文明阶段。这种描述，用到新世界的城镇，更为合适。新世界的城镇从新鲜直接进入衰败，中间没有年老时期。有一次，一个巴西女学生第一次到法国之后，泪眼汪汪地跑来看我，巴黎那些因岁月而阴暗的建筑物，她觉得很脏。她判断城镇的唯一标准，是看它有多白、多干净。但是那些面对纪念性建筑物所引起的超越时间的沉思，那些最漂亮的城市所具有的亘古常新的生命，那些不仅仅是单纯为了满足都市生活功能，而且是沉思与回想对象的建筑物，都是美洲城镇所不具备的性质。新世界的大城市，不论是纽约、芝加哥或圣保罗（常被人拿来做比较的城市），令我印象深刻的，并不是这些城市都没有什么过去历史的痕迹；缺少过去的痕迹，正是这些城市的意义不可或缺的一部分。不像那些欧洲观光客，如果不能多看到一间 13 世纪的天主教堂就满心不高兴，我自己很乐意去适应一种没有时间层面的制度，目的是这样可以阐释一种不同的文明形式。但这样做的结果使我陷入另一个相反的错误。由于这些城镇是新的，它们的存在与理由都是由于他们的新鲜而来，我觉得它们如果不能永远保持新貌就不可原谅。欧洲的城镇，几个世纪时间的消逝使之更为迷人；美洲的城镇，年代的消逝只带来衰败。理由不只是因为后者是新建的；理由是当初建造时即准备不久以后重建，因此建筑简陋随便。新的市区在建造时，并不是整个城市构造不可分的一部分；新市区太俗丽、太新、太愉快。它们更像是大游乐场里面的摊子，或国际博览会场的展览馆，只建来用一段短时间。那段时间一过，游乐场关闭，巨型的便宜货开始颓败，建筑物前面的装饰开始剥落，雨水与乌烟留下污秽的痕迹，建筑形式过时，新起的建筑风潮引得到处拆除旧建筑，原来的规划消失不见。新世界与旧世界城镇的对比，并非新城镇与旧城镇之间的对比，而是演化轮替圈子很短促的城镇与演化轮替圈子很长久缓慢的城镇之间的对比。有些欧洲城市慢慢地沉落，变得迟钝麻木；新世界的城市则在一种慢性疾病的长期煎熬之下狂热的生活，它们永远年轻，但从不健康。

我在 1941 年第一次到纽约或芝加哥，在 1935 年第一次到圣保罗，令我印象最深刻的，倒不是这些地方是如此的新，而是这些地方过早地老化。这些城市并不具有 10 个世纪的历史并不令我吃惊；最令我惊讶无言的发现是，这些城市的很多市区居然已存在 50 多年，而且破落的迹象随处可见而不以为耻，而它们唯一可引以为傲的就是它们的年轻，一种一瞬即逝的特质，不论是城镇或生物都一样。生锈的旧铁，外表像消防车的红色有轨电车，桃花心木的酒吧里面有擦得闪亮的铜栏杆；无人居住的街道上用砖盖的仓库，只有风在扫除垃圾；建得像大教堂一样的证券股票交易所与办公大楼底下几间粗糙的教堂；沟渠、吊桥与天桥构成一片交错的峡谷，一大堆阴暗的建筑物耸立其间；城镇越叠越高，因为旧建筑的遗存都被用来增盖新建筑。这就是芝加哥，美洲形象的最佳代表。新世界深以 19 世纪 80 年代的芝加哥为傲是有理由的；在它一再地追逐更新重建的过程中，唯一可值称道的就那么短短 50 年的间隔，50 年对我们古老的社会来讲是太短暂了，但由于它缺乏时间的深度，也就足以提供一个可以对那一闪即逝的青春眷恋不已的机会了。

在 1935 年，圣保罗市民很骄傲地说，平均起来，他们的城市每一小时新盖一栋房子。那时候他们说的一栋房子，指的是独门独户的家屋；我相信建筑的速度目前仍是一样，不过现在的一栋房子，大概是指整栋公寓或办公大楼了。城市发展的速度太快，要拿到一张准确的地图几乎不可能，每个礼拜必须新印一份修订版才行。有人说如果你搭计程车去赴约，万一你早几个礼拜到达约定地点的话，可能发现建筑商还未把那栋建筑盖完毕。情况即是如此，但是回忆这些几乎是 20 年前发生过的事情，就像看一张褪色的照片一样。这些回忆或许有些记录性的价值；我把这些记忆录下来，就算是给市府的档案室用吧。

那时候人家都说圣保罗是个丑陋的城市。市中心的建筑物过分虚有其表，过分老式，其装饰贫乏而虚假，由于整栋建筑的结构粗糙而显得更为糟糕。建筑物上的雕塑和花卉装饰由石膏制成，而不是用石头，石膏上面涂层黄色以造成古色古香的印象。整个看来，城镇的建筑给人的印象是粗制滥造，千篇一律，颜色混乱，建筑师用油漆的目的不仅是保护建筑物，而且是为了掩遮其缺陷。

至于那些石造的建筑，大都是19世纪90年代的豪华风格，不过所使用的材料过分厚重；这些建筑的装饰有限。其他地方所见的种种装饰图案，那受压抑受扭曲的形状，让人想起麻风病人的疮痂。过分花哨的颜色使得暗影更显黑暗；街道太窄，那薄薄一层空气无法形成气氛，结果使人觉得不真实，好像在眼前的不是一个城镇，而是一个具有立体感的布景（trompe-l'oeil），临时搭建起来作为电影或舞台剧背景用的。

然而我倒从来不认为圣保罗是丑陋的。圣保罗是个野性的城镇（wild town），像所有美国的城镇那样。唯一的例外是华盛顿，华盛顿既不具野性，也未被驯服，而只是被朗房[①]关在辐射状街道所形成的牢笼里烦的要命，而圣保罗在那时仍未被驯服。本来建造于朝北的一块踢马刺形的台地上面，位于两条小河交汇之处——安罕加巴胡河（Anhangabahu）与塔曼都阿铁卢河（Tamanduatehy），两者最后都流入提也德河（Tiete），帕拉那河（Parana）的支流之——圣保罗原先只是印第安人地域里面的一个据点，一个传教中心，早在16世纪的时候，葡萄牙的耶稣会士即想把原住民众聚集起来，把文明的好处介绍给他们。在向着塔曼都阿铁卢河的山坡上面，俯视布拉兹（Braz）与偏哈（Penha）等工人住宅区，在1935年的时候，仍然可以看到几条省城的小街道，可以看见多草的方形广场，四周是些盖瓦屋顶、白灰粉刷、有小铁条窗子的矮房子。在广场的一边有一间简朴的小教堂，唯一的装饰是建筑正面的上端有双重的丁字支架，标示出一片巴洛克式（Baroque）的人字墙。往北更远的地方，提也德河的银色河水流过瓦尔泽（varzeas）——那些

---

① 朗房（Piérre-Charlcs L'enfant，1754—1825），法裔美国人，建筑师，华盛顿城市的规划者。——译者注

渐渐被改造成城镇的沼泽——两旁是一系列不规则的郊区建筑。在那后面即是商业中心，其风格与志向仍然维持 1889 年博览会时候的样子。大教堂广场（Praca da Sé）像是建筑工地或废墟。还有著名的三角区（Triangle），圣保罗对其得意的程度，不下于芝加哥对那有名的“环”（Loop）的得意。圣保罗的三角区是个商业区，位于迪瑞塔街（Direita）、圣边多街（São-Bento）与 11 月 15 日街（Quinze de Novembro）三条街交会之处。这些街道到处都是招牌，挤满商人与上班族，他们所穿的深色西装不仅是表示遵从欧洲与北美洲的标准，而且还感到相当自豪，他们的城市虽然在赤道，但由于城市的高度（离海平面 800 米）使他们得免受热带气候之苦。

圣保罗市 1 月的雨季并不是“来临”，而是由四周的湿气凝聚而成，好像到处都是的水蒸气凝结成雨点，急促浓密地降落下来，另一方却又好像由于要通过与它们本身相近的多蒸汽的空气而被压抑住。雨并不像在欧洲那样垂直或斜着下下来，而是像一种苍白的闪烁物，数不清的水珠穿过一层潮湿的空气倾泻而下，好像是稀稀的木薯粉汤所形成的小瀑布。雨也不因为乌云移开而停止；雨停的原因，是因为泄掉一定量的液体以后，静止停滞的空气就消去了原来过多的湿气。然后天便放晴，一块块的浅蓝出现于淡黄色的云彩之间，仿佛阿尔卑斯山中的急流正穿过街道。

在台地的最北端，巨型的筑路工程正在进行：这是圣杰欧大道（Avenida São João）的起点，一条快车大道，长数公里，沿着提也德河建筑，沿着往北去的老路通往伊图（Ytu）、所罗卡巴（Sorocaba）和铅平那（Campinas）的种植庄园。这条路的起点是踢马刺形台地的尖端，然后沿着山坡往下跑，穿越拆除掉的建筑所堆成的废物堆。在其右边是普罗杭其欧德阿伯街（Florencio de Abreu）直通车站，两旁都是叙利亚摊贩。叙利亚人开的商店给内地提供各种便宜货物，沿路一些安静的店铺，还有手工艺者在制造马具——不过，还能维持多久呢？——用皮革制造高马鞍，厚厚的棉织马毯，镶银边的鞍辔，这些手工艺品的销售对象是住在丛林附近的庄园主人和他们的跟班。这条大道接着绕过一栋摩天大楼——当时全圣保罗只有这么一栋，尚未完工——粉红色的普列迪欧·马帝内里（Predio Martinelli），穿过艾丽谢区（Campos Elyseos），以前是有钱人的住宅区，该地油漆过的木头房子颓败不堪，花园里面长满尤加利树（eucalyptus）和芒果树；接着是工人住宅区的山塔。伊费简尼亚街（Santa Ifigenia），其旁是个风化区，有阁楼的小屋里面妓女从窗口招呼客人。最后，在城区的边缘是佩迪杰（Perdizes）和阿古布兰加（Agua-Branca）等中下阶层的住宅区，此地区的路也在建筑之中，往西南去通往帕卡烟布（Pacaembu），绿色的比较贵族阶级的山坡。

台地越往南边高度越高，中型街道往上爬，在顶端山脊附近与波里斯塔街（Avenida Paulista）会合，在其两旁是些以前算是规模庞大的住宅，那时住的是半个世纪以前的百万富翁，其建筑风格使人想到赌场附近的酒馆。在最底端靠东的地方，街道俯视平原，俯视帕卡烟布的新市区，其中的立方体别墅散布于弯弯曲曲的街道两旁，中间点缀着蓝花楹（jacaranda）树的紫蓝色花，两旁是长满草的小丘和黄褐色的泥土堆。但百万富翁早已离开波里斯塔街。城镇扩大的过程之中，他们跟着搬下去，住在山南那些街道弯弯曲曲的安静住宅区里面。他们住的是加州型的大房子，用水泥盖成，配上熟铁打制的栏杆，远远地坐落于宽广的庭院后面，隐约可见。那些庭院是从附近的灌木林挖出来给有钱人建筑华厦用的。

放牧乳牛的草地位于水泥建筑的旁边，一整个区域像海市蜃楼一般突然出现，两旁建有宫殿般大房子的街道会突然在峡谷前面中断，在峡谷里面，在香蕉树与溢满的污泥水流之间有不少竹骨架泥土墙的小房子，房子里面居住的是黑人，像里约那些住在山坡上面的人一样。那些溢满的污泥水流既是他们饮用的水源，也是他们的阴沟。山羊在山坡上奔跑。城镇中的一些特殊地区具有所有的一切。举例来说，在两条通向海边的街道尾端，往前就是安罕加巴胡河（Anhangabahu）的深谷，有一条桥横跨谷上，那同时是城镇的主要大道之一。在下面有一个英国式的公园：草地上面有雕塑与亭阁，同时也有城镇里面的主要建筑，沿着两片山坡垂直上升，伊斯普兰那大旅馆（Esplanada Hotel）、汽车俱乐部与负责电力与公共交通的一家加拿大公司的办公室。这些建筑的不同形状在一种凝固的混乱中互相凝视。这些不相调和的建筑物，好像一大群哺乳动物在傍晚时分齐集、围绕在一个水源四周，犹豫不动好几分钟的时间，因为它们都被一种比恐惧更为急迫的需要所驱策，不得不暂时与敌对的种属混杂在一块。动物的演化进度比城市生活的演化要慢很多；如果我今天还能看到同样的景象的话，我可能会发现杂交的种群已经消失，被一群更具活力更为同质的摩天大楼种属踩倒在地，摩天大楼建筑于河岸两旁，而河流本身可能都已被化成水泥的汽车大道。

居住于这种石头的植物相里面，圣保罗市的秀异分子，像他们心爱的花卉一般，事实上是一种远比他们自觉到的更为无精打采也更具异国风味的植物。植物学家说热带种的植物比温带的更为多样，有时候一样热带植物只包括少数几个个体。当地的上层阶级（gran fino）把这种特殊化倾向推到极致。

社会本身是有限的，把其中的不同角色分配给不同的成员。所有的职业、品位与兴趣，凡是适于当代文明的，都可以在其中找到，不过每一种都只有单一一个做代表，我们的朋友实际上并不是自足自在的个人，而只是一些功能，选择他们，与其说是因为他们本身的重要性，倒不如说是因为他们就近在身边。有的是天主教徒、自由主义者、拥护波旁王朝的正统主义者、共产主义者等；或者，换另一个层面，美食家、书籍收藏家、名种狗或名种马爱好者、传统绘画专家、现代画专家等；还有地方史专家、超现实主义诗人、音乐家与画家。这些职业都不是因为真正想要更深入地了解某一领域的知识而存在；如果有两个人，由于走错一步或互相嫉妒，居然在同一行业，或在两个非常接近的行业里面，他们唯一的想法是把对方毁掉，而且做得相当持久，相当凶猛。而在另一方面，在邻近的不同领域中，文化上的访问相互往来，展示极度的相互尊重，原因是每个人不只是想要维护他自己的专业，而且还要把社会学的圆舞曲跳到完善的地步，这种社会学圆舞曲（sociological minuet）的表演似乎给圣保罗社会圈带来无止无尽的欢乐。

必须承认的是有些角色的确演得异常生动活泼，这得感谢那些得到大笔遗产的富人，天生的吸引力和后天培养的随机应变力，这一切的综合使得在圣保罗客厅中度过的光阴成为既非常愉快又非常令人失望的消闲。不过，由于需要迫使圣保罗必须让每一种社会功能都有人担任，才能使这个小天地完满，使伟大的文明游戏能继续，结果便造成不少矛盾的现象：共产主义者在事实上可能是当地封建大地主的殷实财产承继人；一个非常道学的社会圈可能会纵容其成员之一，但也只能有一个——因为总得有个前卫诗人——在公共场合带着情人出现。有些功能只有靠一些人临时权充：犯罪学家是个牙医，他说服警方用下巴骨的石膏模型来取代指纹作为身份证明的方法；一个保皇主义者把一生力量用于收集全世界的皇室的家具，他的客厅四壁都是盘子，只留下一些必要的空间放保险柜，保险柜里面藏的是各个女王的侍女的来信，表示她们对他所要求的高贵陶器会加以留意。

这种社会层次的特殊化，与对各式各样的知识都有兴趣，是携手并进的。有文化的巴西人，生吞活剥各种学习手册和庸俗化的著作。法国的部长们，与其大谈法国在国外无可比拟的优越，倒不如设法了解其中的原因来得更为明智。从那个时候起，很遗憾，除了人才，与已日益衰落的科学的原创力，法国的优越似乎不再那么丰富，很多的法国学者仍有能力把一个困难的问题说得浅显易解，但是对那些问题的解决，他们自己的贡献极为有限。在这一点上面，南美洲之偏好法国，有一部分原因是因为两者之间有一种默契，这种默契的基础是两者均为消费者，要帮助别人成为消费者，而不是生产者。巴西所敬佩的名人——巴斯特、居里、涂尔干——都是相当近代的人物，这点倒可以构成法国受到称赞的相当理由，在账簿上能值一笔可观的贷款；不过，法国付给这笔贷款的利息实在是微不足道，可是债主却因此更为高兴，因为这些挥霍无度的债主宁可花钱而不愿投资。法国所做的只不过是免的他们知道自己所拥有的资产而烦恼。

即使是这种知识掮客的角色——当时法国正慢慢地在扮演的角色，现在都似乎使法国觉得不胜负荷，想到这点不免令人悲从中来。我们法国人似乎仍然一直是从 19 世纪继承下来的一种对科学与知识探讨的态度的奴隶。19 世纪的时候，每个知识领域的范围有限，一个具备传统上的法国特质的人——一种广博的、一般性的文化教养、思维敏捷、思路清晰、会逻辑思考的脑筋，加上良好的文字能力——就能够完全掌握整个知识领域，个人单独工作，可以对整个知识领域加以重新思考，然后提出他自己的新的综合。不管是喜欢它或是厌恶它，现代科学与学问不再容许这种手工艺人似的研究方法了。以前个别的专家可替他整个国家赢取荣耀，现在却得靠整群的专家合作才行，而我们缺少整群的专家。在现代，私人图书馆和私人藏书只能是某些部分有特殊意义的书籍的收容所，但是法国的公立图书馆，地方又窄，又没声誉，没有研究助理，甚至连给读者坐的椅子都不够，不但不能帮助研究工作，反而阻碍研究。简而言之，目前科学上的与智识上的创造是一种集体性的事业，从事研究的人多是一些默默无闻的人，而对于从事这种研究工作，我们的准备可说是不足到极点，我们过分地把注意力放在赞美我们那些老一辈名家的成就上。这些老一辈的名家，他们的风格令人无从挑剔，可是他们自己在没有乐谱可以弹奏的情况下，又能相信完美风格可以取代乐谱多长时间呢？

比较年轻的一些国家已经得到教训。以巴西为例，他们以前也曾经有过一些不太多的个人取得的辉煌成就——欧几里得·达·昆哈（Enclides da Cunha）、欧斯瓦多·克鲁兹（Oswaldo Cruz）、恰咖斯（Chagas）和维拉-罗伯斯（Villa-Lobos）——一直到最近为止，文化一直是富人的玩意。有权势的寡头觉得有必要培养一个公民的、俗世的公众意见，来制衡教会与军队的传统影响力以及个人的政治统治。他们才决定要使文化能为更广大的群众所享有，因此创建了圣保罗大学。

我仍然记得，我初抵巴西参与创立大学的时候，对巴西同事的低微地位，是又同情又厚道地怜悯。看这些待遇极低的教授不得不另外打零工以求温饱，我以属于一个具有长远文化历史的国家而自豪。在我自己的国家里，专业人员既有安全感，又受人敬重。当时我一点都想不到，20 年之后，我的勤勉的学生们在大学担任教授，而那些大学里有些部门的教席比我们自己的还多，设备也更好，有完善的图书馆可使用，我们自己如果有那种图书馆设备，该是多么令人高兴。

不过，这些挤入我们讲堂的年纪不等的男女学生，混合着热情与怀疑的心情，有一大堆的时间必须补足才能真正迎头赶上。他们有的是一批急着要取得我们颁发的证书以便能找到需要那些证书才能担任的工作的年轻人；有的是律师、工程师和有地位的政治人物，觉得他们不久就必须和拥有大学学位的人竞争，而他们自己以前并没有明智地把学位念完。所有的学生都染有一种具破坏性的，自以为深知世故的心态，部分是因为19世纪的早已过时的所谓巴黎生活（vie parisienne）的法国传统，这个传统由几个巴西人所引进，他们像极了梅拉克（Meihac）和阿莱维（Halévy）滑稽歌剧（opera-bouffe）里面的人物，但主要的是一种特别的社会淡化的症候，那种社会淡化发生于19世纪的巴黎，而圣保罗与里约热内卢当时正以其自己的方式重新扮演一次：我指的是城乡差别的扩大，城市的发展牺牲了乡村，使得刚刚都市化的小区和人物不愿意和粗犷的质朴有何瓜葛，那种乡村质朴的天真在20世纪的巴西是以凯皮拉（caipira）——乡村笨蛋，为其代表，就像在巴黎上演的通俗喜剧（théâtre du boulevard）①里面，是由从阿尔帕容（Arpajon）或夏朗东农（Charentonneau）来的人物为代表一样。我还记得一个例子，具体表现了这种颇值怀疑的幽默。

从圣保罗市中心往外延伸的街道有很多条。那些街道长达三四公里，但仍然维持一种乡野的外观。在其中的一条街道中央，意大利移民竖起一尊奥古斯都·恺撒（Augustus Caesar）的雕像。这雕像有真人一般大小，是某个古代大理石雕像的复制品，虽然不见得有什么艺术价值，但在一个没有任何东西足以用来纪念发生于20世

① théâtre du boulevard，boulevard指巴黎市内巴士底广场与玛莱特广场之间的林荫大道，théâtre指在此地区的剧场演出的通俗喜剧。——译者注

纪以前的任何历史事件的城市里面，有这样一座雕像，总是值得称赞。然而，圣保罗人觉得，雕像的那只举起来做罗马式敬礼的手臂表示的意义是“这就是卡里多（Carlito）住的地方”。那只敬礼的手所指的方向正是卡洛斯·佩连拉·德·苏沙（Carlos Pereira de Souza）所住的房子所在。他是一个有影响力的政治人物，曾担任过部长。那间房子是宽广的平房，用砖与泥建成，外面刷上一层灰色的石灰，20年下来那层石灰日渐剥落，房子上面有卷轴形装饰和圆花窗，以显示殖民地时代的豪华气派。

一般人认为奥古斯都穿短裤，不过这只能算是半个笑话，因为大多数的路过者从来没听说过罗马人的短裙。这类笑话在雕像完成的典礼后不久即传开。当天下午奥迪翁（Odeon）电影院两场“豪华”级的放映场中，那些笑话又被重复多遍，大家一边说，一边互拍肩膀，乐个不止。圣保罗的中产阶级创立每周放映一场、票价比较贵的电影给他们自己看，省得去接触到那些下级群众。他们借那些关于奥古斯都雕像的笑话，来报复一下那些竖立雕像的意大利移民。圣保罗的中产阶级觉得都是因为自己太大意，才让那些在半个世纪以前移民到巴西，在街头上卖领带的意大利移民，现在居然也有他们自己的贵族阶级，拥有街道两旁最醒目奢华的住宅，并且出钱塑起奥古斯都的雕像。

我们的学生想要学习所有的知识，但是不论他们学的是什么，都觉得只有最近最新的理论才值得熟记。他们对知识史上过去的伟大成就毫无兴趣，对那些成就他们所知道的也仅止于道听途说，因为他们不读原始著作，永远对新出炉的东西感到兴致勃勃。不过，用时装的流行来描述他们也许要比烹饪的比喻更为适切：他们对观念和理论本身并没什么兴趣；观念和理论只是他们取得声望的工具，最重要的是那个人第一个听说到那些观念和理论。和其他已经知道那些观念和理论的人分享讨论，就好像是穿一件别人已经穿过的时装赴宴一样，是一件丢脸的事情。而在另一方面，他们又激烈地竞争，阅读一大堆通俗学报、煽情的期刊和教科书手册，比赛看谁能够最早拥有知识领域的最新说法的垄断权。我和同事们都是经过严格学院训练的人，常被这种现象弄得很尴尬。我们做学生的时候被训练成只能对那些完全成熟了的观念表示尊重，现在却要面对学生的攻击，他们一方面对过去一无所知，另一方面却又在取得最新资讯上面比我们早了好几个月。然而尽管他们对学问并没有兴趣，对方法毫无概念，可是又觉得博学多闻是他们的责任，结果是，不论写的是什么题材，他们的论文千篇一律都以人类历史的大要开头，从人猿时代讲起，然后引几句柏拉图、亚里士多德和孔德(Comte)，最后以解释夸张的多产作家的话作为结语。那些浮夸的多产作家的话最受欢迎的原因是他们鲜为人知，其他人曾经剽窃过其想法的机会很小。

这些学生把大学看做是一颗很诱人、但同时又有毒的水果。他们没见过世面，大多是穷苦出身，没有任何到欧洲去的希望。上层阶级的人把我们远道请来教他们，而学生基于下面两种理由，深深厌恶上层阶级的人：首先，上层阶级代表统治的“秀异分子”；其次，上层阶级自己过的是一种世界性的生活方式，这种生活方式使他们比那些不得不待在自己国家里面的人占便宜，而这种生活方式同时却也使他们和自己国家的生活与期望隔绝。我和上层阶级来往，因此受到怀疑，但我们又是知识果实的负载者，因此学生有时候回避我们，有时候讨好我们，有时候兴趣盎然的听我们的课，有时候则置若罔闻，如聋似哑。教授的影响力，可从跟班学生数目的多寡来衡量。不同的学生群之间进行一场声望地位的竞争，把他们心爱的教授当做象征，教授有时成为受益者，有时成为受害者。那些致敬仪式（homenagens），也就是向老师表示敬意的仪式，通常以午餐会或茶会作为具体表达方式。这些仪式，必须做相当真实的牺牲，也因此而更为感人。这些仪式的过程之中，各个教授的地位，他们专长学科的声望，像股票证券一样地起起落落，所依据的标准是聚会地点的高贵程度，与会人数的多寡，以及同意参加聚会的社会名人或官方人物的重要性。由于每个主要国家在圣保罗都各有其“使馆”——代表该国家的餐馆饮食店，像英国的茶店、维也纳或巴黎的点心店（pâtisserie）、德国的啤酒馆（brasserie）等，选择在那里聚会本身就有很多微妙的含义在内。

如果我以前那些有魅力的学生里面有人，现在是我可敬的同行，读到上述几段文字的话，我希望他们不要生气。当我想起他们的时候，照他们的习俗，想到的是他们的教名，那些教名在欧洲人听起来不免怪异，不过从教名种类的繁多来判断，他们的父母毫不迟疑地从人类历史的所有阶段去挖掘出可爱的名字出来——Anita、Corina、Zenaïda、Lavinia、Thaïs、Gioconda、Gilda、Oneïda、Lucilla、Zenith、Cecilia. Egon、Mario-Wagner、Nicanor、Ruy、Lvio、James、Azor、Achilles、Decio、Euclides、Milton，等等。我想到那段早期的，试验性的时期时，一点都没有反讽的意思在内。完全相反，那段时期给我一个教训，它使我明白，时间所赋予的那些优势是如何的不可靠。想到那个时候的欧洲，把它和今天的欧洲比较一下，眼看着这些年轻的巴西人，在几年的时间内就弥补了知识上的大差距，那种差距原来都以为会使发展延迟好几十年的，因此渐渐了解社会如何衰退与社会如何形成的道理；我同时也了解到，这些巨大的历史变动，在教科书上所读到的都认为是无名的力量在一种极难说明的方式下发生作用的结果，可以这样在某个清澈明朗的时刻里，由少数几个有才华的年轻人经由活动充沛的坚决信心带动起来。

第四部

地球及其居民

十二　城与乡

在圣保罗市居住，想成为“星期天人类学家”是可能的，但倒不是在郊区有很多印第安人可做人类学研究。原先人家告诉我的和事实有很大的出入，因为郊区居民大都是叙利亚人和意大利人。最接近圣保罗的一个有点人类学观察价值的地方，是15公里外的一个原始村落，住在那里衣衫褴褛的居民有金色头发和蓝眼睛，这些体质特征泄露出他们是德国人的后裔这一事实。在19世纪20年代里，几群德国移民在巴西最不具热带特质的地方定居，定居在圣保罗附近的已和当地贫穷的农民融合，无从分辨，在更往南的一带，山塔·卡塔林那邦（Santa Catarina State）那里的小镇如琼维尔（Joinville）和布鲁阿诺（Blumenau）等地方定居的人，则使这些小镇仍然带有 19 世纪的味道。那些小镇周围是智利松林。镇上房子屋顶尖，斜度大，街道都是德国名称，蓄有大仁丹胡子的老人坐着抽有磁肚子的长烟斗。

圣保罗附近还有一大堆日本人，但很难接近他们。他们是移民机构整批办理进来的移民，提供旅费，保证抵达之后有地方住，然后把他们分配到内地的农场去。那些农场一半是村落，一半是军营。一切公共设施都齐全；学校、工场、医院、商店和娱乐场所。这些移民在那里住了很长一段时间，完全与世隔绝，这种孤立有一半是自愿的，有一半则是整个移民制度所鼓励的结果。他们慢慢归还欠移民公司的钱，剩下来的则交移民公司代为保管。移民公司会在很多年后送他们回日本，使他们可在其祖先的土地上享其余年，那些在时间未到即死于疟疾的人，公司负责把遗体运回日本。整个庞大计划组织的重点是使这些移民不觉得他们已经离开日本。但是这样做的理由是不是纯粹基于财务、经济或人道上的考虑，则不无疑问。要想到海外移住工会（Kaigai-Iju-Kumiai）或巴西高穗加工会（Brazil-Takahoka-Kumiai）等公司的办公室去非常困难，想要到那些农场去看看，或者进到那几乎是地下的整套的旅馆、医院、砖窑、锯木厂等可以使整个殖民区域自给自足的地方，更是难上加难，这证明整个移民计划背后还有更深一层的计划。那个计划导致两个互相关联的结果：在那些经过仔细选择的地点建立完全孤立的移民据点；在开垦农业用地的同时，费心做一些考古工作。那些考古工作的目的，强调前哥伦布时期的遗址出土物和日本新石器时代遗物的某些相似之处。市中心工人住宅区的一些市场，主人是有色人种。或者，更正确地说——因为在一个种族如此复杂，而且直到最近还完全没有任何种族歧视，鼓励各种族通婚的国家里，“有色人种”这个名词实在没有什么意义——在市场里面可以试着去区分黑白混血的 mesticos，白人与印第安人混血的 caboclos，以及黑人与印第安人混血的 cafusos 之间的差异。至于他们所卖的货物则风格明显，毫无混合的痕迹：印第安人的筛（peneiras）就是典型印第安人筛，筛薯粉用的，那是用竹子做成的格子花样的手工艺品，四周围上竹条；火扇（abanicos）也是印第安人传统手工艺品。火扇颇值得研究。制作的材料是一片棕榈树叶，把原来透风的、乱糟糟的叶子编织出一片严密的平面出来，在用力摇动的时候可以扬风，这需要相当的巧思。由于编织火扇的方法很多，棕榈叶也有很多种，把不同的编织法与不同的棕榈叶结合起来，可以创造出各种各样的形状出来，而每一把火扇就是代表对同样一个技术问题的不同的解决方案。如果收集这些不同形状的火扇，就等于是收集了对同一个技术问题的很多不同的解题个例。

棕榈只要有两种：一种棕榈的小叶片整齐对称地分布于一只叶杆两边；另外一种的小叶片散开如扇形。第一种棕榈叶有两种编织方式：把所有的叶片都翻到一边来编织；不然就是把几片叶子几片叶子分组编织，直角交错，然后再把一组的顶端穿插到另外一组的底端，再反过来穿插编织。用这些方法可以编织出两大类的扇子，翅膀形与蝴蝶形。蝴蝶形的扇子又可以编织出很多种形状来，在编织过程中同时使用上述两种方法，最后编织出来的扇子有的像汤匙、像球棒、像花圈、像一种巨型的扁平发辫。

圣保罗的市场里面还有另外一种很吸引人的东西叫做无花果（figa）。这种叫做“无花果”的东西形状像一只握拳的手臂，拳头的拇指从食指与中指之间突出，这是古代地中海地区的一种吉祥象征。其外形所代表的很可能是性交动作。在市场里面卖的那些“无花果”，有的用黑檀木制成，有的用银制成的小型吉祥物，但有的则大如商店招牌，雕刻粗糙，颜色俗艳。我当时住在一间 19 世纪与

20世纪之交流行于罗马的建筑式样的房子，墙壁粉刷成褐色，地点在圣保罗市顶端附近。那时候我把不少的“无花果”从天花板上面悬挂下来，像花环一样有趣。进入房子以前要穿过一片素馨，在素馨的后面有个老式的花园，我请屋主在花园的一端种一棵香蕉树，使我觉得是身在热带。几年下来，这棵象征性的香蕉树已繁殖成一片小规模的香蕉林，我也因此可以收获自己的水果。

图1　古代无花果，庞贝出土（拇指的顶端已失落）

最后，在圣保罗的外郊，有些乡野的民俗值得观察与记录：五月的节庆，各个村庄都用绿色棕榈做装饰；穆诺斯（mouros）和克利陶（critãos）之间纪念性的打仗，一切按照葡萄牙传统方式举行；纸船（nau catarineta）的游行，船用纸板糊成，上面有纸帆；到遥远的教堂去朝圣，那个教区保护着不少麻风病患，在那里到处都可闻到“品卡酒”（pinga）的味道。品卡酒也是用甘蔗酿造的，但和朗姆酒很不一样，喝的时候有时加青柠檬汁，有时直接喝。在一片品卡酒味之中，混血的吟唱者，穿着高至膝盖的靴子和廉价的漂亮服饰，醉到可观的程度，一面敲鼓一面互相挑战比赛唱些讽刺歌曲。此外还有一些信仰和迷信，记载下来也相当有趣，像躺在金戒指上面可以治疗麦粒肿（tyes），或是把所有食物都分为两类，互不相溶，一种是热性食物（comida quente）；一种是冷性食物（comida fria)，吃错了会生病，另外还有其他各种有害的混合——鱼和肉类，芒果和酒类，香蕉和牛奶，等等。

不过，在比较内地的区域，更有趣更值得注意的，不是那些地中海区域传统的残留，而是一个正在成形的社会所喜爱的那些特别的社会模式。要研究的题目仍然没变，仍然是过去与现在的问题，不过古典人类学研究一直都想用过去来解释现在，而在这些地方，倒是一个仍然变易不居尚未定形的现在，似乎是把欧洲文明演化过程的一些很古远的阶段重现出来。好像是在墨洛温王朝（Merovingian）时代的法国，你可以眼看着市镇和郊区的生活在一片大庄园（eatifundia）的乡村之中涌现出来。

在形成中的各种小区，和现代的城镇不一样。现代的城镇，其原有的特色都已被抹杀，很难在里面看出其形成过程中的特殊历史，所有城镇都变得越来越相像，只剩下一些行政上的区别。此地的情形正好相反，每个城镇都可个别加以研究，像植物学家研究植物那样，从其名称、外观与结构，可以看出个别的城镇是属于人类所创造添加于大自然上面的那个城镇界（urban kingdom）里面的那一科（family）。

在19和20两个世纪里，拓荒者所建立的边缘地带慢慢由东往西，由南往北移动。在1836年左右，只有北方，也就是里约与圣保罗之间那一带，真正有人久住，并且渐渐往同一邦的中央地区移动。20年之后，殖民据点开始在东北的模吉亚那（Mogiana）和波里斯塔（Panlista）一带建立起来；到1886年的时候，移民已深入阿拉拉瓜拉（Araraquara）、阿塔梭诺拉拔那（Alta Sorocabana）和诺瑞斯特（Noroeste）等地区。在后面这些地区，一直到1935年左右，人口增加的速度和咖啡产量增加的速度相当，而在北方建立比较久的那些地区，咖啡减产要比人口减少早上50年。人口减少的现象直到20世纪20年代以后才出现，然而早在1854年，已有很多利用价值消失的咖啡庄园被人所弃。

这种循环式的空间利用方式，和与之相应的历史演化一样，都无法留下恒久的痕迹。只有那些沿岸的大城镇，里约和圣保罗，其城市扩张的基础稳固，看起来倒退不了：圣保罗的人口在1900年的时候有24万，在1920年有58万，在1928年有将近100万人，现在则早已超过百万。但是，在内陆地区，另外一种城镇出现，又消失；不同的省份，在同时有的人口增加，有的在减少。居民迁来移去，总数虽并不见得增加，但所形成的社会形式却有不同；化石化了的城镇与胚胎期的城镇并列，供人观察，使人可以在极短的时间内，在人力所能及的范围，研究到种种令人惊异的演变转化，好像古生物学家把不同的地质层加以比较，以便研究出历经数百万年的时间里面，生物演化的各种不同阶段一样。

一离开沿岸一带，必须记住的是，过去一个世纪以来，巴西的变化多而发展少。

在帝国统治时期，整个国家人口稀少，但分布相当平均。沿岸的城镇规模一直不大，内陆的城镇则远比现在更具活力。一个常被人遗忘的历史吊诡：交通设备的不足对最恶劣的交通工具最有利。除了骑马以外别无办法的时候，人们毫不犹豫地在旅途上花费几个月的时间，而不只是几天或几个礼拜，毫不犹豫去只有骡子才去得了的地方探险。当时整个巴西内地的生活，速度虽然缓慢，但稳定地在进行；河流上面有定期的船只航行，一小段一小段地走，整个行程长达几个月；像库亚巴（Cuiaba）与果亚兹（Goyaz）之间的那条路，在1935年已被完全遗忘，可是在100年前却是交通频繁，骡子队来来往往，一队骡子的数目在50头到200头之间。

除了一些最偏远的地区以外，20世纪以来，整个巴西中部的那种受忽略的景象并非本来就一直如此：这是沿岸地区人口和商业增加所付出的代价，是沿岸地区发展现代式生活的结果。内陆地区，由于开发进步较困难，便往后倒退，没有办法依照自己缓慢的脚步往前走。同样的，汽船开始使用以后，使距离缩短，那些一度曾闻名世界的沿途停靠港口被消灭；我们不得不问，乘飞机旅行使我跳过那些以前会停留的地方，是不是将造成同样的结果。但是话说回来，梦想一下机械的进步也可能同时带来某些补偿，让我们把希望寄托其上，倒也没什么害处；把隐私权大举屠灭以后，说不定会重建起一定程度的孤独与默默无闻。

圣保罗邦的内地及其邻近地区，在较小的规模上说明了这些转变。早期堡垒式的城镇当然已荡然无存，以前的堡垒曾经是拥有一个省的保证，很多巴西沿海及河岸的城镇最原始的形式都是堡垒：里约热内卢维多利亚；建筑于小岛上的普罗瑞亚诺波里斯（Florianopolis）；在岬角的巴伊阿（Bahia）和佛嗒来兹（Fortaleza）；亚马孙河岸的玛恼斯（Manaus）和欧比杜斯（Obidus）；还有维拉贝拉马托格洛索（Villa Bella de Moto Grosso），其遗迹在瓜波垒（Guaporé）附近仍可看见，不时有些南比克瓦拉（Nambikwara）印第安人去居住。它以前是个丛林将军（capitão de mato）有名的军事重镇，位于玻利维亚边界，也就是在 1493 年教宗亚历山大六世所画的那条象征性的界线上面，画那条线是为了解决西班牙王室与葡萄牙王室之间的领土争执，而当时新世界仍未被发现。

在北边和西边，仍可看到一些现在已无人居住的矿镇，还有已经颓坏的古迹——18 世纪飞跃逼人的巴洛克式教堂建筑。这些教堂仍然相当华丽可观，和周围的一片废墟形成对比。矿坑仍然在开采的时候，这些城镇曾经充满活力；现在则陷入休止状态，不过在扭曲的圆柱间，每个空隙每个折叠，每一面卷轴装饰的山形墙壁，每一座披着服饰的雕像，却都似乎很急切地要保存一些已破落的财富的蛛丝马迹。挖掘地面底下的矿藏所付出的代价是乡村的毁坏，特别是那些森林，被砍伐来提供燃料给炼矿炉。城镇则像一场大火那样，在消化完他们自己生存所依据的本质以后，枯竭败灭。

圣保罗却还令人想起其他历史事件；像16世纪以来，耶稣会教士与庄园主人之间的斗争，两者各自卫护不同的殖民方式。耶稣会教士，在他们所控制的土地范围内，坚决要把印第安人从其野蛮的生活方式中拉拔出来，把他们组织成一种社区合作式的生活方式，受耶稣会的控制。在圣保罗邦内的一些边远地区，这些巴西村落仍可由其名称，亚迪亚（aldeia）或米邵（missão）等看出来，这些村落的规划相当宽广，功能安排也有特色：教堂在中央，前面是一片长方形的广场（largo da matriz），地面的泥土都打得平坦坚实，现在已长满杂草，广场四周的街道交会之处均呈直角，街道两旁以前是土著小茅屋的地方都盖了低矮的房子。那些热带庄园的主人（fazenderos），对教会所拥有的现世势力相当嫉妒，教会不但压低他们所能征收的租税，而且迫使他们不能使用奴隶的劳力。他们组成各种惩罚性的征服队，把原住民与教士之间的联系破坏。教士与庄园主之间的竞争使巴西的人口结构分布具有一项特质：乡村的生活方式从亚迪亚（aldeias）时代沿袭下来，在最贫瘠的地区仍然保存着；而那些土质肥沃因此成为竞相拥有的对象，住那里的人除了环绕地主周围以外别无选择，住的是规格一致的茅草屋或泥土小屋，以便其主人能随时加以监视。即使是现在，在一些铁路沿线仍然没有任何社区生活存在，车站便每隔一定的路程就建一个，按照字母顺序取名——巴赫吉那（Barquina）、费里西达德（Felicidade）、利茂（Limão）、马瑞里亚（Marilia）等等（在1935年左右保利斯大公司已用到P这个字母开头的车站名称——整条铁路数百公里之内只在某些地方停留），那些地方称为“码头”，每个码头都有一个庄园（fazenda），整个当地住民都聚居在那儿——巴纳纳尔庄（Chave Bananal）、贡赛少庄（Chave Conceicao）、艾利沙庄（Chave Elisa）……

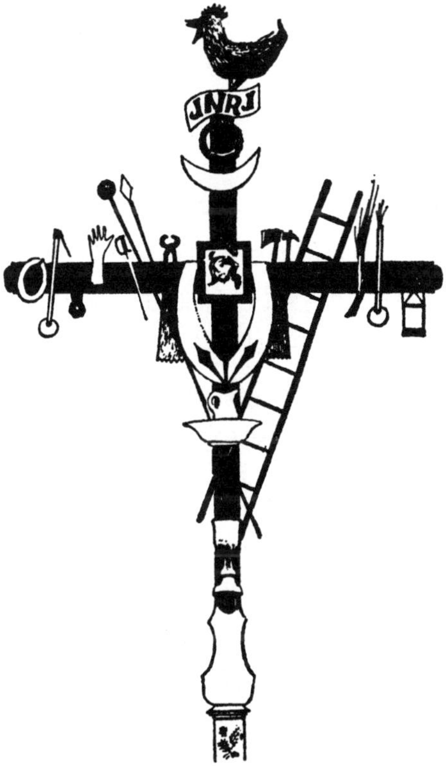

图 2　耶稣受难十字架，饰有受难的各种代表物件

（圣保罗邦乡区出土）

在另一方面，有些庄园主人为了宗教的理由，会把土地献给教区。结果会成为教堂财产（patrimonio），受某个圣人保护的城镇。另外有些城镇的创建则是基于俗世的理由，有的庄园主决定成为养殖人口者，甚至成为城镇的种植者（plantador de cidade）。在此类例子中，他会用自己的名字为城镇的名称，叫做保罗市（Paulopolis）或奥兰地亚（Orlandia）等；有时候为了政治上的理由，则把城镇用名人作为保护者，取名为普鲁店铁总统（Presidente-Prudeute）、古奈利欧波柯皮亚（Cornelio-Procopia）或埃皮塔其欧皮索亚（Epitacio-Pessoa）等，这些城镇的生命周期虽然短促，但仍然不时更改名字，每次改名都代表城镇发展的一个新阶段。开始的时候，可能只是有个戏称：举例来说，叫做"马铃薯"（Batatas），原因是在荒野之中有块地方出产马铃薯；或叫做"生豆"（Feijão-Cru），因为其附近没有足够的燃料可以烧洋铁罐；有的叫做"无盐米"（Arro-Sem-Sal），因为到达那个地方以前可能存货都会先用尽。然后，有一天，某个上校——只要是重要的地主或政治人物都被称为"上校"（colonel），就会要在他所掌握的那几千亩土地上面建立自己的权威；他就去找人，有时候是雇人来，有时候则把一些流浪汉捉来，于是"生豆"就变成"列奥波汀那"（Lepoldina）或"费南多市"（Fernandopolis）。随着时间的消逝，这些由各人野心或一时兴起而凭空创造出来的城镇，可能衰败、消失：剩下来的只不过是一个名字和几间小屋，人口越来越少，饱受疟疾和钩虫的肆虐。不过，有时候，如此建立起来的城镇会生根，发展出一个集体意识，想办法要忘掉它原来不过是某个个别人物的玩物或工具而已。从意大利、德国和其他五六个国家刚刚移民来的新人口，也许会觉得有需要扎下自己的根，便从字典里重新找一个名字，通常是吐比语的名字，认为这样改了城镇的名字以后，会给城镇带来某种前哥伦布时代的声誉：塔那比（Tanabi）、乌图普兰加（Votupuranga）、图跑（Tupão）或艾莫雷（Aymoré）……

铁路铺设以后，河的城镇也步向死亡，不过其遗痕仍偶然可见，作为一个已消失的循环之见证。起先的时候，河岸上会建几间小茅亭子，建一间小客栈，使独木舟的船员有地方安心过夜，不会被印第安人突击。然后，汽船引进以后，每隔 30 公里左右出现一个柴港（portos de lenha），以便那些烟囱细窄的船只可以补充船上要用的木材燃料。最后，在每一段可以航行的河段两端有河港，在那些由于急流或瀑布而无法通过的地点，则有船只搬运站。

在 1935 年的时候，有两种城镇仍然保存其传统的外观，也具有一定程度的生命力。一种是“帕索”(pousos)，在十字路上的村落；另一种是“帕卡德塞尔陶”(boccas de sertão)，即“林口”(the mouths of the bush)，位于丛林小径人口的村落。当时货车已开始取代骡队或牛车队等老式的交通工具。货车使用骡队或牛车队一样的小径，由于路况很差，必须用一挡或二挡开几百公里路，结果是行进的速度和载货的牲畜差不多，也得在同样的地方停留，穿沾满油渍的工作服的司机和一身皮衣的赶移牲畜者（tropeiros）摩肩接踵。

那些小径的实际情况和传言所说的大不相同。其起源有很多种；有的是以前货运队走的老路，用来把咖啡、甘蔗、酒和糖往外送，把盐、米、豆和面粉往里送。这些道路的中途，就在丛林密车中间，会设一些“登记站”（registro）：一座木造的马栏，旁边几间小屋，一个服装不整的农民代表某个值得怀疑的权威当局收过路费。有登记站就表示另外还有一个更为秘密的小径，叫做免税路（estradas francanas），专门逃避过路费。最后，还有骡子路（estradas muladas）和牛车路（estradas boiadas）。在牛车路上，常可听见那种一成不变的单调痛苦的牛车声，接连不断响两三个小时，不习惯的人会被烦得发疯，那是牛车慢慢靠近，车轴磨着车身所发出的声音。这些牛车是古代地中海地区的设计，从历史时代以前就没什么改变，16 世纪的时候传进巴西。车身很笨重，两旁有用藤编成的边，车身直接放在车轴上面，车轴两端连着没有车钻的轮子。拉这种车的动物，花在克服车轴对车身尖锐的抗拒所费掉的精力，要比花在把整个车子往前拉的精力多出不少。

图 3　牛车的轴部详图

此外，那些小径的路面情况，主要的是由动物、车子和货车沿着大致相同的方向重复动作所造成的种种意外压平过程的结果，每次使用的时候都尽量各自根据当时的下雨情况、泥土的性质和植物生长的情形，找出最方便的路径来走。路上形成一个由沟渠或秃坡所组成的迷宫，有时候汇集在一起变成一段宽达百码左右的道路，好像是丛林深处突然出现公路，令我想起法国塞文山脉（Cévennes）夏季上山放牧时羊群走的山路；有时候又散往各个方向，望过去都看得到地平线，使人无法知道这些阿里阿内（Ariadne）的路线到底是跟那一条比较好，才不会走 30 多公里以后发现迷失于沙堆或沼泽荒地里面，白白浪费几个小时，又费力气又危险。在雨季里面，这些小径都变成无法通行黏糊糊的泥巴运河。雨季结束以后，第一辆开到小径上去的货车会在潮湿的路面上留下深刻的车印，再经过 3 天的干旱，便坚硬得像水泥一样。随后上路的车子不得不把轮子放进这些凹槽里往前开。如果轮距规格和车底离地的高度正好和第一辆货车一样，这倒没多大问题。如果轮距规格一样，可是底盘较低，有时就会发现在半路上车子突然悬空，停在一块突起的小丘上面，得用鹤嘴锄把小土丘铲掉。如果轮距不同，得把一边的轮子放进凹槽里面，另一边的轮子在较高的路面上，车子就这样倾斜着开好几天，随时都有翻车的危险。

我仍然记得有一次在这种小径长途旅行的经验。库尔坦（René Courtin）为那次旅行牺牲了一辆崭新的福特。莫局埃（Jean Maugüé）、库尔坦和我决定开着那辆福特，一直开到不能再往前开的地方去。那次旅行的终点是一家卡拉亚（Karaja）印第安人的小屋前面，离圣保罗 1 500 公里，在阿拉瓜亚（Araguaya）河岸；回程途中，前面的弹簧断掉，引擎直接靠在车轴上面开了 100 公里，然后请一个村子里面的手工艺者打制一条铁条，把引擎吊起来，又开了 600 公里。但是，令我记忆最深刻的是在一片黑暗中连续开几个小时，心中相当焦急，因为不晓得我们所挑的那道车印会不会使我们走错路。在圣保罗邦与果亚兹（Goyaz）邦的边界一带没有几个村落。在黑暗中焦急地开一段路以后，十字路口的小村落“帕索”突然出现在眼前，好像镶着许多星星。那些星星是电灯泡，由小马达供电。事实上，马达的噗噗声在过去几个小时之内早已隐约可闻，不过一直无法把它和夜间丛林的其他声音区分开来。小客栈有时候有铁床，有时候有吊床，我们在黎明时分起床，到旅人之城（也就是旅站）的大街上到处走，那里有房子和店铺、广场上有很多人——商人、医生、牙医、甚至巡回律师。

可以想象这样的城镇在市集时的热闹情形。数以百计的农民从遥远的地方赶来，全家出动。一趟路要走上好几天，不过这是他们一年一次的机会，可以卖一头小牛、一只骡子、一张貘（tapir）皮或美洲豹皮，出售几袋包谷、稻米或咖啡，然后买一块棉布、一些盐、灯油和来复枪的子弹。

在城镇的后面即是高原，上面覆盖一片矮树丛，偶尔长几棵灌木。最近造成的侵蚀——森林被砍伐不过是半个世纪以前的事——使高原的表面出现一些麻子，好像是小心翼翼用凿子凿出来的一样。一两码高度的差别表示台阶地的起点，也代表刚在形成中的峡谷。有一条溪流，相当宽但不深，更像是一场翻滚的洪水，而不像是有自己的河道的溪流。在其旁边不远，有两三条平行的道路经过几片植物生长茂盛的地段，这些地段环绕之中有一座瓦顶的房子，褐色的百叶窗支架，紫色土地的反光，使房子那石灰粉刷过的墙壁闪闪发光的乳白色显得更为耀眼。在一般人居住的屋子后面都是一片草地，地面上的粗草被家畜啃得很短。那些屋子看起来好像是加了盖的市场，因为屋子前面有很大的没有格子的大窗户，经常打开。为了即将举行的市集，组织者准备不少饲料，像甘蔗叶或棕榈嫩叶，用草绳一把把捆起来堆放在一起。来赶集的人在方块形的饲料堆之间搭营在牛车旁边，那些牛车的车轮周围缀满钉子做装饰。在旅行途中，新编的藤边和用绳子固定的牛皮顶盖即是临时的遮风挡雨设施，在市集地点，住所则是用棕榈叶搭起的篷子，或是白棉布做的帐篷，从牛车后面搭建出来，在露天之中煮稻米、黑豆和腊肉：没穿衣服的小孩在牛角之间嬉戏，牛嚼食甘蔗叶，柔软易弯的叶杆挂在牛嘴下面，好像一道道的绿色的水。

几天以后，一个人也看不到。赶集的人全都回到丛林里面。"帕索"城镇在阳光下打瞌睡。乡野生活将只不过是每个礼拜天在多明哥镇（Villas de Domingo）喧闹一番。那地方在别的日子里并不开放。礼拜天的时候，骑士们在那里碰面，那个两条小径交会的十字路口，几间小房子和一个喝酒的地方。

十三　前锋地带

从沿岸地带往北或往西走，丛林一直延伸到巴拉圭沼泽地，甚至亚马孙河各个支流沿岸的森林区。巴西内陆所见的上述景象，在这些地方也一再重复。往内陆深入，村落越来越少，村落之间的距离越来越大：有时候是一大片宽广的空间，称为“干净的草原”（campo limpo）；有时候是一片长满矮树丛的地带，称为“脏草原”（campo sujo）；有时候则是不同的灌木林，分别称为阴暗的（cerrado）与恶臭的（catinga）。

越往南走，朝着帕拉那（Parana）邦的方向，离热带就越远，火山形成的底层土及其所在的纬度使地理景观和生活方式有很多变化。在这些地方，可以看见原住民的部落，位置离文明中心不远，也可看见最现代化的内地文明样式。因此，我到巴西以后所做的头几次旅行观察，便选择诺特帕拉那（Norte-Parana）这一带。

帕拉那邦与圣保罗邦以帕拉那河为界，河岸对面是大片温和潮湿的松柏树林，长得非常茂密，使庄园种植者长久以来望之却步。到那里去只要花 24 个小时左右。一直到 1930 年，这一片森林仍原封不动，只有小群小群的印第安人在里面迁移不定，还有几个拓荒先锋，通常是贫困的农民在里面清理小块土地种包谷。

我到巴西的时候，这地区正开始开发，主要是因为政府划出 300 万亩地给一家英国公司开荒，条件是该公司要筑道路，并且建一条铁路。英国人计划把那片土地分割成小块，转卖给东欧和中欧的移民，但保留铁路所有权，认为搬运农产品能使铁路维持运营。1935 年的时候，整个实验已开始进行，铁路也一步步地深入丛林。1930 年年初，铁路只有 50 公里长，到年尾增加到 125 公里，1932 年增加到 200 公里，1936 年已有 250 公里。每隔 15 公里建一座车站，站旁清理出一片 1 公里见方的土地，准备发展成城镇。居民点也已沿线出现，从资格最老的龙德林那（Londrina）有 3 000 居民开始，接着是诺瓦丹吉克（Nova Dantzig）有 90 位居民，罗兰地亚（Rolandia）有 60 位居民，最后是阿拉庞加斯（Arapongas），在 1935 年的时候只有一座房子一个居民。这是一个法国中年人，穿着第一次世界大战所留下的绑腿，戴草帽，想要在荒野里面发一笔财。对这片拓荒前锋地带有专门知识的蒙别格（Pierre Monbeig）告诉我，在 1950 年，阿拉庞加斯的人口已达 10 000。

骑马或搭货车沿着新划出来的路往内地走，这些新路都在拓荒前锋地带边缘，像高卢地区（Gaul）的罗马道路那样，几乎看不见任何人烟。每块椭圆形的地段，一边是路，另一边则是一条沿着峡谷流动的河溪。垦殖工作都从靠近河边的较低地段开始，再沿着山坡慢慢往上爬，不过，象征文明的路还仍然是被森林包围，这些森林在几个月之内或几年之内，还会继续包裹着各个山峰。而在河谷附近，在那片神奇的紫色处女地（terra roxa）上面，第一次种植的成果已出现于被砍伐下来的树干与树头之间。冬雨会把树干和树头都腐烂成肥沃的腐殖土，不过马上会被水冲刷掉，同时和一向提供给消失了的森林养分的土壤一起被冲下山坡，森林被伐，已经没有树根可以保持这些土壤了。10 年、20 年或 30 年之后，这片天赐沃土（land of Cannan）很可能变成一片干燥的不毛之地，一个颓破的景观。

在目前，移民们心里只想到这难得的富饶之乐土；波莫瑞人（Poméranian）① 或乌克兰人，还没有时间建房屋给家人住，暂时和牲口一起在河岸旁木头搭成的小建筑宿营，对眼前神奇的土壤满怀热情。像野马一样，这土地太肥了，得先加以驯服，才能种包谷和棉花，不然的话，棉子和包谷会一直疯狂地长枝生叶，永远不开花结果。一个德国农夫带我们去看他用几粒种子所种植出来的那片柠檬树的时候，喜极而泣。这些北方人感到惊喜的，不只是土壤如此肥沃，可能更是因为亲眼见到这些异国的果物，都是他们以前只在神奇故事中听到的。这一带地区位于热带与温带交界的地方，几码上下的高度差别就有明显的气候差异，他们因此可以种所有的东西，老家的植物和美洲的植物都种在一起。能够沉溺于这种农业娱乐使他们很高兴，把小麦和甘蔗、亚麻和咖啡……都种在自己的土地上。

这些年轻的城镇全部是北欧风貌，新移民与老移民住在一起。日耳曼人、波兰人、俄罗斯人，等等，意大利人比较少，他们在一

① Poméranie，波兰西北部地区名。——译者注

个世纪左右以前，移居于帕拉那邦南部的库里提巴（Curitiba）附近。那些房子用木板或只稍微修整过的树干建筑，很像中欧和东欧的房子。长形的马车，4 个有辐的车轮，取代了伊比利亚（Iberia）的牛车。此地急速成长中的未来的外观，也比像牛车一类的令人意想不到的远古遗存物更令人兴奋。本来空无的空间一天一天地具备城镇的架构；像胚胎细胞的分裂一样，这些地方在转变过程之中渐渐形成各种专业化的群体，各有自己的功能。龙德林那（Londrina）早已是组织完整的城镇，有大街、商业中心、手工艺区和住宅区。但是，是什么神秘的力量，使无人之地出现罗兰地亚、阿拉庞加斯这样的城镇呢？某一类的住民被迫去往一个地方，另外一类被迫去往另一个地方，每一个地方都扮演特定的角色。在这些任意由森林深处画出来的长方形空间里面，街道都成直角交叉，粗看之下都一样；他们只是一些几何线条，没有自己本有的性质。然而，还是有主要街道与次要街道的区别。有些和铁路或道路平行，有些是直角交叉；前者和商业进行方向一致，后者则穿过商路，且加以阻碍。商业都选前者，因此交通频繁；私人住宅或某些公共建筑物则选择后者，或被迫沿后者而建。中央与旁边，平行与垂直这两类对比的结合，产生 4 种类型的城镇生活，塑造将来的居民的个性，鼓励一些人，挫折其他人，造成成功或导致失败。更重要的是，城镇居民有两类：好群居的人住在城市化程度最高的地带，不喜欢群居的人关心个人的自由。这个差异导致新的对比，使第一类对比的情况更加复杂。

最后，我们还得考虑很多城镇中都存在的那些神秘因素。那些因素把城镇往西推，使城镇的东区贫困或衰败。这些因素可能只不过是宇宙律动的一种表现，从人类出现以来，这种律动使人类在潜意识里相信和太阳行进的方向一起行动是好的，逆太阳行进的方向是坏的，跟着太阳走表示秩序，逆着太阳走表示混乱。我们早已放弃太阳崇拜，也早已丧失那些把罗盘上的不同方向与神奇的特性、姿色与美德连接在一起的习惯。但是，不论我们的欧几里得（Euclid）式心灵对空间有这些性质的观念是如何深怀敌意，我们还是没有办法防止重大的天文气象现象为某些地区加上几乎是无法察觉但又无法抹杀的性质。我们也无法改变下列事实：对所有人，由东往西的方向都代表成熟，北半球温带地区的居民把北方看做寒冷与黑暗之所在，南方则是热与光明。这些，在个人的理性行为上根本看不到痕迹。但是城镇生活提供了一个奇特的对比。城市代表文明最复杂、最精纯的面貌，在一片小小的空间里面吸引集中了一大堆人，再加上城市发展的不同阶段所历经的时间，提供一个使各种潜意识的态度得以沉淀的熔炉，那些态度个别出现的时候很难察觉，但由于很多人基于相同的理由以相同的方式具体地表现出同样的态度，因而形成重要的影响，像使城镇由东往西成长，贫富差距沿着东西这根轴两极化。这种现象简直无从理解，除非我们承认，由于城镇和显微镜一样具有把微小的物件放大的长处（或说是限制），而能在集体意识的显现板上，把我们那些到处窜动的、微生物群体似的古老而仍然活生生的迷信显示出来。

但是，这些真的是迷信吗？我把上述的偏好看做是一种智慧，野蛮人实践起来，有天机兴发之妙。现代世界拒斥这种智慧，才是真正疯狂。野蛮人常能不费吹灰之力，即得到心理平衡。如果我能心甘情愿接受人类经验的真实条件，能觉悟到我们并不能完全逃离其模式与律动，我们将可以免除掉多少的伤害、劳累和一无是处的不满！空间有它自己的价值，像声音和花卉有颜色，感觉有重量。找寻其间的对应，并不是诗意的游戏，也不是恶作剧。某批评家评论兰波（Rimbaud）十四行诗“母音”（Voyelles），胆敢说这些关系是游戏法、恶作剧。兰波这首诗目前已是语言学家的经典教材，他们认为诗的基础不在于各个音节的颜色，那种颜色会因人而异，而是在音节与音节之间的关系，这些关系的种类相当有限；这方面的研究还完全是一片处女地，颇有厚望做成意义重大的发现。像美学家一样，鱼把气味区分成浅与浊，蜜蜂把亮度按重量区分，重的是黑暗，轻的是光亮；那么，画家、诗人或音乐家的作品，就像野蛮人的神话与象征一样，也应该被看做是我们人类真正都共同具有的最基本的、也是唯一的知识，如果不是一种更高级的知识的话，科学知识、科学思想只不过是一个尖锐的刀尖，因为不停地在事实这块磨刀石上面研磨而更具切刻力，不过也以丧失事物的本质为代价。科学思想所以如此有效力，原因在于具有深深切刺进去的力量，切刺得够深刻，使整个知识工具能随之往前。

社会学家对于创造出整个的、具体的人文主义能有帮助。社会生活的重要表现和艺术品有些相同的地方，它们都是在无意识的层次上形成发展出来的，社会生活因为是集体的产物，艺术品虽然是个人的产品，情况还是如此。两者之间的这项差别是次要的，而且只是表面的，因为社会现象是公众所造成的，艺术品则是为公众而创造；公众使两者具有同一个公分母与衡量的准绳，同时决定两者的创造条件。

因此，我们常常把一个城镇和一首交响曲或一首诗相比较，这种比较并不全然只是比喻。事实上，城镇和交响曲或诗都是同性质的事物。城镇可能还比艺术品更为宝贵，更值得珍惜，因为它就站在自然与人造物的交界点上。城镇事实上是由一群动物组成的社会，一群动物把自己的生物史局限在其疆域之内，同时却又依据自己是能思考的动物而具有的种种动机和目的将之改造；因此，不论是在发展过程上，还是在形态上，城镇同时是生物上的生殖、有机的演化与美学的创造。城镇既是自然里面的客体，同时也是文化的主体；它既是个体，也是群体；是真实，同时是梦幻；是人类最高的成就。

在巴西南部的这些综合捏造出来的城镇，背后那股潜在的、顽固的决心所做出来的房屋规划，使街道具有特别功能，不同城区具有各自的风格；而所有这一切所以能存在，代表的既是原来创建他们的想法之延续，同时又和原来的想法矛盾，这就使那股决心显得更值得注意。龙德林那、诺瓦丹吉克、罗兰地亚与阿拉庞加斯，这些城镇的出现，都是一群工程师与金融家做同一项决定的结果，而这些城镇都已逐渐静静地变成任何一群现实存在的事物所会具有的那种具体的歧异的一部分，就像库里提巴在一个世纪以前所变成的那样，或是目前果安尼亚（Goiania）可能再变成的那样。

库里提巴是帕拉那邦的首府，政府决定创建一个城镇以后才出现于地图上面。城市所在地从一个大地主手中买来，再划分成块，廉价出卖，以吸引人口。稍后也使用同样的方法创造麦那斯（Minas）邦的首府贝罗侯里融铁（Bello Horizonte）。至于果安尼亚，所下的赌注更大，因为最起先的原意是要创造巴西联邦的首都。

在巴西南部沿岸与亚马孙河之间，乌鸦往内地飞去的方向三分之一左右的路途，有一片大高原，在过去两百年来完全被人遗忘。在货运商队与河中汽船的时代，有可能在几个星期的时间内穿过这片高原，由矿区抵达北方。在抵达阿拉瓜亚河（Aragnaya）以后，旅行者可以搭船沿河而下一直到贝蓝姆（Belem）。这种老式省城的生活方式，只在果亚兹（Goyaz）还可看到，果亚兹是果亚兹邦的首府，离海岸 1 000 公里，几乎与海岸地带完全隔绝。在长满棕榈的小山其不规则的山脊上一片翠绿的俯视之下，矮房子之间的街道穿行于花园和广场的边缘，窗户华丽的教堂建筑前面有马在吃草。那些教堂有一半是谷仓，一半是有钟楼的房子。柱廊，灰泥粉刷的墙壁与山形墙，一直是用一种蛋白一样的漆重新刷过，圈上乳白、褐色、蓝或粉红的边，使人想起伊比利亚田园画的巴洛克风韵。一条河在多苔的河岸之间流过，河岸的有些地方，因藤类植物、香蕉树与生长于被弃置的房子之间的棕榈挤压而倒塌；不过，这些茂盛的植物似乎并不是要把那些房子变得更像废墟，而是要使那些房子颓破的前墙增加一点沉默的尊严。

行政当局后来决定把果亚兹忘掉，把它的乡村化了的环境，把它的训练马向下奔驰的斜坡和老式的魅力抛诸脑后，我不晓得是应该为这种荒谬决定感到悔恨，还是应该高兴庆祝。果亚兹太小，太古老。当时新构想里面要建立的庞大计划必须要找一块全新的处女地才行。往东 100 公里的一片台地，上面只长些粗草和多刺的矮树，好像被一场传染病袭击，把其中的动物全部毁灭，并使植物无法长大，这些台地正好合适。没有铁路、道路通往那里；只有几条牛车才能走的小径。在那个地区的地图上面，画一个象征性的正方形，每边 100 公里长。这就是未来的联邦区所在，在其中央要建立联邦首都。由于台地的表面平整，建筑师不用担心，可以把整块地当做描图板来使用。在地面上标出城镇的规划；划出界线，在里面有各个不同的地区，划出住宅区、行政区、商业区、工业区，甚至有个娱乐区。娱乐区对一个拓荒前锋城市很重要：有一段时间，在 1925 年左右，用类似方式建立的马瑞里亚（Marilia），新建的 600 间房子里面，将近 100 间是妓女户，其中大部分是法兰丝辛哈（Francesinhas），她们和法国修女是 19 世纪法国在海外的影响中最活跃的人员。法国外交部（Ouai d'Orsay）对这一点相当明白，因为在 1939 年，它还把其秘密资金相当可观的一部分用于传播所谓的不规矩的杂志。巴西最南部的一个邦是里欧・格兰地・多・索耳（Rio Grande do Sul）邦。如果我说里欧・格兰地・多・索耳大学的创建，那间大学的偏爱法国教授，这些事实都和一个未来的独裁者年轻时曾在巴黎认识一个妓女有关，我想我的一些同事们大约不至于和我唱反调吧。那个年轻的妓女，使未来的独裁者对法国文学和法国的自由发生兴趣。

各种报纸每天都报道一大堆果安尼亚市创建的消息。城市的细部规划都刊了出来，好像那城市已有百年历史似的，在规划图的旁边列举城市居民将要享受到的种种好处，道路、铁路、供水系统、下水道、电影院等。如果我没记错的话，开始的时候，在 1935 年到 1936 年之间有一段时期，想买地的人只要付购买土地的法律手续费用，即可免费取得土地。民事律师和投机者是最早的一批居民。

我在 1937 年去过果安尼亚。在一片无边无际的平原上面，一半是空旷的地段，一半是战场，到处都是的电线杆和测量桩中间，有 100 间左右的新建筑，散乱于各个方向。最大的一间是旅馆，旅馆是一个水泥方块，由于四周一片平坦，看起来像是飞机场，又像小堡垒；这间旅馆使人很想把它形容为是一个“文明的堡垒”，但不是比喻式的形容，而是字面意义的形容，就其所处的环境而言，这样的形容充满反讽的意味。对沙漠如此的占为已有，实在是最野蛮、最无人性的行为。这些粗怪不可爱的建筑物，和果亚兹的建筑正好对立于两个极端；不论是历史，或是时间的消逝，或是习俗，都无法填满其空虚，也无法软化其死硬；像车站或医院那样，它只是一个过路站，而非久居之地。只有惧怕某种大灾难即将临头，才能教人有理由居住在这类水泥块房子里面。一种大灾难事实上已发生，而我们四周的一片沉寂、毫无行动，正是灾难后不吉祥的余波。卡德穆斯（Cadmus），文明的传播者，种下了巨龙的牙齿。从这一片被怪兽的气息所焚烧、焦炙过的土地上面，期望看到人类窜长出来。

十四 魔 毯

今天，想起果安尼亚那座大旅馆，和想起其他旅馆，有吻合之处。记忆中，其他那些旅馆，是在豪奢与贫穷对比的贫穷这一端，见证了人类与世界的种种关系——或者应该说，日渐强加在他身上的这些关系——里的荒谬。我在喀拉嗤（Karachi）这个同样是人类随意创造出来的城市里面，重新发现果安尼亚旅馆——不过，放大到了不成比例的程度。喀拉嗤市，由于政治上的算计和有系统有计划的把许多社区连根拔起的结果，在1950年以前三年时间之内，人口由30万人激增至120万人；和果安尼亚市一样，喀拉嗤也是位于一片沙漠里面，那片干旱地带从埃及一直延伸到印度，把我们地球的一大块剥掉一层有生命的表皮。喀拉嗤就位在这片干旱带的东端。

喀拉嗤本来是个渔村，英国殖民者来了以后，变成一个小港城市和贸易中心，在1947年被升为首都。原来城区的长街道两旁排列着集体的与个别的军队宿舍一般的建筑物；那些个别的建筑是官员与军官的私人住宅，每栋建筑都各有一片多灰尘的植物，成群的难民露天而宿，在柏油路面上过着苦难不堪的生活，路面被嚼槟榔的人弄得血迹斑斑。与此同时，帕西人（Parsee）的百万富翁则忙着盖巴比伦式宫殿给西方生意人居住。从清晨到黄昏，连续几个月不停，一队衣衫褴褛的男男女女（在信奉伊斯兰教的国家，把妇女隔离开来，与其说是宗教习惯，倒不如说是资产阶级地位的象征，社会里最穷困的人甚至没有性生活的权利），每个人都搬着一桶满满的刚刚和好的水泥，他或她把水泥浇进筑板里面，回头走到和水泥的工人身旁，停都不停地再装一桶搬走，如此反复不停。建筑物的每一间厢房几乎在尚未完工以前就启用，因为一个房间连餐费在内每天的租金要比一个女工一个月的工钱还高；用这种办法，盖一间豪华旅馆的成本可在9个月之内回收。因此，工作进行的速度要快，监工并不在乎不同的水泥块是否排列整齐。这种情形，大约从古波斯帝国省区的总督（Satraps）强迫奴隶倒泥堆砖来建他们摇摇欲坠的宫殿就已开始，到现在并没多大改变；整排搬桶子的妇女，鹰架上面的天空映出她们的侧影，事实上真的可以做那些宫殿横饰雕刻的模特儿。

喀拉嗤市与原住民的生活隔绝（后者在这片沙漠上面本也就是殖民化带来的人为产物），中间有几里路，由于一种教人无法忍受的，季节台风似的但又一直久久不敬的湿气，那段路简直走不得，更严重的是对下痢（有名的“喀拉嗤肚子”）的恐惧，使一群生意人、实业家和外交人员在酷热与烦闷之中无所事事，那些充做卧室的空无一物的水泥格子又热又烦闷，当初的设计似乎不只是考虑到经济上的问题，更重要的想方便于被关在里面动弹不得几个礼拜或几个月的人类标本搬出去以后所要做的消毒工作。想到这里，我的记忆马上跃过 3 000 公里的距离，把上述的景象与另一个景象连接起来。另外的一个景象与卡里（Kali）女神庙有关，这是加尔各答（Calcutta）最古老也最受崇拜的圣地。在一个停滞的池塘沿岸，在一种充满由身体畸形与无情的商业剥削意味的气氛中（印度大众的宗教生活是由无情的商业剥削为动力），离那些到处都塞满宗教性的彩色照片和彩绘过的石膏神像的市场摊位不远的地方，竖立着“休息室”（Rest-House），一间现代建筑，宗教组织者建来给朝圣者住的地方。它是一间长形的水泥大厅，分隔成两半，一边给男人，另一边给女人，每边都有一排排的水泥平台，不加粉刷即是床铺。他们要我欣赏排水沟与水喉装置。住在里面的人堆一起床，就被送去进行种种崇敬膜拜，像请求治好其溃疡、口癌、疥癣或癀烂等以后，整座建筑由水管冲洗干净、光鲜，等待另一批朝圣者来过夜。没有任何一个地方，或许除了集中营以外，人类与屠夫刀下的肉相像得如此彻底。

然而，这还只是准备用做暂住其内的建筑而已。在往东走一段，在那拉扬甘吉（Narrayanganj），种黄麻的工人在一个巨大的蜘蛛网里面讨生活，那蜘蛛网由白色调的纤维组成，从墙上挂下来，漂浮于半空中。工作完毕以后，他们回去的家是“苦力线”（coolie lines），一种没有亮光没有地板的砖槽，每个砖槽住 6～8 个人；这些砖槽并列成小小的街道，表面的排泄流向中间，每天用水冲 3 次以清除污秽。社会的进步现在渐渐把这类住处用“工人住宅”加以取代，而工人住宅就是两三个工人分享一间三乘四尺的牢房。四周都用墙围起来，入口有武装警察守卫。公用的厨房和餐厅全都是未粉刷的水泥房间，可以用水洗刷，在里面每个人点自己的火，然后蹲在地上在黑暗中吃饭。

我第一次在法国朗德（Landes）地区教书期间，去访问过当地专门用来快速养鹅的场所：每只鹅都关在一个窄窄的箱子里面，整只鹅变成一道消化管。在印度的这种安排，情况完全一样，不同的只是两点：我看见的不是鹅，而是男人与女人；还有，这些人不是被养肥，而是被剥瘦。但在两种情况中，喂养者都只容许他管理下的生物只进行一种活动，在鹅的例子里面那种活动是喂养者所喜欢的，在印度人的例子里面，则是无法避免不得不如此。那些黑暗的、没有空气的方块既不适合休息，也不适合消闲，不适合爱。他们只是共用的下水道的连接点，他们正符合一种人类生活的观念，把人类生活化约成纯粹只是排泄功能的演练。

哎，可怜的东方！在达卡（Dacca），那个神秘的城市，我访问过若干户中产阶级家庭。有些像纽约第三街的古董店那样豪华；其他的，属于相当有钱的人所有，也充满藤制台桌、花边的茶桌布和瓷器，情况和法国布瓦哥伦布（Bois Colombes）郊区的大房子不相上下。另外一些，比较老式，像我们最穷的农民的小屋，煮饭的地方在多泥的小院子的一端，用的是夯土制造的炉子；在另一方面，家境良好的新婚夫妇则住在三个房间的公寓，这些公寓建筑和第一次世界大战后重建时期在塞纳河畔的夏蒂荣（Chātillo-Sur-Seine）或吉沃尔（Givors）所建的那些廉价公寓没什么两样，只是达卡的公寓里面房间水泥都没粉刷（浴室也一样，只有一个水龙头），家具也很有限，像小女孩的卧室一样。有一次，我蹲在水泥地板上面，在从天花板用花线垂挂下来的一盏光秃灯泡所发出的暗光之中——啊，天方夜谭！——我吃了一顿晚餐，充满津津有味的老祖宗时代的美味。我用手指抓东西吃：首先是奇酥里（Khichuri）、米饭和小扁豆（英语称为 pulses，豆类），小扁豆有很多种类，颜色多样，市场上可以看到整袋整袋地放在店前。其次是烤鸡（nimkoma）；chingricari，多油含水果味的炖大虾；dimer tak，一种炖鸡蛋，蘸 shosha 黄瓜酱吃；最后是甜食 firni，用米和牛奶煮成。

当时我是一个年轻教师的客人；在场的还有他的小舅子，小舅子当晚同时扮演跑堂、下女和小孩的角色，主人的妻子也在场，那时她正在可以除去面纱的过程之中。她好像一只沉默的受惊的小鹿，不过她先生为了动摇她最近所得到的自由解放，不停地对她冷嘲热讽，嘲讽得毫无风度，使我觉得和她一样尴尬。由于我是人类学者，他强迫她从小衣柜中把她的内衣裤拿出来，以便我能看见其中的每一样。他急切地要证明他对西方习俗很敬重，如果稍加鼓励的话，他一定会要她在我面前脱光衣服，而事实上他对西方习俗一无所知。

因此，我可以看见一个亚细亚在我眼前逐渐成形，一个工人住宅和廉价公寓建筑构成的亚细亚。这个未来的亚细亚，摒弃掉任何形式的异国情调，可能在被遮掩了 5 000 年以后，又和 3 000 年前亚细亚人就发明出来的那种单调乏味、却又异常有效率的生活方式连接起来。这种生活方式发明以后，迁移到整个地球表面，在新世界曾做短暂停留，以致我们以为它是美洲特有的生活方式；然而早在 1850 年，这种生活方式即又重新迈开其往西走的脚步，先抵达日本，绕了地球一圈以后，又回到起源地。

在印度河河谷，我漫步于最古老的东方文化精简的遗址中间，这遗址历经好几个世纪的沧桑，历经风沙、洪水、硝石和雅利安人的入侵，仍然存在：莫罕久-达洛（Mohenjo-Daro）和哈拉帕（Harappa），一些坚硬的砖块和陶片露出地表。这些远古的人类居住点形成一个令人不安的奇观。街道全都笔直，直角交叉；有工人住宅区，每一间都一模一样，磨谷工场、铸造与刻雕金属的工场，制造泥土杯子的工场，破碎的杯子残片撒在地面；市政府谷仓占好几条街（或许我们可以说，把时间与空间易位）；公共澡堂、水管、下水道等；坚实却不美观的住宅区。见不到纪念碑或大件的雕塑，不过在地下 10 码到 20 码之间，有些薄薄的小戒指和珠宝，代表一种完全不具神秘感也非基于深沉的信念的产品，目的只在满足富人的夸饰所需及感官之娱。这整个遗址令造访者想到现代大城市的优点与缺陷；它预示了后来较进步的西方文明模式，那种模式的典范是今日的美国，连欧洲都得师法。

在此不免使人要想，历经四五千年的历史之后，轮子又转了回来——城镇的、工业的、资产阶级的文明最早出现于印度河谷的城镇，这种文明的内在愿望，在欧洲的蛹期准备阶段长期内部繁复化以后，命定要在大西洋彼岸达到顶峰。当旧大陆还年轻新鲜的时候，它已经预示新世界的特色了。

因此，我不信任肤浅的对比，不信任表面的风景如画；它们可能无法持久。我们称为异国情调的，表现的是律动的不平等，几个世纪下来可能意义重大，也表现了一度暗晦的命运，这些命运可能一直联结在一起或平行并进，像亚历山大大帝与希腊的一些国王抵达加马（Jumna）河畔，或是塞西亚（Scythian）和帕尔特（Parthian）帝国，罗马海军到越南沿岸探险，或是蒙古皇帝宫廷顾问中的各色人等都有。我们如果搭飞机穿越地中海，往埃及的方向飞，首先令我们惊异的是棕绿色的棕榈树丛和绿色的海水，海水绿得使我们会觉得将之形容为尼罗河（Nil）水亦毫不为过，还有淡灰褐色（羊毛本色）的沙，紫色的河泥，形成一首色彩的交响乐；但是，从空中能看得见的村落规划，使我们更为吃惊：他们蜿蜒出界，形成一片细致的、不整齐的房屋与小街的大杂烩，东方的标记。此处我们看到的，正好是与新世界完全相反的现象，在新世界，不管是西班牙人或盎格鲁-撒克逊人，不论是在16世纪或是在20世纪，都相当偏好几何形的居住规划。

过了埃及以后，从阿拉伯上空所看到的只有同一主题的变奏，主题就是沙漠。首先，在乳白色的沙中出现像颓破的红砖堡垒那样的岩石；其他地方有复杂细致的图案，像树枝的抛物线，甚至像海藻或水晶，都是沙漠河床（wadi）的诡异行为所形成。沙漠河床不是把水汇流成溪，而是把水流散成众多的小小流水。再往前的地面似乎被某种庞大的怪兽踩踏过，尽其力量急促地把地面压干。

黄昏时，沙逐渐消失在雾中。这雾，本身即是归顺在大地上的天沙，对比出天空那种明澈的蓝绿色。沙漠丧失其跳动与隆起，与夜晚混合，形成广大的质地一样的一片玫瑰色，在这时刻，沙漠不会比天空更为具体。沙漠甚至在与自己的关系方面也是一片沙漠。慢慢的，雾气布满各处，剩下的就只有夜。

在喀拉嗤下飞机以后，曙光在塔尔（Thar）那片无法理解的月球沙漠上面出现；然后，小群的田地跟着出现，中间仍隔着一大片沙漠。阳光增强的时候，那些耕种过的地块便连接起来，成为一片连续的表面，上有粉红与绿色光泽，好像某些古老织毯上面细致斑驳的颜色，这块老织毯已被用到露线脱线的地步，又一再不知厌倦地加以缀补。这就是印度。

田地的形状不规则，但整个看来，那么多的形状与颜色，并没有任何不整齐的地方。不论如何把田地分成群，都会形成一个平衡的样式，好像曾经花不少心血，就整体的观点，画出这些小块小块的轮廓似的。他们几乎就是保罗·克利（Paul Klee）的几何学遐想图。整个景观有种精密整洁化的性质，一种极端的、又任意的过于讲究的性质，虽然三重主题一再重现：村落、田地网和树木环绕的水塘。

飞机在德里着陆或起飞的时候，可以使人一览那个浪漫的印度，颓破的庙宇点缀于生动的绿色矮树丛中间。然后看见洪水为患。水非常凝滞厚重，充满泥；更像是一条条的油带，浮于由泥土所形成的另一种形式的水上面。飞机飞过比哈尔（Bihar）邦的岩石山岳和森林，然后是三角平原的开端。每一寸土地都种东西，每一块田都像是一颗绿色黄金的珠宝，油亮发光，因为上面覆盖一层水，田地环绕着一圈毫无瑕疵的暗色边。没有任何尖锐的转角；所有的边都磨平磨圆，可是又能全部吻合在一起，好像活组织里的细胞一样。快到加尔各答的途中，小村落的数目激增，其中的小房子好像是堆在绿色巢穴里的蚂蚁蛋，有些屋顶的深红色瓦使这一切更为生动。飞机在暴雨中降落。

加尔各答再过去是恒河三角洲。恒河的水流起来是如此曲折，又如此宽广，更像是一只大怪兽，而不像一条河。举目望去，整个乡村地区全部被水所淹没，除了那些黄麻田，从空中望下来，形成多苔的绿色方块，其绿色由于如此凉爽清新而显得更为尖锐。树木环绕的村庄在水中涌现，好像一大队小船所载运的花束那样。

夹在无人之沙与无土之人的中间，印度具有一种非常暧昧的外观。从喀拉嗤飞到加尔各答所花的 8 个小时里面，我所得到的印象是，印度绝对和新世界无任何关联。它既没有美国中西部或加拿大的那种严格的棋盘格式，全由规模一样的小单位组成，每一单位有一定的地方把农家建筑盖在上面，而且都建在同一边；印度更没有热带森林所具有的那种深厚的绒一般的绿，那些热带森林才刚刚被开发，拓荒先锋带大胆地在一些地点侵入。当欧洲人眼看这块印度的大地，分割成小小块，种的连一亩都不剩，起先的感觉是觉得熟悉。然而，颜色的色调互相混成，田园的不规则轮廓一再调整，界限模糊不清，好像粗糙地缝在一起那样，这一切都是同一块织物的一部分，但是，如果和欧洲景观所见的那些比较明晰的形式与颜色做个比较，就会觉得前者是一块翻过面来的织物，显露出来的是底面。

这当然不过是比喻，但也相当确切，符合欧洲与亚洲两者和他们的共同文明之间的关系位置（同时也符合欧洲自己和其美洲后代之间的关系位置）。最少在物质方面，欧洲与亚洲似乎各自代表自己的反面；一个是一直成功，另一个是一直失败；两者好像在进行同一项事业，一个取走所有的好处，另一个只能捡拾贫困与苦痛。其中一个（但还能维持多久呢?）人口的不断增加带来农业工业的进步，因为资源增加快过消费者数目的增加。另一个则从 18 世纪以来，同样闹革命却没增加多少财富，而每个人所能分到的东西不断在减少。欧洲、印度、北美与南美可以说是表明了地理环境与人口密度的所有可能的结合方式。亚马孙森林地带的美洲是一块贫穷的热带地区，但人口数目很少（一种因素在一定程度上补救了另一种），南亚也是一块贫穷的热带地区，但人口太多（一种因素使另一种因素更加恶化）；至于温带地区，北美洲资源富足，人口相对稀少，和欧洲形成对比，欧洲的资源相对有限，人口数目则相当多。但是，不论怎样去看这些明显的真理，南亚永远还是殉道的大陆。

十五 人 群

不论我们想的是旧世界木乃伊化了的城市，还是新世界仍在胚育中的城市，我们经常把我们最高的价值，不论是物质的还是精神的，和城市生活联想在一起。但印度的大城镇只不过是贫民窟。在印度，我们深以为耻的那些东西，视为一种癫痫症的东西，是城市现象，只不过这现象化约为最基本的表现方式罢了：一大堆个别的人群聚在一起，他们存在的唯一理由是为了成百万成百万地挤在一起，不管生活条件如何。脏臭、混乱、人挤人、人压人；残壁、矮屋、泥泞、灰尘；牛粪、小便、脓汁、排泄和溃烂：我们期望城市生活为我们提供有组织的防避的这一切东西，我们不惜代价去怨恨去拒斥的这一切事情，共同居住的这一切副产品，在印度都丝毫无碍于他们这样的群众。这些变成一种类似于自然的环境，印度城镇有了这种环境，才能繁盛。对每一个人，任何一条街道、人行道或窄巷都可以是家，他在那里起居，甚至直接从浓稠的秽臭里捡食物。这些秽臭不但没有令他厌怨，反而具有一种家中之物的地位，因为是由这么多人流渗、排泄出来，又有许多人践踏过、摸过。

我在加尔各答住的旅馆，陷在牛的重围里，还有秃鹰停在窗栏上。每次走出旅馆，我马上变成一幕芭蕾舞的主角，如果不是那情形过分凄惨的话，我一定会觉得好玩。各种修为到家的演员轮番上场：擦鞋的扑倒在我脚下；一个小男孩奔向我；嘴里呻吟着“一个安那，爸爸，一个安那!”的跛子展示残肢，拉开衣服让人看个清楚；一个皮条客说“英国妞，很棒的……”；一个卖木箫的人；一个新市场的搬货员乞求我什么都买，不是因此他可以抽头，而是他跟着我跑，可以赚几个安那糊口。他把货物——列举出来的时候，一脸贪婪，好像都是他自己要的礼物似的：“皮箱？衬衫？水管？”

然后是一大群小角色：替人力车、马车、出租车拉生意的人。各种交通工具多得不得了，一两码就一辆，在路上排队等待。问题是车夫怎么知道谁要坐？我也许非常尊贵，不屑打理他们呢……那一大堆商人、店东和街头叫卖的小贩就甭提了，有人走来，对他们简直就是带来一次天堂的许诺，因为你说不一定就会向他们买个什么东西。

任何人如果觉得好笑或厌烦，应该想想，这两种反应都接近亵渎。批评这些奇形怪状的手势和扭曲变形的举动，都毫无意义，取笑更是犯罪；它们是什么，就应该看成什么——生死斗争的临床症状。促成这种充满绝望的行为，只有一事，就是饥饿这个无时或忘的牵挂；这种牵挂，迫使乡村住民涌入城市，使加尔各答人口在5年之内由200万增加到500万；难民挤进车站，虽然他们坐不起火车。你夜间经过，可以看到月台上睡满了人，裹着白棉布，那白棉布今天是衣物，明天就是裹尸单；饥饿也是那乞丐隔着一等车厢的铁栏杆与你四目交接时眼神凄烈的原因。那些铁栏杆，就像些蹲在踏板上面的武装士兵，是为你防备一个人的无言祈求而设。如果你任由同情胜过谨慎，而给那些无望的人一些施舍的希望，那个人很容易一下子就变成一群号叫的暴民。

一个在热带美洲居住的欧洲人，会被某些事情所困惑。他观察到人和其地理环境之间一些新的和奇怪的关系；人类生活的各方面不断地提供他思考的素材。不过人与人之间的关系并无任何新奇形式，看起来和他向来习惯了的形式是一样的。在南亚，情况相反，现实似乎不是远不如，就是远过于人对世界与对人所宜有的要求。

日常生活似乎是对人类关系概念的不断否定。这里的人什么都可以给你，一切都说包君满意。他们自称百技精通，其实一窍不通。结果是，你发现你没有办法相信别人具有由诚意、由能够履行协议和自律的能力构成的人性品质。人力车夫说可以带你去任何地方，其实他可能比你更不晓得路线。在这种情形下，很难不发脾气，而无论你心里有多少道德上的不安，想到搭人力车，为了由人来拉着你而歉疚，但你还是很难不把他们看做比人低一等，因为他们以如此无可理喻的行为，使你不得不这样看待他们。

到处都是乞丐，更令人不安。你不敢坦然与人对看，来求得和另外一个人类建立接触的区区满足，因为你只要把眼光稍微停顿一下，都会被解释为弱点，可因此向你恳求施舍。乞丐叫喊“头家！”（sa-HIB）的声调像极了我们在责骂小孩子所说的“得啦！够啦！”（vo-YONS），都是把音量渐增，而把最后一个音节的声调降低。乞丐就好像是在说：“明明白白，逃不掉的，我是在向你乞讨，凭这事实，我就要定你了。你到底在想什么？怎么不拿个办法出来呢？”

完全接受现状，连请求都免了。剩下来的，只是对一种客观情况的认定，认定他和我之间有一种自然关系，在这关系里，就像物理世界的因果效应一样，施舍要以同等的必要流动于他与我的关系之中。

这里所发生的情形没什么两样，一个人的态度强迫你去否认他会有那些你非常想承认他具有的人性质量。使人与人之间建立起关系的那些最原本的情境，全被扭曲；社会游戏的规则被动了手脚，使人不知从何着手。把这些不幸的受苦者视为与自己平等，他们会抗议这样做是不义的；他们不愿成为与你平等；他们乞讨，他们求你傲慢地把他们踩到脚下，因为只有扩大你和他们之间的差距，他们才能期得小小的捐助①。差距越大，所期能乞得的就越多；他们把我抬得越高，期望就越高，期望他们所求到的会相当可观。他们并不要求任何生活的权利；生存这件事实本身，他们并不认为值得施舍，只有他们向有权势者卑屈颂赞才值得得到施舍。

因此，他们就从来没想到要把自己视为与你平等。但是，这样不断的施加压力，即使施加压力的是人，你还是无法忍受，无法忍受他们用尽一切巧计要骗你，要占你上风，要用罪恶感、谎言和偷窃，来从你这里得到一点东西。然而一个人怎么硬得起心肠来？当——这一点是无法排除的——所有这些行为方式全都是样式不一的祈祷动作？更因为他们对待你的基本态度是祈祷的一种，而且令人忍受不了，即使你是被硬抢一顿，即使情况是如此全面绝对的无可忍受，结果是，虽然对头脑如此混乱不清觉得可耻，我还是忍不住要把这些难民——从我的豪华旅馆的窗户可以听见他们整天在总理大门口不停地哭泣号叫，他们哭泣号叫，而不是把我们赶出这些

① 法文原文 Bribe，意即一点点、一小部分。列维-斯特劳斯在英译本中补充说："英文的 bribery（贿赂）一词实在恰当得很。"——英译者注

可以住好几个家庭的房间去——和那些在喀拉嗤的树枝上呱叫不休的黑身灰首的乌鸦联想在一起。

人与人之间的关系堕落到这种地步，欧洲人的心灵一下子是无法理解的。我们把阶级差异看做斗争或紧张，好像本来的或理想的情况是这些矛盾冲突得到解决，而不存在。但是，这里的紧张一词全无意义。没有一种事情是紧张的，因为所有曾处于紧张状态的东西很久以前都挣断了。从一开始，断裂就存在，好时光并不存在，有时候人们会提起"好时光"，想发现点痕迹，或是怀旧地想回过头去，但好时光并不存在，断裂从一开始就在那里，造就使你只剩下一个信念：你在街上所见的这些人无救。即使你散尽所有，还是没有把握能使他们的命运改善一点。

即使我们想用紧张这个观念来思考，所得的结论也一点都不更乐观。用这种思考方式，我们便不得不承认，一切事情都处于如此紧张的状态，不可能出现任何均衡。整个体系除非一举而毁，情况已完全无法挽回。从一开始，我们就发现自己跟这些祈求者互不平衡。我们不得不拒斥这些祈求者，我们拒斥他们，并非因为我们鄙视他们，而是因为他们用崇拜败坏我们，他们想要我们变得更堂皇，更有力，因为他们疯狂地相信，只有把我们抬高百倍，他们的处境才能有些微改善。这一点相当能说明所谓亚细亚式的残酷的根源。那些烧遗孀、处决、酷刑，还有那些以造成无法疗治的伤口为目的的外科手术用具，这一切可能都是一心想要点缀那些鄙贱的关系的心灵发明出来的，卑下的人通过自我作践来作践其上司，反之亦然。极端奢豪与极端贫困之间的鸿沟把人性层面毁坏无存。其结果是产生一种社会，无法成就任何事情的人借期望一切东西而苟存（"天方夜谭"中的精灵所代表的典型东方白日梦)，而那些要求一切东西的人什么也不给。

情形既如上述，有些人际关系，我们喜欢视为——往往是错看成——西方文明所特有的人际关系，于是，与这些关系差异极大的人际关系，我们觉得有时候非人的，有时候不及人性，好像小孩子的行为一样，也就没有什么奇怪了。最少在某些方面，这些人虽然很悲剧性，看起来相当幼稚。首先，他们望着你，对你笑的那种吸引人的神情；其次，他们到处坐卧，采取任何姿态，地点和场合是否合适漠不关心，不由你不注意；他们喜欢琐碎和廉价饰物；他们行为天真而放纵［男人手拉手到处走，蹲下来当众小便吮吸着西朗(Chilams)，把甜甜的烟吸进去］；他们相信证言与证书的神奇力量；他们深信任何事都可能，于是司机（或者你雇用的任何人）提出夸大得不得了的要求，但只要得到所求的四分之一或十分之一，就很快满意。有一次，东孟加拉的总督到吉大港（Chttagong）山区慰问那些深为疾病、营养不良和贫穷所苦，还受信奉伊斯兰教的人恶毒迫害的土著，他请翻译问他们："你们有什么苦处吗？"想了相当一段时间以后，他们回答："天气太冷……"

到印度去的每个欧洲人，不管他喜不喜欢，都会被一小群叫做"搬运者"的男跟班包围。他们那么急切地要服务，能不能用种姓制度来解释，是不是由于社会不平等的传统，还是由于殖民者要求服务所造成，我说不上来。反正，他们的谄媚奉承很快就造成无法忍受的气氛。必要的话，他们会躺倒在地上让你跨过，他们建议你一天洗 10 次澡——如果你擤鼻涕、吃水果、弄脏手指，都要洗澡。每一次，他们都在场，乞求你发号施令。他们这种焦急的屈服里面含有一些性的成分。如果你的行为不符他们所望，如果你不在一切情况下都像他们以前的英国头家那样举动，他们的宇宙就塌下来：什么，不吃布丁？晚饭后才洗澡，而不是先洗再吃？一定是世界末日到了——他们脸上写满失望。于是，我不得不即刻改变我原来的想法，放弃我平常的习惯，放掉难得的机会。我不得不吃一颗硬得像石头似的梨，吞下胶状的乳糕，因为如果我要求自己真正想吃的那片凤梨，会引起别人道德崩溃。

我在吉大港的“电线房子”（Circuit House）待了几天。那是一间木造宫殿，外形像瑞士别墅，我的房间 9 米长，5 米宽，6 米高。房间里不下 12 个开关，天花板的灯、壁灯、反射光的灯、浴室、更衣室、镜子、电扇……都各有一个。毫无疑问，这是孟加拉国电灯公司的孟加拉国。某个印度大人物（mahajajah）把这一大堆电器设备装设起来，供私人照明日常之用。

有一次，我让车子在某处停下来，那辆车连司机都是区委员（district commissioner）提供的。面前就是本市南区一间相当高尚的店铺，招牌上写着：“皇家理发、高级剪发”，等等。我准备进去，司机一脸惊惶地看着我：你怎么可以到里面坐？他头家和仆人同一种族的人并坐一道，会丧失阶级地位，同时使仆人司机丧失地位，这对司机在自己人心目中的伤害太严重了。我泄了气，只好任人安排一场为一种比较高级的人理发的仪式。结果是我坐在车内等一个小时，等到理发师剪完其他客人，把他的工具包起来，然后跟我们一道搭我的雪佛兰回“电线房子”。我一走进这间有 12 个开关的房子，跟班马上开始放洗澡水，以便剪完头发以后，我可以立刻洗净那双劳动者的手摸我头发所造成的污染。

这种态度在印度根深蒂固。这个国家的文化传统鼓励每一个人在与他人相处的时候举动要像帝王一样，只要他有办法找到或发明出一个比他地位更低的人。跟班要我对待他的态度，就像他对待一个属于“计划取消的阶级”（scheduled castes）的普通劳动者那样的态度：“计划取消的阶级”也就是最低的级层，英国行政机构把“计划取消的阶级”看做是该得到特殊保护，因为一般习俗几乎不认为他们有做人的权利。而的确，人们会想他们到底算不算人，这些扫地者和倒夜壶者，他们这两项责任使他们整天蹲着，有时候用双手，或者用小刷子，收拾卧室前台阶上的灰尘，有时候他们猛敲房子后面便所门的底部，要里面的人赶快完成其称为“便桶”的庞然大物：好像是在身体折曲成两段，在蟹行穿过院子去拿走头家的货物这样的行为里面，他们发现了一个肯定自身特权、取得一种地位的手段。

仅仅靠独立和时间并不足以扫除这种奴隶习性。有天晚上在加尔各答，我得此感触。我在星星戏院看完一场以神话为主题的孟加拉戏，名叫《乌尔波西》。那时我到加尔各答才一天，在戏院所在的郊区有点不知所向，仅有一辆沿街跑的计程车又被一个当地中产阶级家庭招去。但司机不肯载他们：相当激烈地吵了一番，一再出现“头家”（Sahib）这个字眼，司机似乎在强调说，那个家庭和一个白人抢叫计程车，有失礼数。大大表示不满以后，那家人摸着夜色走路回家，计程车载我回住处。也许司机盘算着一笔比较可观的小费，但以我懂的一点孟加拉语去了解，整个争论的主题完全与此无关：他争的是，必须尊重传统秩序。

那天晚上我本来幻想已经克服某些隔阂。因此，经过计程车这件事，更觉得难过。演戏的地方是一间很宽大而破落的大厅，像谷仓，又像戏院，我是唯一的外国人，但和当地的观众完全混杂在一起，他们是很有尊严的当地商店店主、商人、工薪阶级和公务员，其中很多都由太太陪伴，太太们矜谨的模样似乎说明她们并不常出门。他们对我全然漠不关心。经过白天一天的经验以后，这倒令我相当舒服；不管他们的态度是如何不在乎，或者正因为他们不在乎，这样的态度在我们之间建立起一种并无突兀的兄弟情谊。

那场戏本身，我只了解少许片段，是百老汇大场面、音乐喜剧和欧芬巴哈（Offenbach）的混合。有些喜剧场面、有些干练的女仆人（soubrettes）场面和温情的爱情场面，内容是一个失望的情人在喜马拉雅山当隐士，一位神拿着三叉戟，他眼中的凶光，使他免为一个大胡子将军所害；最后是一队歌女，一半像驻军城镇的妓女，一半像宝贵的西藏偶人。中场休息时，茶和柠檬水盛在可以随手丢弃的土制杯子中给人喝——和 4 000 年前哈拉帕（Harappa）的习惯一样，那些碎片现在仍随地可见——同时扬声器播送喜乐俗气的音乐，有点像是中国曲调和一种快速狐步舞（paso dobles）的混合。

那个专演小生角色的演员（jeune premier）衣服穿得很少，把他的鬈发、双下巴和多肉的身材暴露无遗。看他扭动身体，我想到几天前在本地报纸副刊上读到的一句话。我照引原文，以显出其英国—印度韵味：...and the young girls who sigh as they gaze into the vast blueness of the sky，of what are they thinking? Of fat，prosperous suitors...（这些叹息的少女凝视蓝天在叹息，她们心里想什么？肥胖多金的追求者……）。追求者要肥胖，令我吃惊。不过，看台上那个自满的英雄故意抖动肥叠的肚皮，想到走出剧院就会看到的饿得半死的乞丐，我比较明白了，在一个和饥饿这么接近、这么熟悉的社会里，吃得饱满肥胖所具有的诗意价值。附带提一下，英国人是特有领会的。要让土著觉得他们是超人，最有效的办法，是让土著相信他们需要比普通人更多的食物。

我曾经和一个当地土王（rajah）的弟弟，一个公务员，到沿缅甸边境的吉大港山区旅行。他那么用心地要仆人让我猛吃东西，我大吃一惊。大清早，我吃 palancha，也就是在床上用茶点（这里的“床”，只是我们过夜的土著小屋里面用竹子编的潮湿地板）；过两个小时，吃一份丰富的早餐；然后是中餐；5 点，再吃丰盛的茶点；最后是晚餐。我吃这么多顿饭，而那些村里人一天只吃两餐，米饭加南瓜。最有钱的家庭，再加一点发酵过的鱼酱调味。我很快就受不了，身体上受不了，道德上也受不了。我的旅伴是个贵族佛教徒，在英印学院中成长，极以他那远溯46代的家谱自豪（他把他那间相当简单的房子称为“王宫”，因为他在学校里学过，王子住的房子叫“王宫”）。我饮食要有节制，他无法置信，有点大吃一惊：“难道你不是一天吃五顿？”没有，我并不一天吃五顿，四周都是濒临饿死的人，我尤其不吃五顿。他接着问一大堆问题，因为他以前从未接触英国人以外的白人。法国人吃什么？法国人一餐里有些什么？两餐隔多长时间？我尽力回答，好像一个诚实的土著回答一个人类学家的问题。一字一句，我都能猜想他心里面的挣扎。他对世界的整个观念都在改变：一个白人原来也可以只是人。

然而，在印度，要创造一个人类社区，所需要的又是如此之少。一个手工业者在路上把工具和几片铁皮摊放面前，独坐竟日。他专注地做一些很卑微的工作，为自己和一家人谋食。什么样的食物呢？在露天厨房里，把碎肉压在竹棍上面，放在火上烤；乳饼滴进椭圆形锅子里面；圆叶子排成螺旋形来扎捆墨鱼；金黄色的谷料在热沙中烤。一个孩子在碗里盛着埃及豆；一个人买一大匙，蹲下来就吃，对过往行人完全视若不见，像他稍后以同一姿势小便一样。用木板钉成的路边小茶屋，无事可做的人花几个小时喝奶茶。

要活着，所需也非常少：一点空间、一点食物、一点欢乐、几样用品或工具；这是较低层次的生活。但是，在另一方面，这里似乎又不缺乏灵魂；街上的忙乱中，人们眼神的专注深沉之中，在讨论琐事的热烈里，路过的陌生人所得到的那种有礼貌的微笑，还有——在伊斯兰教地区——微笑外带的“沙兰姆”（salaam，右手掌贴前额，低头）里，都有灵魂。这些人如此安然切合宇宙，只有灵魂的品质可以解释。的确，这个文明，一张祈祷用的跪毯就代表一整个世界的文明，地上画个方块就是膜拜之地。他们生活在街上，各自展示的货品就是各自的宇宙，人人满足地专注于自己的手艺，而周围是苍蝇、路人，以及由理发者、抄写者、美容师与手工艺者造成的熙熙攘攘的人群。为了生存下去，每个人必须和超自然保持一种非常强烈又非常切身的关系。这可能是穆罕默德教和此地其他宗教的一个奥秘：每个信者都觉得时时刻刻举头三尺有上帝。

我记得在克利夫顿海滩（Clifton Beach）的一次散步。海滩在离喀拉蚩不远的印度洋边。走过两英里沙丘和沼泽之后，是一片长长的黑沙滩。那天海滩上几乎没有人，不过，在祭典的日子里，人群涌到，坐骆驼拉的车，骆驼打扮得比主人更艳俗。海色绿白，太阳正西沉；一切亮光似乎从沙中海中升起，天空像是背光。一个老人，包着头巾，向邻近正在烤肉串的餐厅借来两张铁椅子，搭起他自己的一间小清真寺。沙滩上只有他一个人，他在祷告。

十六　市　场

没经过我刻意计划，一种心灵的追踪射击使我从巴西中部跑到南亚洲；从最近发现的土地到文明最早出现的土地；从人口最稀少的地方到最稠密的地方——如果孟加拉的人口密度确实是马托格洛索（Mato Grosso）或果亚兹（Goyaz）的3 000倍的话。重读我前面所写的内容，我发现其中的差异要更深。在美洲，我最先注意到的是观察自然景观与城镇景观，而这两种事物都是由其形状、颜色和特殊构造所界定，使他们具有一种独立于占用其中的生命物的存在。在印度，这些大型事物已经消失，已经被历史毁灭，化约成一片物质的或人类的沙尘，这沙尘已成为唯一的真实。在美洲，我所看到的首先是物质的宇宙，而在印度，我只看到人类。一个社会学的秩序，经过几个世纪的使用毁损，正在崩坏之中，被各式各样的私人人际关系取代，人类密度整个完全地穿插在观察者与解体中的观察对象中间。在这种前提下，“次大陆”（sub-continent）一词，在印度也常用来自称，有一层新意义。不再是单纯地指称亚细亚大陆的一部分，次大陆似乎是指一个不再值得称为大陆的世界，因为，达到其循环的极限以后解体，毁坏了那个在过去曾把几亿人类分子维持在有组织的网络里面的结构；他们现在都在历史所创造出来的那个空无中游荡，被最基本的那些恐惧、受苦、饥饿等动机逼迫着往所有的方向四散。

在热带美洲，人首先都被数目稀少遮掩住，即使是在他们群居成较稠密的社区，每个个人还是安在他们新形成的组织那些强烈划界的模式里面。不论生活程度在内地是如何低，即使是在生活程度低的城镇里，人类很少会落到在痛苦中大叫出声的地步。在这块土地上，不需要多少东西即可生活，人开始劫夺这块土地只不过是450年前的事，而且只在某些特殊地区进行掠夺。但是，在印度，生活的基本条件已不再存在，印度早在5 000甚至10 000年前即已是一个农业与制造业国家。森林已不见踪影；没有木材，动物堆肥被用作煮东西的燃料，而不能肥沃土地；可耕地受雨水侵蚀，往海里流；饥饿状态的牛增产的速度比人类缓慢，要依靠不得食牛肉的禁忌才活得下去。

空旷无人的热带与人口过剩的热带之间的基本对比，可从其市集和市场的比较中最生动地表现出来。在巴西、玻利维亚或巴拉圭，这些社会日历表上的重要日子强调生产仍然是个人活动；每一小摊子都反映了站在摊子后面的人的特性：像在非洲一样，女性摊贩在市场上售卖她家庭式生产活动的少许剩余。几粒蛋，一把青椒，一把蔬菜或花朵，两三串野果种子串成的项链，野果种子包括红色有黑斑的山羊眼或灰色闪亮的“圣母泪”，都是利用闲暇收集串起来的；一个家制篮子或一件陶器，或者是在非常复杂的交换循环过程中不断转手的几件古老的避邪物。这些小样的展览品，每件都是艺术品，表达了各种不同的品位和活动，也表达了各种品位与活动所特有的均衡感，这两点是人们仍然享有自由的最有力雄辩。如果过往的人听到有人高声招呼他，那叫喊声也不是要用一个残废的躯体或骨瘦如柴的人物那样的奇景来使他吃惊，不知所措，也不是要求他救活一命，叫喊招呼只是为了请他“要一只蝴蝶”（tomar a borboleta），或者要一些在轮盘游戏中称为 bicho——动物游戏的动物，把各种数字和可爱的动物的身体结合起来的东西。

在亲身拜访了以前我们即已听说过所有有关东方市场的一切，不过有两件事我们倒是不熟悉的——人的密集程度与脏乱。对此两者没有任何办法可以凭空想象，只有亲身经历才能明白。亲身经历所带来的激荡马上使人了解到真实的一个基本层面。在那样一个苍蝇黑压压，人群挤来挤去的气氛中，我们看见一个自然的人类情境，一种我们称为文明的东西在慢慢分泌出来的情境，从查尔迪（Chaldeer）的乌尔（Ur）直到菲利普四世（Philippe Le Bel）的巴黎，路经帝国时代的罗马。

我到过各式各样的市场；加尔各答的新市场和旧市场；喀拉嗤的孟买市场（Bombay Bazaar）；德里的市场，阿卡拉（Agra）的沙巴尔（Sabar）和库那利（Kunari）市场；达卡一系列的市场，一家一家的人挤住在摊位与手艺者工作店之间的坑坑洞洞里面；吉大港的里阿祖定市场（Riazuddin Bazaar）和卡屯甘及（Khatunganj）市场；拉合尔（Lahore）城门前的那些市场：阿那卡里市场（Anarkali Bazaar）、德里、沙尔（Shah）、阿尔密（Almi）和阿克巴里（Akbari）；佩夏瓦（Peshawar）的沙达（Sadr）、达伯加里（Dabgari）、锡尔奇

(Sirki)、巴久里（Bajori)、甘及（Ganj）和卡兰（Kalan）市场。沿阿富汗边境的奇利尔走廊（Khyber Pass）的乡村市集，缅甸边境的兰伽玛谛（Rangamati）市集，在这些地方我看过水果市场和蔬菜市场、成堆的茄子、红葱头、裂开的番石榴等，造成一阵强烈的番石榴味道；鲜花市场里的卖花者把玫瑰、菊花和金银色纸、天使毛扎在一起；干果商人的展示铺，褐色、茶色的小丘以银色纸张为背景；堆积成山的青椒，散出干杏与熏香草的强劲气味，足以使人的嗅觉翻腾不已。我看过烤肉者、煮乳饼者与制薄饼者（nān 或 chapati 两种薄饼)；卖茶者、卖柠檬水者、枣子中间商等把他们的货品堆成黏黏的由浆果和石头状的果实组成的小山丘，看起来像是恐龙的排泄物；制糕饼者，常有被误以为是卖苍蝇者的危险，把他们的道具放在糕饼上端；补锅匠的铁锤声百码之外清晰可闻；编篮者和编绳者，他们黄色绿色的草；制帽者把像沙沙尼德国王（Sassanid Kings）所戴的帽子，编了金属线的圆锥形卡拉帽（kallas）与头巾布穿插排成一排排；编织品店挂着长长的刚染成蓝色绿色的布料，还有波卡拉（Bokhara）式样的郁金色、粉红色人造丝围巾；橱柜制造者、雕木者和床铺加漆者；磨刀者拉着磨轮的电线；废铁市集和其他的分开，一板一眼毫无笑意。卖烟草者成堆的金色叶子，有时是整堆赤褐色的顿巴（tombak)，还有成把成把的西朗管烟（chilam tubes)；卖木屐者，数以百计的木屐堆得像酒店的酒瓶那样；卖手镯者、卖铃铛者，货品散放地上像刚刚剖腹取出的紫色、蓝色玻璃肠子一样；制陶者的商店，椭圆形，上过漆的西朗（chilam）水瓶排成几排；用含云母石的泥土捏成的罐子，有的是褐色的土器画成棕色、白色与红色，带着虫形的装饰记号；西朗（chilam）碗串在一起，像念珠一样；卖面粉者整天在筛面粉；金银首饰制造者在秤小片小片的金银，其店面却还没有邻近的锡店更光鲜；印花布者以敏捷的、一致的动作在白棉布上印下精致的花纹图案；铁匠在露天之下工作。所有这一切，形成一个熙熙攘攘、井然有序的世界，在这世界的顶端，小孩子的风车形成一片五彩缤纷的森林，风车都是放在小棍棒上面，其叶片飞翔颤动一如在风中摇曳的树叶。

即使是乡村地区也会出现同样可观的景象。有次我搭机动船在孟加拉的河流里旅行，船停靠在布里甘伽河（Buliganga）中央一座小岛上，河的两岸种着香蕉树和棕榈树，树荫底下白瓦屋顶的清真寺好像浮在水面一样。上千艘的小船和舢板停靠于附近一带表示此地正在举行“哈特”（hat），即乡村市集。虽然看不见任何永久性的建筑，一个真真实实的城镇已经存在，虽然只会存在一天，一大群人把他们的摊位设于泥巴上头，每一类的货品、生意都各有其界线分明的地区：稻米、牲畜、竹竿、木板、陶器、织物、水果、槟榔、渔网等。小岛四周的水道交通繁忙，好像液体街道一样。刚买来的乳牛，每头各站在所属的船上被运走，过程简洁，牛面无表情地站在船上，河两岸的风景看着载牛船行驶而去。

这一带的乡下异常柔软温和。一整片绿油油的植物，掺杂些水仙的蓝，舢板滑行在沼泽和河流中，这一切令人觉得舒适欲眠；使人觉得很想就这样一任自己自在地腐烂，像那些古老的红砖墙那样，那些被大榕树挤得变了形的红砖墙。

但是，这一片祥和里面，也有些令人不安之处。这景观并不是平常的景观，水太多了。每年固定的大水泛滥创造出特殊例外的生活条件，大水来时，蔬菜减产、鱼获减少。水位高的时候也就是饥荒季。连牲畜也饿成皮包骨，由于无法从海绵一样的风信子草得到足够的养分而衰弱。这一带的居民是一群奇怪的人，生活在水中的时间似乎比在空气中更久，他们的孩子几乎一会走路就懂得如何开他们的小船玩。在泛水季节，由于燃料短缺，干黄麻渣居然在这个地方卖到每200杆250法郎的地步，而一般人一个月不过收入3 000法郎（单位均是旧法郎）。

然而，要进入他们的村落，才能了解这些人的悲惨情况。他们的习俗，住居方式和生活方式，很接近最原始的社群，然而同时也能举行和现代百货公司同等复杂的市集。不到100年前，他们的白骨散于乡村各处。他们本来大都是纺织者，殖民政府当局为了把市场留下来开放给曼彻斯特（Manchester）的棉纺织品，严禁他们继续从事他们祖传的纺织工艺，使他们饥饿、死亡。现在，每一寸的可耕地，即使是那些有半年之久都浸在洪水之中的土地，都种黄麻，这些黄麻初步加工以后便运去那拉扬甘吉（Narrayanganj）和加尔各答的工厂，甚至直接运去欧洲、美国；结果是，这些不识字的、衣不蔽体的农民其每日生活所需，仍然依赖世界市场的波动，依赖方式虽有些不同，但其任意性则无两样。他们虽然可以，而且也实际在捕鱼，他们的主食稻米却得全靠进口；为了弥补他们从农作所得的少许收入——只有很少数的人拥有些土地——他们把日子花在各种让人看了心酸的工作上面。

德姆拉（Demra）这个村庄几乎是建于湖中央，一些小土丘突出水面，上面种些树，树木之中建了些小屋子，整个村庄就是几个水中的小土丘连成的岌岌可危的网。在这些小土丘上面，整体住民，连幼小的孩子也不例外，从天明忙起，手织以前达卡（Dacca）出名的软棉布纱（muslin veils）。离此不远的兰伽本（Langalbund）一带，整个地区都在做西方世界男人衬衫和睡衣所用的珍珠纽扣。毕德雅雅（Bidyaya）或巴迪亚（Badia）是一个船民种姓（caste），他们长年住在舢板上的茅草屋里，收集河中贻贝的珍珠来卖；染污泥的贝壳在村落中到处堆积，好像宝藏一样。用酸水淋过以后，那些贝壳被敲成碎片，再把碎片放入手摇磨轮的圆洞里面。然后，每一片圆块都放在一个架子上，用弓转动的木轮顶端放一只破锉刀，不停地转动用以修整贝壳圆块。再用另外一种类似的、但有尖刺的工具穿纽扣的4个洞。小孩把制好的纽扣缝到覆一层锡箔的纸板上面，每月缝12颗，这就是在欧洲的省城乡镇布店中看得到的珍珠纽扣。

在巨大的政治变易使亚洲国家得以独立以前，这个小规模的工业供应印度和太平洋岛屿市场，也提供工人生计，虽然事实上他们一直都受“大头家”（mahajans）剥削，“大头家”是供应原料和制造纽扣所需的产品的中间商与借贷阶级。由于市场紧缩，原料与制造所需的用品价格增加五六倍，该地区的产量由每周6万箩（每箩12打）减少到每个月5万箩，同时付给生产者的单价又降低四分之三，几乎是在一夜之间，5万人发现他们本来就低得可怜的收入又减少到以前的一小部分。然而，即使其生活方式原始，其人口的数目、产品的数量以及成品的外观等事实都使人无法把他们看做是真正的手工艺者。在热带美洲——在巴西、玻利维亚和墨西哥——“手工艺”一词仍可应用于金属、玻璃、羊毛、棉布或编草等类工作上面。原料是当地的，技巧是传统的，工作是在家庭作业情况下进行的；制作者的品味、习性与要求决定了产品的目的与形式。

在孟加拉，中世纪形态的社区被一把推入工业时代，受世界市场变易的左右。他们从始至终都是疏离（alienation）的牺牲。原料是陌生外来的，对德姆拉的纺织者完全陌生，纺织所用的线是从英格兰和意大利进口的；对兰伽本的纽扣制造者而言，有一部分是陌生的，他们用当地的珠贝，但化学剂、纸板和锡箔纸则是外来的。整个地区的生产计划完全依照外国规格，这些不幸的工人自己根本买不起那些衣服，更别提纽扣了。在一片葱绿景观背后，在平静的河道两旁排列着乡村小屋的背后，可以窥见一座抽象的工厂的轮廓，就好像是历史和经济力量联合起来建立的，该说是强加上的，其发展过程中最悲剧性的阶段强加于这些哀苦无告成为牺牲的人们身上：把中世纪的物质匮乏和疫病，早期工业时代的那种疯狂的剥削，以及现代资本主义的失业与投机，全都加在一起。14 世纪、18 世纪和 20 世纪汇合起来，给热带大自然所提供的潜在的田园风光来个最强烈的讽刺。

是在世界的这一部分，每平方公里人口密度有时超过 1 000 人，我才完全了解到热带美洲（在某种程度上整个美洲大陆）由于完全无人居住或相当程度的人口稀少所享受到的历史特权。自由（freedom）不是一种法律上的发明，也不是一种哲学思想的征服成果，更不是某些比其他文明更正确恰当的文明才能创造才能保有的东西。自由是个人及其所占有的空间之间的一种客观关系的结果，一种消费者与他所能应用的资源的客观关系的结果。而且，很难说资源丰富可以补空间不足的缺陷，也不能保证说一个富裕但人口过多的社会不会被其本身的人口密度所毒害，像有些面粉寄生虫，远在他们的食物吃用殆尽以前，就用毒素远射程地互相残害。

一个人必须很天真或不诚实，才会认为人们能够完全不受其生存处境的影响去选择其信仰。不但不是政治制度决定社会存在的形态，而是社会存在的形态赋予表达其社会存在的意识形态意义。意识形态只是一组记号（signs），只有在其所指的事物确实存在的情况下，才构成一种语言（language）。在目前，东方与西方之间的误解主要是语意上的问题：那些我们想在东方广为宣扬的观念或“指涉者”（signifiers）所要指涉的指涉物（signifieds），不是性质不同就是根本不存在。在另一方面，如果可能使情况改变的话，对于目前受牺牲者而言，即使达成改变的架构可能是我们西方人认为无法忍受的，也不会有太大的差别。他们不会自觉到在被奴役，而是相反的，如果他们渐渐走向强制劳动、食物配给和思想统制，他们会觉得是得到解放，因为他们可因此得到工作、食物和一定程度的知识生活。各种的形式化，看起来好像是各式各样的剥夺，会被可能得到的奉送的真实所抵消，我们因为那些形式化的外表而使他们得不到该真实。

热带亚洲与热带美洲之间的对抗，在可以找到的政治与经济的补救方法的那些问题之外与之上，还有一个问题：人类在有限空间内不断增加。我们不得不想到，就这点而言，欧洲的位置是处于上述两块大陆之间。印度在 3 000 多年以前尝试用卡斯特制度（caste system，旧译“种姓制度”）来解决其人口问题，把量转化成质，也就是把人群分门别类以使他们可以并存。印度甚至从更宽广的视野去思考这个问题，把种姓制度延伸到人类之外，延伸于一切生命形式。素食原则和种姓制度一样，目的是为了防止社会群体和动物种属互相侵犯，为了保证每一群人或物种有其自己特殊的自由，方法是强迫其他的放弃享受与之冲突的自由。这项伟大的实验的失败是人类的悲剧；我的意思是，在历史的发展中，不同的种姓并没有发展到可以因为他们互相有别而平等的程度——此处的平等指的是相异相别者之间没有任何共同的准绳——一个有害的同质性的因素被引进该制度中，使不同者之间可以互相比较，结果是造成一个有高低层次的阶层。人类可以共存，只要他们能互相认为他们虽然不同，但都具有同样程度的人性，但人类也能够借否认其他人也具有同等程度的人性而共存，只是其结果是建立一个互相从属的体系。

印度的伟大失败可以给我们上一课。当一个社会人口太多的时候，不管其思想家们如何天才，该社会能存在下去只得产生出使一些人沦为奴仆的情况。一旦人类开始觉得受到他们的地理、社会与心理习性所压抑不得伸张的时候，他们就会有被诱采取简单的解决办法的危险，把同类的一部分认为没有做人的权利。这样做使其他人获得多几十年的时间有些活动的空间。然后，就必须再把摒除在外的范围扩大。从这个观点去看欧洲过去20年来所发生的事情，也就是人口在一个世纪内增加一倍的最后结果，那些事情也就不再是什么某个国家的越轨，某种教条或某群人的异常了。我把那些事情看做是我们已进入一个有限的世界的前兆，就好像南亚在早我们1 000年或2 000年时即已面对的那样，除非做些主要的决定，我不认为我们能避开和南亚同类的经验。人对人有系统的贬值越来越时兴，我们如果辩称近几年发生的事件只代表一种短暂的污染，我们就是犯了言行不一和盲目无视的罪恶。

在亚洲，使我害怕的是我们自己的未来的一种前景，也就是亚洲目前在经历的景象。在印第安人的美洲，我很愉快地回想到一个时代，不但已变得多么瞬息即逝，在那时代中，人类还和他所占住的世界成比例，自由的享受和指称自由的象征之间还存在真实确切的关系。

第五部

卡都卫欧族

十七　帕拉那邦

露营者，到帕拉那（Parana）露营去吧。不过，想一想，还是别去。把你们那些沾油渍的纸张、打不破的瓶子、锡罐等等留给欧洲最后的那几个风景区吧！把整个欧洲的风景用你们营地的垃圾盖满吧。但是，在这些地方终于被摧毁以前的这段短时间内，尊重那戴着清纯的泡沫羽饰，在开拓前锋区边缘沿着紫色花岗岩石阶梯奔驰而下的洪流。不要践踏火山苔藓酸性的新绿；小心别侵入那片无人居住的大平原，别越入那片潮湿的针叶树林，那片树林从藤类植物与羊齿植物的纠缠中冲往空中，所形成的形状正好和我们的枞树林的形状相反；枞树顶端形成圆锥状，这些针叶树的树枝却沿着树干一层层的六角形平面，一圈圈地叠上去——其井然有序的格局一定会使波德莱尔（Baudelaire）又惊又喜——最后一层则成一个巨大的伞花形。这是一片处子般庄严的自然景观，似乎把石炭期（carboniferous era）的面貌之一保存数百万个世纪不变，而由于其海拔高度和离热带的距离得以不变成亚马孙丛林的繁密，具有一种无法解释的次序与华美，除非我们把它归因于一个比我们自己更明智、更有力的种族之远古习俗所造成的结果，那个种族的消失使我们得以进入这一片现在已经荒废沉寂的崇高的公园。

是在这地方，我第一次接触原住民。其地点约海拔 1 000 米，眺望里约堤贝（Rio Tibagy）两岸。当时我由一个正在执行巡视任务的印第安人保护部（Department for the Protection of Indians）的区域委员陪着。

这地方最初发现的时候，整个巴西南部地区的原住民各社群均有密切的关系，在语言文化上是近亲，整个群体的集体名称叫做“杰”群（Ge group）。他们很可能是被一些刚到不久的说吐比（Tupi）语的入侵者赶往西边去的。他们与说吐比语的人有冲突，说吐比语的人当时已占据整个沿海岸地带。退入难以进入的地区以后，南巴西的杰族比吐比族多活了好几个世纪，因为后者很快即被殖民者杀光。在帕拉那与山塔·卡塔林那等南部邦的森林里面，小群小群的野蛮人一直活存到了 20 世纪；可能有一些在 1935 年还存在，但因过去数百年受到激烈的迫害都躲起来了；不过大部分都被巴西政府围捕，在 1914 年左右，成立几个保留区。起先，曾试图要把他们整合入现代生活里面。在桑吉罗尼莫（São Jeronymo）村，也就是我用做研究基地的地方，有一个铁匠铺、一间锯木厂、一间学校和一家药店。斧头、刀子、铁钉等一类的用具定期送到边区前哨站。散发一些衣物和毯子。20 年后，这一切尝试全都放弃。让印第安人自生自灭的保护服务部（Protection Service）正反映了它本身被公共权力机构忽视的情形（从那以后又恢复其一定程度的重要性了）；结果是，不论如何，等于鼓励印第安人自己重拾一些主动，迫使他们去掌握自己的事务。

在他们与文明的接触过程中，原住民只采取保留下巴西的衣物、斧头、刀子和针。其他方面的实验全部失败。替他们盖了房屋，但他们继续露天而宿。想使他们定居于村落里，他们继续迁徙不定。他们把床劈开当柴烧，睡在地上。政府送的整群乳牛都任其游荡，因为原住民觉得牛乳牛肉都令人作呕。机械操作的杵被丢地上腐烂不用，继续用手舂东西。这种机械杵，由一个摇摆的容器操作，一根杆上上下下就自动填满与倒空该容器，这是一种在巴西很常见的工具，称为“莫久洛”（monjolo），是葡萄牙人从东方进口到巴西去的。

因此，让我大失所望，提拔吉（Tibagy）印第安人既不是完全“真正的印第安人”，更重要的是，根本不算是“野蛮人”（savages）。但是，把我对将来的经验所存的天真幻想的诗意抹去以后，他们倒在慎重与客观上面给我这个人类学的起步者上了一课。虽然我发现他们远没有我所希望的那么未受外界影响，他们又远比他们外表给人的印象要神秘许多。他们是20世纪下半叶观察者所能看到的绝大多数社会学情境的最佳释例；他们是那些被人家强把文明加诸其头上的“原始人”，然而一旦他们被认为所代表的危险被克服以后，再没有人对他们有任何兴趣。他们的文化是个人自己的混合物，一部分是承受得住白人影响的古老传统（比方说是仍然相当普遍的填牙镶牙的习俗），另一部分是从现代文明借过来的；研究这种混合物，不论此类七彩图中各部分是如何具有缺点，所能得到启示被证明为并不比研究我后来碰到纯粹印第安人更少。

但最重要的一点是，自从这些印第安人又被丢回去自生自灭以后，现代文化与原始文化之间那种浮面的平衡起了相反的变化。古老的生活方式和传统的技巧从过去重新出现，去忽略其仍然活生生的近似品会是错误的。在原住民的房子里面发现磨得漂亮的石杵，和上了珐琅的锡盘子、廉价的汤匙，偶尔甚至发现缝纫机的骨架残骸。我在想那些漂亮的石杵等东西的起源地会是何处。可能是以物易物换来的，在森林的一片静默里面，和同一种族的其他族群，那些极具攻击性使要定居的移民对帕拉那的一些地区仍然止步不前的族群交换来的。如果我能知道那个退休住在政府住宅区的一个老印第安人勇者（bravo）的生命史的话，可能就可以回答这些问题。

那些引起这些猜想的器具仍保留在各部族里面见证了那个印第安人仍然没有房屋、没有衣服、没有铁器的时代。那些古老的技术也是在半意识的记忆中保存着。印第安人对火柴很熟悉，火柴很贵重且不容易到手，不过他们还是更乐于用两片软棕榈木互磨或旋转来起火。以前政府散发给他们的老式枪支和手枪常可看见，挂于无人居住被荒弃的屋子里面，在森林中打猎的人则用弓和箭狩猎，认为这方法很牢靠，就像那些从来没见过火器的社会一样。经由这种方式，古老的生活方式，在被官方主动快速地加以掩盖之后，继续缓慢稳定地往前推进，好像我会在窄窄的林间小径上遇见的那一排旅行中的印第安人一样，他们离开被丢弃的村落，任屋顶倒塌。

有两个礼拜的时间，我们在几乎看不见的小径上骑马前行。我们每天要赶的路程很长，森林极广，经常走到夜深，才能抵达一间可以休息的小屋。马到底如何在黑暗中找路前进，特别是我们头上30米，高高覆盖一个更难穿透的植物天顶，使黑暗加深，我实在不晓得马怎么认路。我只记得被我们的坐骑缓步前行颠簸好几个小时不断。有时候，在走下陡峻的山坡时，马会把骑者往前摔，那时必须及时抓住农民式马鞍的高鞍头；如果从底下升起一阵清凉和一阵吵闹的哗啦哗啦声，就表示我们正越过小溪。然后，往后一斜，马会东摔西倒地上对面河岸，这时候马那失去控制的举动，在黑暗中很难弄清楚其性质，好像是在设法要连人带鞍全都摔掉似的。一旦重得平衡以后，必须注意的是小心不要丧失那种奇妙的预感，使你虽然是盲目前进，仍能把头低下来——常常是刚好及时低下头来，没被那些低树枝挂到。

不用多长时间即可听见在遥远的地方有一种难以错认的声音；这次不会是美洲虎的吼声，那吼声从入夜以后一直可以听得见，那是狗吠声，表示不远就有休息的地方。几分钟以后，我们的向导会改变方向，我们就跟随他走进一片小型的清整过的地段，用剖成两半的树干围起来做为牛栅。两个穿着薄薄的白棉布的人会在小屋前面走来走去，小屋是茅草顶，用放得松松的棕榈杆子组合而成。他们就是主人；通常丈夫是葡萄牙裔，太太是印第安妇女。借着浸在石蜡中的灯芯的光，很快可以把屋内的情形观察完毕：踩踏得结实的泥土地面、一张桌子、一条用木板做的睡觉用长凳、几个当椅子用的木箱、旧汽油桶和用过的锡罐就是厨具。我们不久即会把吊床的绳子穿过墙上的裂缝挂起来，或者我们会到室外去睡在帕依奥（païol）上面，那是为了保护包谷不受雨害的门廊。听起来或许有些奇怪，但一堆带叶子的干包谷可当做一张相当舒服的床；长椭圆形的包谷会一根挨着一根，整个一堆会随人体形状而变形。晒干的包谷那细腻、甘甜、草香味道有神奇的催眠作用。但到黎明时刻，会被寒冷与潮湿弄醒；乳白色的雾盖在这片清理过的空地上面，使人赶快走进屋内，屋内的灶正在无窗的住宅恒久昏暗之中烧得火红，住宅的墙几乎就是透雕细工的隔板而已。女主人煮咖啡，咖啡豆放在一床黑色闪亮的糖片上面烤，也准备“噼波卡”（pipoca），爆包谷花掺肥肉丁。我们把马牵来，上鞍，再出发。几分钟以后，滴水的森林把小屋四面封闭起来，小屋几乎已不存在。

桑吉罗尼莫的保留区大约有 30 万亩地，住着 450 个土著，分成五六个小村落。在出发以前，我已在保护站看过统计数字，知道疟疾、肺痨和酒精中毒所导致的灾难。在此前 10 年的时间内，所有新生婴孩总数在 170 人以下，而婴孩死亡数目却有 140 人之多。

我们去看了联邦政府所建的木造房子，在溪流沿岸每 5～10 个住宅组成一个小村落。我们也看到印第安人有时自己建的比较孤立的房子，这些是用棕榈树干围成方形木栅，用藤固定，上覆叶子做屋顶，只在四角绑牢于墙上。最后，我们也看到用树枝搭成雨篷的内部，有时候一家人宁可住在里面，放着隔壁的空房子不用。

居民围着一堆日夜不息的火。男人通常穿件破烂的衬衫和旧长裤；女人穿件棉洋装，不穿衬衣，有时候只用一条毯子裹着腋部以下；小孩赤裸。所有的人都戴草帽，我们在整个旅行途中也戴宽边车帽，这是他们唯一的手工艺品，也是唯一的收入来源。不论年龄大小，男女两性都明显是蒙古人种：脚部短、宽、胖，颧骨高、眼狭长如刀切、黄皮肤、黑色直发，妇女有时留长发有时剪短发，很少或无体毛。只有一个房间住人，他们在里面无时无刻不在吃烤番薯，番薯放在热灰烬中烤，然后用长长的竹火舌挑出来。他们也睡在同一个房间，铺一层羊齿植物睡，或睡在包谷叶草编的席子上面，每个人都把脚朝向火堆。在半夜，剩下的一点火星及松松地排在一起的树干，对于海拔 1 000 米的寒冷提供不了多少保护。

印第安人自己造的房子就只有这样一个房间，政府所建的房子他们也只使用里面的一间房间。所有印第安的财产都四散在地板上面，乱成一堆，这使我们的向导们很惊愕，他们是来自邻近塞尔陶（Sertão）的卡伯可洛斯（caboclos）。印第安的财产是由巴西制造的产品与当地手工艺者自制品的一个纠结不清的大混合。前者通常包括斧头、刀具、镶珐琅的盘子、金属容器、破布、针、线等，有时候是几个瓶子，甚至一把雨伞。家具也同样简陋：几只瓜兰尼（Guarani）的矮凳子，这种凳子卡伯可洛斯也用；大小不同的篮子，

图 4　开因给恩族陶器

用南美洲经常看到的斜纹编法（twilled technique）所编制；面粉筛、木臼、木或石杵、几件陶器；最后，一大堆各式各样形状做不同用途之用的容器，都用一种称为 abobra（阿波布拉）的葫芦掏空晒干所制成。要拥有这些很普通的东西的任何一两件，都是相当困难的事情。见面的时候，分给家族中的每一成员戒指、项链、廉价胸针，等等，有时并不足以建立起所要的友善关系。即使是拿出完全不成比例的一大堆巴西银币（milreis）要跟他交换一件价值甚小的用具也不能使该用具主人心动。他会说他不能没有那样用具。如果是他自己制造了那用具的话，他会很乐意地把它交出来，但是那是很久以前他从一位老妇人手里得来的用具，而只有她知道怎么做那种用具。如果他把那用具给我们，那他用什么来代替？当然无法

找到那个老妇人。她去哪里了呢？他不晓得，同时他会用手随便朝森林指一指。不论如何，即使是我们身上所有的巴西银币都加起来，对于一个在打摆子热的老人，他离最近的一家白人开的商店有100公里，有什么用呢？令人觉得深以为耻，居然要去从一个这样的老人身上夺走这样一件小用具，失去那用具对他是无法弥补的损失……

但是常常出现另一个不同的故事。我可能问一个印第安妇人可不可以把她的锅子卖一个给我，她会回答可以。不幸的是，锅子不是她的。那是谁的？一阵沉默。她丈夫的吗？不。她兄弟的？不，也不是她兄弟的。她儿子的？不是她儿子的。锅子是她孙女的。孙女总是任何我们想买的东西的拥有者。我们看看孙女儿；她只有三四岁，蹲在火堆附近，全神贯注于不久以前我套在她手指上的戒指。因此我们开始和这个小女生进行冗长的谈判，她父母完全不置一词。她对一枚戒指外加500个巴西银币无动于衷，但对一枚胸针加400银币有兴趣。

开因给恩族印第安人种少量食物，不过他们的主要职业是捕鱼、打猎和采集野果。他们捕鱼的方法，是对白人捕鱼方法的拙劣模仿，生产力不高：他们用一根有伸缩性的树枝，线上绑上巴西鱼钩，上面穿一片葡萄干，有时候用一块破布当做渔网。狩猎与采集决定他们在森林中的迁徙生活；整个家族会一连失踪好几个礼拜，没有人曾经跟他们到那些复杂的林中小径及秘密的藏身所去过。有时候我们会碰到一小群人公开出现在林中小路上面，但又马上隐入森林中不见。男人走在前面，手中拿着“波多克”（bodoque），一种射鸟的弹弓，背上斜披着藤制箭筒，里面装干泥土弹。妇女跟在男人后面，她们背着放了家族所有财产的篮子，用布带或宽条树皮缠在前额上面来背那些篮子。小孩和家庭用品都放在篮中。我们把缰绳拉紧，他们脚步几乎一点都没缓下，会交换几句话，然后森林又是一片沉寂。但我们知道下一间房子，像很多其他房子一样，会空无一人。但会空多久呢?

他们的游猎生活可能持续几天或几个礼拜之久。打猎季和采集这些果子——加波提卡巴（jaboticaba）、橘子和利马（lima）——需要整个族群四处迁徙。但我们不晓得在森林深处他们是用什么样的建筑物来蔽体，也不知道他们把弓箭藏在何处——只偶然发现过几件样品，是被遗放于房子的角落而意外被捡到的——也不知道在那段时间内，他们回到什么样的传统里去，举行什么仪式或有什么样的信仰。

在他们的原始经济中，种植农作物是最受忽略的一种生产技术。有时候在森林深处，会发现一片土著清理过的土地。在树木的高墙之中，会有几平方码的绿色种植物——香蕉、番薯、木薯和包谷。包谷要先在火边烘干，然后由妇女，单独一人或者成双成对地用臼把它敲碎。包谷粉有时就直接吃，有时和动物脂肪混合做成硬饼。黑豆是他们的食品之一，野兽和半圈养的猪是肉类的来源。肉都是穿插在树枝上用火烤。

也得提到“可洛”（koro），一种浅白色的蛆，常常大量出现在某些腐烂中的树干里面。吃这种“可洛”蛆受到白人耻笑以后，印第安人加以否认，不会承认喜欢吃这种蛆。但你只要走进森林里面就可找到潘埃诺（pinheiro）的遗痕，二三十米高的树被风暴打倒，后来被砍成片断，成一堆残骸。把大树尸解的是找“卡洛”蛆的人。如果你突然到一间印第安人的屋子去，你可能会瞥见一碗的珍味蛆蠕来蠕去，但马上就被藏起来。

情形既是如此，要想参与一场寻找可洛蛆的活动便很不容易。你得像阴谋者一样作长远的计划。有个发烧的印第安人，整个被暂时遗弃的村落就剩他一个人，似乎是好下手的对象。我们把斧头放在他手上，摇撼他，推挤他。但毫无用处，他似乎不知道我们要他干什么。想着我们可能又要失败一次，我们便拿出最后的说辞：我们想吃些可洛蛆。我们成功地把这个可怜的牺牲者拉到一棵树干旁边。他只砍了一斧，就使树干深处数以千计的小空格暴露无遗。在每个格子里面都有一个胖胖的、乳白色的生物，颇像蚕。我得守诺言。那印第安人面无表情地看着我把我的收获物断头；从蛆的身躯喷出一种白色的肥性物质，我迟疑一阵以后终于加以尝试；它具有黄油的稠厚和细致，味道像椰子汁。

十八　潘塔那勒沼泽区

经历这次“成年礼”（initiation）以后，我就可以做真正的探险了。大学放假期间正好有一次机会。巴西大学放假是在雨季的 11 月到 3 月之间。即使雨季不很理想，我还是计划和两个土著社群建立接触：一个是卡都卫欧（Caduveo）族，在巴拉圭边境，其人口可能已减少到只有以前的四分之一，关于他们几乎没有做过什么研究；另外一个是被知道得比较多，但仍然大有可做价值的波洛洛（Bororo）族，在马托格洛索中部。此外，里约热内卢的国家博物馆建议我应该顺道在路上的一个考古遗址做勘察工作，知道那遗址的存在已有相当一段长时间，但一直没有人有机会加以调查。

从那以后，我经常在圣保罗与马托格洛索之间旅行，有时候乘飞机，有时候搭货车，有时候坐火车和搭船。在1935年到1936年，我乘火车再搭船沿河而走。我提到过的那个考古遗址离耶斯帕兰查港（Porto Esperanca）的火车终点站不远，在巴拉圭河（Rio Paraguay）左岸。

这一趟令人疲倦的旅行没什么值得多叙述的。第一段路是乘诺瑞斯特铁路（Noroeste Railway）去包鲁（Bauru），位在拓荒前锋带中心；在包鲁改乘马托格洛索夜车，途经该邦的南部。全部行程需3天之久，速度相当缓慢。引擎烧木头做燃料，常常要停下来一段长时间补充木料。车厢也是用木头制造，很简陋的制造方式，因此一早醒来的时候，脸上会盖上一层由质地细致的塞尔陶（sertão）红尘硬化的泥土薄膜，这种红尘会落到全身毛孔和每一皱折。餐车的菜单已经是典型内地烹饪：肉有鲜肉或干肉，米饭和黑豆，可以蘸着法瑞哈（farinha）酱吃。法瑞哈酱用包谷酱或新鲜木薯酱制造，加热使其脱水，然后再磨成粗粉末；最后是永远少不了的巴西甜食，一片木瓜或番石榴果冻，外加奶酪。在每一个车站，只要给几个铜板，街头小孩就会给多汁黄肉的菠萝，一种清凉及时的点心。

在快到翠拉郭斯（Tres-Lagoas）车站的时候即进入马托格洛索邦，穿越帕拉那河（Rio Parana），这条河异常的宽，当时雨季虽已开始，由于河道太宽，很多地方仍可见底。在河那边的那片景观很快就要变成我在内地到处游荡的几年间又熟悉、又无法忍受、却又必须接受的景观，这是帕拉那盆地与亚马孙盆地之间巴西中部的典型风景：平坦或轻微起伏的高原，势如破竹的视野，矮树丛类植物，偶尔会有一群瘤牛（zebus）在火车经过的时候惊动四窜。很多旅行者误把马托格洛索（Mato Grosso）误译成“大森林”；事实上，阴性的mato才指“森林”（forest），而阳性的mato指的是与森林互补的南美风景特色，Mato Grosso便是意指矮树丛（great bush)。没有一个其他的词可以更恰当地形容这片野性荒凉的土地，不过在其一片一成不变中也有其硕大无朋与令人兴奋之处。

我也把 sertão 翻译成 bush，矮树丛，但事实上其意义略有不同。mato 指的是自然风景的一种客观性质：是矮树丛而不是森林。Sertão 指的则是一种主观的性质：重点在与人有关的那种关系的性质上面，表明是一种 bush（矮树丛），而非住人的拓垦过的土地；在 sertão 上面没有永久性的居民点。法国殖民粗话有一个可能完全相当的字眼：bled。

有时候高原会被一个绿色的、多树的河谷所切割，河谷在清澈的天空底下看起来几乎是具欢迎之意。在肯波格杭德（Campo Grande）与阿吉达那（Aquidauana）之间，一个更深的断层显现了马拉凯如（Serra de Maracaju）令人炫目的悬崖，在其断谷中，在柯里安跌斯（Corrientes）地方，有一个加蓝波（garimpó），也就是钻石矿开采中心。整个地理景观因此而突然改变。一过了阿吉达那（Aquidauana），即进入潘塔那勒（Pantanal），世界上最大的沼泽，充满巴拉圭河的中央盆地。

从空中望下去，这一带地区，河流弯弯曲曲流经平坦地域，水流停滞的地方形成拱形与各种弯曲形状。河床自身似乎是镶着灰白色的曲线，好像自然在把目前这暂时性的河道给这条河以前犹豫了一下。潘塔那勒的地表景观颇像梦中之境，山岳看起来像浮游的方舟，在其顶端躲着整群的瘤牛，成群的大型鸟类，像火鹤、白鹭（egret）、苍鹭（heron）等在积水的沼泽里而形成茂密的白色与粉红色相间的岛屿，不过这些岛屿却仍然没有加杭大棕榈树（carandá palms）的扇形叶子那样轻飘如羽，且分泌一种特殊的蜡。在这一片容易引起幻觉的带着微笑的水域景观里面，使人的视线偶尔中断的也是这些加杭大棕榈树。

阴郁的耶斯帕兰查港（Porto Esperança），地名取得极为错误，是我记忆里面在这个地球上所能找到的最古怪的地点，唯一一个可与之做比较的是纽约州的火岛（Fire Island）。两个地点完全相反的地理特征，而两个地点出现的方式又不一样，现在这两个地点在我心里同时出现。两个地点都表现了同样的地理上与人文上的荒谬性，一个是闹剧式的，另一个则带着邪恶性质。火岛像极了斯威夫特（Swift）笔下创造出来的地方。它位于长岛（Long Island）岸外，长 80 公里宽二三十公里的一条沙岛，沙上没有任何植物。火岛靠大西洋岸那边，海浪太猛，不能游泳，而在另一岸，虽然风平浪静，但水太浅也不能游泳。岛上的唯一娱乐是捕捉不能吃的鱼。沙滩上每隔一定距离就立有告示牌，上面写着，别把鱼丢弃在沙面上随其腐烂，该把鱼立刻埋在沙下。火岛上的沙丘迁移不定，靠海的部分随时会下陷，因此又有告示牌警告游客和居民远离海边沙丘，以免有陷落水底的危险。火岛像是威尼斯的反面，土地像液体流动不居，运河像固体一样坚固不移：岛中央的村落“樱桃丛”（Cherry Grove）的住民不得不使用木造的路桥，放在高架上形成村落里面的路网。

为了使以上的描述完整起见，我得进一步指出樱桃丛这个村落的居民主要是成对的男性，毫无疑问他们是被这个地点一切都倒反过来所吸引。除了一片片有毒的常春藤以外，沙上不长一物，一切日常用品必须每天到岛上唯一的一家店去购买，那家店地点在上岸的平台附近。在比沙丘更稳定更高的地面上，可以看见这些不会生育的男性伴侣成双成对地推着婴儿车，沿着小小的街道，走回他们的屋子去。那些街道很窄，只有婴儿车是最适合的运搬工具，婴儿车中放些周末要喝的小瓶的牛奶，不过不会有小孩喝得到那些牛奶。

火岛给人的印象是一种闹剧似的喜悦享乐气氛，耶斯帕兰查港

(Porto Esperança) 的景象则是一个比火岛还更无望更遭谴的社区。耶斯帕兰查港没有任何存在的理由，只因它正好是铁路在河岸的终点，抵达这终点以前的那段铁路长达 1 500 公里，沿线大致也是无人居住的地区。过了耶斯帕兰查港以后，要再往内地得改搭船，火车轨道的终点在一个泥泞的河岸上面，用一些木板松松地支撑住，这些木板同时权充小船的航站。

住在那里的人都是铁路员工，除了员工住宅，没有其他房子。员工住宅都是木造小屋，建在一块大沼泽中央，用木板筑成的交叉便道即是通往住宅区的道路。我们住的是铁路公司替我们安排的一间小屋，形状像方块箱子，一间小房间建在一堆木桩上面，得爬梯子上去。拉开门所能看到的是一片空无；清晨的时候，火车头的汽笛声把我们吵醒。这是我们专用来到处走动的火车头。夜晚令人极不舒服：又潮又热，沼泽的大蚊子横行，我们出发以前精心设计的蚊帐不足以达成任务，这一切使我们根本无法成眠。早上 5 点钟，引擎把水蒸气透过我们薄薄的地板送进房间里面时，前一天的余热仍然存在。虽然湿气极重，并没有雾，天空沉闷，空气郁人，好像空气里面多渗入一些什么物质，使它变成呼吸不得。还好火车头的速度很快，我们把脚吊挂在安全栏杆上面吹凉风，借此甩开前天晚上的沉重之感。

铁路是单轨，每星期两班火车使用，铁轨惊险地铺于沼泽上面，像一座不牢靠的桥，驰行其上的火车头有随时落入沼泽之中的危险。在铁轨两旁，从那混浊的、令人作呕的沼泽水升起两道污浊的臭气。有好几个星期之久，我们喝的就是这沼泽的水。

铁路两旁都是矮树丛，树与树之间有相当距离，像果园一样，但在较远的地方则形成暗暗的一大片，在树丛枝条下面，天空在水里的倒影形成一片片闪闪发光的地方。整个景观似乎在温暖之中慢慢地蒸，慢慢地成熟。如果能够在这个史前的景观里停留数千年之久，毫无疑问就能够亲眼看见有机物质转化成泥煤、煤炭或石油。我甚至可以想象我能看见油浮出表面，使水染上一层细致的七彩虹图案；帮我们忙的工人们不肯相信我们花这么大的力气，使他们受这么多的苦，目的只在找一些破陶片。由于他们认为我们戴的“太阳头盔”（sun-helmets），太阳头盔又是工程师的象征，他们认定考古挖掘只不过是别的更重要的挖掘的借口罢了。

偶尔会有一些不怕人的动物打破这一片沉寂：一只“维阿多”（veado），一只受惊的白尾雄鹿；一群鸸鹋（emu），小型鸵鸟，或一群白鹭在水面啄食。

工人沿路会爬上火车头，和我们一起搭一段路。我们的目的地是“12 公里站”，即是支线的终点，从那里开始必须步行到挖掘地点。我们可以远远看见那地方的卡泡（capão）的典型外观。

和其外表相反，潘塔那勒的水事实上一定程度还是流动的，带着贝壳和沉积物堆积于一些特定地点，使植物能在该处生根。因此，这一带地区便有不少地方有一块块的绿色地块，称为卡泡，以前印第安人曾在其上设营，其生活遗迹目前仍然可见。

每天早上，沿着我们利用铁路两旁预备枕木铺成的木道走到我们的“卡泡”去。我们的日子过得真是筋疲力尽，因为在那里几乎没有办法呼吸，我们又必须喝太阳晒热的沼泽水。黄昏的时候，火车头会来接我们回去，有时候则由法国人称为 diable（魔鬼）的板车来接我们。板车前进的方法是工人站在四个角落，用力把他们手中的长杆撑到铁轨旁的沙砾上面，像船夫划桨一样。又累又渴的我们回到空无一物的耶斯帕兰查港去过一个无法安眠的夜晚。

距离耶斯帕兰查港约 100 公里的地方，有个牧场被我们选做设法要出去和卡都卫欧印第安人接触的基地。这个牧场铁路沿线的人都称为“法任达·佛兰西沙”(Fazenda Francesa),占地约125 000亩,有120公里长的铁路穿行其中。在这一大片矮树和粗草牧地上,放牧了7 000头牛(在热带地方,每头牛需要12～25亩牧地),每隔一段时间即由牧场上的两三个车站用铁路运往圣保罗去。在牧场住宅区附近的车站叫做“瓜伊库鲁斯”(Guaycurus),这是以前控制这个地区的一族好战的印第安人的族名,在巴西境内,这族印第安人的唯一后裔是卡都卫欧印第安人。

牧场主人是两个法国人,帮他们忙的是几个牧牛人的家族。较年轻的那个法国人的名字我已记不得,但比较年长,接近40岁的那位叫做菲力克斯(Felix R.),一般都较亲昵地称他为“唐·菲力克斯”(或菲力克斯先生,Don Felix)。他几年前被一个印第安人谋杀。

我们的主人在第一次世界大战的经验中成长,他们的脾气和能力很适合当摩洛哥的法国殖民者。但基于某种在南特(Nantes)得来的冒险性投资使他们决定到巴西这块遥远荒废的地方来试试他们的能力。但试了十年以后,牧场即开始衰退,因为大部分原来的资金都用来买土地,没剩多少资本可以改良品种和用具。两个人在一间宽大的英国式有凉台的平房过很简朴的生活,担任养牛者与杂货商的角色。牧场里面的店差不多是100公里半径范围内唯一一家食物用品供应中心。受雇者,不论是工人或农人都到那里去把他们用一只手赚来的钱用另一只手花出去。用一套记账法可让他们的债权变成债务,整个体系可以运作无碍而无须金钱真正转手。由于依照惯例,货物的价格定在通常价格两三倍左右,如果开店那一部分所占的比重不是这么不重要的话,整个牧场可能可以赚钱。每个星期六,工人们带一把甘蔗回到牧场上去,把甘蔗立刻放到一架机器里面,机器用树干制成,利用三根圆木柱旋转榨出甘蔗汁。榨出来的甘蔗汁放进大铁锅中蒸发浓化，再倒进模型里面使其成为浅黄色多颗粒的糖块。这种糖块称为 rapadura（拉帕都拉）存放在牧场的店里面。白天把甘蔗送去榨蔗汁的工人，当天晚上再向店里用更高的价格把糖买回去给他们的小孩吃，这是在整个塞尔陶（Sertão）地区唯一的糖果。星期六看见那些工人各抱几把甘蔗回到牧场上去的情景，想起来会叫人心碎。

我们的主人对他们自己扮演了剥削者这样的角色采取一种相当哲学性的看法。他们除了工作时间以外不和工人接触，也没有任何和他们同属一个阶级的邻居（最近的一个种植庄园在巴拉圭边境，两者之间是一个印第安人保留区），他们便紧守自己坚苦的日常作息习惯，这大概也是避免丧志的最好办法吧。他们对南美洲生活方式的唯一让步是在衣着和饮料方面。在他们所住的边境地区，巴西、巴拉圭、玻利维亚和阿根廷的传统杂糅，他们穿的是当地最常见人“盘帕服”（pampa dress），盘帕服包括一顶玻利维亚灰褐色草帽，织工很细，帽顶高，帽檐宽而且上翻，一件齐里帕（chiripa），这是有条纹棉布织成的大披风，颜色有粉红、粉白和蓝色，脚上穿高至小腿的粗帆布鞋，鞋以上的腿部不穿东西。天气较寒冷的时候，齐里帕便改成邦巴查（bombacha），一种宽松的，朱阿夫式（Zouave-style）裤子，裤边都很细密地用针织花边装饰过。

他们两人每天的时间大都是在畜栏里面管理牲畜，管理工作主要是在牲畜圈围起来以后加以检视，挑选要卖的牲畜。“卡帕塔兹”（capataz）发出喉音极重的叫喊，在一片尘埃弥漫之中，牲畜成排地跑过其主人面前，被分别关入不同的畜栏之内。长角的瘤牛，肥肥的母牛和受惊的幼牛冲撞，想爬到其他牲畜背上，有时候大公牛会拒绝跑进通往畜栏的木头跑道里去，使畜群挤得更为厉害。在这种时候，牛仔的头上会旋起 40 米长的长鞭，一下子那头挡路不肯进栏的牛就倒地不起，同时牛仔所骑的马马首上扬，一副大胜利的样子。

每天有两次，早上 11 点半和晚上 7 点，所有工作人员集合在住宅附近的蔓藤架下面进行“勤马洛”（chimarrão）仪式，用烟斗吸食马黛茶（maté，冬青叶制的茶）。马黛是一种冬青榛（holly-oak）属的矮树；小树枝用在地下火所烧出的烟淡淡熏烤过，然后再磨成粗颗粒的绿色粉末，储存木桶中一段长时间。此处所指的是真正的马黛茶，在欧洲以马黛之名售卖的东西，通常经过各种改造变形，和真正原物几乎已无任何相近之处。

喝马黛茶的方法有好几种。如果在旅途中，我们非常劳累，希望立刻尝其美味，就把一把马黛粉放入冷水之中，用快火煮到水开即刻熄火，一定要一煮开即熄火，否则马黛的味道会全失。这种与一般泡茶相反的办法所做出来的称为“马黛茶”（cha dé maté），颜色深绿，质地多油，像杯浓烈的咖啡。如果时间不够，便做“铁累累”（tééré）：把冷水冲到一把马黛粉末上面，用烟斗式吸管吸着喝。不喜欢马黛苦味的人，则可学巴拉圭的妇女，喝“甜马黛”（maté doce）：马黛粉和糖混合，在热火中烤焦；再用滚水冲，冲开后再过滤。但我所认识的所有喜欢喝马黛的人，最喜欢的喝法还是“勤马洛”的方法，也就是牧场上的喝法，这种喝法既是社会仪式，又是个人癖好。

用勤马洛法喝马黛的人围坐在一个小女孩四周，小女孩称“秦娜”（China），她的道具包括一个金属热水壶，一个炉子和“奎亚”（cuia）。奎亚有时候用葫芦，葫芦嘴镶银，有时候，像在瓜伊库鲁斯（Guaycurus）那样，用工人雕刻过的瘤牛牛角。这个用具装满三分之二的马黛粉，小女孩把它轻轻地泡地滚水里面。等到里面的马黛粉变成糊状，她便拿着银管，其底端成球状，穿不少洞，细心地在糊状的马黛粉中挖个凹洞放置银管的球状部分。这样子使得吸管可以停放在底部液体会集中的地方，而银管又不致把糊状马黛弄碎，也不致使水无法与马黛混合完全。这样子准备妥当以后，勤马洛便弄好了，只要灌满液体便可拿给屋主吸用。屋主吸了二三口以后，便把装马黛糊的工具交还给小女孩，小女孩再如法炮制，一个一个轮流吸用，男人先吸，女人后吸，所有在场的人都轮得到。再继轮流，轮到热水壶中没有水为止。

吸进去的第一口马黛在嘴中产生一种极爽快的感觉——最少对喝惯的人是如此，第一次喝的人则大都会被烫伤——其感觉是接触到黏黏的热银与充满热泡沫的水的混合：既苦又香，好像是把整个森林浓缩在几滴液体之中。马黛所含的碱和咖啡、茶、巧克力等所含的碱很接近，而其令人感到舒服、令人觉得精神一振的效果可能是因为每次饮用的量及饮用时仍是半生不熟状态有关。轮吸几次以后，马黛便丧失味道，不过用吸管仔细地找仍可在角落找到还未被吸用过的马黛，会造成小小的苦味的爆炸，延长快乐时间。

马黛毫无疑问地要比我以后将描述的亚马孙地区的“瓜兰那”（guaraná）好很多，至于玻利维亚高原那粗糙无味的可可更是比都不能比。玻利维亚高原的可可，是把晒干的叶子拿来乏味地咀嚼，使变成一种草味的、多纤维的软块，使黏液膜受麻醉，把咀嚼者的舌头变成麻木不仁，好像不是身体的一部分。和这种可可叶可堪比较的，我所能想到的只有塞了加味品的槟榔，不过后者是使毫无准备的味觉器官受一种可怕的液体与香料的突击。

卡都卫欧印第安人住在巴拉圭河左岸的低地，此地和佛兰却沙牧场之间隔着“波多奎那”（Serra Bodoquena）高地。我们的主人认为这些印第安人是一群懒惰的、堕落的小偷和醉鬼，只要他们一进入牧场就必须用力赶出去。他们又认为我们的研究考察其结果也无甚意义，虽然大方地协助我们，没有他们的协助根本无法完成工作，但他们不赞同我们的工作。几个星期以后，当我们的牛队载满东西回来，所载的东西不少于运货商队的时候，他们大吃一惊；我们带回巨型的、有刻饰的陶罐，有阿拉伯文饰（arabesques）的鹿皮，及代表一个已被遗忘的宗教其诸神灵的木雕……这一切对他们是大开眼界，使他们的生活方式发生一种奇怪的变化。两三年后，唐·菲力克斯到圣保罗来看我，据我了解，他和他的伙伴，以前一直对当地社区和住民充满鄙视，现在已像英国人所说的“变得和土著一样”（gone native）；他们牧场上那小小的布尔乔亚的客厅现在挂着彩绘的兽皮，房间每个角落都有土著的陶器；这两个人对当地的工艺发生兴趣，就像他们如果照他们本来个性发展，在苏丹或摩洛哥当殖民官的话会变成的那样。现在，印第安人定期供应他们产品，整家整户的印第安人在牧场上受欢迎接待，以交换他们的手工艺品。我不知道他们与印第安人之间这种新的亲密感发展到什么程度。这两个单身汉大概不太容易禁得起年轻印第安女人的魅力，特别是当他们看到她们在节庆祭仪时半裸的身体，她们的身体经过耐心地用黑色或蓝色花纹点缀起来，和她们的肌肤成为一体，像披着珍贵的彩带一样，不论如何，唐·菲力克斯被他的新朋友杀死，我想是在 1944 年或 1945 年，他与其说是印第安人手下的牺牲，倒不如说是 10 年以前一群年轻的人类学家的造访在他们心理所引起的一阵混乱的牺牲吧。

牧场的店供应我们各种货品：干肉、米、黑豆、木薯粉、马黛、咖啡和粗蔗糖块（rapadura）。他们也借我们交通工具，马给男人骑，牛用来载行李。我们带东西去交换我们想收集的土著工艺品，带的东西包括孩子的玩具、玻璃珠项链、镜子、手镯、耳环、香水、材料、毯子、衣服和工具。牧场工人做我们的向导，他们心里非常不愿意，因为那使他们在圣诞假期不能和他们家人团聚。

原住民在村落中等我们。我们一到达牧场的时候，印第安人的牛仔即去宣告有陌生人带礼物来了。这个消息使印第安人引起各种焦虑，其中最严重的一项是——我们是来“托马·孔达”（tomar conta）的，也就是来取走他们的土地。

十九　首府那力客

卡都卫欧印第安人地区的首府那力客（Nalike），离瓜伊库鲁斯（Guaycurus）有150公里，也就是骑马3天的路程。背负行李的牛，由于走得较慢，先上路。第一天我们准备爬波多奎那（Serra Bodoquena）山坡，然后在高原上过夜，也就是在牧场所属的最外面的一站过夜。但我们很快发现身陷很窄的山谷，长满蒿草，马前行有困难。再加上脚底下有沼泽的泥，更难前进。马会一脚踩到泥沼，赶快想法爬回坚硬的地面，我们有时完全被植物包围；必须随时提高警觉，有时候一些看起来毫无异状的叶子会藏有一窝"卡拉帕多斯"（carrapatos），这种橙色的小虫聚在一起，形成蛋形的一团，会爬到人的衣服里面，在身上爬行或紧咬住人的肌肤；

受害者唯一的办法是在身体未被爬满以前，赶快跳下马，把衣服全部脱掉，大力地打它们，再让同伴仔细检查全身。为害较轻的是一种个体较大的、独来独往的灰色寄生虫，这种寄生虫吸住人的肌肤，并不造成疼痛的感觉；几个小时甚至几天以后，它们盘吸住的地方就肿起来，必须用刀子将其割掉弄死。

矮丛林终于比较稀疏了，我们沿着一条坡度不大的岩石道往上爬，爬到一片干燥的森林，树木与仙人掌交错。从早上就开始酝酿的风暴，在我们抵达一座长着一棵高大仙人掌的山峰时，终于暴发成雨。我们下马，在岩石缝里找躲避处，我们挑选的石缝正好通往一个潮湿但可以避雨的山洞。我们一走进山洞，头顶的空间便充满蝙蝠群造出的声音，原来洞中倒吊安睡的蝙蝠群被我们吵醒，满头乱飞。

雨一停，我们便在一片黑暗、多树叶的森林中前行，林中充满新鲜的味道和野生水果，像肉质厚重味道浓烈的“简尼巴波”果（genipapo），或“瓜味拉”果（guavira），一种生长在被修整的地方，有名的止渴物，因为其果浆很凉爽，或者是槚如果（caju），表示那里以前曾是印第安人整理过并种过农作物的地点。

在高原上，我们看到的又是典型的马托格洛索景观，高大的草，少数的树点缀各处。在我们接近第一个休息点以前，经过一个沼泽区，泥巴有风吹成的花纹，很多小型的浅滩涉水鸟；然后是一个畜栏和一间小屋，这就是拉公（Largon）看守站。在这里我们看见一家人在忙着宰一只幼小公牛。两三个赤裸的小孩在流血的牛尸里面又爬又跳，快乐地叫嚷，把牛尸当成一条船。肉块正在室外的火光中烤，滴着油，火在黄昏中发亮，而数百只的秃鹰（urubus）在火光中和狗争食牛血和碎肉。

从拉公看守站开始，我们得沿着“印第安人道路”（the Indian

Road）前进；山坡非常陡，我们得下马步行，牵着紧张的马走过难行的坡面。这条小路底下有一急流，我们听得见水声冲撞岩石，但看不见；刚下过的一场雨使石头潮湿，留下不少泥泞的水滩，我们不得不滑溜着走。最后，在抵达山脚下时，我们发现一个圆形的空地，即印第安人营（campo dos Indios），休息一会儿以后，我们穿越水泽地继续前行。

在下午四点的时候，我们就得开始想下一个停留站该在哪里了。我们找到几棵可以挂吊床和蚊帐的树，向导起一堆火，准备米饭与干肉做的晚餐。我们非常渴，喝下整品脱的泥土、水和高锰酸盐混合的饮料时一点都不迟疑。夜开始降临，在蚊帐那粗糙肮脏的网底下，我们观赏一会儿布满星光的天空。几乎在我们刚睡着不久，就得起床再出发了。向导在半夜叫醒我们，那时早已把马上好鞍。在热季必须提早出发，善用晚间凉快的空气，使牲畜不过分劳累。半睡不醒，神志不清，冷得发抖，我们在月光中开始沿着小径走；走了几个小时以后，我们等曙光出现，马摇摇摆摆前行。早上四点左右，我们到达"皮托口"（Pitoko），印第安人保护部一度曾在这里设一个重要的保护站。现在只剩两三间破旧的小屋，小屋之间只有够吊吊床的空间。皮托口河（Rio Pitoko）默默流过。这条河在潘塔那勒升起，流几公里后又消失。这是沼泽的河道，既无河源也无出口，里面有不少食人鱼（piranhas），对不知其详的人会构成大害，不过对于谨慎的印第安人来说，照样在水中洗澡，取水。仍然有少数几户印第安人散居沼泽一带。

从这以后，我们便进入潘塔那勒心脏地区。这地方有的只是有树的高地冠之间夹着积水的洼地；有的则是一片广大的泥泞无树的地块。乘有鞍的牛在这种地方要比马来得方便；牛虽然身体较笨重，走路较慢，但用绳子穿鼻牵引着走的牛却也较能不受在水深及胸的沼泽中耗损体力的长途跋涉。

我们所在的平野相当辽阔，大约一直延伸到巴拉圭河岸，地面非常平坦，积水无法流出去，在这里我经验到生平最暴烈的风暴。根本找不到躲避的地方，放眼望去一棵树也看不见。我们只好勉力继续前行，人马都湿透在滴着水，闪电在左右两方像大炮一般轰隆不息。大雨倾盆长达两个小时之久才停止，我们可以看见风暴慢慢地移向远方，好像我们是置身海上一样。同时，在平野的远处，我们已可看见一个土质台阶地的轮廓，高达数米，在台阶之上一打左右的小屋侧影映照于天空的背景之上，相当突出。这就是英简获（Engenho），离那力客（Nalike）不远；我们决定选住这个地方，而不住在老首府那力客，在 1935 年，那力客所有的小屋加起来不超过 5 间。

在观察不仔细的人看来，这些小村落似乎和附近的巴西农民的小屋没有什么区别。原住民衣着和巴西人一样，甚至体质外形也近似，这是由于高频率的通婚之结果。不过，在语言上则毫无相近之处。瓜伊库鲁斯语听起来很舒服；原住民急促的说话速度，多音节的字眼，主要由清晰的母音间杂齿音、喉音和多量的腭化音或滚动化音素（liquid phonemes），给人一种溪水跳跃过砾石的感觉。原住民目前的名称是卡都卫欧（Caduveo），读音该如“卡笛欧”（Cadiueu），是“卡笛贵郭地”（Cadiguegodi）的转音，后者是原住民的自称。虽然原住民所能懂的葡萄牙文相当有限，但停留时间太短，我们无法学原住民的语言。

他们住房的基本架构使用剥掉树皮的树干，竖立在地上，利用特别留下的树干丫处支撑横梁。屋顶盖的是褪色的棕榈树叶，不过和巴西人的小屋不同的是，原住民的小屋没有墙。这样的住房代表白人住房（屋顶形状就是白人住房的形式）与老式的原住民四壁无墙平顶房之间的综合。

这些相当简陋的住房最值得重视的方面是其大小：只有极少数的房子是单户居住；有些房子形状像长形谷仓，住到 6 家人之多，每一家都各有其用两根屋顶柱子为间隔的范围，有自己的木头架子，一家人即在架子上坐卧躺睡，四周放着鹿皮、棉布、葫芦、网和草编容器，所有东西都随处堆放，毫无秩序。在一角则放着巨型有花纹装饰的水罐，放在有三叉的树枝架子上面，这些架子安放地面，有的有刻纹装饰。

图 5　一只水罐，有鲜红修饰，涂以黑色树脂

在以前，这类住房是“长屋”（Long houses），像伊洛魁印第安人的那样；从其外表来看，仍可将之描述为“长屋”，但是使好几个家庭都同住一个屋顶之下，形成一个单一的共同工作的社会单位的理由，在目前已不是非常重要了；它也不是像以前那样，是从母住的婚后居俗（matrilocal）的个例，以前从母制规定结婚的男子必须搬去女方父母的居住单位居住。

事实上，身处这个悲惨的村落里面，使人觉得和过去的距离无比遥远，在这里几乎见不到一点点 40 年前波吉阿尼（Guido Boggiani）所描述的那种富裕情景的任何记忆。波吉阿尼曾有两次停留于这个地区，分别为1892年和1897年，留下和他的旅行有关的重要人类学文件，也写了一本迷人的旅行日记。三个住民集中点的所有人口不到200人，靠打猎、采集野果、养几头牛和农场动物、种些木薯为生。那些木薯田位于台地底部唯一的溪流附近。那溪流的水有点甜，乳白色。我们要在蚊子群中洗澡或要取水的时候，就得到那溪流去。

图6　卡都卫欧族陶器三式

原住民的主要活动，除了编织草帽草篮，织男人用的棉布皮带，打钱币，以镍币为多，银币较少，成圆盘形或长条管形以交换项链以外，就是做陶器。妇女把皮托口河的泥土和破陶片混合起来，转成螺旋形的圆条状，再抽打成所想要的形状；趁泥土仍软的时候，用绳子在上面压印绳纹，再用山上找来的氧化铁彩绘。绘好饰纹以后，便放在空地中烤，烤过以后再趁陶器仍热时，继续用两种液体树脂彩绘；黑色树脂由波桑多（pan santo）制成，透明黄色树脂由安吉柯（angico）制成。等陶器冷却以后，再用白色粉末，有时是粉笔灰或是灰烬，摩擦以突出装饰图案。

图 7　两具木偶；（左）小老头；（右）双胞胎之母

妇女用泥土或蜡或干燥的包谷皮做小玩偶给孩子玩，有时是人的形状，有时是动物的形状，做法很简单，就用模型增减成所想要的形状。

我们也看到小孩玩木雕的小玩偶，都穿着廉价的华衣，这就是他们的娃娃，而另有一些同类的人偶则被几个老妇人小心翼翼地藏在她们的篮子底部。老妇人藏的人偶，很难说到底是娃娃玩偶呢?！是神像呢?！还是祖先的偶像?！因为她们的人偶被用来做完全相反的用途，特别是同一人偶有时先用做一种用途，然后又用做另一种用途。有些木偶目前收藏于巴黎“人类博物馆”(Musée de l'Homme)，毫无疑问地具有宗教意义，其中一个显然是“双胞胎之母”(Mother of the Twins)，另一个是“小老头”(Little Old Man)，这是一个从天上下到人间的神，受人类恶待，他对人类施加惩罚，只有一个给他居所的家庭没受罚。但是，在另一方面，如果把人偶拿给小孩玩看做是宗教衰败的象征则又未免过分浮面；现存的这种看起来似乎是极不稳定的情况，波吉阿尼 40 年前就描述过，比他晚了 10 年的佛列曲（Fritch）也描写过完全一样的情形；比我晚 10 年后有人也做了同样的观察。这种存在达 50 年之久没有多少变化的情况，也只能说是在某种意义上是正常情况了。确实是可以看见宗教价值衰退的现象，但其中原因不在于把人偶拿给小孩子玩，而是在于处理神圣的与俗世的两者之间的关系上面，这两者之间的共同之处远比我们所想的为多。神圣的与俗世的两者之间的对比，既没有有时候人们所断言的那么绝对，也没有那么持续不断。

图 8　卡都卫欧族珠宝，以经过敲打的铜板与顶针组成

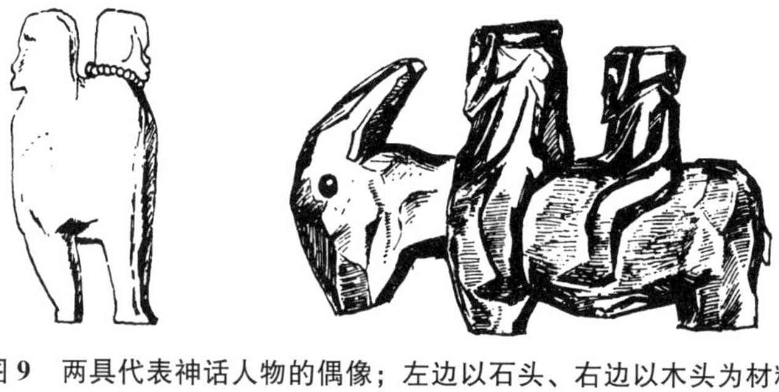

图 9　两具代表神话人物的偶像；左边以石头、右边以木头为材料

我的住屋隔壁住着一位医者（medicine-man），他的工具包括一只圆凳子、一顶草冠、一个葫芦发声器（goard rattle）其外部用镶珠的网包着和一支鸵鸟羽扇，用来逮捕“精灵”（bichos）之用，精灵就是致病的恶灵。治疗就是以医者自己的精灵（bicho），也就是守护灵的力量来驱逐致病的恶灵。医者的守护灵同时也是保守者，因为这精灵禁止医者把“他已熟悉习惯的用具”——这是他的用语——转让给我。

我们停留在该地的时期内，曾举行一次大宴来庆祝住隔壁小屋的一个女孩的青春期。她首先穿传统服装：棉布衣换成一块正方形的衣料，从胳肢窝以下把身体裹住。她的肩、臂和脸都绘上繁复的图案，所有的项链全都挂在她脖子上。挂这么多项链也许并不是古老习俗的一部分，或许只是为了使我们印象深刻。年轻人类学家都听说过土著很害怕他们自己的影像被摄入照片里面，为了使他们克服这项恐惧，为了补偿他们认为他们在冒的危险，适量的用钱或礼物来换取拍照的机会被认为是应该的。卡都卫欧印第安人对于照相这一套发挥到了极致：他们不但要求在拍照以前先付款；他们还强迫我给他们拍照，使我不得不付钱给他们。几乎每天都会有妇人打扮得非常特殊来找我，我便不得不替她拍照，同时给她几个巴西金币做报酬。为了怕浪费底片，我经常假装拍了照片，然后付钱了事。

但是，如果拒绝她们这种行为，或者把这种行为视为贪财或堕落的象征，则是恶劣的人类学田野工作作风。这种行为代表印第安人社会的某些特殊面貌，以一种变形的方式重新兴起：出身高贵的妇女所具的独立性与权威，在陌生人面前的夸张行为，以及硬要普通人向她们致敬。她们的服饰也许怪异即兴，但导致她们如此穿着的背后的行为并不因此而减少其意义。我的工作和责任即是要了解此类行为如何嵌入整个传统制度的架构里面。

绑女孩子腰布的表演也是同样的情形。下午开始喝甘蔗酒（pinga），男人围坐一圈，大声地吹嘘他们取得的各种低级军阶头衔

(他们只对军阶头衔熟悉),像班长、副官、上尉、少校,等等。这毫无疑问的就是18世纪作家所描述过的那种“严肃的饮酒会”,各头目都依地位高低排着坐,各由他们侍从服侍,传令者则历数饮酒者的职称,重述他的英勇事迹。酒精对卡都卫欧印第安人产生一种奇怪的作用:兴奋一阵以后,他们会陷入忧伤的沉默之中,然后开始哭泣。两个比较清醒的人此时会扶着哭的人走来走去,在他嘴边细声安慰他,疼爱他,直到他要吐为止。吐完以后,三个人又回到原位,继续喝酒。

与此同时,妇人们吟唱一条短短的,只有三个音符的曲子,一再地重复。几个年纪大的妇女,自己在一边喝酒,有时会冲到空地上面,做各种怪异动作,好像已失去控制,其他人会又笑又闹。把老妇人这种行为简单地看做只是喝醉失去控制是错误的。以前的作者提到过,在庆典时节,特别是和出身高贵的少女成长过程有关的重要庆会,最大的特色就是女人扮成男人,模仿战士、舞蹈及比赛的过程。这些衣着破旧的农民,在这个边远的沼泽地带,看起来是叫人伤心,但是他们处境的没落,正使他们如此强烈的要保存过去的某些特质的行为显得更引人注意。

二十　一个土著社会及其生活风格

一个社会的种种习惯，整体地加以考察，会具有其个别的风格，这些风格形成不同的体系。我相信这些体系的数目并非是无限多，人类社会的游戏、梦幻以及妄想，就像个人的游戏、梦幻、妄想一样，从来不是凭空创造出来的，都只不过是从一个理想中可能出现的所有情况里头挑选出有限的几种结合方式而已，而那理想中的所有情况是可以界定出来的。把所有记录过的习惯，所有在神话中想象到的，在孩子的游戏与大人的游戏中提示到的，以及健康者或病患的梦中出现的，还有心理病态的行为等等全都记录下来，应该可以列成一个表格，像化学家的元素表一样。在这个表格里面，所有实际的和假想的习俗均可以归类，然后某个个别社会的习俗便可一望而知其事实上是采用哪一类的习俗。

上面这一段话特别适用于姆巴雅-该库鲁（Mbaya-Guaicuru）印第安人，这一族印第安人目前尚存的代表，除了巴拉圭的托巴（Toba）族和皮拉加（Pilaga）族以外，就是巴西的卡都卫欧（Caduveo）族。这族印第安人的文明实在很像欧洲社会在其传统游戏中发明出来的文明情况，其范型曾被卡洛尔（Lewis Carroll）极富想象力地构想出来：这些骑士模样的印第安人看起来像极了扑克牌戏里面的宫廷人物。首先值得注意的相似之点是他们的服饰：皮衣皮袍，袍子的肩部很宽，衣襟硬挺，镶以黑白图案，老一代作家将之与土耳其地毯的图案相比较，图案里一再出现黑桃、红心方块（钻石）与梅花的形状。

印第安人也有国王和皇后，他们的皇后和艾丽丝的皇后一样，最喜欢的就是玩战士带回来的人头。贵族和贵妇在各种赛会中玩耍；瓜那族（Guana）人的语言文化都不一样，是这个地方较早的住民，负责担任种种体力劳动。瓜那族最后仅存的几个代表是铁兰诺（Tereno）人，住在离米兰达（Miranda）镇不远的政府保留区中，我曾去该地访问他们。瓜那族人耕种土地，把一部分收成交给姆巴雅贵族，姆巴雅贵族负责保护他们，使他们不受各群骑马武装劫掠者的骚扰和侵害。一个 16 世纪的德国人，曾到过这地区，他把姆巴雅人与瓜那人之间的关系形容为相当于当时中欧封建贵族与他们的农奴之间的关系。

姆巴雅人组织成不同的世袭阶级（castes）；在最顶端是贵族，又分成两类，传统世袭的大贵族，和个别的新贵；后者晋升的原因常是因为生日与某个大贵族小孩生日巧合，大贵族的家族又分为长支和幼支。贵族之下是武士，最好的武士，经过加入仪式（initiation ceremony）洗礼之后，便成为武士同盟的成员，得使用特别的

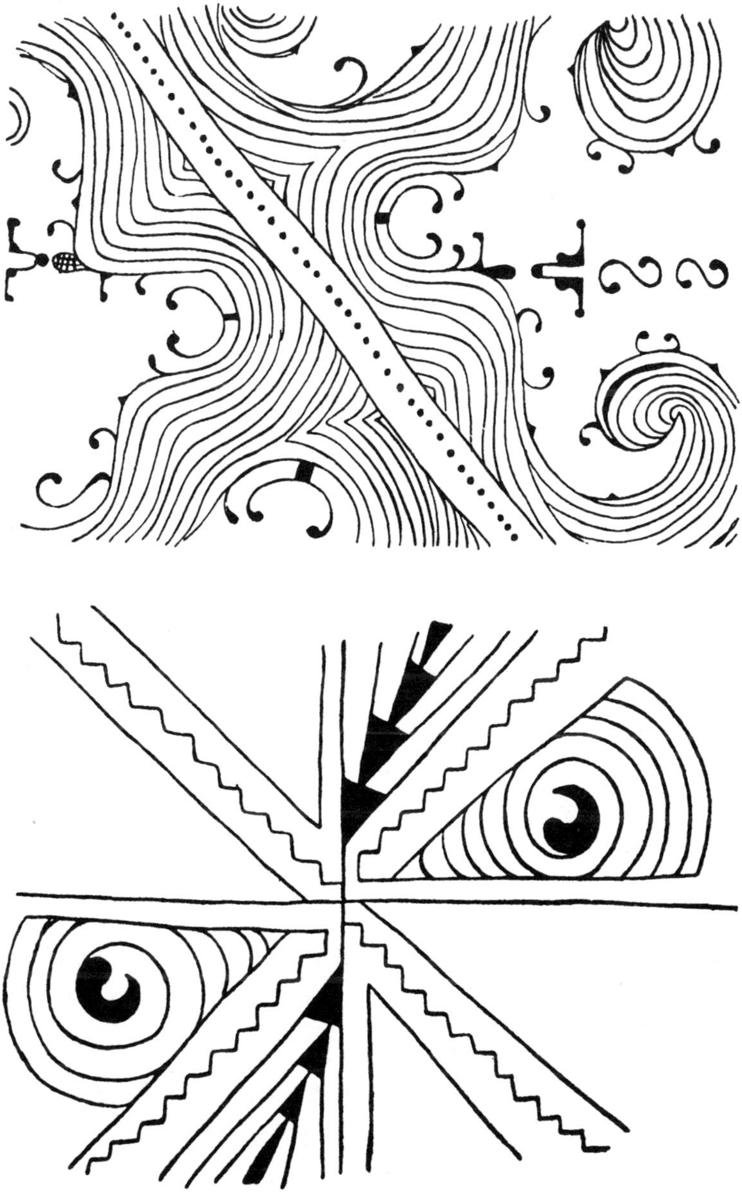

图 10　卡都卫欧族的花纹

名字，说特别的语言，在每一个字前面都加个字前音，好像某些江湖黑话那样。最低的阶级包括查马可可（Chamacoco）人奴隶，或其他来源的奴隶，以及瓜那人农奴，不过，瓜那人模仿他们的主人，也采用把自己人分成三个阶级的办法。

贵族展示阶级地位的方法是在身体绘图，或是刺青图案，后者类似贵族的家徽。他们拔除脸上所有的毛，包括眉毛和睫毛在内，他们很鄙夷地称浓眉的欧洲人为“鸵鸟兄弟”。贵族男女在公共场合出现时，都有奴隶和随从跟班，这些跟班一听到他们有所吩咐即刻行动，而且揣测他们心里的欲望。即使在1935年的时候，挂满饰物画满图案的老太婆，她们是最好的设计家，仍然为了不得不放弃她们的艺术造就而感到很抱歉，放弃的原因是以前服侍她们的奴隶（cativas）都不见了。在那力客还有几个以前的查马可可奴隶，现在已融入一般社会之中，但其他人对他们仍带着相当尊重的上对下的保护照顾态度在内。

连西班牙和葡萄牙征服者都被这些贵族的高傲态势吓住，以贵族括头“唐”（Don）和“唐那”（Doña）来称呼他们。有人说白人妇女如果被姆巴雅人逮捕，一点都不用害怕，没有一个战士会沾染她，他怕自己的贵族血液被污染。有些姆巴雅贵族妇女拒绝和总督夫人见面，她们觉得只有葡萄牙皇后才有资格与她们为伍。另外一个叫做唐那·卡特林那（Doña Caterina）的贵族妇女，拒绝马托格洛索总督邀她去库亚巴（Cuiaba）的邀请；因为她当时正是适婚年龄，她怕去了以后，总督会向她求婚，那时她既不愿接受一个不相称的求婚者，又不愿因拒绝而得罪他。

这些印第安人实行一夫一妻制，但青春期少女有时志愿跟随战士出去打仗，当他们的侍者、跑腿和情妇。一个贵族妇女有时会有骑士随从（cavaliere servante），同时也是她的情人，她丈夫绝对不

图 11 身上绘画的基本花纹

敢表示任何嫉妒之意，因为他们两人都会因此而丧失面子。这是一个对我们视之为自然的感情相当厌恶的社会。举例来说，他们对生育儿女非常不喜欢。堕胎和杀婴几乎是正常手续，到了这群人的延续是靠收养而非靠生殖的程度，战士出征的主要目的之一即是抢别人的小孩。在 19 世纪初，有人估计某个瓜伊库鲁（Guaycurn）族群的人口中只有不到 10%保留了原来的血统。

如果小孩出世而且活了下来，并不是由父母带大，而是交托给另外一个家庭养育，父母只偶尔去看看自己的孩子。小孩子全身都涂满黑漆，从头到脚，直到 14 岁为止，称呼小孩子用特别的名字，也就是后来黑人出现在南美洲以后称呼黑人所用的名称。14 岁的时候，他们举行成年礼，全身洗掉黑漆，把在此以前头上梳的两圈同心圆的头发剃掉一圈。

不过，如果有阶级高的小孩出世，则大肆庆祝，那小孩生长过程的每一个重要阶段也都大肆庆祝一番，像断奶、学走路、第一次参加游戏等。司仪大声喊叫家族姓氏，预告刚出世的小孩将有一光荣的前途。另一个在同一时刻出生的小孩便被指定为其“战斗弟兄”（brother-in-arms）。举行喝酒大会，会中用兽角和头骨盛肉吃，妇女自战士借武器进行模拟战斗。贵族依地位高下排排坐，由奴隶伺候，奴隶不准喝酒，以便在需要的时刻帮助他们的主人去进行呕吐，照顾他们直到睡去，经历由灌满酒精所造成的欢喜的幻景。

那些大卫王、亚历山大、恺撒、查理曼、莱雪儿、茱迪斯（Judiths）、帕拉西（Pallases）、阿尔金（Argines）、赫克多（Hectors）、欧吉尔（Ogiers）、兰斯洛（Lancelots）、拉喜尔（Lahires）等所具有的那种高傲的自信，来自于他们相信他们是命定要统治人类的。一个神话使他们有此确信；这神话只存在某些片段，不过，流传到我们手中的已被其间的各个世纪加以修整美化，这个神话简单得漂亮，其中明显的真理我在往后到东方旅行时看到它以最简洁的方式表现出来，这真理就是：奴隶的程度与个别社会的性格发展完全的程度成正比（the degree of slavery isa function of the finished character of the given society）。这个神话就是：当最高主宰（the Supreme Being）龚诺因侯地（Gonoenhodi）决定创造人类的时候，他首先从土地里拉出瓜那人，然后再拉出其他各族人；他让瓜那人从事农业，让其他族人从事狩猎。要魔法者（Trickster），土著众神中的另一位，这时发现姆巴雅族人被遗忘在地洞底下，便把他们带出地面；但他们无事可干，便只好让他们从事所剩下来的唯一任务，也就是压迫剥削其他的人。很难想象会有比这个更深刻的社会契约。

这些印第安人，像骑士小说里的人物一样，沉溺于声誉与压制的残酷游戏之中。他们的社会可说是双倍带讽刺地（l'emporte-pièce）创造出一种和我们所知道的前哥伦布时期美洲的图画完全不同的书画艺术（graphic art），虽然和我们的扑克牌人形与图案有些相似处。我已经在前面提到过，但现在我想描述卡都卫欧文化的这一项非常不寻常的特质。

我们访问的那一族卡都卫欧族的男人是雕刻家，女人是画家。男人用橡胶树的带蓝色的硬木雕刻前面提到过的人偶。他们也在当杯子使用的瘤牛角上浮雕人、鸵鸟和马。他们有时候也画素描，但只限于画树叶、人或动物。女人的特长是装饰陶器及皮件，还有在人体上面画画，她们是这方面的专家。

他们的脸，有时候是全身都覆盖一层不对称的蔓藤图案（arabsques），中间穿插着精细的几何图形。第一个描述这种人体装饰画的人是耶稣会传教士拉布拉多（Sanchez Labrador），他在1760年到1770年间和卡都卫欧人住在一起，不过最早给人体装饰画做完

图 12　身上绘画的基本花纹

全照原样的复制品的人是波吉阿尼（Boggiani），时间在一个世纪以后。在 1935 年，我自己用下面的方法收集了几百件图案。最初我想把她们的脸孔照成相片，但那些妇人对拍照所要求的代价会使我很快即把钱用完。后来我先在纸上试画素描，然后请他们在素描上面画图案；她们画得非常好，我把自己笨拙的素描全部丢弃。卡都卫欧族妇女并不会因为面对一片白纸而不知从何画起，这表示她们的艺术并不需要依附于人脸的轮廓上面。

图 13　一个卡都卫欧族男童的素描

只有少数几个很老的妇人似乎还保存着古老的技巧；我曾有一段相当长的时间都相信我的那份收集做得时机正好恰当，再晚一点也许就收集不到了。因此，两年前我看到一个巴西同行出版了他晚我 15 年所做的一份收集报告并附图的时候，我是大吃一惊。他的收集不但和我的收集同样都是出自专家手笔，甚至连不少图案都一模一样。在 15 年的时间里面，风格、技巧和灵感似乎毫无变化，就像波吉阿尼做收集时和我做收集时已间隔 40 年，也没出现什么变化一样。这方面的保守作风并不见于陶器的制作，因此特别值得注意。如果能用最近所见到的有图解的报告加以判断的话，陶器制作目前已完全衰退。这似乎证明他们对身体上的绘画，尤其是脸上绘画，特别看重，在其文化中占重要位置。

图 14　同一个男童的另一素描

那些身体的装饰图案，以前有的是刺在人身上面，有的是画上去的，但目前只有画的留存下来。妇女直接在人体或人脸上面画，对象是同伴或小男孩。男人很早就放弃这种习俗。她们使用一支竹片，蘸简尼巴波果（genipapo）的汁在活人体上即兴作画，不看图案，不打草图，也不用任何标位符号。简尼巴波果汁刚用的时候无色，但氧化以后变成黑蓝色。艺术家用弓形图案装饰唇部，两端用卷曲线收尾；然后画条垂直线把脸孔分为两半，有时再把两半用一条水平线划分。把脸孔划分两半、四半，或有时分成斜面以后，再用蔓藤纹大量的纹饰，好像是在平面上画画那样，对眼睛、鼻子、两腮、前额和下巴并没特别加以留意。这些技巧高超的构图，都是均衡而不对称的，画的时候可从任何一个角落画起，毫不迟疑地把整张脸孔画完，也从不修改。她们画画使用的母题都相当简单，螺旋形、S形、十字、锯齿形、希腊回纹、卷轴形，等等，但都把这些母题结合成使每一个脸孔图案均具原创性。在我 1935 年收集的 400 个图案里面，没有两个是一样的。不过，我在前面提到晚我 15 年别人所作的收集和我的收集时，曾表示了似乎与此处相反的看法，我们只得下结论说，这些艺术家的异常丰富的图案设计虽然变化多端，但也还是遵循一个特定的传统。不幸的是，我自己或比我更晚做收集的人，都没有能找出这些印第安人图案背后的理论：报导人提到与某些基本母题有关的名词，但对于有关比较复杂的图案设计的细节，她们都宣称不知道，或已忘记其意思。也许她们只是在重复某种代代相传的技巧，不然就是她们决意不愿透露她们艺术的秘密。

现在的卡都卫欧族人在身体上画画只是为了高兴，但在以前这种习俗有其更深刻的意义。照拉布拉多的描述，贵族阶级只画前额，普通人则画整张脸。还有，在他做观察的那个时候，只有年轻妇女赶时髦。他写道：“很少看到老妇人在这些图案上面浪费时间：她们只挂着岁月留在她们脸上的痕迹。”拉布拉多是传教士，他对土著不尊重创造者创造的自然脸孔觉得惊异，奇怪为什么土著要用

图 15 两种脸画:注意其中代表并施用于上唇的两个相对螺旋

些图案来毁坏人的脸孔。他设法提出解释：她们花这么久的时间来画蔓藤纹，是不是可以因此稍减除饥饿的痛苦？或者是为了使敌人认不得他们？不论他想出来的原因是什么，总离不开欺骗与掩饰，他问自己为什么会这样。尽管他自己很讨厌这些图案，他也了解这些图案对土著很重要，而且，在某种意义上，画这些图案本身即是自足的目的。

他谴责那些印第安男人，对打猎、捕鱼和家庭都漫不经心，却花整天的时间让别人在他们身上绘画图案。但印第安人会反问传教士："你为什么这么笨？"传教士会反问："我们怎么个笨法？""因为你们不像耶伊瓜伊贵人（Eyiguayequis）那样的在自己身上画图案。"要做一个男人需要画身体，任身体处于自然状态也就是与野兽无异。

可以相当确定地说，目前妇女继续保有这个画身体的习俗可用色情动机加以解释。卡都卫欧妇女的声誉在巴拉圭河两岸非常响亮。很多混血儿和其他族的印第安人都跑到那力客来定居结婚。脸孔与身体绘画或许是主要吸引力量；不论如何，至少加强了其吸引力，并且成为吸引力的象征。那些微细的、精妙的符号，和脸上的线条一样敏锐，有时突出脸孔的线条，有时和脸孔线条成对比，使妇女变成非常可亲，非常迷人。这些图画几乎是一种图画手术，把艺术移植到人体上面。当拉布拉多焦虑地抗议印第安人"在自然美上面横添人为的丑陋"时，他并不是前后言语一致的，因为再写几行以后，他即表示最美妙的纺织品也没有这些图案漂亮。毫无疑问的，人脸化妆的色情效果从来没有被如此有系统、有意识地加以利用过。

从这些脸面绘画，以及他们惯行的堕胎与杀婴来看，这些姆巴雅族人所表现的是对自然同等的厌恶。土著艺术对泥人偶带着最大的轻蔑，把泥人偶几乎看做是罪恶的。站在耶稣会士及传教士的观点去看，拉布拉多很敏锐地察觉到这些人体画是魔鬼的作品。他本人强调这种野蛮艺术的普罗米修斯层面的意义，他这样描写土著用星形母题来在身体上画画所使用的技巧：“每个耶伊瓜伊贵人因此把自己看做是阿特拉斯（Atlas），不仅用肩和手，而且用整个身体支撑着整个宇宙的一个拙劣的模型表象。”卡都卫欧艺术之所以具有那种很特殊的性质，其秘密可能是在于，人经由此种艺术的媒介，拒绝成为神的意象的影子。

图 16　皮革上的绘纹

我们看那些在卡都卫欧艺术中特别常见的条状形、螺旋形和螺纹形的时候，免不了要想起西班牙巴洛克艺术（Baroque）的熟铁制品和涂灰泥的墙饰。也许卡都卫欧艺术是土著艺术模仿西班牙征服者所带引进来的艺术形式的例子吧？可以确定的是，土著是取用了某些主题，而且我们也知道某些确实的个例。印第安人第一次看见欧洲战船以后，在 1857 年，“马拉看哈”（Maracanha）号驶到巴拉圭时，船员注意到在第二天土著的身上就画了锚状母题图案；有个印第安人甚至在他的整个躯干上画了件军官的制服，画得很详细，扣子、袖条等俱全，外套燕尾上画着挂剑的皮带。这不过证明姆巴雅人早已有绘画身体的习俗，同时他们绘画身体的技巧极为高明。此外，他们的曲线画风虽然在前哥伦布时期的美洲相当少见，它却和美洲大陆不少地方出土的考古文物有若干相似的地方。这些考古发现，有的日期可追溯到哥伦布航海前好几个世纪：侯普威尔文化（Hopewell），在俄亥俄河谷，以及最近在密西西比河谷发现的卡多文化（Caddo）陶器；亚马孙河口的山塔林姆（Santarem）和马拉久（Marajo），秘鲁的查文文化（Chavin）。分布如此之广，其本身就是年代相当久远的证明。

真正的问题还并不在此。我们研究卡都卫欧的图案时，有一点极为明显：这些图案的原创性并不在原始母题上面，原始母题都相当简单，可以个别独立发明出来，不必借助传播（事实上可能发明与借用同时发生），其原创性是在各个母题的结合：很明显的是在最后的成就、最后的成品。构图的方法很精细，很有系统，即使这些印第安人曾经借用了文艺复兴时期的欧洲艺术，也无法对这种现象做圆满解释。不管其出发起点是什么，这么特殊的成就也只能用其本身特有的原因才能加以解释。

有一次我曾试图把卡都卫欧艺术和其他地区所见的相类似的艺术形式加以比较，想从中找出其中的理由：用做比较的包括古代中国、加拿大西北海岸和阿拉斯加及新西兰的艺术形式级[①]。我现在

① 即 *Le dédoublement de la représentation dans les arts de l'Asie et de l'Amériqué*, *Rénaissance*, Vol. Ⅱ and Ⅲ (New York, 1945), pp. 168～186, 20 Illustrations Reproduced in Structural Anthropology 1958, Ch, XIll. ——译者注

要提出的假设和前项假设有些不同，但这项假设补足，而非反射，我较早提出的解释。

如我在较早的研究中所指出，卡都卫欧艺术的特征是男性女性的二分——男人是雕刻者，女人是绘画者；前者的艺术是形象的、自然形状的，虽然在形式上相当规范化，后者的艺术则是非形象的。现在我只考虑女性的艺术，我要强调的是其艺术在好几个不同层面继续表达二分法。

妇女使用两种风格，两者都根据装饰与抽象的原则。一种风格是尖锐有角的、几何图形的，另外一种风格则是曲线形的、自由流动的。构图常常是两种风格有秩序地轮替使用。举例来说，一种风格用在边缘或界限上面，另外一种风格就用在主图案上面。在陶器图案上面，其区别更为醒目：几何图案通常见于颈部，曲线形图案见于腹部，或者倒反过来。画脸上图案时较常使用曲线风格，画身体上的图案时用几何形风格；但有时，再经过细分以后，每个区域再分别以两种风格的结合加以绘画。

不论是哪一种结合方法，最后成品都表达一种要在不同的原则中间找到均衡的冲动，那些原则也是成对出现的：一个原来是直线形的图案可能会在最后阶段又出现一次，然后有一部分转变成表面形状（把某些部分全部填满，就像我们在无事画着玩时会做的那样）；大部分图案的设计都根据两个交互出现的主题；而且几乎在所有情况下，母题和背景差不多占用等量的表面空间，因此可以把图案用两种不同方法去解释，也就是把母题与背景的角色对调过来——每个母题可正面看或负面看。最后，每个图案常常遵照一个双重的原则，同时既对称又不对称，这样子就造成相对立的 contrasting registers 连成长条的装饰，这些所表现出来的 registers 长条装饰，很少是上下等分或对分的，而比较常见的是由左上角向右下角等分的，或由右上角向左下角对角线等分的，或甚至是纵横四等分的，或是分成米字形。我使用这些名词是有用意的，因为这些规则使人不得不想到纹章学（heraldry）。

让我们举一个例子来做进一步的分析：这里有一个看起来简单的身体绘画（图 17）。这画包括波浪形并有触点联结的纵条纹，分隔出纺锤形而有规则的空间，空间里面排列整排相同图案式花纹的装饰，每块空间一个图案。但这样的描述是带欺骗性；这描述或许能使人对完成的图案其整体外观有个概念，但是只要我们仔细一点看，就看出画这图案的妇人并非先画好那些波浪带，然后再把每个空间用一个相同图案式花纹加以修饰。她的方法并非如此，而且复杂许多。她工作的方法像一个铺石子工人那样，用完全相同的成分来建构一排一排的成品。妇人所使用的单位成分即是整条带的一部分，包含一条带子的凸起部分，和其邻近一条带子的凹下部分，还有一个椭圆形的空间，里面有个相同图案式花纹的装饰。这些个别的单位成分利用断层法（dislocation）衔接起来，只有在最后，整个图案才达至一种平衡，这平衡既肯定且显示了整个图案形成过程中的动力过程。

卡都卫欧艺术的风格因此使我们要面对一整个系列的复杂问题。首先是把一种二分法（dualism）投射到连续不断的平面上去，好像在镜宫里面那样：男人与女人，雕刻与绘画，具象图与抽象画，角度与曲线，几何图与蔓藤纹，颈子与肚子，对称与不对称，线条与表面，边缘与主题，片段与空间，图案与背景。但这些对立都只是事后才觉察出来的；他们的性质都是静态的；至于艺术的动态活动过程，也就是各个母题如何被想象而画出来，在所有层面上都和基本的二分对立性（duality）交切：基本主题先打散，然后再重新组合成次要主题，次要主题使用第一主题的部分做要素来组成

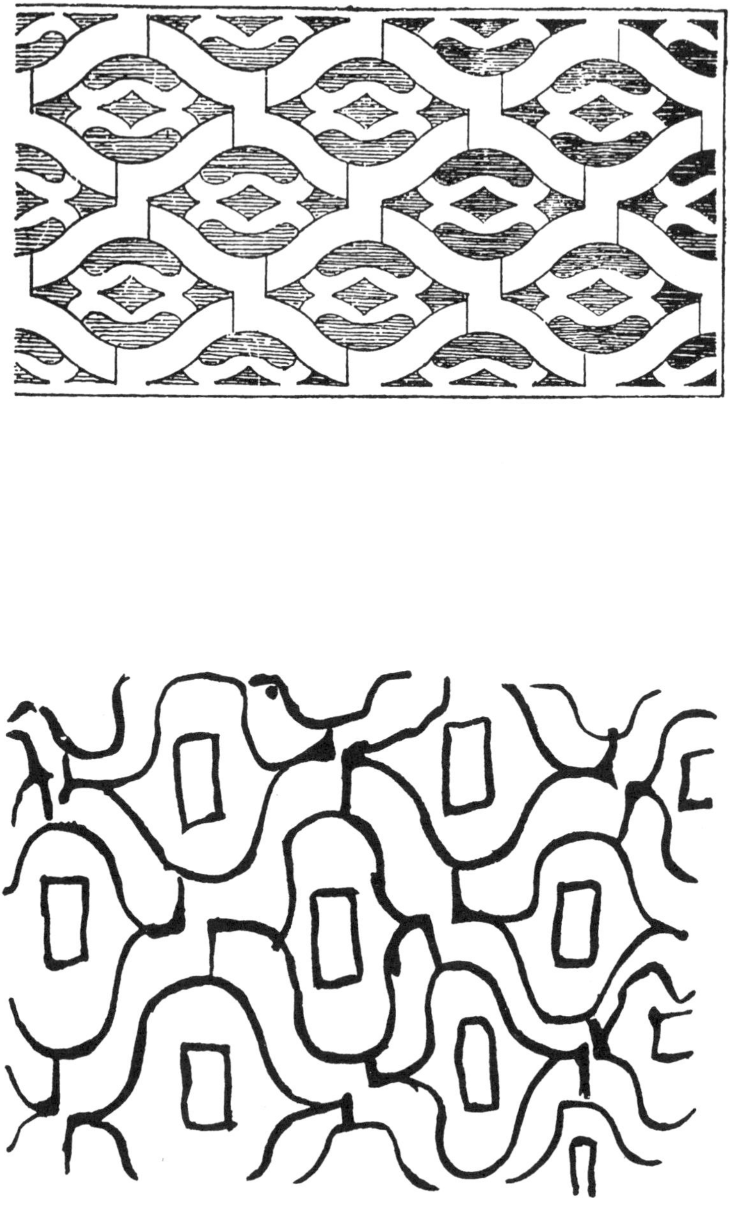

图17 身上绘画：(左)波吉阿尼所记(1895)；(右)作者所记(1935)

图18 脸部与身上绘画的两种基本花纹

一种暂时性的整体性，然后，这些次要的主题再加以掺杂交错使原本的整体性又重新出现，好像是又被重新想象回来一样。最后，用这种方法所得到的复杂图案本身再重新划分开来，利用纹章学中的四分法加以参差重整，把两个图案分成四个部分，排列成对反的两对，再简单地由一个重复到另一个，或把由一个上到另一个。

图 19　一种脸画

现在可以解释一下为什么这种风格令人觉得和欧洲扑克牌那么接近的理由了，不过前者是比扑克牌要精致得多。每张牌上的人形图案都得满足两种需要。首先得担任双重功能：它必须是两个对立的伙伴之间可用来做对话或对决之用的事物；它还必须是和其他的牌之间有关系，成为一副牌中的一张。这种复杂的性质要求那张牌必须达成下述任务：从功能的观点去看必须对称，从牌担任的角色去看必须不对称。解决这个问题的方法是使用一种在一斜向轴上面取得对称的构图法，避免使用完全不对称的构图公式，完全不对称可满足角色的需要，但和功能有冲突，也避免了相反的完全对称的构图公式，那样会产生与上述情况相反的结果。在这里，我们又碰见一个复杂的情况，类似两种矛盾对立的二分法形式，解决的方法是妥协，达成一个次级的对立，使物件的理想轴和它所代表的形象对立起来。但为了达成这个结论，我们不得不越出风格分析的层次。为了明白扑克牌的风格，我们不能光是研究其设计图案；我们还得问他们的目的是什么？因此，我们要问，卡都卫欧艺术的目的是什么？

我已经对这个问题做了部分的解答，或者该说土著自己已替我回答了一部分。首先，脸部绘画使个人具有人的尊严；他们保证了由自然向文化的过渡，由愚蠢的野兽变成文明的人类。其次，由于图案依阶级而有风格与设计的差异，便表达一个复杂的社会里面地位的区别。这就是说这些图案有社会学的功能。

但是不管这样的观察是如何重要，它还是不足以说明这种土著艺术的原创特性；它最多只说明土著艺术的存在。社会结构的分析必须更往前进深入。姆巴雅社会分成三个世袭阶级，每个阶级最关心的问题都是礼节。对贵族而言，在相当程度上对武士而言也一样，最主要的问题是声誉与地位。早期的记录显示他们都怕丢脸怕得要命，他们也很怕无法享有与他们的地位相称的享受，最重要的是，他们最怕和地位较低的人通婚。这样的一个社会是危机是隔离。不论是由于选择或由于必要，每个阶级都倾向于自我封闭，封闭的结果便会危及整个社会全体的团结。特别是各个内婚种姓阶级的内婚习俗，加上整个社会阶层高低划分愈来愈细，要找到符合集体生活的种种需要的婚姻对象一定是愈来愈困难。单单这一点，就足以解释一个反对生育后代的社会的矛盾，反对生育，同时为了避免在自己族群里面造成不适当的婚姻结合，竟然不得不采用一种反面的种族主义（inverted racialism），有系统地收养敌人或外族人的后代。

情形既如上述，很值得注意的是，在姆巴雅一度控制之下的广大区域的另一极端，也就是在东北方和西南方两个地区，我们可以发现几乎是完全相同的社会组织形式，虽然两个社会之间隔着一大片地理空间。巴拉圭的瓜那族（The Guana of Paraguay）和马托格洛索的波洛洛族，以前曾有（波洛洛族目前还有）一种阶层分明的社会结构，和姆巴雅族很近似；他们曾经是，或者现在仍是，划分为三个阶级，最少在过去似乎和不同的社会地位相当，都是世袭的、也是内婚的阶级。不过，我在前面提到的那个姆巴雅族社会所面临的危险，在瓜那族与波洛洛族的社会里面，由于其社会又划分为两个互婚亚族（two moities）而显得没那么严重。这种互婚亚族的制度，最少在波洛洛族中的情形并不受三个阶级划分的限制。虽然不同阶级的成员不得互婚，与此正好相反的责任却强加于互婚亚族的成员身上：一个互婚亚族的男人必须与另一个互婚亚族的女人结婚，反之亦然。我们因此可以说，阶级划分所造成的社会不均衡，在某种意义上，被互婚亚族的均衡二分法平衡了。

我们或许会奇怪，这种三个阶层严明的社会阶级划分法，再加上两个对等的互婚亚族的区分法，是否应该全部算做一个体系的不同部分。或许是的，但或许我们应该把这两个方面分开，把其中一个认为在时间上比另外一个古老。如果是这样的，到底这两种制度里面哪一个比较古老就有得争论了。

我目前所关心的问题性质是相当不同的。虽然我只简单地描述了瓜那与波洛洛系统（以后我描写在波洛洛族的经验时会加以补充），也已可清楚看出，在社会学层面上，这种婚姻制度的结构，和我在研究卡都卫欧艺术（Caduveo Art）时所发展出来的风格方面的结构很类似。在两个例子中，我们处理的都是双重对反（double opposition）的现象。在前者，主要是一种三层分级法与二分对立法的组织之间的对立，三层分级法是不均衡的，二分对立法则是均衡的；在后者，则是不同的社会机构（social mechanisms）之间的对立互反，有些机构以平等互惠（reciprocity）为原则，有些机构以高下阶层（hierarchy）为原则。为了同时忠实于这样两种并存但却对立矛盾的原则，整个社会群体分裂再分裂成为互相关联，又互相对立的次群体。就像一个徽章（coat of arms）把由各种不同的承继传统承袭得来的权限结合于整个徽章里面一样，这个社会也可说是由右上角向左下角的对角线等分，再上下等分，再对分为二，再由左上角向右下角等分。我们只要研究一下波洛洛族村落的格局（这个不久以后就要做），就可以看到其组织是和卡都卫欧的绘画图案一样的。

因此，瓜那族与波洛洛族在面对其社会结构中存在的一项矛盾时，似乎成功地用大体上是社会学的方法加以解决（或掩饰起来）了。或许这两个社会在未受到姆巴雅族势力影响之前即已有互婚亚族（moieties）存在，因此，解决矛盾的方法是现成的；或许他们是在较晚的时候才发明出，或向别人借用互婚亚族的制度，他们能这么做的原因是在非中央的省区里面，贵族的自傲比较不突出；自然还可能提出其他的假设。这种解决方法在姆巴雅族里面从来没有存在过：或者他们不知其存在（这是不太可能的），或者，这比较可能，他们的狂热与偏执不容许考虑此种解决矛盾的方法。因此，他们从来没有机会可以解决其社会组织中的矛盾，甚至无法至少是用精巧的制度把矛盾掩饰起来。不过，在社会层面上他们没有使用的补救办法，或者他们拒绝加以考虑的补救办法，不会永远一直对之视若无睹；那种解决办法一直不断地以各种觉察不到的方式在捉弄他们。既然他们无法意识到这种解决办法，无法在现实中应用于生活上面，他们便开始让其在梦中出现。但也不是以直接方式在梦中出现，因为那会和他们的成见起冲突，而是此一种变了形的，因此也看起来似乎无害的方式出现：在他们的艺术里面。如果我的分析无误的话，卡都卫欧妇女的图画艺术其最后的解释，以及其神秘的感染力量，还有那看起来没有必要的复杂性，都得解释为是一个社会的幻觉，一个社会热烈贪心地要找一种象征的手法来表达出那个社会可能或可以拥有的制度，但是因其利益和迷信的阻碍而无法拥有。在这个迷人的文明里面，美女以她们身体的化妆来描绘出整个社会集体的幻梦，她们化妆的图案是描绘一个无法达成的黄金时代的象形文字图案，她们用化妆来赞颂那个黄金时代，因为她们没有其他符号系统足以负起表达的任务，这个黄金时代的秘密在她们赤裸其身的时候即表露无遗。

第六部

波洛洛族

二十一　黄金与钻石

柯隆巴（Corumba）是到玻利维亚的门户，在巴拉圭河右岸，对着耶斯帕兰查港（Porto Esperança），好像是专门为茱尔士·韦恩（Jles Verne）所写的一部小说而想象出来的。这小镇位于一个俯视巴拉圭河的石英悬崖上面。一两艘木桨船停靠在港边，船身低低的，盖双层小屋，屋顶一根细细烟囱。木桨船四周一大堆独木舟。港边有条往上爬的路。路的前一段两边有几间房子，税关、兵器储藏室等等，比其他房子要大许多，使人回想起巴拉圭河以前是刚独立不久野心勃勃的国家之间不稳定的国界，也使人想起这条河一度交通频繁，船只不断来往于德拉普拉塔河（Rio de 1a Plata）与内地之间。

抵达悬崖的顶端以后，路就沿着悬崖边缘绕行 200 米左右；然后路向右直角转弯进入城镇，城镇上一条长街，两边排列着低矮的房子，白色或灰色的墙。街的尽头是一广场，广场上有橙色与珊瑚绿的树木，树与树之间长着绿草。其后是多岩石的乡间，一直延伸到地平线的尽头有山岳陈列。

只有一间旅馆，常常客满。私人房子中可租到几间房间，地面一层的房间灌满沼泽的湿气，在那里过夜的旅客经验到和现实一样的噩梦，使他成为新式的基督教殉道者，被丢进令人窒息的洞里面去喂臭虫。食物很差，因为乡村生产力不高，开发不足，没有办法供应住在或路过柯隆巴的两三千人口。所有东西的价格都很贵，表面上一种忙碌，与平坦沙漠一般的景观造成明显的对比，景观是一片褐色海绵一样，一直延伸到河对岸，给人一种忙碌、愉悦的印象，一个世纪以前加州或西部的边城大概也是这幅景象。晚上时，全镇的人都集结于断崖的路上。女孩子们，三五成群地在男孩子面前晃来荡去，男孩子们默不作声地坐在栏杆上，双腿摇来荡去。旁观者或许会以为自己是在看某种仪式或庆典；再也找不到比这种严肃无比的婚前游行更奇特的景象了，女孩子们在闪烁不定的电灯下面晃荡于长达 500 公里的沼泽地边缘，鸵鸟与眼镜蛇不时闯入城镇附近。

如果是像乌鸦那样直飞的话，柯隆巴与库亚巴（Cuiaba）之间的距离不过 400 公里。我眼看着两个城镇之间空中交通各个不同阶段的发展过程，先是小型的四座飞机，要颠颠簸簸地飞两三个小时才抵达目的地，一直到 12 个座位的容克式飞机（Junkers）在 1938 年到 1939 年之间开始飞这条航线。但是在 1935 年，只有乘船才到得了库亚巴，而 400 公里的直线距离因为河流的弯曲而拉到两倍之长。在雨季，到邦首都去要花一个礼拜时间，旱季的时候有时要花上 3 个礼拜，船虽然吃水浅，在旱季时还是常常搁浅在沙堆上面。要花好几天的时间，用电线把船绑牢于两岸坚固的树干上，然后引擎再拼命转动，使船再浮于水面上。船公司的办公室很显眼的贴一张文字极其吸引人的告示。下面一页把它照原文翻译出来，既顾及其风格，也注意其编排。不用说，真实的情况和告示上所描写的并不是很接近。

阁下是否准备旅行？

是的话，一定要乘华美无比的

柯隆巴市号

这是××先生拥有的河运公司的船只，一艘装潢高级的轮船，各舱配备浴室、电灯、自来水，还有完美的专人服侍

库亚巴——柯隆巴——耶斯帕兰查航线上最快最舒服的船

在柯隆巴或在耶斯帕兰查搭乘柯隆巴市号，阁下将比搭任何其他船只**早三天以上**抵达目的地。时间对行动极为重要，速度最快又能提供最舒适享受的船当然是上上之选

瓜波垒号轮船

为了提供最佳服务，本公司新近整修华美的瓜波垒号轮船，将餐厅移到上舱，既使本船有一间华美的餐厅，又为我们的贵宾提供了宽大的活动空间

因此，请您务必优先选择快速轮船

柯隆巴市号与瓜波垒号

不论如何，那是一趟多令人愉快的航程！没有几个乘客：养牛人及其家人要回到牧场去，到处旅行推销货品的黎巴嫩人，被派驻到边区城镇守卫的军人，或省区的公务员。他们一上船，就马上换上内地常穿的海滩服装，条纹宽袴（较讲究的就穿丝质的），对体毛丰盛的人而言显得单薄了些，穿拖鞋；我们每天两次吃一成不变的饮食，一盘米饭、一盘黑豆和三分之一盘的木薯粉，外加新鲜牛肉或久存的牛肉。这就是“飞久阿达”（feigoada），由“飞久阿”（feigão）、黑豆转化而来。同行旅伴的胃口奇好，他们吃完会对食物作判断。“飞久阿达”如果不是第一级的，就是烂死了；同样的，他们也只有一种形容词用来描述甜点，包括奶酪和水果酱，都用刀尖吃：那浓浓的水果酱如果不是“很甜”，就是“不够甜”。

每走 30 公里，船就会在中途站添加燃料；必要的时候，我们会等两三个小时，等燃料站的管理员到原野去绑一只牛，宰杀剥皮，船员帮他忙，然后再把牛肉拉上船，好让我们在往后几天有新鲜牛肉吃。

其他的时间蒸汽船慢慢沿着河流的窄道滑行。这叫做在转角之间慢慢前行，那些河流的转角非常的急，使人无法看到另外一边。由于河道弯弯曲曲，这些转角有时候挨得非常近，到晚上的时候，我们发现离开早上起行的地点不过几米之遥。船常常碰到河岸两边滴水的树木。船引擎的声音骚扰无数的鸟：羽毛像红、蓝、金色玛瑙一般闪光的鹦鹉；对水俯冲而下的鹈鹕，颈子细长，看起来好像是长翅的蛇；长尾鹦鹉和八哥的叫声充满空间很像人的叫声，像到只好将之形容为无人性。野生动物离得如此的近，又如此的一成不变，使人们不得不加以注意，而造成感觉麻痹。有时候乘客会被某些不寻常的意外所惊醒兴奋起来：有时候是一对鹿，或游过河的貘；一条响尾蛇或蟒蛇在水面上扭动，轻如一茎干草秆；或一群乱钻乱动不伤人的鳄鱼，人们用枪打其眼睛，但很快也就打厌了。钓食人鱼（piranhas）比较令人兴奋。河岸某处有个巨型的绞架一样的建筑物（saladeiro），是晒干肉用的；地面上到处都是四散的骨头，平衡杆上挂着紫色的肉片，其上整群秃鹰阴沉地盘旋着。几百米长的河面都被牛血染红。在这一带，如果把钓鱼线抛入水中，几只喝鲜血的食人鱼会冲向钓丝，在无饵的钓钩进入水中以前，就会有条食人鱼上钩，好像一片金色的菱形物体。不过在把鱼拿下钩的时候得小心才行，只要咬一口就能咬掉整根手指。

我们一通过与圣罗兰丘（São Lourenco）的汇流处——稍后我会旅行到该河的上流一带去和波洛洛印第安人会面——潘塔那勒便不见了；河岸两旁的景观主要是草原，可看到较多的住户和牛群。

由水路往库亚巴去的游客不会看到什么值得特别提的景观：河面上一个铺水泥的斜坡，坡顶可看见老军火库的轮廓。从那里开始有一条路，两公里长，路旁有粗陋的房子，尽头是教堂广场，白色与粉红色的天主教堂立于两排大王椰子的中间。其左边是主教的大住宅；右边是总督的大住宅；大街的一角是旅馆。我在那里的时候，那是唯一的旅馆，属一个举止端庄的黎巴嫩人所有。

我已描述过果亚兹，如果我花太多文字描述库亚巴的话，就会有重复自己的危险。地点环境没有果亚兹漂亮，但这个城镇，屋子很简洁，又像宫殿又像乡间小屋，和果亚兹同样迷人。整个城镇建在多山坡的地面上，从屋子较高一层经常可看到值得一瞧的景观：橙色屋顶的白房子，屋顶颜色和泥土一样，里面围着绿色花园。在L形的中央地区四周，有很多条小巷子，这是18世纪殖民城镇的特色之一；小巷子的尽头是做营地用的空地，如果是不整齐的小巷子的话，两旁会有芒果树与香蕉树，在尽头会有几间小屋。在其后则是一大片空地，一队队的牛在赶往塞尔陶去以前，或是从塞尔陶回来以后，在空地上吃草。

库亚巴镇在 18 世纪中叶创立。1720 年左右，来自圣保罗被称为邦德杭特（Bandeirantes）的人第一次进入此地区。他们建立一个据点，几个人定居在离目前镇址不远的地方。这一带当时是库喜波（Cuxipo）印第安人居住的地方，有些印第安人同意在开拓出来的土地上耕作。有一天，一个移民——名字很巧的叫做苏梯尔（Miguel Sutil）——派几个土著去找蜂蜜。土著当晚就回来，带着几把小金块，是他们在地上捡来的。苏梯尔和一个名叫巴布多（意即大胡子）的立刻随土著到他们找到金块的地方去。该地几乎到处都是金块，在一个月之内他们捡了 5 吨的金块。

情形既然如此，难怪库亚巴附近乡村一带，有些地方看起来像战场；盖满杂车与矮树的小土丘是过去淘金热的见证。即使是现在，库亚巴人还会在蔬菜园里挖到金块。金砂则到处都有。在库亚巴镇，乞丐都是淘金者：他们在城的底端河床上淘金。找一天可能就可以找到买食物的钱，有些店东仍然使用一种极精细的秤，可以秤一小把金砂，用米或肉交换。每当下大雨的时候，大水冲过溪谷，小孩子就会跑出去，手中拿着干净的蜡球，把蜡球放入水流之中，以便黏住一些闪亮的金子。此外，库亚巴人说一条金脉在几米深的地下穿越过他们的城镇。谣传说金脉穿过不甚起眼的巴西银行建筑的地下，巴西银行地底下藏的宝藏要比它行里老式的保险柜里面的财物还多。

库亚巴的生活方式步调缓慢，很讲究规矩，反映了此镇过去的光荣日子。新到的人把第一天花在旅馆与总督官邸之间的广场上踱来踱去。一抵达我便留下名片；一个钟头之后，侍从武官和一个大胡子的宪兵来回拜。在午间休息以后——午间休息时间从中午到下午四点——全城一片死寂，我去向总督致意（或者叫做“干涉者”，当时他的职称是这样），他以颇不耐烦的彬彬有礼地回敬我。当然，如果连个印第安人也没有，不用人类学家去操心，他会更高兴一些；就他而言，印第安人的存在只是提醒他那些政治上的不得意，也是他被贬谪到落后地区去的证据。主教的态度也很相似：那些印第安人，他很小心地向我解释，既不是一般人所相信的那样凶恶，也不是那样笨。只要想想：有个波洛洛印第安妇女已成为修女！而在迪雅曼廷诺（Diamantino）的弟兄，经过一番努力以后，已把三个帕雷西印第安人（Paressi）变成相当好的信徒。就他的研究而言，传教士实际上已收集了所有值得保存的资料了。我或许会觉得难以相信，但是无知的印第安人保护局（Service of Protection）居然在写波洛洛语的时候，把音调重音放在最后一个母音上面，而早在 20 年前，某个神父早已说明，其重音应该是在中间的母音。至于传说方面，印第安人对洪水的故事相当熟悉，这是我们的上帝并不是要他们永远受谴责不能得救的证明。他并不反对我去和印第安人住在一起。但我千万一定要避免把传教士们辛苦工作的成绩一下毁掉：不要送奇巧的礼物，像镜子或项链等。要送就送斧头；印第安人懒惰，必须时时提醒他们工作的神圣。

一旦这些表面客套说完以后，便可以谈比较正经的事情了。有好几天的时间都花在黎巴嫩人所开的店里面，他们的店称为 Eurcos。他们扮演中间商与贷款者的角色，供应五金、纺织品和医药给数十个亲戚、客户或学徒。每个拿到货的人不必先付钱，即用几条牛载，或乘独木舟去丛林深处或河的西岸，想去赚到最后几个巴西金币（这种生活过个二三十年以后，对他们自己而言很苦，对受他们剥削的人同样苦，便会带着赚来的数百万元定居下来）。还有，到面包店去买几袋“波拉查”面包，一种用未发酵过的面粉烤成的面包，外面包一层油，硬得像砖头，加热以后会变软，不过由于驮载牲口的抖动和牲口身上流出的汗都渗入面包里面，使这面包成为屑块状，无法形容的食物，和我们在屠宰店买的干肉一样恶臭。库亚巴屠夫是个很不满的人；他有个野心，但达成愿望的可能性极小。他期待有马戏团会到库亚巴来表演，因为他很想看看大象："那么一大堆肉！……"

最后，还得提提毕氏兄弟，他们是科西嘉裔的法国人，在库亚巴定居相当长的一段时间，为什么定居于库亚巴镇，理由不详。他们说法语带着一种遥远的、犹豫的韵律。在成为汽车修理房的主人以前，他们打过白鹭，使用的方法是在地面上放着圆锥形的白纸，使这些身子高的鸟看到与他们自己的颜色一样洁白的东西，发生兴趣，把嘴啄进去，圆锥形白纸便被穿透，成为蒙头帽，把白鹭的眼睛蒙住，很容易捕捉。在交配季节从活鸟身上可拔下最好的羽毛。在库亚巴镇，有整纸箱整纸箱的白鹭羽毛，卖不掉，因为已不再流行。于是毕氏兄弟变成找钻石矿的人。目前他们则专门装备货车，好像以前装备船使航向未知的大洋一样，然后派往各条小径去，货车上的货和车子本身常有掉入山谷或河中的危险。不过，只要能安全抵达目的地，即可取得 4 倍的利润，足够弥补以前意外的损失。

我常常搭货车在库亚巴镇附近一带旅行。出发前一天要花整天的时间把大汽油桶装满汽油，搬上车，数量不少，因为不但得带回程的汽油，而且几乎全程都是跑一趟或两趟。各种装备和露营用具打点的方式要使乘客既有地方坐下，又能在下雨的时候有躲雨之处。起重器和其他工具都挂在车两旁，还有绳子和木板，这是在船被毁的时候过河用的。第二天，我们便爬到这堆装备的上面，好像爬到骆驼背上一样，然后货车就开动了。不用半天的时间，就会开始碰到种种困难：小径可能淹水或松软，必须铺木板以增加硬度。有一次我花 3 天时间，搬运一批木板毯子，长度是货车的两倍，从车后移到车前，一直重复到车子开离危险路段为止。或许小径多沙，我们得在轮子底下挖，然后埋树叶。即使桥没坏，我们还是得把货全部卸下来以减轻重量，等全部通过那摇摇荡荡的木板桥以后，再全部重新把货装上车。如果我们发现桥被森林野火焚毁，便就地露营，重建一桥，不过我们自己过了桥以后便立刻把桥拆下，因为以后的路途上可能还需要用那些木板。最后，有些大河流只能把三艘独木舟绑成一条渡船才能通过。单单空货车就会使三艘独木舟绑成的渡船沉到船沿。有时候货车漂到对岸的滩上时，河岸会太深或太多泥，我们便只好临时开出一条长达数百米的小径，以使货车有个较好的靠岸地点。

以开这些货车为职业的人习惯于一开就是几个星期，甚至几个月。他们都是两人一组，一个司机，一个助手。司机管驾驶盘，助手则站在车门踏板上，看前面是否有障碍，路是否畅通，像站在船首的船员帮助领航员驶过一道窄窄的海峡那样。他们手边都有来复枪，因为常会有鹿或貘因为好奇而在货车前面停了下来。两人之一会向挡在路上的动物开一枪，开枪结果如何就决定我们是否要在该处停留一阵子：如果把动物射死，则要留下来剥皮去肚，把肉螺旋式地割切成片，就像削马铃薯那样。割下来的肉马上用盐、胡椒、大蒜泥混合涂抹过。这些盐、胡椒、大蒜泥等都经常备用。抹好以后，在阳光下晒几个小时，因此一停下来就得花上两天以上的时间。这样晒过的肉称为 came de sol，没有用另一种方法处理过的肉好吃，但可保存得比较久。另一种方法是把肉绑在棍子的一端，让肉风干而非晒干，称为 carne de vento。

这些开货车的专家过一种很奇特的生活。他们得随时准备做非常精细的修车工作；他们沿途重修又拆除自己开车要经过的路，如果货车坏了修不了，他们就得准备在密林深处待上几个星期，一直等到另一辆货车经过，向库亚巴通风报信，从库亚巴再向圣保罗或里约要求把必需的零件送去。在这段期间内，开车的人便露营、打猎、洗衣、睡觉，耐心地守住自己的灵魂。我碰到的最好的司机是个逃犯，他对所犯何罪绝口不提。库亚巴的人知道内情，但也绝口不提，因为没有任何其他的人干得了他所走过的那些困难的路途。一般都认为他这样每天都冒着生命危险，已经很充分地补偿了他所取走的那条生命了。

早上四点左右我们离开库亚巴时天仍黑暗。我们只看得见几间教堂的轮廓，从底部到钟楼都涂灰泥。货车在最后一段铺了河中取来的石子而两旁种着枝叶修剪成圆形的芒果树的街道上跳动。草原那果园似的特色，因为树与树之间的自然距离，给人一种人造景观的幻觉，但事实上这早已是野外荒林，小径很快就变得不好走：路离河愈来愈远，弯弯曲曲向上爬，时常被山谷和泥泞的浅滩打断，长满加波埃拉（capoeira），也就是再生林。我们爬升到一定的高度以后，可以看见一条模糊的粉红线条，静止不动，不像是曙光。但我们有很长一段时间不能确定其性质与真相。再旅行了三四个钟头以后，我们抵达一多岩山坡的顶端，从其上面有较广的视野，我们看见一道红墙，南北走向，高出绿色山坡面两三百米。在北端，墙慢慢下倾，一直到最终与高原合而为一，但在南端，也就是我们前行的方向，开始可看到一些细节特色。那片红墙，不久前看起来完整一片，现在却可看得清楚是打散成窄窄的烟囱，几个尖峰，台地与平台。这是一整套的石堡建筑，有棱堡，有城背面的出入口。货车花几个小时才爬上斜坡，偶尔需要人推，一直到马托格洛索的查帕打（Chapada）的边缘，从那里可以通往一个缓缓下倾往北去的高原，这片高原长度约有 1 000 公里，一直到亚马孙盆地，叫做查帕达（Chapodão）。

这里就像是另外一个世界。粗糙的草，乳绿色，几乎盖不住砂岩地表破碎以后产生的白色、粉红与黄褐色沙子。植物只有一些弯弯曲曲、散落各处的树木，树皮很厚，叶子和刺很光亮，使他们挨得过一年里头 7 个月的旱季。但只要下几天雨，这片沙漠一般的草原就很快变成一个花园，草转成绿色，树上开着白色与红紫色的花。但最主要的印象还是觉得草原一片广大。地面如此平坦，斜坡非常和缓，数公里远的视野还是一览无遗：一大早看到的一片景色要花半天才走得完，而其景观和前一天所见的毫无区别。结果是视觉与记忆全都混杂成一种令人神迷的停滞性。不论是看得多远，土地还是一模一样，毫无特色，较远的地平线景观简直和天上的云朵无何两样。这样的景观过分怪异，不会令人觉得乏味与千篇一律。货车不时要涉过无岸的溪流，这些溪流与其说是流经高原，倒不如说是泛滥过这片高原，好像这片土地——是世界最古老的地块之一，是远古的龚得瓦那（Gondwana）大陆仍保持原样的部分，在另外一个时代里把巴西与非洲连起来——仍然太年轻，河流不足以在其上侵蚀出河道来。

如果是欧洲的自然景观，会看见各种轮廓清晰的地形沐浴于四散的阳光中。但在这里，传统上认为是天空与大地的角色却倒反了过来。在营地那一大片乳白色的上空，云朵形成各种奇异非凡的建构。整个天空布满各种形状和各种体积，而大地却维持着一种初始期的柔软。

有天晚上，我们停在一个“加蓝波”（garimpo）附近，加蓝波是找钻石的人的聚集点。不用多久即有人在我们点起的营火四周出现；他们即是“加蓝佩罗斯”（galimpeiros），即找钻石者。他们从袋子里面，或破衣服的口袋里面拿出竹管子，管子里面放着未切整的钻石，他们把钻石倒在我们手中，想卖给我们。但是毕氏兄弟所告诉我的已足以让我知道那些钻石不会有什么大价值。加蓝佩罗斯有其自己的律法，不成文但执行得很严格。

寻钻者可大概为两类人：探险者与逃犯。后者人口远比前者多，因此可了解为何大部分人一加入寻钻者的行列即很难离开。那些藏有钻石的小河川，谁先发现，开采权就是谁的，他们的资本常不容许他们等到发现大矿，大矿也较少见。因此，他们组织成小队，由一个人带头，称为“头子”或“工程师”；带头的人得有资本可以武装其手下，并供应他们必要的工具，镀锌的铁桶用来装走砂石，筛子、水槽等，有时候还得有潜水帽和氧气桶，以便勘察河床岩石上的壶形洞，但最重要的，还是要能保证经常供应食物，工头提供上述东西，其手下提供的交换条件是答应他们所发现的所有钻石只能卖给特定的买主（这些买主与荷兰或英国的钻石切割公司有联系），此外，还得与头子分享红利。

这些人都是全副武装，其中原因不仅仅是因为不同的找钻石者的队伍之间时有冲突。过去警察几乎管不着采钻石者的聚落，目前的情况也差不多。产钻石地区几乎自成一个国中之国，后者有时向前者开战。在1935年，很多人还在谈莫别克工程师及其手下和马托。格洛索的邦警之间历时多年的小规模战争，其结果是两方都让步几分。应该替这些不法分子的行为说句公道话，任何人如果在采钻者地区附近被警察逮到，很少能活着被送到库亚巴镇去的。一个大名鼎鼎的贼，阿纳多头子，有天和助手一起被捕。他们两人脖子上都被绑吊绳，绳子绑在树上，脚站在一块小木板上，这样子被弃置林中，当他们累了，失去平衡，便跌下去被吊死。

这个团体自身的法律受到严格遵守，在拉吉阿多（Lageado）或在波梭侯（Poxoreu）这两个采钻石者的中心地区，看见餐馆中的某张桌子，有人暂时离开，桌面上全部都是钻石，并不是过分不寻常的事情。一颗钻石一被发现，即刻会被按照形状、大小和颜色加以分类。这些分类上的细节在几年以后还是很清晰地留在发现者的脑海中，每个细节都带着情绪，发现者可以说出每颗钻石发现的经过。一个人这样描述一颗钻石："当我看着那颗钻石的时候，好像是圣母掉下一颗眼泪珠在我的手心……"但钻石并不经常是这么纯的：常常仍藏于矿脉石中，价值难以一下断定。受认定的买者宣布他认为合理的价钱（这叫做"量"钻石），钻石必须卖给他，他所定的价值也无讲价余地。价钱宣布后，助手便用磨石把矿脉石弄掉，在场的人便可以知道购买者猜测的结果了。

我问他们，有没有欺骗的事发生；应该是有的，他们说，但不会有好结果。如果不把钻石卖给头人指定的商人，而偷卖给别人的话，那钻石就完了（queimado）：原因是，买者会出个烂价钱，每次再转手卖出的时候再把价钱有系统地降低。这就是为什么有些不诚实的寻钻石者活活饿死，死的时候两手握满钻石。

但在贩卖过程的较后阶段，情况就不大一样。叙利亚人弗济（Fozzi）致富的办法，是以低价购进不纯的钻石，然后放入普利模斯（Primus）炉中加热，加热完把钻石丢入染色颜料混合剂中，使黄钻发出一种较吸引人的表面黄色光泽，因为光泽特别而称为"画光"。

还有另外一种常见的欺骗方法。但这发生于较高阶层，目的是为了逃避掉钻石外销的国家税。我在库亚巴与肯波格杭德（Campo Grande）都碰见过职业走私钻石者，称为"强人"（capanguiros）。他们这些人充满传奇故事。他们有时把钻石藏在伪装的香烟盒子里面，如果碰到警察要检查，便把香烟盒随手丢到草木丛中，好像是一包抽完了的空盒一样。可以想象他们一脱离警察的掌握以后，多么忧心如焚地回草木丛中找那些随手丢弃的香烟盒子。

但是那天晚上，我们在营地所谈的不是这些传奇性的故事，而是他们每天日常生活所要面对的问题。在谈话中我学到塞尔陶（Sertão）形象鲜活的语言，像代名词“一”，他们有一大堆非常奇特的表达方法：一个人，O man；一个同志，O camarada；一个同行，O collega；一个黑人，O negro，等等。“一个人”很不幸地在水槽中发现黄金；这对寻钻石者而言，是个很坏的兆头，唯一的办法是马上把黄金丢回河中；如果把那黄金保存下来，会有几个礼拜的时间什么也找不到。有一个人，用双手要捧起沙石的时候，被有毒鳐鱼尾所刺。这种伤很难治。得找个女人脱光衣服在伤口上面小便。但是在“加蓝波”这种找钻石者聚居的地方，除了农村妓女以外没有别的女人，结果是，被鳐鱼刺到的人，用上述简易治疗法的结果常常是因此得一种很顽劣的梅毒。

这些农村妓女当初都被有人找到一大堆钻石致富的故事所吸引。寻钻石者会在一天之内致富，但他由于有警察记录而不能动弹，只能在当地把突发之财全部花光。这也是有那么多货车载满奢侈品跑来跑去的理由。只要货车能开到采钻石者聚居的目的地，车上的东西不论要价多高，全部被抢购一空，并非是买者真需要那些货物，而是为了炫耀。清晨的时候，再次出发之前，我到处走走，一直走到河岸附近满是蚊子与其他小昆虫的地方，那里有一间属于一个“同志”（camarada）的小屋。他戴着老式的潜水帽，已经开始在河中大忙特忙。他住的小屋，里面一片破烂，令人难过，和其周围的乡间景色并无多大差别；但在房子的一角，那个“同志”的女人很骄傲地要我瞧她男人的12套西装，看她的好几件丝质洋装，全都有虫在咬。

晚上的时候就唱歌聊天。每位访客都被邀“表演一手”，所表演的通常是很久以前在某些咖啡厅的演唱会上听来的歌曲表演片段。在印度边境地区，我参加过的小公务员的宴会，也看到同样的“时间差距”（time-lag）。在巴西和在印度一样，人们重述个人独自表演，在印度称为“谑画”（cariceaturcs），也就是模仿，模仿打字机的声音，摩托车故障时的噗噗声，然后，与上述一类模仿完全相反的怪音，代表“神舞”，再接着是奔马的声音。最后，表演“扮鬼脸”，在印度称为 grimaces，和法文相同。

有关那天晚上我和寻钻石者在一起时所记的笔记里面，有一段哀歌（lament）的歌词，其唱法是根据传统的方式。内容是一个对军队伙食不满的大兵写封抱怨信给他的班长；班长把信转给上士，一步步地传，中尉、上尉、少校、上校、将军、皇帝。皇帝只能把信转达给耶稣基督，但耶稣基督并没把这个大兵的抱怨转达给“永远的天父”，耶稣“拿起笔把每个人都送到地狱”。这篇塞尔陶诗歌里面有下面这么一段：

O Soldado……
O Oferece……
O Sargento que era um homem pertinente
Pegô na penna，escreveu pro seu Tenente.
O Tenente que era homem muito bão
Pegô na penna，escreveu pro Capitão.
O Capitão que era homem dos melhor，
Pegô na penna，escreveu pro Major.
O Major que era homem como é
Pegô na penna，escreveu pro Coroné.
O Coroné que era homem sem igual
Pegô na penna，escreveu pro General.
O General que era homem superior

Pegô na penna，escreveu pro Imperador.
O Imperador……
Pegô na penna，escreveu pro Jesu，Christo.
Jesu，Christo que é filho do Padre Eterno
Pegô na penna e mandô tudos pelo inferno.

然而唱歌的时候，并非一片欢乐。产钻石的砂石越来越少，那地区疟疾、利什曼病（leshmaniosis，一种疟性热病）和钩片横行。几年前还流行过黄热病。以前每星期有四辆货车往来于小径上，现在一个月只有两辆或三辆。

我们现在要走的小径，3 年以来已没有货车走过，小径上的桥被一场森林火灾焚毁。小径的情况到底如何，无法知道，但如果我们能抵达圣罗兰丘（São Lourenco），最坏的一段路就过去了。在那里的河边有个很大的“加蓝波”，我们可以找到我们所需要的装备补给、人和独木舟，等等，可以领我们沿着维美尔侯河（Vermelho），圣罗兰丘河的支流之一，去到波洛洛族印第安人的村落。

我们怎么能走到目的地的，我实在不知道；那段旅途在我记忆中只是一个混乱的噩梦：搭营好长一段时日，只是为了通过一段长只数码的恶劣路段，装货卸货，我们停下来，把木头搬到货车前面，让货车可以前行一小段路，再重复一遍，我们搬了木头以后累得睡倒在地上，一直到午夜时分才被来自地心的怪音隆隆吵醒：蚁虫从地底深处往地面爬出来要吃我们的衣服，已经爬满我们用做防水外套和铺地用的塑料斗篷。最后，有天早晨我们的货车终于开向圣罗兰丘，该地被一片浓厚的河谷雾气笼罩。觉得我们成功地完成了一件壮举，开往聚落去的路上便大按喇叭。但是居然连个小孩也没跑到路上来欢迎我们。经过四五间死寂的小屋以后，我们便到达河岸。整个地方连一点生命的迹象也没有，连一个人也看不到，大略地瞧了一阵以后，我们很快了解，这个聚落已被抛弃。

前几天的过分劳累使我们丧失信心，考虑是否该放弃计划。在往回走以前，决定再最后试一次。我们每个人都沿不同的方向去探看附近一带地方。傍晚时大家回去聚在一起，都一无所获，唯一的例外是司机发现一个渔夫。司机把渔夫带回来。他是个长胡子、皮肤苍白的人。他的肤色不健康，好像长期泡在水中一样。他说半年前黄热病流行，活下来的人都四散而去。但如果我们往上流走一段，可找到一两个人，也可找到一艘独木舟。他会很乐意陪我们去。他和家人几个月以来就全靠他从河中捕获的鱼过日子。我们给他一点钱，他可以从印第安人那里取得些木薯和烟草。我们如果答应他的这些条件，他还可保证另外一个有独木舟的人也会和我们合作，我们可在路上把他找来。

以后我将描述其他的独木舟航行经过，那些经验在我记忆中远比这次的更为鲜明。因此我将只简短描述一下我们花一个星期的时间溯河而上的经过。那河流每天都被落雨激高几许。有一次，我们在一小片沙滩上吃中饭，突然听见沙沙声，是一条长达 7 米的巨蟒，被我们吵醒。我们乱枪齐发大射一阵，蟒蛇身体被子弹射中也无所谓，只有射头才射得死。花了大半天的时间才把巨蟒剥皮完毕，剥皮的时候发现其肚内有一打左右的小蛇，都快出生了，但一暴露于日光之下全都马上死了。然后有一天，射杀一只伊哈哈（irara），一种像猪的动物，之后，我们瞥见河岸上有两个裸体人：这就是我们第一次看见的波洛洛印第安人。我们移近河岸，设法和他们讲话；他们只懂一个葡萄牙字眼：fumo，烟草，他们把葡萄牙文烟草 fumo 念成 sumo（老一辈的传教士说印第安人无信仰、无法律，也无国王，因为葡萄牙文中这三个字眼分别以 f、l 和 r 开头，而印第安人语音中没有这三个音）。他们自己也种烟草，但他们的产品里面没有卷起来经过发酵过的这类烟草，我们便大量供应。我们用手势向他们说明要去他们的村落，他们表示晚上的时候可以抵达。他们将先回去宣布我们会去他们的村落。然后，他们便消失于丛林之中。

几个小时以后，我们在一个泥泞的河岸靠岸，河岸上面有些小屋。半打左右的裸体人，从脚到头全用印度梅（urucu）染料画成一片红色，大笑欢迎我们，帮我们上岸，帮我们带行李。我们被带到一间大房子里面，大房子住了好几家人；村落酋长让出一块地方让我们使用；我们停留在村落中的那段期间，他自己住在河对岸。

二十二　有美德的野蛮人

一个人第一次到一个大体上未受现代文明影响的原始文化社会里面，所见到听到的一切，带给他那么多深刻而又混乱的印象，到底该如何描述呢？到开因给恩或卡都卫欧这样的地方，其房屋和附近一带农民的房屋并无多大差别，全都破烂无比，给人的第一印象是烦倦与消沉。但当一个人面对的是一个仍然生气勃勃的社会，一个对其自己原来的传统仍然忠实无疑的社会时，其影响是如此强而有力，使人不知所措：这样一团五颜六色、混乱纠缠事物，到底要如何下手去解开、理清呢？要先抽哪一条线呢？在波洛洛族印第安人社会中，我第一次有这样的经验；回想那第一次的经验，使我想到最近一次类似的经验，那是在缅甸边境的一个库基人（Kuki）

村落。在长久不停的季节性暴风雨中，手脚并用地爬上一个泥泞的山坡，花了好几个小时，终于达到坡顶的村落，当时的感觉和第一次进入波洛洛印第安人村落时的感觉相似。身体极度疲乏、饥饿、口渴以及心灵混乱等等自然与此感觉有关；不过，这些生理上的不稳定本身从头到尾都被所面对的形式和颜色所深刻影响：那些屋子虽然不牢固，但其规模却富丽堂皇，使用的材料和建筑方式，都是我们在西方只用之于小型建筑上面的：这些建筑物与其说是建筑起来的，倒不如说是绑在一起捆出来的、编出来的、织出来的，再加以种种装饰，经年累月的使用以后变得醇美；这些建筑并不是用一大堆砖石来压迫居住其中的人，而是适应配合居住其中的人的存在与行动；这些建筑和我们的房子正好相反，这些房子一直都是受人所制。整个村落在地平线上更像是住民所拥有的一套轻巧、易伸缩的护体，更像是西方妇人的帽子，而不像西方的城镇；整个聚落是一项巨型的装饰品，保有活生生的内脏或枝叶所具的一些性质，这些特质在那些建筑者维持建筑计划的精细要求的原则下，很有技巧地保存了下来。

住民的裸体似乎受房屋外墙那种草性的天鹅绒，以及附近的棕榈树所保护；他们走出房子以外的时候，似乎就像脱掉一层巨大的鸵鸟羽毛所织成的披挂一样。他们的身体，这些多汗毛的珠宝箱，建造得异常精细，他们明亮的化妆与绘彩使肌肉的色调更为突出；而化妆与身体的彩绘等等又似乎只是一种背景，目的是为了突出更华丽的其他饰物：牙齿的闪亮，羽毛和花卉簇拥之中的野兽牙。似乎整个文明都蓄意强烈热衷于喜爱生命所展现的颜色、特质与形状，而且为了把生命最丰富的特质保存于人体四周，便采用展现生命面貌的各项特质之中那些最能持久的，或是最易消逝却又刚好是最宝贵的部分。

当我一边准备在一间大屋子的一角休息过夜的时候，我一边吸收了上述的印象，但并没对之做知性的了解。一两件细节的东西慢慢地显出条理来。这些土著房屋虽然仍维持传统的规模与格局，但在建筑上也已可看出新巴西建筑的影响：其形状是长方形的，不是传统的椭圆形，屋顶与墙的材料是传统的，树枝支撑棕榈叶屋顶，但两部分却是分开的，屋顶有两面斜坡，而不是圆圆一片直落地面。即使有这些影响，我们刚刚抵达的客贾拉村（Kejara），和同属维美尔侯河群的另外两个村落波伯里（Pobori）和贾鲁多里（Jarudori），是没有受到沙累西安神父（Salesian Fathers）影响的最后几个少数社区。这些传教士和印第安人保护局联合起来，成功地使印第安人与殖民者之间的冲突结束，两者都进行过很好的人类学研究工作［除了史坦宁（Karl von den Steinen）的早期研究以外，他的工作成果是有关波洛洛人最好的资料］，同时也大力地、有系统地使土著文化消失。两件事实可充分说明，客贾拉是土著文化独立存在的最后一个坚强堡垒。

第一，维美尔侯流域各村落的大酋长住在此村。他是一个高高在上、充满神秘感的人物，不仅或假装不懂任何葡萄牙语；他照应我们的需求，同时在想我们出现于村中的意义；为了维持自尊地位，也为了语言问题，他除了通过他的顾问团成员以外，拒绝和我们交谈，他和顾问团一起做所有重大的决定。

第二，客贾拉村中住着一个土著，后来成为我的翻译兼主要报导人。这个人大约35岁，葡萄牙语说得相当好。他说以前他能读能写葡萄牙文（现在已不行了），曾是一个传教士办的学校的学生。传教士对他很满意，觉得自豪，曾送他去过罗马，他还见过教皇。他回来以后，传教士想促使他举行基督教婚礼，要他不顾传统土著的规矩。这件事给他造成精神危机，结果他重返传统波洛洛族，然后定居于客贾拉村，过去十多年来，他在这里过着标准野蛮人的生活。这个见过教皇的印第安人，现在全身不穿衣服，戴羽毛，绘红彩，鼻上戴别针，下唇穿木塞，后来的事实证明他是波洛洛社会学最好的向导。

现在我们被一打左右的土著所包围，他们自己之间不停地说话大笑，互相用拳头打来打去。他们的头圆形，脸椭圆形，五官端正，身体健硕，令人想起帕塔高尼亚人（Patagonian），两者之间可能有血统关系。女人的体质大致说来没有男人那么和谐，身材较小较弱，五官也较不那么端正。从一开始，男人的一片喜乐之情就和女人的抗拒态度形成强烈的对比。虽然在此一地区正有疫病流行，村里的人看来都相当健康；不过，有一个是麻风病。

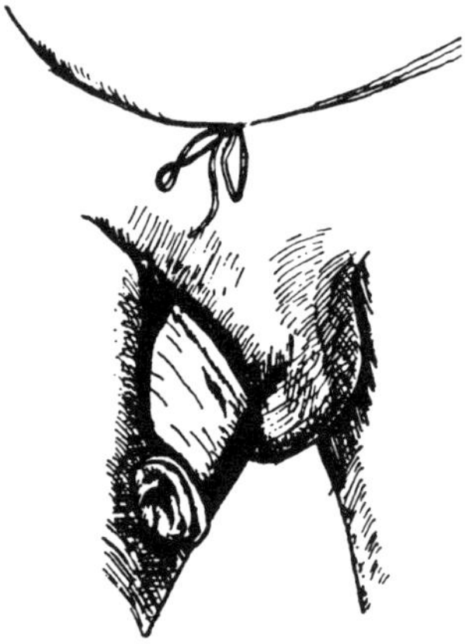

图 20　阳具护环

男人全身赤裸，只在阳物顶端戴一草编的护环，靠包皮固定，包皮拉长穿过草环，在其外形成一个皮肉圈圈。大部分人从头到脚都绘红彩，红彩是把印度梅种子在脂肪中打碎所得，连头发，有的留到齐肩，有的剪到齐耳，也都漆上这种红彩，看起来像戴头盔。其他的图案又画在这层基本红彩上面：用闪亮黑树脂画的马蹄铁形，把前额盖住，一直盖到嘴边两颊为止；一束束的白绒毛贴在肩上臂上；或者把打碎的珍珠粉撒在肩上胸上。女人穿一片用印度梅染过的棉制护阴布条，布条围在一条坚硬的树皮皮带下面，皮带下还绑一条打软的白色树皮，穿过大腿之间。在胸前挂着两道编得很细致的棉布条。在脚踝、上臂和手腕紧紧地绑着小棉布条，她们的全部服装就是这些。

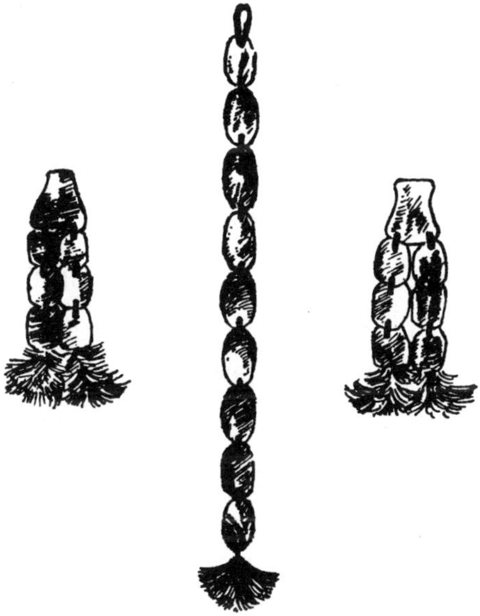

图 21　真珠母与羽毛做成的嘴唇装饰、耳环

慢慢地，这些人一个个离开；和我们分享这间大屋的只剩下一个医者和他的家人，医者一句话不说，态度很不友善。另外还有一位年长的寡妇，她靠住在邻近屋子中的几个亲人接济过日子。不过她的亲人常把她忘掉，那时她就唱歌，几小时都不停，唱她前后死去的5任丈夫，唱以前那些不缺木薯、包谷、猎物和鱼的日子。

房子外面已有人开始唱歌，声音音调极低，回音重，喉音相当重，但每一音都发得很清晰。只有男人在唱；他们的声音合起来，那些简单而又一再重复的曲调，独唱与合唱的对比，还有那种带悲剧性的强烈男性风格，使人想到某些德国男性同盟（Männerbund）的军中合唱。当我问他们为什么唱歌的时候，他们回答因为我们带来的獾（irara）。在吃獾以前，必须先举行复杂的仪式来抚慰其神灵，圣献此猎物。太过疲倦，无法做一个诚实的人类学家该做的事，我在黄昏的时候就睡着了，但这场觉被疲倦与歌声弄得极不安稳，歌唱一直持续到曙光初露。这种情况在我们留在村子里面的那段期间持续不断：晚上都整个用于举行宗教仪式，土著在早晨开始睡觉，一直睡到中午。

在仪式进行过程的特定时刻，土著会把少数几件管乐器拿出来吹奏，除此以外，唯一的伴奏乐器是葫芦发声器。这是在葫芦里面放沙石，由主要表演者摇晃出声，所发的声音相当有震撼力：有时候猛力一摇，引出唱歌的声音，有时是猛力一撼，与歌声戛然而同止；有时候则在歌唱之间的空当摇出长长的渐强或渐弱的乐声。有时以乐音和静寂交错来导引舞者，其乐声与静寂的长短、强弱和音质的变化是如此多端，没有一个欧洲大交响乐团的指挥能够在表达自己的乐意这方面的能力胜过他们。难怪以前不同部族的土著，甚至传教士，觉得可以从这种摇打乐器中听到魔鬼在讲话。还有，虽然大家都已知道以前所谓的“鼓语”（drum languages）只是一种幻想，目前已没人相信，不过，很可能最少在某些族群里面，鼓声的确以某种真正的语言为其基础，把真正存在的语言化约成几个以象征来表达出来的大要，而成“鼓语”。

大清早，我起来到村子各处走走。在门口，我踩到几只病态的鸟：这些是被饲养的金刚鹦鹉，印第安人养在村落里面，目的是能活生生地拔其羽毛来做头饰。被剥掉羽毛无法飞的金刚鹦鹉看起来像就要上烤叉的鸡，由于羽毛被拔，身体看起来小了一半，使嘴显得异常的巨大。其他一些金刚鹦鹉的羽毛已再长出来，很严肃地停在屋顶上面，好像纹章学上的图徽，涂上了赤红与浅蓝的珐琅彩。

我走到一块空地中央，一面是河流，另外三面是森林，森林里面有不少种农作物的田地，穿过森林可以瞧见远方红色砂岩的陡峻山峰。在空地边缘一带有一排房子，共 26 间，格式和我住的接近，围成一个圆圈。圆圈中央有另一间房子，约 20 米长，8 米宽，比其他房子大很多。这就是 baitemannageo，男人会所，未婚的成年男性睡在山地，族中男性如果不狩猎捕鱼，不忙着在跳舞场举行公共仪式的话，就在会所中消磨时间。跳舞场在会所西边，一片椭圆形的空地，以一些干草堆为标记。女人严禁进入男人会所：女人住在圈成一圈的房子里面，男人则一天要在会所与家居房之间来回走好几趟，在地面上的矮树丛中沿着一定的小路来回走动。从树顶或屋顶看下去，波洛洛的村落看起来像牛车车辆，轮缘是家庭房屋，轮辐是小路，轮壳则是男人会所。

这种极有特色的村落规划，以前所有村子都一样，不过以前各村落人口数目要高出目前许多（客贾拉村大约只有 150 人）；因此村落不会只是一个圆圈，而是好几个同心的圆圈。并不是只有波洛洛人建圆形的村落；除了某些细节的差异以外，圆形村落似乎是说杰族语的各部族一致的习俗。杰族印第安人住在巴西中部高原，阿拉瓜亚（Araguaya）河与圣佛兰西斯哥（São Francisco）河之间。波洛洛人可能是说杰语的部族中最南方的代表。我们知道他们北边最接近的邻居卡雅波族（Cayapo）也建类似波洛洛人的村落。卡雅波族住在多模特河（Rio dos Mortes）右岸，10 年前才第一次有外人到其村落。其他如阿平那耶族（Apinayé）、雪兰铁族（Sherenté）和卡内雅族（Canella）也都建造格局近似的村落。

家居房屋围绕男人会所圈成圆圈来建造，这样的村落格局在其社会与宗教生活中占很重要地位。在达斯加查斯河（Rio das Garças）一带的沙累西安传教士很快就明白，要教波洛洛人改变信仰最有效的办法是使他们放弃原来的圆形村落，改住平行并排的房子。一旦印第安人失去自己原来的风采，没有村落格局可作为证实他们的神话传说的证据以后，印第安人很快就对自己传统失去感情；好像他们的社会制度和宗教体系（我们很快即会了解两者事实上是分不开的）过分复杂，如果不借着具体呈现于村落格局的形态来表示的话，如果不借助每日日常活动中的不断提醒的话，便无法继续存在。

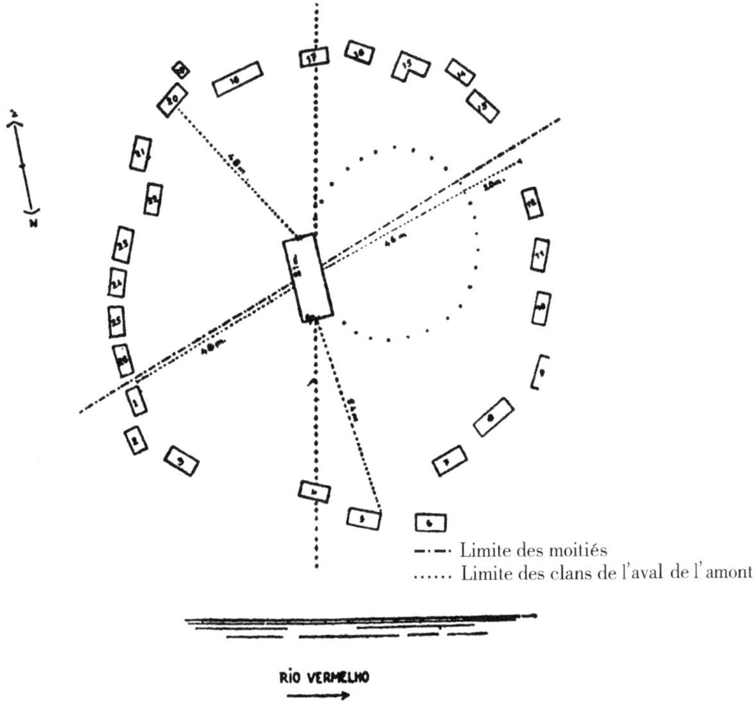

图 22　客贾拉村的规划

对那些沙累西安传教士，我们得说他们花极大的工夫和心血去了解这个复杂的体系，并把对此体系的记忆保存了下来。任何人要访问波洛洛人的村落，都得从他们所做的研究着手。不过，同时我也必须用我在他们没深入的地方，而且这种体系仍保有其活力的地方所得到的结论，来重新考察他们的结论。从以前出版过的文件着手，我便开始从我的报导人那里取得资料来分析村落的格局。我们整天从一间房子走到另一间房子，普查住在里面的人，弄清楚他们每个人的社会地位，用棍子在地面上做记号，把村子按照不同的权力地位、不同的传统、不同的阶层分级、责任与权利等等假想的划分线划分出来，成为几个不同的区域。为了把我的报告简化，我将修改有关不同的方位的地方改动，因为土著对方向的概念和罗盘的方位有相当大的距离。

客贾拉村的圆形村落接近维美尔侯河左岸，河流是由东往西流。理论上与河流平行的一条直径线把人口分成两半：北半的是却拉（Cera，读音是 tchéra；我把所有名字都拼成单数），南半是图加垒（Tugaré）。前一个词的意思似乎是“弱”，后一个词意即“强”，但我不能确定。不论如何，这项划分非常重要，理由有二：其一，每一个人都和其母亲属于同一个半族（moiety）；其二，一个半族的男人只能和另一个半族的女人结婚。如果我母亲是“却拉”，我就也是“却拉”，我的太太就一定是“图加垒”。

女人住在她们出生的房子，承继同一房子。结婚的时候，男人穿过那条划分两半族的想象中的分界线，去住在另一边。男人会所使这种连根拔起的转变显得不过分急剧，因为男人会所横跨两个半族的领域，但这种居住规则解释下列现象：向着却拉领域的门叫做图加垒门，向着图加垒疆域的门称为却拉门。这些门只有男人可以使用，住在一边的人都来自另一边，反之亦然。

在家居的屋子里面，一个已婚男人也因此永远不能自在；他的房子，他在里面出生，他的童年记忆紧紧与之结合的房子位于村落的另一头；那房子现在归他母亲和姊妹所有。他的姊妹和姊妹的丈夫们现在住那里。他随时可以回去那房子，确定会受欢迎。当他觉得婚后的家庭气氛压力太大的时候（比方说舅子们来访时），他随时可去男人会所睡觉，重温青春期的旧梦，享受男伴的友谊，享受其宗教气氛，甚至可调戏未婚女子。

图 23　杀鱼的木棒

半族制度不但决定婚姻形式，也决定社会生活的其他方面。每次某个半族的成员得享某项权利，或得任某项义务时，都是对另一半族有利，或受到另一半族的帮助。因此，一个却拉半族成员的丧礼是由图加垒半族负责举行，反之亦然。村落中的两个半族因此是合伙者，每项社会的或宗教的行动，都必须得到另一半族成员的助力，其成员担任辅助主要关系人的角色。这样的合作并不排除两个半族之间的竞争：每个半族仍有其自尊，互相之间也会嫉妒。我们应该把他们的社会生活想象成两个足球队，不过他们并不是志在阻挠对方的战略行动，而是想方设法帮助对方达成目的，两队的优劣，则由那一队所表现的大方程度和完美程度胜过对方为标准。

我们现在再看一个新面相：另外一条直径线，与前一条垂直，把两个半族沿着南北坐标又一分为二。在此轴以东出生的人叫做上江人，在此轴以西出生的人是下江人。因此，现在不再只是有两个半族，而是有四区，因为却拉半族和图加垒半族的人都是有些在东边，有些在西边。不幸的是，没有一个观察者了解此一二度区分的真切作用是什么。

图 24　树皮圈子装饰的弓，其花纹模式代表弓主的族别

此外，整村落的人都分属不同的氏族。同一氏族的各个家族相信他们在世系上接近，从母系上溯，都源自一个共祖，这黄神是个神话人物，其真确身份在有些氏族中早已不再记得。同氏族的人最少可以用他们都具相同的姓这个事实加以认定。在过去，氏族的总数可能有 8 个：4 个属却拉半族，4 个在图加垒半族。但天长日久下来，有的氏族消失，有的氏族分裂，结果是实际情况如何并不很清楚。不过，在事实上同一氏族的人，除了已婚男性以外，都住在同一房子，或几间比邻的房子里面。每一氏族也因此在住屋的圈圈中有其特定的位置：是却拉，或是图加垒，上江人或下江人，不然就是以上江人下江人为标准又细分成两个小群，这个区分标准在两个半族的领域中都可能把一个氏族的房子或房子群分割成两部分。

这样复杂好像还不够，每个氏族又有几个不同的继嗣亚群，也是以女系为认定准绳。在每一氏族中，会有些红色家族，有些黑色家族。这还不够，以前似乎每一个氏族又划分三个等级，上级、中级和下级，这项分级法可能是受姆巴雅—卡都卫欧（Mbaya-Caduveo）印第安人有等级的世袭阶级制度的影响，或借用自后者。两者之间有关联，由于波洛洛氏族中的三个等级似乎也是实行内婚这件事实而显得更可能：一个上级的人只能和另一个上级的人（属于另一个半族）结婚；中级和中级结婚，下级和下级。由于波洛洛村落人口减少很多，对这些我们只能加以臆测了。现在人口只剩一两百人，而不是以前的 1 000 多人，没有足量的家族可分属各种不同的分类，只有和半族有关的种种规则仍被严格遵守（不过少数高贵的氏族似乎可不受此束缚）；至于其他的规则，则看情况的可能性，土著会临时想出暂时性的变通办法。

波洛洛社会非常喜欢各种不同的“把牌重洗重分”的方法，把人口分别配属不同的氏族，毫无疑问的是这些方法中最重要的一个。在不同的半族互相通婚这个一般架构之中，划分氏族可以把不同氏族用特别的关系联系起来：一个却拉半族的氏族最好和一个、两个或三个图加垒半族的氏族通婚，反之亦然。还有，各个氏族的地位并不平等。村长永远选自却拉半族中的一个特定的氏族，村长称号由女系传袭，也就是由母舅传给外甥。此外有的氏族富，有的氏族穷。让我们在此说明一下财富的差别在这一方面会造成什么样的差异。

我们想到财富的时候，通常指经济财富；波洛洛人的情况也一样，不管生活程度如何低，并非每个人的经济情况都雷同。有些人渔猎技术较好；有的人运气较佳；有的人工作较卖力。在客贾拉村，我们看见职业分化的迹象。一个土著制造磨石器的技术很好；他以磨石器和人换食物，生活看起来过得很舒服。但这一类的区别只是个人性的区别，因此也是短暂的区别。唯一的例外是酋长（村长），他接受各个不同氏族奉献的食物和手工艺品。但接受礼物使他处于亏欠的地位，因此他就像银行家一样：一大堆钱在他手中流来流去，但他并不拥有那些钱。我所收集的宗教物件是用礼物交换来的，酋长拿到那些礼物以后，马上分配给各个氏族，因此而重建他的交易平衡。

各个氏族法规性的财富（statutory wedth）则属于不同的性质。每个氏族有自己的神话、传统、舞蹈、社会功能及宗教功能。氏族的神话又带来技术上的特权，这些技术上的特权是波洛洛文化中最奇怪的特性之一。几乎所有的物件上面都有徽号表明物件所有人所属的氏族或亚氏族。特权的内容包括能使用某些种类的羽毛，或某些颜色的羽毛；羽毛剪裁的方法或割切口的方法；不同种类、不同颜色的羽毛的搭配装饰方法；做某类装饰性工作的方法，编织纤维或羽毛；使用某些主题等等都构成特殊权力的内容。因此，每一氏

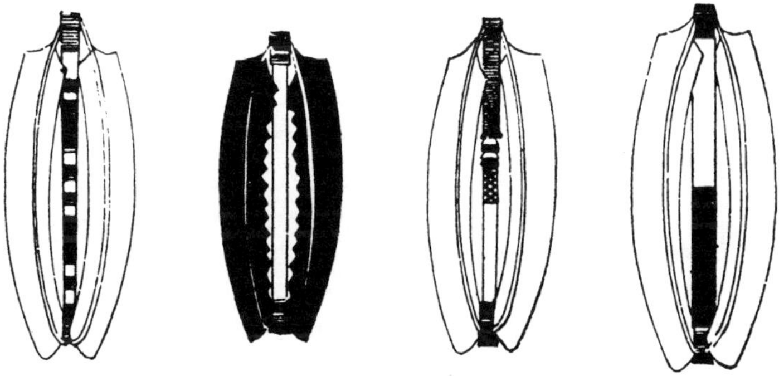

图 25　各氏族特有的箭尾装饰

族都依照规则所订，用羽毛或用树皮圈子来装饰仪式用的弓；在箭羽之间的箭轴底部有其特别的装饰式样；唇塞上面的珍珠装饰有各种不同的切割方式，椭圆形、鱼形、长方形等都依氏族而有区别；唇塞四周的颜色也不一样；跳舞时戴的羽冠上面有一个和自己所属氏族有关的徽记（通常是一块木板，上面插着羽毛组成的拼图）。在节庆的日子，连阳物护体上面都加上一条硬草编的彩带，都依不同氏族而用不同形状与颜色来装饰或雕刻；或许我们会认为在那个地方显示标准是有些奇怪。

以上所讲的所有特权（值得顺便一提的是，它们是可讲价还价的）都受到氏族很强烈的保护，不容他人侵犯。一个氏族去盗用另一氏族的特权，是不可思议的事情，会引发兄弟残杀式的争斗局面。然而，从此一观点去看，不同氏族间的区别非常之大：有的享受奢华，有的异常贫困；只要去看看各个房子里面的物件即可明白这点。但此间的区别似乎不应该用贫富的差别加以形容，而应该说是鄙陋与精致之间的差异。

波洛洛人物质财产的特性是简单与难得见到的完美制作相结合。他们的工具还是远古的工具，虽然印第安人保护局以前曾分发斧头和刀子给他们。在做粗笨的工作时，土著会使用金属制的工具，他们还是继续使用一种又像锛又像凿刀的工具来制造捕鱼用的棍棒，以及用硬木做的弓和箭，他们把这种工具用于多种用途，类似我们使用万用刀（pocket-knife）。这种工具是用一种在河岸边常见的鼠类，叫做 capyvara 的鼠类其弯曲的犬牙绑在一根把手的末端做成的。每间房子里面的用具相当有限：藤制的席子和篮子、武器与工具（用骨头或木头制成，男人使用），负责农业工作的妇女用的挖掘棒（digging stick）；用葫芦或黑土做的容器；半圆形的盒子，旁边有把手的浅圆碗，有点像大汤舀。所有这些物件的线条都非常

图 26　带饰纹的阳具护套

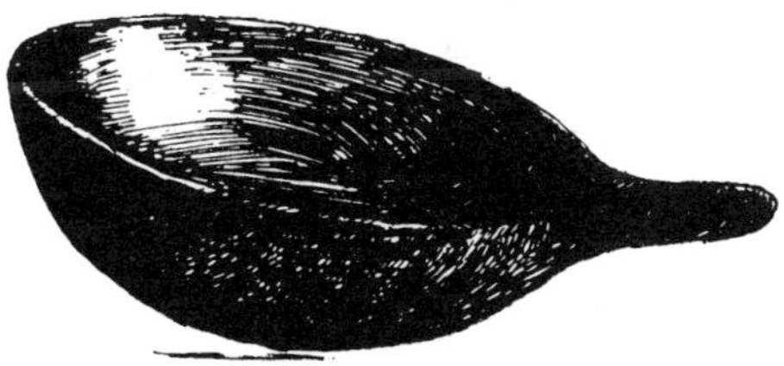

图 27　黑陶碗

图 28　波洛洛族“万用刀”两式（双头与单头）

纯净，其纯净由于材料简单而更为突出。有件奇怪的事情是波洛洛陶器，以前似乎是有饰纹的，但不久前的一项宗教禁忌终止了在陶器上面加饰纹的习俗。土著已不做岩石绘画的原因或许和宗教禁忌也有关系。在查帕打的岩洞中仍可看见岩洞绘画，在其中可看到很多他们文化里面的主题。为了证实这一点，有一次我请一个印第安人替我绘饰一大张纸。他用印度梅和树脂开始进行；虽然波洛洛人没有保存下任何他们的部族曾画过石穴壁画的记忆，他们也几乎不去那位于陡坡上面的岩洞看里面的壁画，那位波洛洛人画好交给我的图画很像是壁画的缩图。

他们每日使用的物件都极为简单平淡，与此成强烈对比的是他们的服饰。他们把所有的财富和想象力都用在服饰上面，不，他们穿的衣服太少，应该说是用在服饰的附件上面。妇女都拥有一批珠宝，由妈妈传给女儿：包括手镯、项链等，用猴牙或美洲虎牙穿成，安放木头上面，用细致的绑捆方法固定位置。妇女使用狩猎所得的遗物，另一方面则容许男人拔其天庭的毛发。男人用太太的毛发编成长辫子，像阿拉伯人绑头巾一样的缠绕在自己头上。在庆典的日子里，男人也戴一种半月形的挂链，用一对巨大的犰狳（tatu）爪子做成。犰狳是一种挖地洞的动物，站起来约有一米高，从第三纪开始存在至今没多大改变。挂链上面还镶着珍珠，用羽毛或棉花做边饰。他们的头上戴羽冠，然后再用巨嘴鸟（toucan）的嘴接在插羽毛的棍子上，一簇白鹤羽毛和金刚鹦鹉的长尾毛接在插着白色绒毛的刻纹竹管子等，附件再插在他们真实的或人工的发髻（chignons）上，以平衡其羽冠。有时候，所有这些装饰品排成一顶复杂的头饰，得花几个小时在舞者的头上才能排列妥当。我用一把枪和一个礼拜的时间讨价还价，替人类博物馆换到一顶上述的羽冠。羽冠是仪式上必备之物，土著只有在打猎所得的东西足够重做一顶新羽冠时才肯出让。我换得的羽冠包括一顶扇形的冕；一件羽毛制的帽舌可遮住脸的上半部；一个圆锥形的高冠环绕头部，用插着角鹰（harpy-eagle）羽毛的木棒制成；还有一个藤制的圆盘，上面插满管子，管子上插着羽毛和绒毛。整个头饰的高度将近两米。

即使在不穿祭礼用的盛装时，男人还是对装饰充满热情，不断随时改进他们身上的装饰。很多男人戴头冠：兽皮的头带子上面饰以羽毛；藤制的戒指，上面也插羽毛；木环上面装饰着美洲虎爪做

29　美洲虎牙穿成的垂饰

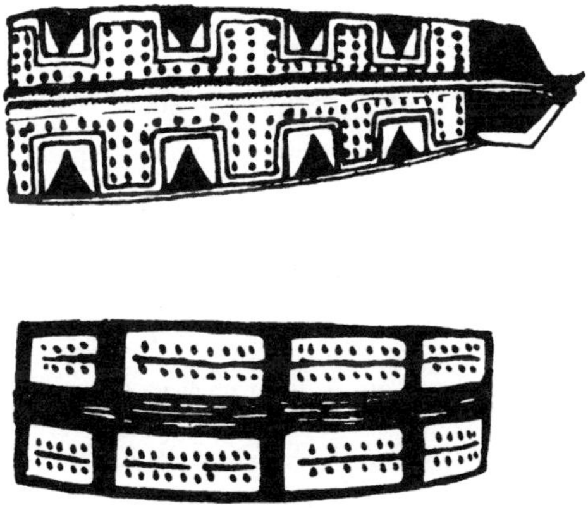

图 30　着色的干草冠，做暂时的头饰

成的头冠。有时候他们会为一些比较简单的饰物高兴异常：一条干草，从地上捡起来做成圆圈状，再涂上色彩，就可当做一件脆弱的头饰，戴该头饰的人会很骄傲地到处展示它，直到有一天他心血来潮又找到其他东西来做成其他头饰为止。这种喜好装饰的欲望有时会使一棵树的所有花朵被全部摘个精光。一片树皮、几根羽毛，会让这些不知疲倦的设计者找到充分的理由去创造出一对眩人眼目的耳环出来。必须走进男人会所里面，才能明白他们花多少的精力在打扮自己：会所里的每个角落都有人忙着在割、雕、塑或插；河贝被打成碎片，然后在磨石上面用力地磨，以便做成项链或唇塞的一部分；用竹子和羽毛做成的奇异东西正渐渐成型。像剧院的化妆师一样专心努力，粗壮的大男人互相把对方变成全身都是羽毛的鸡，把绒毛直接插进皮肤上面。

男人会所是个工作室，但不仅仅是工作室而已。青春期少男在里面过夜；没有活动的时候，已婚男人去那里小睡休息，去那里聊天，吸由干包谷叶子卷成的厚烟。各个氏族遵照一个很详细的轮番表给男人会所供应饮食，已婚男人有时也在会所吃饭。每隔两个小时左右，一个男人会跑到他住的屋子去端整锅的包谷粥（称为 mingau），是他的妇人准备的。当他带着包谷粥回到会所的时候，里面的人会愉快地大叫“噢，噢”来欢迎他。这种快乐的叫声打破当日的寂静、遵照预订的仪式程序，带食物去会所的男人邀请 6 个或 8 个男人，带他们到包谷粥前面，然后他们用陶制的或贝壳制的碗去盛包谷粥。我已提到过女人不准进入男人会所。这规则是针对已婚妇女而言的。未婚妇女自己知道不得走近男人会所，如果有意或无意间走近的话，她们便有被捉去强奸的危险。不过，每个未婚妇女一生中都必须自愿地走进男人会所一次，去向她未来的丈夫求婚。

二十三　生者与死者

男人会所不但是工作场、俱乐部、宿舍，偶尔还是妓女户。此外，会所还是寺庙。宗教舞者在会所中做准备工作，有些不准妇女参加的仪式，像制造与旋动“牛吼器”的仪式，也在会所举行。“牛吼器”是一种木头乐器，很用工夫地在上面画过画的乐器，形状颇像鳊鱼，长度在30厘米到1.5米之间不等。把这种乐器放在线的一端旋转，会发出一种低沉的吼声，这种吼声被认为是妇女所害怕的神灵到村落来所发出的声音。任何妇女如果看见“牛吼器”的话，其下场很可悲。即使是现在，她很可能被乱棍打死。我第一次看见他们在做牛吼器的时候，土著想让我相信那不过是普通的厨房用具罢了。他们非常不愿意把一套牛吼器转让给我，原因并不是他们就得因此再重做一套，主要是怕我泄漏其中的秘密。我必须带个箱子在夜深人静的时候去男人会所。那套牛吼器先包起来，然后放进箱子里面，再上锁；他们要我保证在抵达库亚巴以前绝对不打开箱子。

对于一个欧洲的观察者，在男人会所中所进行的种种看起来无法并存的活动似乎令人惊讶地调和无间。很少有像波洛洛人那样具有深沉宗教情操的民族，也很少有人具有他们那样复杂的形而上学体系。但精神信念又和日常行动结合得如此紧密，土著似乎毫不自觉地在两个体系之间自由移动。我在缅甸边境的佛教寺庙中发现类似的毫不做作的宗教性，教士在同一间厅堂里面生活、睡觉、进行宗教崇拜，在祭坛前面的地面上摆放油膏罐子和私人菜瓶，甚至毫不避讳地在阅读课文中间休息时抚摸他们的学徒。

图 31　牛吼器

这种对超自然界的随意态度对我而言更是异常奇特，我自己与宗教的唯一接触远溯自儿童时代。那时候我已是一个没有宗教信仰的人，在第一次世界大战期间和我祖父住在一起，他是凡尔赛的犹太教拉比（Rabbi of Versailles）。他住的房子有条长长的内部走廊和犹太会堂相通，走进那条走廊很难不兴起焦虑的情绪，那条走廊本身变成一道无法横越的边境，把俗世的世界与神圣的世界分隔开来，但是被那条走廊把俗世世界分隔开来的那个世界，却正好欠缺要被经验为神圣世界所不可或缺的人性的温暖这项必要的条件。除了是在进行仪式的时候以外，整间犹太会堂空无一人，短暂的有人在里面的时间不够持久，也不够热烈，不足以弥补那种似乎对那犹太会堂而言相当自然的荒凉景象，在那里举行的仪式成为只是不调和地把荒凉景象中断一段时间而已。家族成员之间的宗教崇拜也同样枯燥。除了饭前祖父默不作声的祷告以外，我们这些孩子根本无从知道我们是在一个较高的主宰的卫护之下生活，在餐厅墙上倒是贴了一张纸条，上面印着这样一句格言：“为了你的消化系统，细嚼你的食物。”

差别并非在于波洛洛人对宗教更为敬畏；情形完全相反，他们是把宗教完全视为当然。在男人会所里面，仪式性的手势和别的手势一样随随便便地进行，好像仪式性的手势也不过是一些实用性动作，目的在达成某种特定的结果，并不需要采取那种连不信教者在一个宗教崇拜的场所都会觉得必要采取的崇敬态度。在某个下午，有时会有人在会所里面唱歌，为当晚要举行的公共仪式做准备。在会所的另一个角落，同时会有少年男子在打鼾或聊天；两三个男人可能在轻声哼唱，一边摇着葫芦发声器，但如果其中一人想点支烟，或轮到他去吃包谷粥，他会把乐器交给坐在隔壁的人继续下去；有时候他会用一只手继续摇乐器，另一只手则在抓痒。当一位舞者走来走去地展示他最新的创造时，所有人会停下一切，发表评论；整个仪式似乎被抛诸脑后，一直到在另一个角落里，吟唱又从刚被打断的地方继续唱下去，才被重新想起。

然而男人会所的重大意义远超过我试图加以描述的这些，远远超过只是社会生活与宗教生活的中心。不但是村落的结构允许各个不同的制度之间相互影响，它同时也综述保证人与宇宙的关系，社会与超自然界的关系，生者与死者之间的关系。

在开始讨论波洛洛文化的其他方面以前，我得花点时间描述一下死者与生者之间的关系这个问题。即使是尼安德塔人（Neanderthal）和智人（Homo Sapiens）的边缘例子，也用简单准备过的墓穴来埋葬死者。丧葬仪式自然是各个族群都不相同。此仪式背后的感觉是一样的，我们可能因此想象各族群在这方面的差异微不足道。但是，即使我们把在不同的人类社会所观察到非常简单化的对死者态度的陈述排出来，我们还是不得不承认一项主要的区别，而在两个极端的例子中间可以发现各种不同的中间类型。

有的社会让其死者安息；只要定期对其致敬，死者就不干扰生者。即使死者回到生者身边，也只是偶然为之，而且都在特定的时间之内。死者的回来是受敬重的，因为透过他们的影响，四季才如期循环，农作物和妇女才能生育丰收。这好像死者与生者之间订了契约，死者留在他们自己居处的条件是，生者要对他们表示合理程度的敬意。生者与死者的短暂会面都以关心生者的利益为原则与目标，在民俗中有个普遍的主题，把这条公式很清楚地表达了出来：怀着感激之情的死尸这个主题。一个富有的英雄向债主购买一具债主不准别人安葬的尸体，把尸体埋了。死者在恩人的梦中出现，向他承诺会使他成大功，唯一的条件是所得的好处两人要均沾。故事中的英雄不久即赢得一位公主的爱情，英雄经由超自然的保护者的帮助而多次拯救公主生命。现在问题来了：这位公主是不是也要平分呢？巧的是公主本人是着魔的人，有一半是女人，另一半是龙或蛇。死者要求他该得的一份；英雄答应可以。死者对英雄的公正很满意，便只拿走公主可怕的那一半，把一个完全人性化的太太留给英雄。

与这种构想形成对比的，是另外一种构想，也可由民俗故事中的主题加以解说，我把这个主题称为“多谋能干的骑士”。故事中的英雄很穷，而不是富有。他唯一的财产是一粒麦子，他用欺诈手段以那粒麦子换到一只公鸡，再换到一头猪，然后是一头牛，后来又换到一具死尸。最后他用那具死尸换到一位活公主。在此一例子中，死者是客体，而非主体。死者不是英雄与之商量的合伙人，死者只是一件工具，被用来做投机买卖，买卖过程中充满欺骗与谎言。有些社会对死者的态度就是这样，他们不让死者安息，强迫死者替他们服务。有的服务是实际利用死尸，像食人的习俗（cannibalisme）与食尸的习俗（necrophagie），目的是为了取得死者的美德与力量。有的服务只是象征性质，社会中的成员为了尊严地位竞争的目的，不断地要求死者帮他们忙，或者引用祖先的名字，利用系谱上做手脚来合理化他们所要享有的特权。这样的社会不断地剥削利用其死者，经常因死者而烦恼。他们相信死者会用同样的方法对付生者，由于生者利用死者，死者会对生者不断地提要求，对生者越来越不客气。但是，不论是公平分配，像第一类社会中的情形那样，或是毫无限制的投机，像第二类社会那样，死者与生者的关系总是脱离不了某种方式的分享。

在这两种极端的态度之间，有不少中间行为方式：加拿大西海岸的印第安人和美拉尼西亚人（Mélanésiens）召集所有的祖先参加他们的仪式，强迫他们做对后代有利的证言；在中国或非洲的某些祖先崇拜仪式里面，死者继续保有其个别的特性，但只维持几个世代而已；美国东南部的普也布洛（Pueblo）印第安人死后立刻丧失个人的特性，但和所有其他死者共享不少特别的功能。即使是在欧洲，死者变成漠不关心，丧失名姓，但在民俗故事中也保留了关于两种死者的信仰：一种是自然死亡者，变成护卫性的祖先；另外一种是自杀、被杀或疯狂而死的人，死后变成善妒的恶鬼坏灵。

在西方文明发展史上，毫无疑问，死者与生者的关系，渐渐由一种投机利用的态度演变成契约式的态度。甚至契约性的关系也被一种漠不关心的态度所取代，这种漠不关心的态度，可能在福音书上早已有预言："让死者埋葬其死者。"不过，并没有任何理由可以说这种发展过程代表一种普遍的发展模式。更可能的是，一切文化都对上述两种模式有所知，虽然通常选用其中一种模式，但还是在种种迷信行为中设法保证他们对另一种模式也并非完全不顾。那些迷信行为，我们自己也都继续奉行，不管我们自认为是有信仰的人或没信仰的人。波洛洛人的原创性，以及我引述到的其他社会的原创性，在于他们把两种方式非常清楚地陈述出来，并且发展出一套与两种方式符合的信仰与仪式体系，还创造了各种办法，可以顺利地由一种模式转化到另外一种，希望借此在两者之间达到某种调和。

要说波洛洛人不相信有自然死亡这样的事情或许不尽正确，但是对他们来说，一个人并不是一个个体（individu），而是一个人（person），是社会宇宙的一部分。那社会宇宙即是村落，从有时间以来就存在的村落，与物质宇宙并存，而物质宇宙本身也是由有生命的存有（animate beings）所组成，包括天体和气象。他们的信仰就是这样，虽然实际上存在的村落难得在同一个地点存在30年以上，因为种植农作物的土地在那段时间内就变得贫瘠。因此，构成村落的既不是地点，也不是房屋，而是前面描述过的那种结构模式，每个村落都依照该模式建造。因此就不难了解为什么那些传教士，一旦干涉到村落的格局结构以后，便把一切都毁了。

动物，特别是鱼和鸟，有一部分属于人的世界，而有些地面上的动物则属于物质宇宙。因此，波洛洛人相信他们的人身人形是一种暂时的状态：介于鱼（他们以鱼名来给自己命名）和金刚鹦鹉（他们将以此形状完成转世的循环）之间。

由于波洛洛思想方式以自然与文化这项基本的对立为指导原则（在这一点上面，和人类学家很相像），结果是，他们比涂尔干和孔德更具社会学想法，把人类生命视为文化的一部分。说死亡是自然的死亡或违反自然的死亡，因此变得毫无意义。在事实上与在理论上，死亡既是自然的，同时也是反自然的。换句话说，每次一个土著死亡的时候，不仅仅是与死者最亲的亲人的损失，而且是整个社会的损失。自然对社会所造成的这种伤害使自然负债，波洛洛人使用 mori 这个词来表达他们的观念，其意思和负债很接近。当一个土著死亡，村落便会举行一次集体狩猎行动，由死者所不属于的那个半族的成员执行出猎。这是向自然挑战的行为，目的是猎到大型动物，最理想的是美洲虎，其毛皮、爪子和牙齿就是死者向自然讨来的债。

我抵达客贾拉村的时候，正好在不久前有人死亡；不幸的是，死者死在相当远的另一个村落里面，因此我没有能看到埋葬的两个阶段，包括：首先把尸体放在村落中央的墓穴里面，上面覆盖树枝，直到肉全部腐烂为止；其次在河中洗骨，绘以颜色，用黏上去的羽毛组成图案加以装饰；然后把骨头放篮子里面，放到湖泊或河流底部。所有其他仪式我都在现场观察，全都照传统方式举行，在该挖临时性墓穴的地点把死者的妇女亲戚仪式性地牺牲。另外一件不幸的事情是，集体狩猎在我到达以前的那个晚上或下午举行过了，我不能确定到底是什么时候；不过，并没有猎到任何动物。在丧礼舞蹈中使用的是一张旧的美洲虎皮。我甚至怀疑他们马上把我们的獾（irara）用来取代没有猎到的动物。土著不愿意承认事实是否如此，这是很可惜的，否则，我就可宣称我是 uiaddo，也就是代表死者灵魂的狩猎领袖。我就可以从死者亲戚那里得到一个人发编织的臂章，还有一件叫做“波阿里”（poari）的神秘乐器。波阿里是一种单簧管乐器，由一根竹管做成，以一个小小的饰有羽毛的葫芦做扬声器，在捉到的动物面前吹奏，然后在把动物杀死以后绑在动物身上。我也可以依照既定规则把动物的肉、皮、牙和爪分给死者的亲戚，并得到另外一只单簧管以纪念我负过的责任，另外还有一条贝壳项链。毫无疑问，我也必须全身涂黑，使造成死亡的恶灵认不出我，这恶灵依照负债规则得进入死掉的动物体内，把自己

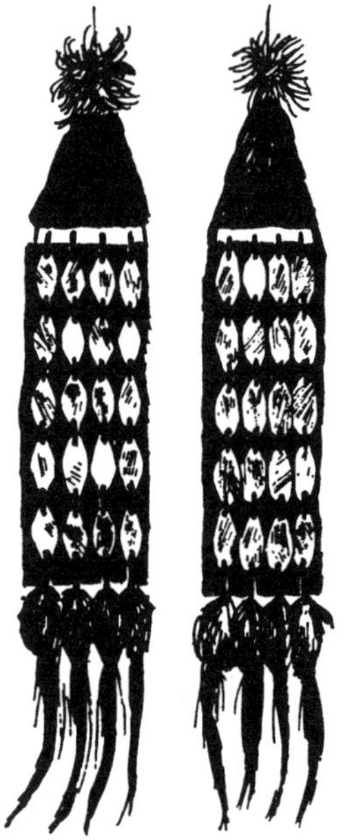

图 32　真珠母镶在树皮上，并以羽毛为饰的仪式耳环

用来补偿他所造成的祸害，但仍然会对强迫他这么做的人充满恨意。在某种意义上，自然的这种毁灭性的形式被认为是人性的。自然透过一种特别的灵魂形式运作，那些灵魂形式直接的依靠是自然，而不是社会。

我前面提到我和一位巫师共住一屋。这些医者自己构成一类特别的人群，既不属于物质宇宙，也不属于社会，但是其功能是扮演两个世界之间协调者的角色。他们可能都是，但这点并不很确定，与我同住的巫师来自图加垒半族，因房子在都拉半族的领域，他像其他人一样，是住在太太的房子里面。巫师的工作是一种神召，常常经历天启的经验，其主要内容是和某些恶灵或其他强有力的神灵订契约。恶灵自己的组织很复杂。强有力的神灵既是天上的（因此是天文与气象现象的调配者），也是动物界的，同时又是地下的。这些恶灵或强有力的神灵，其成员经常由死去的医者的灵魂补充，管理星辰的运动，也负责风、雨、病和死。他们被形容成有各种可怕的外表：多毛，头上有洞，在抽烟的时候烟会从那些洞跑出来；空中怪物，由眼睛或鼻子送雨出来，有的指甲和头发非常长；有的是独脚怪物，肚子鼓胀，身体像蝙蝠那样多绒毛。

医者或巫师，也就是“巴里”（bari）是非社会的角色（asocial character）。他和一个或多个精灵神灵的关系使他拥有某些特权：如果他单独出猎会得到超自然力量的帮助，可以变化成动物的形状，懂得疾病的原因与治疗，具有预知未来的能力。出猎所得动物，或田园的首批收获，如果没先送给“巴里”他理该得到的一份，就不能吃。他所得的那一份代表生者欠死者的精灵的一份。在土著的体系里面，这一份所扮演的角色和前面提到的丧礼出猎所扮演的角色，既是对称的，又是相反的。

但“巴里”自己也受他的守护灵统治。那些守护灵或单一地守护灵借“巴里”的身体显形，当“巴里”被守护灵利用做其灵媒时，便全身痉挛，昏迷不省人事。神灵保护巫师，同时也不停地监视他；神灵不但是巫师所有财物的真正所有者，甚至是巫师身体的所有者。如果“巴里”把箭弄断，把陶器弄坏，或者剪指甲、剪头发，都得——向神灵交代。不准销毁任何东西，也不准丢掉任何东西，“巴里”必须永远带着过去的生命留下的灰烬片段。那句法律上的老格言：“死者逮住生者”① 在这里带有一种出乎意外的恶毒意义。巫师与神灵之间如此毫不容情地连在一起，实在无法说到底谁是主谁是仆。

很明显的，对波洛洛人而言，物质宇宙由一个复杂而高低阶层分明的个别化了的力量所组成。虽然物质世界中的东西都各具个别的力量这一点是无可置疑的，但那些东西的其他属性则不见得如此：那些东西既是存有（beings）又同时是事物（things），是活的，同时也是死的。在土著社会里面，巫师是人类与恶灵宇宙之间的联系；那些恶灵既是人又是物。

和物质宇宙形成对照的社会学宇宙具有很不一样的性质。一般人（也就是非巫医的人）的灵魂和自然力量截然分开，自己组成一个社会。不过，一般人的灵魂在人死后就不再具有个性，而和其他灵魂合成一集体存有，称为“阿洛也”（aroe），像古代不列颠人的“阿那翁”（anaon）一样，毫无疑问地该翻译为“灵魂社会”（the society of souls）。灵魂社会分成两部分，因为丧礼举行完毕以后，灵魂便分属两个村落，一个在东方，一个在西方，在两者之上住着波洛洛众神中的两位神明化了的英雄：较长的是“巴可罗罗”（Bakororo），在西方；较幼的是“伊图波垒”（Ituboré），在东方。值

---

① 意即继承人立刻承继了死者的一切所有与权责。——英译者注

得一提的是，东西轴正好和维美尔侯河的流向一致。因此，很可能在死者所住之村落的二分法与实际上的村落又分为上江部分与下江部分的二分法之间，存在某种关联，虽然其性质如何仍不清楚。

图 33　波洛洛族的绘画，表现的是宗教物事

就像巫师在人类社会与有害的、个别化的、天象性的神灵（我们已提到过，巫师身后的灵魂同时具有这三种性质）之间占着中间地位一样，在活人社会与有利的、集体性的与人形化的死者社会之间也有另一个居中间调和地位的存在（agent）。他就是“灵魂之道的大师”，也就是 aroettowaraare。他和巫师不同，具有与巫师相反的特性。还有，“阿洛耶托瓦拉阿耶”（aroettowaraare）和巫师互怕互恨。灵魂之道的大师（the master of the way of the souls）不能接受祭品礼物，但必须严格遵守某些规则：不能吃某些食物，要穿得很朴素；不能戴首饰，也不能绘鲜艳的色彩。在另一方面，他和灵魂之间并没立任何协议；灵魂永远在他面前，而且可说是在他体内。灵魂不会占有他使他进入昏迷状态，灵魂会出现于他的睡梦之中；如果他有时候求助于灵魂的话，也只能在为了有利于别人的时候。

巫师能预见疾病和死亡，灵魂之道的大师则照顾人，把人医好。很巧的是，传说巫师，一种物质需要的表征，会毫不迟疑地把病人杀死以印证他自己的预言，那些病人在印证他的恶毒预言时速度太慢。不过，也得提到的是，波洛洛人对生命与死亡之关系的概念并不完全和我们的相同。有一次，一个妇人躺在她房子的角落发高烧，人家告诉我她已死亡，意思应该就是他们认为她是死定了。话说回来，这种看法和欧洲军队把死者和伤者都算做是“流失”（losses，一般翻译伤亡），并没有太大差别。就当前能否有效行动而言，死或伤事实上等于一样，虽然就伤者的观点而言，不被和死者当成同样情况自然是比较有利。

最后，虽然大师像巫师一样，可变成动物的形状，但大师绝对不会变成美洲虎的形状，美洲虎吃人，因此在被杀以前，正好是死者欠给生者的债。大师只变成会提供食物的动物：采集水果的金刚鹦鹉，捕鱼的角鹰，把肉提供给全部落人大宴之用的貘。巫师“巴里”受神灵所占有，灵魂之道的大师则为了救人而牺牲自己。甚至连召唤他去当大师的启示本身也是痛苦的：他明白自己已经被召唤的第一个征兆是身上老是有一股恶臭，那种臭味和尸体暂埋在村中让肉体腐烂期间到处可闻到的味道很像，那种味道被认为是和一种叫做“艾杰”（aije）的神话人物有关。艾杰是一种令人厌恶的、全身恶臭的、充满爱意的水中怪兽，会跑到被召唤者身旁，强迫被召唤者忍受其抚摸。这种情景在丧礼过程中用哑剧模拟演出，由一个年轻人全身涂满泥巴，去拥抱一个穿戴成年轻灵魂的人。土著对艾杰的形象相当明晰，可以用画来表示；他们还用一个名字来称呼——“牛吼器”，牛吼器所发出的声音预示那神话怪物要出现，同时模仿其叫声。

接着举行的丧礼持续好几个礼拜也就毫不足怪，因为丧礼的功能相当多。首先，那些仪式在我刚指出的两种不同的层次上进行，从

图 34　波洛洛族的绘画，表现一个司祭、喇叭、发声器及各种饰物

个别的人的观点看，每一死亡均是物质宇宙与社会之间一个和解协调的机会。物质世界里怀恶意的力量先对社会造成伤害，这伤害必须报复，丧礼中的出猎即是报复。由猎人社群代为报复、加以救赎以后，死者还得被接入灵魂社会里面。巨型的丧礼哀歌，叫做“洛伊阿苦里路欧”（roiakuriluo）的功用即在于此。我有幸亲身参加了这项仪式。

在波洛洛人的村落里面，一天之中有一件事特别重要，就是晚上的大集合。黄昏时候会在跳舞场上点起大火，各氏族的头人都集合在那里；司仪用很大的声音叫每一氏族的名称：“头人氏”(Badedjeba)、“朱鹭氏”(O Cera)、“貘氏”(Ki)、“大犰狳氏”(Bokodori)、“巴可罗氏”(Bakoro，由英雄巴可罗罗的名字转音)、“波罗氏”(Boro，意即唇塞氏),“布里提棕榈氏”(Ewaguddu)、“毛虫氏”(Arore)、“刺猬氏”(Paiwe)、“阿匹波垒氏”(Apibore,其意思不明……)(波洛洛语专家可能会对其中一些译名提出异议或加以澄清;我只是照土著告诉我的加以记录)。当每个氏族的头人应声而出的时候,关于次日活动的命令便向有关人宣布,声音都非常尖锐,以使距离最远的屋子中的人都听得见。但是,在这个时候,几乎所有的屋子都没有人在里面了;因为从黄昏的时候开始,当蚊子开始消失的时候,在六点左右躲进屋子里的男人又开始跑出来了。每个男人都携带一块大席子,摊开在男人会所西边的圆形硬土空地上面。他躺在席子上面,身上裹着印第安人保护局发放的棉毯子,但那毯子由于长期和涂了印度梅漆的身体接触,已变成橙色,保护局一定认不出他们送的这件礼物,有时候五六个男人会共卧一张席子,但很少讲话。一两个人会躺在和其他人有相当距离的地方,在躺卧着的身体中间不时有人来来往往。当氏族名称被喊到的时候,氏族头人站起来,走出去领受命令,然后又走回去躺下,眼望天上的星星。妇女也离开房间,成群结队地聚在门口。讲话的声音渐渐消失,慢慢地可以听见吟唱的声音,先是来自男人会所,然后来自跳舞广场,由两三个人带头,然后更多的男人加入,声音越来越大,吟唱、复颂、合唱持续整个晚上不断。

死者是却拉半族的人,因此负责丧事的是图加垒半族的人。在跳舞场中央,树叶散布的地方即是代表实际并不存在的墓穴,在其左右两边有几捆箭,箭的前面放几碗食物。有 12 个祭司和歌者,大部分都戴着色彩鲜艳的羽冠(其他的人则把羽冠挂在屁股上面),一个长方形的藤扇盖住他们的肩膀,用一条绑在脖子上的线加以固定。有些人全身赤裸,漆成黑色与白色,有的则漆红条纹,或用白色绒毛在身上形成一条条白线;有些人穿白色的草裙。代表年轻灵魂的主角，在祭仪的不同阶段中分别穿戴两套衣饰：有时候他穿绿色树叶，头上戴前面描述过的巨大头饰，身后有个侍从扶靠着他，一起披着美洲虎皮。有时候全身赤裸，绘成黑色，唯一的饰物是两眼上面的一件草编物件，像一具没镜片的眼镜框。这一点是个特别有趣的细节，古代墨西哥的雨神“特拉洛赫”（Tlaloc）的特征之一是一件类似的道具。亚利桑那州与新墨西哥州的普也布洛印第安人可能是解开此谜的关键，因为其死者的灵魂变成雨神，他们还有不少信仰，都和保护眼睛的神奇物件有关，也能使人隐身。我常常提到眼镜令南美印第安人感到极强烈的兴趣；我最后一次出去做调查工作的时候，带了一大堆空眼镜框子，结果南比克瓦拉印第安人非常喜欢，好像他们的某些传统信念使印第安人对这种奇异的东西有偏好。以前的记载都没提到波洛洛人有草编的眼镜框，但既然涂黑色漆的目的是让受漆者隐身不见，很可能草编眼镜框也有目标功能，在普也布洛族神话中，草编眼镜框的确有隐身的功能（这本书第一次出版后，沙累西安神父对我的解释表示不赞同。他们的报导人告诉他们，那些草编的圆圈代表一种夜间狩猎之鸟的眼睛）。还有，波洛洛族信仰中掌管下雨的神灵，名叫“布搭里可”（butarico），也被描述为具有玛雅（Maya）文化中的水神一样可怕的外表，有毒牙，手像爪。

开始的几个晚上，我们看不同的图加垒半族表演舞蹈。“伊欧朵”（ewoddo），棕榈氏之舞；“排威”（paiwe），刺猬氏之舞。在跳这两种舞的时候，舞者从头到脚覆盖树叶，舞者的脸遮盖不见，使人误以为舞者与羽冠等高，羽冠是舞者服饰中最突出的一部分。结果是令人觉得舞者非常非常的高。舞者双手都拿着棕榈杆或绑着树叶的木棍。舞蹈分为两类。在第一类里面，舞者一个个走向前，排成两组，每组 4 位，在舞场两端面对面排列，然后奔向对方，同时

图 35 黄色与蓝色金刚鹦鹉羽毛制成的冠冕，上有氏族征记

嘴中喊叫“喉！喉！”，转来转去，直到互相转换位置为止。然后，女舞者切入男舞者中间，整个舞蹈发展成一场无休无止的法兰多拉舞（farandole，法国南部普罗旺斯的一种民族舞），或往前跳或在旁等待，遵照赤裸的领舞人的暗示，领舞人手中摇着葫芦发声器向后倒退，其他男人则蹲着唱歌。

三天以后，仪式中止，准备进行第二步动作。跳“马里多”（mariddo）舞。男人成群结队去森林中采集大把大把的棕榈叶，把叶子全去掉，把叶秆切成每段 30 厘米左右。然后用草绳简单地绑成一把一把，每把两三根。以棕榈秆做成两座长度不同的梯子，做好以后再卷成圆盘，侧立起来，一个有 1.5 米高，另一个 1.3 米高。圆盘的两边都用树叶做装饰，树叶以头发编成的细绳绑在圆盘上面。这两个圆盘就是男性与女性的“马里多”，由布里提棕榈氏氏族负责制造。

到晚上的时候，两群人，每群 5 个到 6 个男人，一群往西边，另一群往东边。我跟在第一群人后面，发现他们在离村 50 米的地方做准备工作，他们躲在一丛树幕后面，使其他村人看不见他们。他们像舞者一样全身覆盖树叶，并且把羽冠戴到头上。他们的准备工作要秘密进行的理由可由他们所要扮演的角色加以说明：和另外一群人一样，他们代表从西方（另外一群则从东方）来的死者灵魂，回到村落去迎接死者。准备妥当以后，他们便一边吹口哨一边走向跳舞场。往东方去的那一群人比他们早回去（有一群人象征性地溯河而上，另一群顺流而下，后者移动较快）。

他们的脚步小心翼翼，很恰当地表达了他们所代表的鬼魂的性质；当时令我想起荷马的史诗，想到尤利西斯（Ullsses）挣扎着要防止由流血所引起的群鬼打架。一下子，整个仪式生机勃勃：男人抓住两个“马里多”之一（由于是用新鲜的植物做成的，故相当重），把“马里多”高举于空中，开始跳舞，由于举着重物，跳一阵就累了，等到跳得筋疲力尽的时候得让竞争者接手。整个场面完全不再具有任何神秘气氛；仪式已变成竞技，年轻男人在一片汗渍、摇拇指互相挑战与互相挑拨之中炫耀其体力和肌肉。然而这种运动比赛，在邻近的不同社会里面也可看到，不过一点都不具任何宗教气氛，比方说是巴西高原上杰族的长跑比赛，而波洛洛人的运动则保存了完整的宗教意义：在这一片欢乐尽情之中，土著视为他们是在和死者比赛，要从死者手中抢到继续活下去的权利。

死者与生者的主要对照，首先表现于，在仪式里面，村人分成演出者与旁观者。但主要演出者都是男人，他们受男人会所的秘密力量保护。因此，村落的格局还具有比我前面提到的社会学层面的意义更深一层的意义。每次有人死亡的时候，每个半族轮流扮演生者与死者的角色，两个角色紧密相连。这种轮流又反映了另一种关系，一种永久性的关系：一起住在男人会所中的男人象征灵魂社会，村落四周的房子则妇女人所有，女人不准参与最神圣的仪式，因此就注定要成为旁观者，构成一个生者的观众，以及保留给他们的房屋。

我们已看到超自然界分为两部分，一部分是教士的领域，另一部分是巫师的领域。巫师是天上与地球上的力量之主宰，从第十天（波洛洛人相信天有好多层，一个叠着另一个）一直管到地底深处；他所控制的力量，他所依赖的力量，也就沿着一条垂直的轴排列；而教士则是灵魂之道的大师，管理的是一条横坐标，从东边到西边，两个村落的死者分居两处。有很多证据显示，巫师（巴里）都来自图加垒半族；灵魂之道的大师都来自却拉半族，这使人相信，把村落分成两个半族是这种二分法的另一表现方式。值得注意的是，所有波洛洛神话里面的图加垒英雄都是创造者与造物者；却拉英雄则都是和平者与组织者。前者使各种事物存在，水、河流、鱼、植物和人造物；后者则组织创造过程，救人于磨难，分配特定食物给各种动物。有一个神话甚至表明至高无上的力量有一度归图加垒半族所有，但后来又让给却拉半族，好像是借着两个半族之间的对立，土著思想欲表达出由一个毫无节制的自然状态变成一个文明化社会的转变过程。

这使我们能理解一项表面上的矛盾：拥有政治与宗教权力的却拉半族被称为“弱者”，而图加垒半族被称为是“强者”。图加垒比较接近物质世界，却拉比较接近人类世界，而归根结底，后者并不会比前者更强有力。社会并不能全面性地成功欺骗宇宙的秩序。即使是在波洛洛人里面，自然的征服只能先承认自然的优势，对自然的需求先给予考虑，才能成功。而他们所拥有的这种社会学制度里面，并不存在选择的自由：一个男人不可能和他的父亲、儿子同属一个半族（他一定属于他母亲的半族）；他只有透过祖父与孙子才能与半族有关联。虽然却拉半族的人想借他们和创始英雄具有另一半族所不具有的关系这理由来解释他们所拥有的权威，但他们同时也明白，他们与创造英雄之间的关系里面隔着一个世代的距离。在与他们的祖先的关系上面，却拉只不过是“孙子辈”，而图加垒却是“儿子辈”。

土著被他们体系的逻辑所迷惑，然而，他们难道在其他方面也一样受迷惑吗？整体加以全面考虑的结果，使我不得不感到，我所亲眼看见的那一场令人目眩的形而上学舞蹈，只不过是一场邪恶的闹剧，目的只在使生者产生受灵魂访问的幻觉；把妇女排斥于仪式之外，不愿让她们知道其真正的实情，毫无疑问是为了加强男人与女人之间的区分；在那区分里面，女人在地位与住屋方面享有优先权，男人则独拥宗教的秘密。然而，女人这种真正的或假想的可欺性也有其心理上的功用：为了男女两性的利益，使受摆弄的木偶具有情绪上与知性上的真实内容，没有这些真实内容的话，男人可能不会那么卖力地去摆弄操作木偶的线。我们让小孩子继续相信圣诞老公公真有其人，并不全为了欺骗小孩：他们的热情使我们自己的心暖呼呼，帮我们欺骗自己，使我们相信，因为小孩子相信而相信，一个存在着单方面的慷慨的世界并不是完全与现实无法并存的。但是，人是会死的，而且死了以后就不再回来；而且，每一个社会架构和死都有点类似，都取走一些东西而不还。

波洛洛社会给研究人性的人提供一个教训。如果他肯听的话，土著报导人会描述给他听，就像他们描述给我听一样，他们的这两个村落半族如何要借由对方，并且是为了对方而生活而呼吸所跳的芭蕾；他们热烈地互相交换女人，交换财物，交换各种服务；使子女互婚，互埋死者，每一半族均给对方提供保证，保证生命是恒久的，社会是正义的，这个世界上充满无私的帮助。为了给这些真理提供证据，为了培养这些信念，他们的智者想出一整套很可观的世界观，把那套世界观具体表现于村落的格局、住所的安排方面。他们把所面对的种种矛盾加以组合，再重新组合，在接受某种立场的想法的时候，同时激烈地反对其他想法。把族群切开分为两半，参加不同的族群，并使之互相对立，把他们整个社会的与精神的生活变成一种徽章，其中的对称之处与不对称之处又得到均衡，好像一个卡都卫欧妇人脸上的精细图案；卡都卫欧的美人也被同类的焦虑所苦，因而在一个意识较不明显的层次上，在脸上刻满图案线纹。然而，所有这一切到底是要表达些什么？那些半族，对反半族、氏族、亚氏族，如果以最近所做的观察的结论为导引，我们到底要得出怎样的结论？在这个看起来特别喜欢把一切复杂化的社会里面，每一氏族又区分成三群，上、中、下三群，在那些规定各个亚氏族的种种规则条例之外，再加上一条，上级的人必须娶上级的人，下级的人必须与下级的人结婚；换句话说，在兄弟机构的假象底下，波洛洛村落归根结底可以看做是分成三个族群，每个族群均内婚。三个社会不知不觉之中会永远分开、各自孤立，每个社会都关闭在一种自傲感之中，而那自傲感却连自己本身都不太明白，都用一些

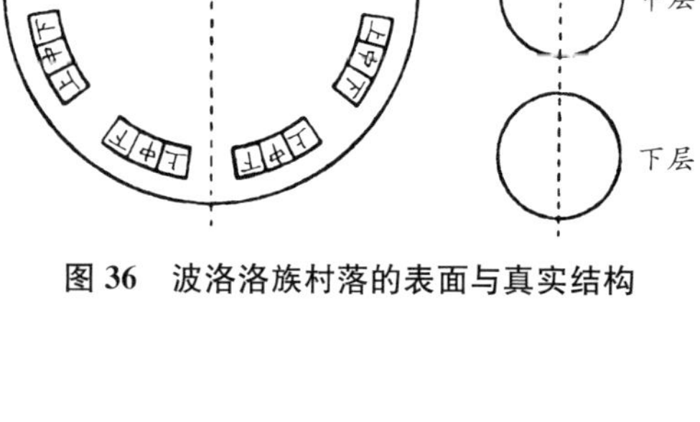

图 36　波洛洛族村落的表面与真实结构

制度上的烟幕遮盖起来，结果是每个社会都变成这些设计的无意识的牺牲，这些设计的目的为何也不为其所知，无从发现。波洛洛人在他们的体系上面戴上那么一顶假装冒充死者的高冠是徒劳无功的：他们的努力，不可能比别的社会更成功；一个社会对于生者与死者之间的关系，所发展出来的意象，最后追究起来，仍然只是在宗教思想的层面上，企图掩饰、美化或正义化存在于生者与生者之间的实际现实关系；想否认这项事实的一切努力，终归是不会成功的。

第七部

南比克瓦拉族

二十四　失去的世界

到巴西中部进行人类学探险研究工作的第一站是雷奥米尔塞巴斯托波十字路（Carrefour Réaumur-Sébastopol）。此地是纺织品大批发商集结地；各种奇特的纺织品和很挑剔的印第安人所喜欢的东西也只有在此地才买得到。

我去过波洛洛人的聚落之后一年，成为一个够格的人类学家所需要的种种条件，我都具备了。列维-布鲁赫（Lévy-Bruhl）、茅思（Mauss）和李卫（Rivet）都表示赞赏我的工作；我收集的东西在圣奥诺雷区（Faubourg Saint-Honoré）的一间展览室中展出；我发表了论文，也作过演讲。由于罗吉尔（Henri Laugier）的帮忙，我获得一笔可观的补助，可以进行较大规模的工作。罗吉尔是当时尚在草创阶段的科学研究部的主管。第一步我先取得所需的工具；和土著紧密接触 3 个月以后，我明白了他们需要什么，其需要在整个南美大陆几乎相同，令人惊异。

因此，我到巴黎的一个对我而言陌生得像亚马孙森林一样的地区去，和捷克进口商进行奇怪的交易。由于对他们的行业一无所知，我无法以行话来说明我需要什么，只能用土著的标准表明。我先挑最小的装饰用的珠子，法语称为洛卡依（rocaille），都放在盘中，用粗绳子挂起来。我将珠子放口中咬一咬，看坚不坚硬；我吸一吸以确定是否是用上彩的玻璃做的，颜色不致因浸到河水就退。我依照印第安人喜爱的颜色次序购买不等的数量：首先，买最多黑色与白色的；其次是红色的；然后是少量的黄色珠子；最后买几颗蓝色的与绿色的充充数，但印第安人一定不会喜欢。

做这样的选择，理由很简单。印第安人制造珠子是用手工，越小的越有价值，因为要花更大的工夫做；他们的原料是棕榈果的黑壳和珍珠贝的乳白色壳，他们想借两色穿插达到所要的装饰效果。像所有人一样，他们最看重他们懂得最多的东西，因此黑色和白色的珠子最受欢迎。他们常把黄色与红色放入同一个词汇里面，由于印度梅的色彩依照其种子的品质与成熟度，而显出鲜红到黄橙等不同的色调；不过，红色还是较占优势，波洛洛人所熟悉的某些种子和羽毛都是红色的。至于蓝色与绿色，这些都是冷性的颜色，在自然状态中，主要以会败坏的植物为代表：这是他们对此种颜色漠不关心的双重理由，也是为什么有关此类色调的词汇显得模糊的原因所在；有些语言把蓝色和黑色以同一个字表达，有的则和绿色用同一个字表达。

针必须坚固到可以穿过较粗的线，但不能太厚，因为针必须要能穿过小珠子。我要的线颜色必须鲜艳，最好是红色（印第安人用印度梅染他们自己的线），但还得是粗捻，以保留手工制造的外观。一般说来，我不信任粗制滥造的货色：波洛洛人的例子使我对土著的技艺有很大的敬意。印第安人的生活方式把其用品做相当严苛的考验；不管看起来有多矛盾，为了不在这些原始民族面前失掉信用，我必须挑最坚硬的钢，色彩深透的珠子，挑的线必须要连英国女皇宫中的马具师都会满意。

有时候我碰见一些商人，为了这些充满异国风味的购物要求正合他们的专长而非常兴奋。一个圣马丁运河（Canal Saint-Martin）地区的渔钩制造者，用很低的价格把他所有的零头物资卖给我。有一整年的时间，我在丛林中带着几公斤重的渔钩到处跑，那些渔钩太小，无法钓亚马孙流域的鱼，没有人肯要。最后我在玻利维亚边境终于把它们打发掉。所有的货品必须能满足两种目的：当做礼物或以物易物的东西，以便和印第安人打交道；另外还得用来在那些商人很少到达的地区和人交换食物或服务。在探险研究的末期，我把钱花光了，我靠在采橡胶者的小村落中开店来把研究期间拉长几个星期之久。当地的妓女，在讨价还价一阵以后，会用两个蛋和我换一条项链。

我原来计划在森林中待一年，但我花很长一段时间考虑我的确切目标应该是什么。没有怀疑到结果可能与我的计划相反，想了解美洲的欲望远比靠研究一个个案以探讨人类本质的欲望要强烈，最后便决定对巴西人类学和地理学做一横剖面的考察，横越过高原的西部，从库亚巴走到曼德拉河（Rio Madeira）。直到最近为止，这一带一直是全巴西最鲜为人知的地方。18 世纪的耶稣会士探险家，由于这一带的景观过分荒凉，印第安人过分凶猛而止步，很少越过库亚巴。到 20 世纪初，库亚巴和亚马孙之间的 1 500 公里仍然是禁地，以致由库亚巴到玛瑙斯（Manaus），或到亚马孙上的贝蓝姆

(Belem)，最简捷的走法是经由里约热内卢，然后出海走到阿丹。一直要到1907年，隆洞（Candido Mariano da Silva Rondon）将军（当时还是上校）才开始探险开拓这块地区；这项工作他进行了8年，在此期间，他建立了一条战略上很重要的电报路线，把联邦首都，经由库亚巴，第一次和西北边境的邮局联系起来。

隆洞调查会的报告（仍未全部出版），这位将军的一两次演讲，曾随他去探险一次的罗斯福（Theodore Roosevelt）所写的记录，以及已过世的品多（Roquette Pinto，国家博物馆馆长）所写的一本题为《隆洞区》（*Rondonia*，1912）的很令人喜爱的书，提供了有关这一带地区内的土著社会的少量资料。但自此以后，这个高原地区又像以前一样鲜有人提及。从没有职业人类学家去过这地区。沿着电报线，或其残余走一趟，去设法见识南比克瓦拉印第安人到底是何许人是很令人向往的，同时也可看看更北边的神秘社会的真相，自从隆洞很简短地指出他们的存在以后，就再没人提起过。

到1939年，人们的兴趣开始从居住于传统上进入巴西内地的沿河城镇附近，以及海岸一带的印第安人，转移到住在高原地区的印第安部族上面。我和波洛洛人相处的那段时间，使我相信一向被认为只具有极度简陋文化的部族，事实上具有极为高度发展的社会与宗教系统。当时，一位已过世的德国人，原名叫温克尔（Kurt Unkel），取了一个印第安名字叫尼姆衍达朱（Nimuendaju），其研究结果正渐为人所知；他在巴西中部杰族印第安人的村落中待了好几年的时间，他的研究证实波洛洛人高度发展的文化并非是孤立的现象，而是他们和其他同类社会共有的文化主题的变奏之一而已。这就表示，整个巴西中部的草原矮树丛林地带，长达近2 000公里的广大地区，是由一个相当同质性的文化的后裔所居住，他们所说的各种不同的语言，都属于同一语族，是同一种语言的各种不同的方言，其生活水平相对低落，但却与高度发展的社会组织与繁复的宗教思想，成为明显的对照。他们毫无疑问该被认定是巴西最早的居民，他们也许是被遗忘于偏远的内地，不然就是在美洲被发现以后不久，被从来处不可考的、好战的部族把沿岸一带及河谷地区占领，而将他们赶到最贫瘠的地区去。

在沿大西洋岸的几个不同地点，16 世纪的旅行者曾遇见伟大的吐比—瓜兰尼（Tupi-Guarani）文化的代表，这些人也占据几乎是整个巴拉圭以及亚马孙河西岸，换句话说，他们描述的是一个直径几达 3 000 公里的有裂缝的大文化圈，其破裂处是在巴拉圭与玻利维亚边境一带。吐比族和阿兹铁克族（Aztecs）有某些不明确的关联，也就是说和比较晚期才移位到墨西哥各地的人有关联。这些人深入巴西内地河谷地带的行动一直延续到 19 世纪为止。也许他们是在新大陆被发现以前几百年的时期内开始大迁徙，迁徙的原因是他们相信可以在某地找到一块免除生与死的乐土。他们的大迁徙终止以后，还是具有这样的信念，在 19 世纪末，就以由巫师带头的各种小族群的面貌出现在耶稣会教士活动的沿岸一带，歌唱舞蹈赞美一块永生之地，进行长期禁食以能和那样的土地匹配得上。不论如何，在 16 世纪的时候，他们曾和原住于海岸地区的居民激烈地争夺土地。关于那些原居民我们所知极少，但他们可能就是我们现在要描述的杰族印第安人。

在巴西西北部，吐比族与其他族群并居，包括加勒比族（Carib）印第安人。加勒比族和吐比族语言不同，但文化接近，当时加勒比族正在征服整个西印度群岛（West-Indies）。还有阿拉瓦克族（Arawak）印第安人，这是一个相当神秘的族群，比前述两族历史更古老，文化发展也更精致，是西印度群岛居民的最主要人口，其分布范围直达佛罗里达州。阿拉瓦克族的物质文化发展程度比杰族高出很多，特别是陶器与木雕和杰族相当不同，更为精致，不过，两者的社会组织似乎很相似。加勒比族和阿拉瓦克族似乎比吐比族更早深入巴西内地：在16世纪的时候，他们就有相当多的聚落在奎阿那（Guianas）河西岸、亚马孙河口和西印度群岛等地。他们在亚马孙河右岸的某些支流一带的内地地区也有些小规模的聚落，像辛古（Xingu）和瓜波垒（Guaporé）等。阿拉瓦克族甚至在玻利维亚北部都有族裔。毫无疑问的是他们教姆巴雅—卡都卫欧制作陶器的技术，因为瓜那族（Guana），我们前面已看到，即姆巴雅—卡都卫欧族的奴隶，说的语言即是阿拉瓦克语的方言。

穿越高原的最鲜为人知的部分，我希望能找到杰族印第安人在草原矮树丛林地带最西部的代表，然后在抵达曼德拉盆地（Madeira basin）以后，可以研究到当时为止尚无记录的三个其他语族的遗留，据说此三个语族的人分散在往内地去的主要道路，亚马孙流域的边缘。

我的希望只实现了一部分，原因是我当时对前哥伦布时期的美洲历史的看法过分简单。在今天，由于近年来的新发现，以及我自己花这么多年研究北美洲人类学以后，我了解到整个西半球必须当做一个单一整体来考虑。杰族的社会组织与宗教信仰与住在北美洲森林、草原地带的印第安人的相互呼应；还有，各个查柯（Chaco）族群，比方说瓜伊库鲁（Guaycuru）印第安人，和美国加拿大平原地区的印第安人有很多相似之处，这是很早就经人指出的，但其含义尚未有人深入探究。墨西哥与秘鲁两地的文明在其历史上一定曾借着航行于太平洋沿岸的船只而做过多次交流。这一类的可能性都没受到应有的重视，因为美洲研究有一段相当长的时期都深信美洲大陆有人居住的历史是相当晚近的事，大约公元前6 000年到公元前5 000年，而其人口来源纯粹是越过白令海峡而来的亚洲族群。

在此前提下，我们就必须解释，在我们有限的短短几年时间里面，这些游居不定的族群如何能够遍布整个西半球南北各地，对各地不同的气候做适应；也必须解释，他们如何发现、栽种、传播这么多种的原本野生的植物于这么广大的一片地区，由于他们辛勤的努力，这些野生植物种属后来成为烟草、豆类、木薯、马铃薯、番薯、花生、棉花以及最重要的包谷；还有最后得解释在墨西哥、中美洲和安第斯山地区如何接续发展出不同的文明，阿兹铁克、玛雅、印加（Inca）等文明如何具有远亲的关系。为了圆满解释以上举的这些事实，我们得把每一项发展都加以削减，使其能纳入短短几个世纪的范围之内：前哥伦比亚（précolombìenne）时期的美洲历史也就不得不成为一连串的万花筒似的影像，其中的细节被不同的理论家不断随意地变来换去。这种现象，很像是美洲研究专家想把新世界当代历史那种没有深度的特性硬套在原始美洲的历史上面。

近年的发现把人类抵达美洲大陆的历史往前推了好一大段，也就完全改变了上述的看法。我们现在知道，最早抵达美洲大陆的人对很多种目前在美洲已绝种的动物甚为熟悉，并且加以猎取：三趾树懒（land sloth）、长毛象（mammoths）、骆驼、马、古代野牛和羚羊，因为他所使用的武器与石器和这些动物的骨头一起被发现。在墨西哥盆地这样的地方，发现上举的某些动物遗骸，表示那地方当时的气候情况和目前的相当不同，这种气候上的大改变非要有好几千年的时间不可。使用辐射线来断定考古遗物的年代也在这方面提供了相应的证据。我们因此得认识到，在 20 000 年前人类已抵达美洲；在美洲的一些地区，人类早在 3 000 年前就已开始种植包谷。在北美洲很多地方都发现 10 000～12 000 年前的遗物。与此同时，美洲大陆主要的考古地层的年代，经由碳残留量的测定，所得的年代比以前所假定的要早 500 年到 1 500 年。前哥伦比亚时期的美洲，像那种压叠起来的日本纸花一样，一浸到水就张开，一下子具有本来没有的体积。

但是，由于这些新发现，我们目前面临一项与从前的研究者正好相反的困难：如何去填补这么长的时间空隙呢？我们知道前面我试着要指出的那些人口的迁移只是表面的现象，我们知道伟大的墨西哥与安第斯文明开花以前还有更早期的其他社会。在秘鲁以及北美洲的一些地区，最早一批住民的痕迹已经曝光：对农业一无所知的部族，接着是居住村落、种植农园的社群，尚不知种植包谷，不知制作陶器。接着出现的是用一种比以后出现的都更自由、更有灵感的风格雕刻石头、制造贵重金属的族群。我们习惯上认为是代表美洲历史的顶峰与最高象征的秘鲁印加人和墨西哥的阿兹铁克人，和上述的重要根源之间的关系，要比法兰西帝国风格与它所大量模仿借用的埃及和罗马的关系，都要来得更为疏远。法兰西帝国风格、印加帝国风格、阿兹铁克帝国风格全都是全专制艺术（totalitarian art）的代表，想借冷漠与阴森来达到硕大无朋，都表现出一个国度（state）急切地要把其力量集中于宣示其威力，像战争或政府上面，而不是集中于文明本身的精致发展。即使是玛雅的巨型建筑（monuments），看起来也像是一种在 1 000 年前已达到顶峰的艺术粗俗的颓败。

那些创始者来自何处呢？以前认为有确定答案的，现在不得不承认我们实在不知道。白令海峡一带的人口移动异常复杂：爱斯基摩人是较晚近抵达的族群；在他们之前 1 000 年左右，原始爱斯基摩人（Paleo-Eskimos）先到达美洲，其文化和古中国及塞西亚人（Scythians）有近似的地方；有一段很长的时期，可能从公元前 8 000年左右到公元开始为止，在美洲有各种不同的族群。公元前 1 000年左右的雕刻显示，古代墨西哥的住民在体形上和现在的墨西哥印第安人很不一样：古代墨西哥住民里面包括矮胖的、面部平坦、五官较小的东方人，也有大胡子、鹰钩侧面、像文艺复兴时代的画像。遗传学家在研究另外一个地区以后，报告说，最少有 40 种前哥伦比亚时代美洲的谷物蔬菜种属（species），有的是种植的，有的野生采集的，和类似的亚洲种属具有完全一样的染色体，或者是前者的染色体组合是衍生自后者。那我们是否要下结论说，遗传学家研究所列的谷物的一种，原来是从东南亚传到美洲去的呢？但是这怎么可能呢？在航海术一定仍然非常低落的时候，美洲人早已在 4 000 年前就开始种植包谷了。

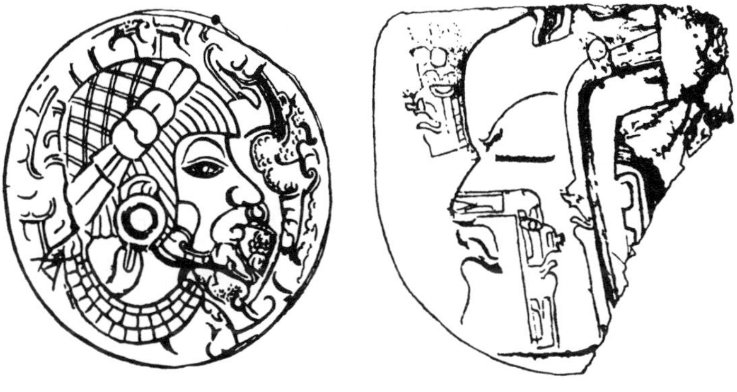

图 37　古代墨西哥人：(左) 墨西哥东南（美国自然历史博物馆）
(右) 墨西哥湾沿岸（巴黎，墨西哥艺术展览，1952)

不必接受海耶达尔（Heyerdahl）所提出的波利尼西亚（Polynesia）是美洲土著移民过去的这样的大胆假设，还是得承认，在空提基号（Kon-Tiki）横渡太平洋成功以后，穿越太平洋的文化接触曾发生过不少次。但是，当各种进步的文明早已在美洲繁盛发展的时候，也就是说公元前 1 000 年左右，太平洋诸岛屿仍然无人居住；或者，最少那个时期的遗物一件也尚未发现。

因此我们得越过波利尼西亚，而把注意力放到美拉尼西亚

(Melanesia)和整个太平洋沿岸地区，当时可能已有人居住。今天我们已确定在阿拉斯加、阿留申群岛与西伯利亚之间的交往一直没有中断过。阿拉斯加的居民在2 000年前左右即开始使用铁器，但他们对铸铁技术一无所知；北美洲五大湖区一带一直到西伯利亚中部，不仅发现同样的陶器，而且也发现同样的传说、祭仪和神话。在整个欧洲仍然自我封闭的时候，所有北方地区的社会，从斯堪的那维亚到拉布拉多，包括西伯利亚和加拿大，似乎互相之间都维持了在可能范围内最紧密的接触。如果喀尔特人（Celts）曾向这个次北极圈的文明借用了某些神话的话，格哈勒故事（Graal Cycle）会和北美洲森林地带的印第安人的神话这么近似，远比和其他任何神话传统更为近似，也就不难解释了。不过，我们对于这个次北极圈的文明几乎是毫无所知。话说回来，拉普人（Lapps）所住的圆锥形帐篷和印第安人的一模一样也就可能不纯属巧合了。

亚洲大陆较南部的地区，也可发现和美洲文明有不少近似的地方。中国南部边境那些被中国人视为野蛮人的社会，和美洲土著有异常相似的地方。这种相似的程度，在印尼的原始部族中表现得更为明显。在婆罗乃（Borneo）的内地，有些经过记录的神话和在北美洲分布最广的一些神话完全一样。考古学家早已指出东南亚考古所得的证据和斯堪的那维亚的历史早期（Proto-history）的考古证据相当近似。因此，有三个地区，印尼、东北美洲和斯堪的那维亚，在某种意义上形成新世界前哥伦比亚时期历史的三角点。

新石器时代文明的出现这件人类历史上的大事，制陶技术与编织技术的普遍化、农业的开始、养牛以及最早应用金属器具，这些首先是在多瑙河以东印度河以西的旧世界地区出现的，这件大事的发生，如果曾经在亚洲与美洲的那些比较不进步的社会中，引起某种兴奋之情，或者并不是不可想象的吧？美洲文明的起源会变成很难理解，如果我们不接受下面的假设的话：亚洲与美洲的太平洋沿岸地区，几千年的长时间内曾发生过种种很热烈的活动，用船沿着海岸由一个地区传播到另一个地区。以前我们拒绝让前哥伦布时期的美洲具有历史的深度，原因只是后哥伦布的美洲没有历史深度。现在我们可能需要纠正另外一个错误，这错误就是假设美洲在过去20 000年以来和整个世界其他地区没有任何交往，理由只是因为美洲和欧洲完全分隔。所有的证据都提示，真相并非如此，真相是，当大西洋岸一片沉寂的时候，太平洋西岸正充满各种活动的声音，把大西洋岸的沉寂抵消。

图38　称为“舞者”的浮雕；（左）夏汶，秘鲁北部（取自*Tello*）；（右）阿尔班山（Monte Alban），墨西哥南部

事情真相可能是这样，无论如何，在公元前 1 000 年前左右，一种美洲混种文化似乎已经产生了三个分支，都很牢固地嫁接于来源自较早期演化出来的几种真相仍然未明的文化形态上面：侯普威尔（Hopewell）文化，占据或污染了平原区以东的整个美国文化，与秘鲁北部［与南方的帕拉卡斯（Paracas）文化相呼应］粗犷的夏汶（Chavin）文化形成对照；同时，夏汶文化又和所谓的欧美克（Olmec）文明的最早期面貌近似，成为玛雅文明发展的前驱。在上举的三个例子里面，我们的着眼点都是一种草书艺术（Cursive art），其中所表现的伸缩性和自由性，再加上对双重意义的知性热情（有些侯普威尔和夏汶艺术的母题，正立着看和倒过来看可以做两种不同的解释），看起来和我们习惯上认为的前哥伦布时期艺术的那种端正庄重、无法移动的特性，有相当远的距离。有时候我设法

图 39　侯普威尔文化，美国东部（取自 Ch. C. Willoughby, *The Turner Group of Earthworks*, Papers of the Peabody MuSeum, Harvard University, Vol. Ⅷ, no. 3, 1922）

说服我自己去认为卡都卫欧文化的图案，是这一个非常早期的传统的延续，以他们自己的方式表现出来。或许在这个时期，美洲的各个文明开始朝不同的方向分支出去，墨西哥和秘鲁分支得最早，往前快速发展，其他的则停留在中间阶段，或者甚至留在后面或退化到一种半野蛮的状态。我们永远不可能知道在热带美洲到底真相如何，因为那里的气候条件不利于考古遗物的保存；值得注意的是，

图 40　夏汶文化，秘鲁北部（取自 *Tello*）

图 41　侯普威尔文化，美国东部（取自 W. K. Moorehead, *The Hopewell Mound*... Field Museum, Chicago, Anthropological Series. Vol. Ⅵ, no. 5, 1922）

杰族的社会组织，甚至是波洛洛族的村落格局，和我们有办法重建出来的这些已经消失的文明的面貌很相似。这种重建工作，是靠研究像玻利维亚北部的提阿唤那可（Tiahuanaco）的前印加（pre-Inca）遗存来进行的。

以上所写的使我远远地离开了原来在描述的，要往马托格洛索西部去探险研究所做的准备工作的情形；但是，这样绕一个圈子是必要的，目的是使读者对所有美洲印第安研究工作，不论是考古学的或是人类学的，进行过程中的那种极度高昂紧张的气氛有所了解。我们面对的问题是如此的大，手头上的指引大纲是如此微细而不确定，而过去的历史中有那么一大段的时间又被如此无法挽回地抹掉消失，加上我们思索的根据基础又如此不坚固，甚至连最不重要的地理勘察都让研究者深感无法确定，以致徘徊于最谦卑的听天由命与最异想天开的野心勃勃之间：他知道不可或缺的重要证据已经失去，他知道他一切的努力所得的结果最多也仅仅是翻一下问题的表面；但话说回来，说不定他会撞见一些奇迹性地被保留下来的痕迹证据，把真相照明？什么都不可能，因此一切都可能。我们在里面奔驰的黑暗过分浓厚，使我们无法对这片黑暗说任何话；我们甚至不能说这片黑暗注定要一直持续下去。

二十五　在塞尔陶

离开两年后又回到库亚巴，我设法打听电报线沿线的真实情况到底如何，电报线在北边五六百公里。

在库亚巴，厌恶电报线的原因很多。自从这个城镇在18世纪建立以来，与北方的少数族群接触都是靠船，往亚马孙河中游的方向驶去。为了取得他们最喜欢的刺激品瓜兰那，库亚巴的居民组成独木舟探险队，每次沿着塔帕久兹河（Tapajoz）一带探险达半年以上。瓜兰那是一种坚硬的酱，褐色，几乎只有马乌耶（Maué）印第安人懂得做，使用一种叫做 Paullinia sorbilis 的藤蔓植物的果子压碎制成。这种酱压成香肠状，再用皮哈鲁库（pirarucu）鱼的角质舌头加以研磨，鱼舌头平常放在鹿皮小袋中。

这些细节很重要，因为人们相信，如果使用金属研磨器，或者小袋子是使用其他野兽的皮所制成的话，会使这宝贝的酱失去其特别的质性。库亚巴人同样相信卷烟必须用手弄破揉碎，不能用刀，否则会丧失味道。把粉状的瓜兰那放入加糖的水中，它会停在水中不溶；然后喝所造成的巧克力色的饮料。我自己喝了以后从未有什么特别的感觉，但对马托格洛索中部和北部地区的居民而言，其重要性和南方的马黛茶相当。

瓜兰那的种种好处，使人们觉得花那么多心力也值得。穿越激流以前，探险队会留下几个人，负责在河岸附近开垦一片空地来种包谷和木薯，以便探险队回程路上有新食物供应。但汽船引进来以后，瓜兰那从产地到库亚巴的速度就比较快，数量也比较多，都是经由里约热内卢运来。里约热内卢的货又是用船从玛瑙斯（Manaus）和贝蓝姆（Belem）走海路运到。慢慢地，沿着塔帕久兹河的探险队就中断了，属于那个英雄的、基本被遗忘了的过去。

然而，当隆洞宣布他想把西北地区开拓给先进文明的时候，那些回忆都重被提起。往高原去的路，在一定程度上是有人知道的，因为两个古老的小城镇，侯札利欧（Rosario）和迪雅曼廷诺（Diamantino），分别位于库亚巴北方 100 公里与 170 公里处，仍然还了无生气地存在着，虽然其金矿层与砂石河床都已被挖掘殆尽。过了这两个地方以后，就必须走陆路，横越亚马孙河支流的不少小支流，没有办法乘独木舟沿河而下，要走那么长的距离是一项浩大的工程。一直到 1900 年，北方高原仍然是一块神秘地区，被认为其中有一称为北方山脉（Serra do Norte）的山脉，大部分地图上都仍继续提这条并不存在的山脉。

这种无知，再加上最近美国远西（Far West）的开发和淘金热，使马托格洛索的居民，甚至是沿岸地区的人，升起奇妄夸大的梦想。跟着隆洞和他所率领的那批人所建造的电报线之后，一大群移民计划跟进，去利用此前未想到的宝藏来建立起巴西的芝加哥市。这个幻想的存在很短暂；像早被达昆哈（Euclides da Cunha）在“噢塞尔陶”所描述过的巴西东北部那片住不得人的荒废之地一样，所谓北方山脉原来是一片沙漠一样的荒草矮树丛林，是南美大陆最荒漠的地区之一。更有甚者，无线电报的发明，几乎和电报线的建成同时在1922年左右，表示电报线一建成马上过时无效，变成前一个技术时代的考古遗物。这条电报线只有在1924年的时候，有过一次光荣时刻，当时的联邦政府由于圣保罗市的叛变而与内地完全隔绝。幸好有电报线存在，里约得以通过贝蓝姆（Belem）和玛瑙斯（Manaus）与库亚巴保持联系。但事件平息以后，电报线便开始衰退。少数在电报线沿线工作的热心者不是放弃回家，就是被外界遗忘。我至电报线沿线去的时候，他们已有好几年没有接到任何食物供应了。没有人有勇气干脆把电报线停废，但也没有人再表示任何兴趣。电线杆任其倾倒，电报线任其锈坏；最后仅存的几个看守沿线的管理站的人没有足够的勇气离开，事实上也没有能力离开；他们慢慢地死于疾病、饥饿与寂寞。

这种情况对于库亚巴住民形成莫大的心理负担，因为他们没有实现的梦想，最少产生一项不算可观但相当实惠的结果，此即剥削在电报线上工作的员工。在前去沿线的工作站以前，每个电报线的员工都会在库亚巴镇选一位购物代理（procurador），可以代他们领薪水，照他们指示的方式使用薪水。使用方式不外乎是买子弹、油、盐、针和布。所有这些货物都以最昂贵的价格出售，由于购物代理、黎巴嫩商人和运货队商人三者的勾结。结果是，那些住在偏远内地的可怜员工永远没有希望回来，因为过了几年之后，他们一个个都欠一笔永远不可能还得清的债。很显然，我最好是把整条电报线置于脑后算了，特别是我要用电报线作为研究据点的计划几乎没有人赞同。我设法找曾经和隆洞在一起的退休军官，但他们只向我诉说一句哀伤的话：Um pais ruim，muito ruim，mais ruim que qualquer outro（恶劣的地方，绝对恶劣，比任何地方都恶劣）。无论如何我应该避免去那里。

此外还有印第安人的问题。在 1931 年，库亚巴以北 300 公里的帕雷齐斯（Parecis）电报站，被不知哪一族的印第安人攻击、毁坏。帕雷齐斯离迪雅曼廷诺不过 80 公里，并不算是完全无人居住的地带。进行攻击的印第安人来自德仙居河（Rio de Sangue，“血河”）河谷，一个此前被认为是无人居住的地带。这些野蛮人被取偏名叫做“木头嘴吻”（wooden snouts），因为他们在下唇和耳垂上挂圆木盘。从那次开始，他们每隔一定的时间就再次发动攻击，结果使小径不得不往南移动 80 公里。至于南比克瓦拉印第安人，他们是迁移不定的部族，从 1909 年起就不时到工作站去，他们与白人的关系经过多次变化——起先相当好，慢慢转坏，最后，在 1925 年，有 7 位员工应邀到他们的村落去，就没再回来。从那次以后，南比克瓦拉印第安人与电报线的员工互相回避。在 1933 年，一个新教的传教团体定居在离就鲁耶那（Juruena）电报站不远的地方；他们和印第安人的关系似乎很快就变得很恶劣，土著对所得礼物不满意，大致是嫌不够，那是他们替传教士建房子与种园子的报酬。几个月以后，一个发高烧的印第安人自己跑到传教站，他们给他两片阿司匹林，他在大庭广众面前吞下药片；然后他在河中洗澡，得肺炎死掉。南比克瓦拉族擅长使用毒药，他们认为这位同胞是被毒死的；他们便发动攻击报复，传教站有 6 个成员全都被杀死，包括一个两岁大的幼儿。从库亚巴派出的追寻队只发现一个妇女幸存。这个妇女所讲的经过，和计划进行该项攻击的人所说的完全吻合；几个计划进行攻击的人有好几个星期的时间是我的同伴和报导人。

从这次事件以后，以及此后发生的一两件其他事件，整条电报线的气氛一直都异常紧张。从库亚巴的电讯总局和沿线的主要电报站取得联系以后，（每次联系都得花几天时间）我们听到的全都是最令人沮丧的消息：在某地，印第安人摆出威胁姿态；另一个地方则有 3 个月没见印第安人的影子，这也是坏征兆；而在另一个地方，那些原已习于做工的印第安人又回复到他们野蛮的状态去了，等等。唯一一件值得庆幸，或看起来值得庆幸的迹象是，过去 3 个星期以来，三位耶稣会教士试图在就鲁耶那重建一个传教站。就鲁耶那位于南比克瓦拉印第安人地区的边缘，在库亚巴以北 600 公里。我可以先去那里，从他们取得些消息，然后再做确定的计划。

因此我就花一个月时间在库亚巴组织一个探险研究队；由于没有人企图阻止我前行，我决定坚持原来的计划：旅行 6 个月，在旱季穿越高原，人家告诉我那高原在旱季的时候形同沙漠，没有动物可吃草的地方，也捕猎不到动物；所有食物必须带着，不但是人的食物，还有骡子的食物。我们将乘骡子到曼德拉盆地，然后改换独木舟继续走（骡子如果没有包谷可吃，便不够强壮，不能继续走）。为了运这些补给，我们需要用牛，牛比较强壮，而且可以吃任何粗草或树叶度日。然而，一定比例的牛会在途中死于饥饿和疲倦，因此得带相当数目才行。那样子又需要赶牛者来带他们前进，并在各个路段装货卸货，我的队伍就变得更为庞大，如此一来又得增加骡子的头数和补给的数量，这又得增加牛只的数量……这是恶性循环。最后，和曾经在电报线上工作过的人，以及运货队的老手等专家们商讨，我决定带 15 个人、15 头骡子和 30 头左右的牛。关于骡子的数目，我毫无选择，在库亚巴镇方圆 50 公里之内，只有 15 头骡子出卖，我全买了，每只的价格在150～1 000法郎之间（1938年的法郎与巴西币的汇率），视健康情形而定。我是探险队的领队，便自己乘坐最漂亮的坐骑：一头庞大的白骡，向前面提到过的那个渴望见一次大象的屠夫买的。

真正的问题是找人：参加探险的人共有4位，我们知道探险是否成功，我们是否安全，甚至我们的生命，全都要看我将要组织的队伍成员的能力和是否可靠。我花了好几天的时间，排除掉捣蛋者和存心冒险的人，他们是库亚巴人口的糟粕。后来，一个住在郊区的老“少校”，告诉我去找一个住在偏远小村落中的人试试。那个曾是老“少校”以前的牛队组织者，人很穷，很懂事，很有品德。我去见他所说的这个人，立刻被其自然流露的自尊自爱的神情所吸引，内地的农民鲜少见到这样的个性。其他的人都会即刻请求我预支他一年的薪水这种不可思议的条件，这个人并没做类似的要求；他提出几个条件：他自己负责挑人和牛，还得允许他顺便带几匹马到北方去卖，赚点外快。那时我已向住在库亚巴的一个运货队者买了一批牛，我当时看中这些牛身材高大，还有牛背上老式的美洲貘皮做的装货用鞍与牛具。此外，库亚巴主教坚持我必须带他的一个跟班信徒去当厨子。结果上路没几天，就发现主教所极力推荐的人是同性恋，痔疮非常严重，根本不能骑马。他只好脱队，脱队的时候非常高兴。至于那些我自己看了很满意的牛，我不晓得它们已跑了500多公里路，身上连块肥肉也没有，运货的鞍在其背上磨不了多久，一头头牛的背部都磨破生疮，虽然赶牛者的技术很好。这些牛背脊上的皮开始脱落，大伤口流着血，开始生虫，背脊骨清晰可见。这几头生脓溃烂的牛成为我们队伍中最早倒下的牺牲者。

值得庆幸的是，我们的领队，佛鲁剑西欧（Fulgencio）找来的那些看起来平平凡凡的牛马一只只都达成任务，走到目的地。他挑的人都是他自己村子里面或附近村子中的年轻人。大多数人的家庭原来是葡萄牙人，已在马托格洛索定居一两百年，仍然保有一些相当朴素的品德和习惯。他们虽然穷，但每个人都有一条绣花、镶边的毛巾，是其妈妈、姊妹或未婚妻送的。在整个旅行途中，他们只肯用那条毛巾擦脸。当我第一次拿糖给他们放在咖啡里面的时候，他们很自傲地表示，他们不是变态者，不吃糖，我和他们之间闹了些不愉快，因为他们对任何事情都有一定的看法，其坚定的程度和我不相上下。我几乎因为该携带什么粮食的问题而引起他们公开反叛，他们相信如果不尽一切可能多带米和豆子的话，一定会饿死在半路上，除了米和豆子以外，他们觉得其他的都不重要，干肉还可勉强接受，不过他们认为沿途可猎到各种动物，不愁没有肉类。但他们无法忍受要带糖、干果和罐头这样的想法。他们毫无疑问肯为我们做最大的牺牲，但对我们的态度却过分轻狎，连条手帕也不肯替别人洗，因为他们认为洗手帕是女人的工作。我们的契约原则如下：在旅途中，借每人一头骡和一杆枪；除了供应饮食以外，他们每天可得 5 法郎的报酬，以 1938 年的兑换率为准。旅途结束后，他们每人可省下 1 500 到 2 000 法郎（他们不肯在旅途结束前拿任何报酬），有这笔钱，有的人即可结婚或用做买种牛饲养的资本……同时，领队佛鲁剑西欧在我们路过以前帕雷西（Paressi）印第安人的领域时，将招雇几位半文明化了的帕雷西印第安人。沿着南比克瓦拉印第安人领域边境的电报线上的维护人员目前大都是帕雷西印第安人。

探险考察队的组织进度相当缓慢，因为人和畜都是三三两两从库亚巴附近一带的小聚落中找来的。在 1938 年 6 月里，有一天他们全部集合在城镇外面，在佛鲁剑西欧的领导下，牛和骑骡的人带着部分行李出发。每头牛，视其力量大小，载 60 公斤 120 公斤不等；

行李分成两半，挂在塞了稻草的运货牛鞍（pack-saddle）两边，上面再盖一张干牛皮。行进的速度大约每天25公里，但每走一个礼拜就得停下来让牛休息几天。因此我们决定让牛队先行，而且带的东西愈少愈好；然后，我自己再搭辆大货车开到不能再往前开为止，也就是到库亚巴以北500公里的乌帝阿里帝（Utiarity）那个地方。那是帕帕盖欧河（Rio Papagaio）岸的一个电报站。货车无法越过那条河，因为没有足够大的渡船。过河以后，真正的探险才开始。

牛队出发一个礼拜以后，货车跟着出发。才走不到50公里就赶上牛队。牛和人都在草原上安详地宿营，而我以为他们早该到了乌帝阿里帝，最少也接近那里。看见这种情形，我第一次大发脾气，但并非最后一次。当我了解到我那时要进入的世界里面，时间观念并不存在以后，我也只好忍受更进一步的种种不满了。整个探险队的真正领队既不是我，也不是佛鲁剑西欧，而是那些载货的牛。这些庞大桀骜的牲畜像女郡主一样善变，其脾气、心情变化得仔细观察注意。牛不会向你表明它很疲倦，也不会说它背的东西太重：牛只是默不作声地往前走，然后突然倒地不起，不是死掉就是最少得休息半年才能恢复，只好把它丢在后面不管。因此，赶牛的人事实上受牛左右。每头牲畜都有个别的名字，依颜色、外观或脾气而定。我牛队中的牛叫做钢琴、踏泥、尝盐、巧克力（他们从没吃过巧克力，但用这个词来指加糖的热牛奶与蛋黄混合的饮料）、棕榈树、大条、红赭、花束、小红萝卜、兰巴里鱼、青鸟、烂钻石、加拉拉（原意不明）、杂种、小乖、正真、大爷、摩托（赶牛的人解释说，那头牛走得很好，因此得此名）、保莉、航海者、褐色、模特儿、快活、土气、蜜蜂、野果、美丽、玩具和黑炭。

只要赶牛的人觉得有需要的时候，整个队伍便停下来。每头牛的货都卸下，开始扎营。如果附近安全便让牛四处走动；如果不安全，就得派人看着，让他们吃草。每天早上，几个人在营地附近几公里直径的范围里面走动一圈，把每头牛都找回来。这种工作称为放牧（campiar）。他们相信这些牲畜有怪脾气，会故意跑掉躲起来，让人找几天都找不着。有一次我在一个地方整整待了一个礼拜，因为我们的一头骡子据说是跑进树丛里面的时候，先横着走然后再倒着走，故意使找的人无法分辨出它走过的路线。

牲畜都找齐了以后，得察看其身上伤口，擦药，把运货的鞍重新调整，免得压在伤口上面。然后再套上装备和行李。套装备和行李有时会有很大的困难，休息几天以后的牛，有时候会丧失工作习惯，鞍一碰到其身上就猛踢猛跳，把辛苦弄得均衡的行李散满一地，只好重新来过，牛没冲进乡野去已算是幸运。如果有牛跑掉的话，就得重新扎营、放牧、找牛，等等，直到整队人畜都集合装备完毕，这工作有时得重复五六次才能成功，牛才会驯服，至于其原因为何，则不清楚。

我自己比牛更没耐性，对这种走走停停的行进方式，花了好几个礼拜的时间，我才勉强接受下来。我们搭着货车，让牛队慢慢走，自己先往前跑，跑到一个住着 1 000 人左右的村落，叫西侯札利欧（Rosario Oeste）。村落的居民大多数是黑人，个子矮小，有甲状腺肿，住在“卡谢布累”（casebres）里面，“卡谢布累”是漆成艳红色的小房子，屋顶铺浅色棕榈叶，房子沿着笔直的道路排列，路上长满杂草。

接待我的那一家有个院子，整理得整整齐齐，好像是房子里面的一个房间一样。地面的土都扫过，扫得干干净净，植物排列整齐得像起居室的家具一样：两棵橘树、一棵柠檬、一棵蒲桃类果树、一打左右的木薯、两三棵木槿、两三棵木棉、两棵玫瑰、一丛香蕉、一丛甘蔗；还有一只养在笼中的鹦鹉、三只母鸡绑在同一棵树上。

在西侯札利欧这个村落里面，遇到节庆或特殊的时候，所有食物都用一半一半的原则做给客人吃，我们吃的鸡，有一半是烤鸡，另一半则是冷盘鸡，附带一种味道浓烈的酱汁；鱼则煎一半，另一半用煮的。最后一道是甘夏沙（cachaca），一种甘蔗酿成的酒。接受这道酒的时候，照例要说“坟墓、监狱和甜酒并不是为同一个人而设的”。侯札利欧（Rosario）位于丛林中心，其居民以前大都是采胶者，找黄金找钻石的人，他们可能会对我说过的那一条路提供好主意。因此，在想得到一些消息的期望之下，我听他们说他们的探险经验，其中会有传闻与事实，两者混合难以分开。

我无法相信真的有“英勇猫”（valiant cat's），英勇猫据说是家猫和美洲狮的混血，活动于北方。不过，我听到一个故事，相当有意义，最少显示塞尔陶的风格和精神。

在马托格洛索西部巴拉圭河上游一个叫做“巴拉多斯布格利”（Barra dos Bugres）的村庄里，住着一个能治蛇咬伤口的人；他治蛇咬的方法是先用大锦蛇的牙齿刺被蛇咬伤的病人之前臂。然后，用火药在地面排成十字架行，点火，要病人把前臂放在火烟中。最后，他从打火机（artificio，一种石英做的打火机，火绒用废棉花塞在角质容器制成）取出烧过的棉花，把棉花浸在甘蔗酒（cachaça）里面给病人喝下。整个医疗手续就是如此。

有天，一个收集草药小队的领队，亲眼看见他给人治蛇咬伤以后，请会治蛇咬的人稍等，等星期天收集草药的队员到达，因为他们每个人一定都想接受蛇毒预防（代价是每人 5 个巴西金币，在 1938 年大约值 5 个法郎）。会治蛇伤的人同意。到星期六清晨，在集体住屋外面有条狗在嗥叫。草药队的领队派一个队员去看看。原来是有一条被惹怒的响尾蛇。他命会治蛇伤的人把蛇捉起来，但他拒绝。领队很生气，表示如果他不把蛇捉起来，那就取消蛇毒预防。治蛇毒的人不得不同意，他把手伸出去捉蛇，被咬一口，就死掉了。

说这个故事的人解释说，他曾受这个死掉了的治蛇毒病之人的预防法，而且为了试试看方法是否有效，曾故意让蛇咬了一口。结果证明预防蛇毒的方法完全有效。不过，他承认咬他一口的蛇是无毒的蛇。

我把这个故事录在这里，目的是为了说明巴西内陆大众心理的一个特征：在把悲剧性的意外事件看做是日常生活中不足一提的事情里面，所表现出来的机警和善于应变的特质。这个故事的结论事实上并没有它表面上看起来那么荒谬。说故事者的逻辑推论方式和我后来所听到的，一个阿尔马迪（Ahmadi）的新伊斯兰教派首领的推论方式完全一样。那位教派的首领有天请我去吃晚饭，在拉合尔。阿尔马迪派不合正统的主要原因是，他们宣称历史上所有自己宣布为救世主的人（他们把苏格拉底和释迦牟尼都包括在内）实际上真的都是救世主：如果他们不是的话，上帝早就因他们的大胆冒犯而惩罚他们了。同样的道理，我那个侯札利欧的报导人相信，假定治蛇毒人的奇术不是真的，他所牵引出来的超自然力量一定会把一条本来无害的蛇变成一条毒蛇，来证明治蛇毒的人是错的。由于这种治疗方法被看做巫术的一种，说故事的人最少已用实验的方法证明过其效力，证明的方法同样是在巫术层面上的证明。

人们都告诉我，往乌帝阿里帝的路途上不会有任何意外，最少不会有像两年前我们在圣罗兰丘的小径上所遇到的那种重大意外。但是，在抵达童巴夺山脉（Serra do Tombador）顶峰的一个叫做“开沙弗拉达”（Caixa Furada，意即有洞的胸腔）的时候，驾驶杆上面的一个链轮毁了。当时我们离迪雅曼廷诺（Diamantino）大约 30 公里；司机准备步行去那里，打电话到库亚巴，以便能从里约用飞机把零件空运到库亚巴，再用货车把货送到我们抛锚的地方。如果一切顺利，整个操作要一个星期时间；牛队就可以赶上我们了。

因此我们便在童巴夺山顶露营，童巴夺是一块岩石的马刺，其尽头是查帕打，从 300 米高度俯视巴拉圭盆地；在另一边，各条河流都流入亚马孙河的支流。我们找到树把吊床蚊帐挂好以后，除了睡觉、做梦、打猎以外，在这片多刺的草原上便没事可做了。旱季在一个月以前开始；当时是 6 月，除了 8 月会偶尔下些小雨以外［小雨称为（chuvas de caju），那一年没有下］，在 9 月以前一滴雨也不会掉。草原早已呈现冬天的景观：植物干枯、萎缩，有些地方被野火烧得干干净净，在烧痕处处的树干底下可看到大块大块的砂。在这种时候，在草原上四处游走的少数某些动物，会集中于厚厚的、难以进入的密林里面。那些密林顶部像圆顶，表示附近有水泉，水泉附近仍存有几块草地。

雨季从 10 月到次年 3 月，雨季里面几乎天天大雨倾盆，白天的温度升高到摄氏 42 度到 44 度之间；晚上凉快一些，接近清晨时有段短时间气温会急降。旱季的气温很极端：常常白天的温度平均在摄氏 40 度左右，而到晚上却急降到摄氏 8 到 10 度。

我们在营火旁喝马黛茶，队伍中的两个兄弟和司机便说塞尔陶的故事给我们听。他们说那种巨型的食蚁兽（tamandua）在营（campo）里面无法站直，因此不足为害；但是在森林里面的话，食蚁兽会利用尾巴倚靠在树干上，用前爪把任何靠近的人勒死。食蚁兽不怕别的野兽在晚上突击，因为它睡觉的时候把头缩进身体里面，连美洲狮都无法分辨出它的头到底在哪里。在雨季里，得随时注意野猪群的声音，野猪会聚在一起四处跑，每群 50 只以上。野猪两腭相磨的声音几公里外都清晰可闻（因此野猪又叫 quiexada，得自 queixo，下腭）。听到这种声音的时候，狩猎者得赶快躲开，因为野猪群中如果有头野猪被射伤或射死，其他的猪马上对猎者展开攻击。猎者要爬到树上或爬到蚁丘上面。

有个人说有天晚上他和他兄弟一起走夜路，他们听到有人在呼叫。他们犹疑着要不要帮助那个呼叫的人，但他们怕印第安人，所以等到天亮再说。呼叫声整夜不停。曙光终于出现，他们发现一个猎人，枪掉在地上，人爬到树上，底下围着一群野猪。

这个人的命运还没有另外一个猎人那么可悲。那猎人听到野猪群的声音，爬到一个蚁丘上去躲。野猪把他包围。他开枪射野猪，把子弹都打光，只好用一种叫做 facão 的砍刀自卫。第二天有一群人出去找他，看见一群秃鹰飞翔于某一地点上空。原来那个猎人就在那里，那群人到那里，只看见他的头颅骨和好多野猪的尸体。

他们还说了不少好笑的故事。其中有一个是关于找橡胶的人和美洲狮的故事。那只美洲狮肚子很饿，追赶那个人，狮子和人绕着一丛树转圈圈。后来，那个人跑错方向，发现自己和美洲狮撞个正着。狮子和人都一动不动，那个人怕得连叫喊求援都不敢。"这样子僵持半个钟头，那个人脚抽筋，动了一下，碰到来复枪的枪柄，那时他才醒悟，原来自己手上有枪。"

不幸的是，这地方充满各种常见的昆虫：maribondo、黄蜂、蚊子、piums 和 borrachudos，一种小小的吸血小虫到处成群结队地飞；还有"蜂蜜之父"（pais-de-mel），也就是蜜蜂。南美种的蜜蜂不叮人，但很烦人；它们喜欢吸人的汗，抢着要找最好的地点，像嘴角、眼睛或鼻孔等去吸汗，在那些地方的蜜蜂大量吸汗，如醉如痴，宁可被活活拍死也不肯飞开，但被打死以后，其尸体只会引来更多的蜜蜂。这些蜜蜂的别名叫"吮眼"，就是这个道理。蜜蜂是热带丛林中的真正害虫，比会造成感染的蚊虫等更令人讨厌，蚊虫的感染过个一两个礼拜人体便会免疫。

不过，有蜜蜂的地方就有蜂蜜。采蜂蜜倒不必冒任何危险，只要打开地面蜂类的地洞即可取得，或者在中空的树干里面找到那些充满一层层鸡蛋大小的平面的蜂巢即可取得蜂蜜。不同种类的蜜蜂酿造味道不同的蜂蜜，我见过 13 种，每一种都很浓烈，我们很快就学会像南比克瓦拉印第安人那样用水把蜜冲淡。蜂蜜的味道可以归类成不同的效果种类，像勃艮第葡萄酒那样，其味道非常奇怪，令人不安；我在东南亚发现一种油类的味道和这类蜂蜜的味道接近。那种油是从蟑螂的分泌腺上取得的，其价值和黄金一样。一点点就可调整盘菜的味道。有种法国的深色龟甲虫叫做 procruste chagriné，散发出来的味道也很类似。

接连的货车终于载着新零件抵达我们露营的地方，还载一位修车者来负责修理。然后我们重新出发，穿过迪雅曼廷诺，迪雅曼廷诺位于河谷里面，面向巴拉圭河，有一半残破不堪。然后我们重新爬上高原，这一次没有发生任何意外，沿着阿里诺斯河（Rio Ariños）前行，这条河流入塔帕久兹河（Tapajoz），后者是亚马孙河的一条支流，然后再转向西行，往沙克里河（Sacre）和帕帕盖欧河（Papagaio）的多山的谷地前行。帕帕盖欧河也流入塔帕久兹河，流入的地方形成一个高达 60 米的瀑布。我们在帕雷西（Paressi）停留下来察看贝索德波（Beiços de Pau）所留下的武器，据说他们又在附近一带活动。再往前走一段以后，我们在一个沼泽地区过了一个无法安睡的夜晚，因为不过几公里以外，有土著的营地，其烟火直直地升入清澈的旱季天空里面，我们可以看得清清楚楚。我们又花一天时间，察看那座瀑布，在一个帕雷西印第安人的村落收集资料。然后我们到帕帕盖欧河岸。这条河大约有 100 米宽，河水非常清澈，显然水很深，其多岩石的河床明晰可见。河的对岸有一打左右的茅屋和小房屋：那就是乌帝阿里帝电报站。我们把货车上的货物、行李卸下，把行李、食物用船运过河。我们向货车司机道别。在远远的岸边，我们已看见两个赤裸的人：他们就是南北克瓦拉印第安人。

二十六　沿着电报线

每一个住在隆洞电报线沿线的人几乎就像住在月球上面一样。一块面积像整个法国那么大的地方，其中四分之三未被人探险过，只有一小群土著在里面迁移不定，这些人是世界上现存最原始的人群之一。这样一块地方，有条电报线贯穿而过。沿着电报线有条还算明晰的小径，长达 700 公里，是唯一的人工标志。隆洞委员会曾在电报线的南北两端附近做过一些调查工作，但除此以外，小径两旁的世界真相如何完全不为外界所知。当然，除了小径以外还有电报线，但这电报线几乎是一装设好就已一无用处，在电线杆与电线杆之间的电报线常常下垂，掉下来以后也没人整修。有的电报线被虫蚁啃毁，有的被印第安人毁坏。印第安人把电报线的嗞嗞声误以为是一群野蜂在忙着工作所发出的声音。在有些地方，电线垂到地面，或被随意地挂在树枝上面。令人吃惊的是，这些电报线不但没有消减其环境的荒凉之感，反而加深了它。

完全原始的自然景观看起来千篇一律，使其原始性不具任何意义。它们与人隔绝；它们不向人提出挑战，只是在人的凝视之下消失不见。但是在这矮树林地上面，这片一望无际的土地上面，沿着电报线的小径，电线杆扭曲变形的侧面，还有把电线杆连接起来的下垂的电报线，看起来好像是在空间上面漂浮的不协调的物件，好像伊夫·汤吉①画面上的景象那样。这些景观代表人做过的努力，是人曾在此地的明证，也是他的努力之徒劳无功的明证，代表人想追求的极限，使人的极限变得更为明晰，比没有这些证据存在更为明晰。

沿着电报线大约住了100个人左右，有些是帕雷西印第安人，由电报委员会就地雇用，由军队加以训练如何维护电报线和各种设备（这些印第安人仍继续用弓箭狩猎）；有的是巴西人，他们跑到这个未开发的地方去，是希望在此地找到宝藏，或是找一个新西部。他们大失所望，越往高原里面走，越难找到钻石形石头（diamond forme）。

钻石形石头是一种形状或颜色很特别的小石头，这种石头的存在表示附近可找到钻石，就像动物的足迹表示附近有动物那样。“发现钻石形石，就可知道附近有钻石。”钻石形石头包括：粗石（emburradas）、小黑石（pretinhas）、小黄石（amarellinhas）、鸡肝石（figados-de-gallinha）、牛血石（sanguesde-boi）、亮豆石（feijôes-reluzeutes）、狗牙石（dentes-de-cão）、工具石（ferragens）或 carbonates、

① 伊夫·汤吉（Tanguy Yves，1900—1955），法国画家。——译者注

lacres、friscas-de-ouio、faceiras、chiconas,等等。

既然没有钻石，在这一片砂质荒地上便什么也找不到了。这片土地有半年的时间雨水不停冲刷，另外半年又滴水不见。土地上面除了尖锐的、扭曲的矮树林以外，什么也没有；连可猎的动物也没有。这些不幸的居民，他们是巴西中部常见的一拨一拨的移民潮遗留下来的人。这些移民潮，把成群的冒险者和受贫穷所迫的人们灌满热情，然后卷入内地，卷进去以后又马上加以抛弃，使他们动弹不得，和文明世界完全隔绝。这些移民浪潮的遗民，为了能适应小电报站的孤独生活，便发展各种不同的精神病态。那些电报站不过是几间茅屋，站与站之间的距离在80～100公里之间，要来往只能靠两脚走路。

每天早上，电报线活动一小段时间：新闻互相交换；像某个站觉察到一群准备消灭他们的怀敌意的印第安人宿营升起的火烟；而另外一个站的两个帕雷西印第安人员已失踪了好几天；在电报线沿线都极出名的南比克瓦拉印第安人大概是把他们送到“天上的冬天住处”去了……有的人可能会带讽刺语气地重述1933年传教士被杀的故事；不然就是说，某个电报员胸部以下被埋在土里，胸部插了许多箭，摩斯密码则放在他的脑袋上面。电报线工作者对印第安人有种怪异的兴趣，这些印第安人代表日常的危险，当地的传言又加重其危险性；但小群的印第安人如果到电报站去看他们的话，是电报站工作者唯一的消遣，更重要的是，这也是他们与别的人接触的唯一机会。当此类拜访发生的时候，大约每年一两次，那些可能是会杀人的人和可能被杀的对象之间便交换说笑话，使用的语言是沿电报线特别的术语，全部大约有40个字，那些字有的是南比克瓦拉语，有一部分是葡萄牙语。

这类拜访活动给印第安人和电报站人员都带来不少刺激与快

感，而在这些快乐时光之外，每个电报站长慢慢地发展出自己一套生活风格。有的脾气很坏，他的太太小孩都挨饿，原因是每次他到河中洗澡的时候，一定要用他的温彻斯特手枪射 5 发子弹来吓走印第安人，他认为每次都有印第安人躲在林中等着割他的喉咙。他就这样把子弹用光了，无法补充；这叫做“断子弹”（quebrar bala）。还有一种是深谙世事的人，有个人在离开里约热内卢的时候是个药剂系学生，这么几年下来他仍然误以为自己在 Largo do Ouvidor 上面，尽做些傲慢无人的谈话：但他所讲的话已无任何内容，谈话只变成是哑剧表演，舌头或手指头咔咔出声，眼睛的注视中充满讥讽。如果是在默片银幕上面的话，就可一眼看出他是真正的里约子弟。最后，还得提提那些有智慧的人，他们想出方法使自己的家庭维持生物上的平衡，办法是利用一群常到附近一条小溪喝水的鹿群：每个礼拜他就去河边打死一只鹿，但只打一只；这样子，那群鹿一直存在繁衍，他的电报站也一样，不过，过去 8 年的时间里（以前每年运载一次货物的牛只商队在 8 年前开始消失），他们除了鹿肉以外什么也吃不到。

那群耶稣会教士，比我们早到一两个礼拜，在离乌帝阿里帝 50 公里左右的就鲁耶那（Juruena）电报站附近定居下来，他们给这地带加上一层性质相当不同的色彩。教士共有三位：一个向上帝祈祷的荷兰人，一个准备把印第安人文明化的巴西人，另一个是匈牙利人，他本来是贵族，打猎行家，工作是使传教站不缺猎物。他们三个人抵达传教站之后不久，大教区主教去看他们。主教是法国人，讲话的时候把 r 音绕得很明显，好像是直接从路易十四时代走出来的人；他提到印第安人的时候，总是表情严肃地说“那些野蛮人”，让人觉得他好像是刚刚随卡提耶（Cartier）或香普莲（Champlain）在加拿大登陆似的。

主教一到传教站不久，那个匈牙利人就感染了法国殖民地人员所说的热带病狂（le coup de bambou）。这位匈牙利人当教士的原因，大概是为了对他狂野荒唐的年轻时期表示忏悔。他不断地侮辱上司，叫骂声传出传教站的墙外，行为越来越像典型的热带病狂，对着上司画各种十字架形状的手势，叫着 Vade retro，Satanas!（滚开，你这魔鬼！）当魔鬼终于被赶走以后，匈牙利人被罚两个星期时间只准喝水和啃面包，不过，啃面包只是象征性的，因为根本没有面包。

卡都卫欧印第安人和波洛洛印第安人，可以说代表了有教养的社会，这样说并非玩弄文字，而且是基于不同的理由；至于南比克瓦拉印第安人，在外人看来很容易错误地认为他们代表人类的婴儿时期情况。我们在村庄的外围扎营，把营帐立在一个茅草盖的大仓库里面，这仓库是建造电报站的时候建来储藏工具用的。我们扎营的地点离土著的营地只有几码，那些土著的数目有 20 人左右，组成 6 个家族。这一小群土著比我们早到几天，他们迁移生活要在此中途停留一段时间。

南比克瓦拉印第安人把一年分成两个时期。10 月到 3 月是一个时期，每一群人各自住在一条溪上面的岩石或小山上，用树枝或棕榈叶建造粗陋的小屋。他们在潮湿的河谷中烧林整地，种植热带植物，大多是木薯，包括甜的和苦的两类，此外也种好几种包谷，种烟草，偶尔种些豆子、棉花、花生和葫芦。妇女用一种装上棕榈刺的木板磨木薯，如果那种木薯是有毒的话，便用树皮把汁压出来丢弃。热带种植给他们提供定居时期的一部分食物。他们有时把木薯饼埋在地底下贮藏起来，过几个礼拜或几个月后，再挖出来，不过那时已经是半腐烂状态了。

旱季来了以后，他们便离开定居的村落，每群人都分散成几个小群，出去流浪。这些小群在草原矮树林里面流浪 7 个月的时间，寻找猎物，特别是小型生物像幼虫、蜘蛛、蟋蟀、鼠类、蛇、蜥蜴等，还有水果、种子、根茎类和野蜂蜜；换句话说，找任何可使他们免于饥饿的东西。他们的宿营都是简陋地搭建起来的建筑，每家建一间，材料是棕榈叶或树枝，插在地上围成半圆形，把顶端绑在一起。在一个地方宿营的时期有时只停留一天或几天，有时则停留几个星期。在每天的不同时间，把棕榈叶的一边拉开，绑到另一边去，形成不同的角度，用来遮阳光或挡风阻雨。在到处流浪的这段时间，找寻食物是最重要的活动。妇女们拿着挖掘东西的棍子，用来挖掘根茎类或打小动物；男人则用大型的棕榈木头弓和各种不同的箭头打猎；打鸟用的箭头比较钝，以免插入树枝里面；射鱼用的比较长，没有羽毛，尾端分成三叉或五叉；用番木鳖属植物涂过的毒箭头，用竹子包起来，是射中型动物用的；至于射大型动物像美洲狮或貘，则使用大片竹子做成的枪茅状的箭头，这种箭头的作用是使大型动物大量流血，因为毒药不足以杀死大型动物。

和波洛洛印第安人的巨型宫殿式建筑比较起来，南比克瓦拉印第安人的生活如此简陋，令人难以置信。不论男女都不穿衣服，他们和邻近的部族在体质上和文化上都不一样。南比克瓦拉人个子矮小：男人身高 160 厘米左右，女人 150 厘米左右。妇女的胸部和其他南美印第安人一样，都相当不发达，不过四肢比别的南美印第安妇人更细长，手脚关节都更小。皮肤颜色也更深。很多人都有皮肤病，身上有不少蓝紫色的圆块块，不过，那些比较健康的人里面，由于喜欢在沙中打滚，身上沾着沙，使身体染上褐色的光泽，使年轻妇女变得特别的迷人。他们的头椭圆形，很细致，五官像雕刻出来的那样，线条分明，眼睛明亮。他们的体毛比大多数蒙古种人要多；头发卷曲，不怎么黑。第一个看见他们的外人对其体型甚为惊奇，认为他们可能是印第安人与逃出热带庄园的黑人奴隶的混血，甚至是反叛的奴隶组成的殖民社会。但是，如果南比克瓦拉印第安人的血液中曾在近代以来渗入黑人的血液的话，他们的血型不该全是O型。我测过他们的血型，全都是O型。这表示他们如果不完全是印第安人血统的话，最少也已在血统上孤立了好几个世纪了。目前我们对南比克瓦拉人的体型不会再觉得那么值得奇怪了；他们的体型和一个在巴西麦那斯吉瑞邦的拉哥亚山塔（Lagoa Santa）洞穴中发现的一群人的骨骼结构几乎完全相同。我曾很惊讶地发现他们有些人的脸形像极了高加索人种，和维拉克鲁兹（Veracruz）地区的一些雕像和浮雕的脸孔也很相像，那些雕像和浮雕现在已被认定是墨西哥最古老文化的作品。

这种近似令人惊异。因为南比克瓦拉人的物质文化是如此落后，使人觉得像是石器时代的遗民，而不会是和中美南美的最高等的古代文明有何关系。南比克瓦拉妇女全身唯一的衣饰是一串细细的贝珠绕在腰间，或几粒贝珠拿来当项链挂着，或斜挂在肩上；她们也戴珠贝或羽毛做的耳坠，用犰狳背甲刻成的手镯，有时候用棉花（由男人编织）或草编成的窄带子，紧紧地绑在胳臂或脚踝上面。男人的衣饰比妇女更少，常常只是一条草带子吊在性器上的一条腰带上面。

除了弓和箭以外，他们使用的武器包括一种扁平的长钉，这种长钉的用途似乎包括巫术上和真正作战之用两种。我只看过他们用之来摇摇晃晃，据说可阻挡暴风雨，也看过他们把长钉丢往某个方向去杀“阿塔苏”（atasu），丛林中的恶灵。土著语言中，星星和牛的名字相同，他们很怕牛（但他们倒不怕骡子，把骡子杀来吃，他们首次见到牛和骡子的时间应该是差不多同一时期）。我的手表也是一种“阿塔苏”。

南比克瓦拉人的所有财产可以全部轻易地放入篮子里面，由妇女背着，在流浪时期随身携带。篮子用竹子做成，由六道竹片简单地编制而成（两对互相垂直，一对横穿而过）。篮子呈星形，开放式的网：顶部较宽，底部渐窄，像指套一样。这些篮子有的高达150厘米，也就是和背篮子的妇女等高。篮子底部放些木薯饼，上面盖上叶子；然后放其他财产和工具，像葫芦制成的容器、竹制的刀子、简单雕过的石刀，或以物易物换到的几片铁片，用蜡或绳子把铁片固定在两片木头中间，木头就成把手，还有用铁或石头制成的钻头，尖刃的尾端放在柄内，使用的时候两只手掌转动把柄。隆洞委员会给土著一些金属的斧头和砍刀，土著自己做的石斧几乎很少使用，只用做敲磨贝壳或骨头时的砧板，同时也使用石头做的磨石和磨光石。东部的族群不晓得制造陶器（我的研究从东部开始），其他地区的族群其陶器仍在非常粗陋的阶段。他们不使用独木舟，过河就游过去，偶尔绑几个木头做浮木。

以上所提到的这些器具都很原始，几乎不能称为制造出来的工具。南比克瓦拉人的篮子里面装的东西以原料为主，需要的时候再用那些原料制造所需的东西。那些原料包括几种不同的木头，特别是摩擦起火用的木头，几块树脂或树胶、几片植物纤维、动物骨头、牙齿、爪子、几片毛皮、羽毛、豪猪硬毛、坚果壳、淡水甲壳类的硬壳、石头、棉花和种子。把这些东西摊开来会令收集者大失所望，因为摆在面前的不像是人类劳动的产品，而更像是把一种巨型蚂蚁的工作成果放在放大镜底下来看的结果。而事实上，当南比克瓦拉印第安人排成一排在高高的草丛中行进，每个妇女背着和人等高的篮子，那浅色的藤篮子压在身上，好像蚁蛋压在蚂蚁身上一样，她们是像极了一队蚁队。

吊床是南美印第安人发明的，他们如果没有吊床或没有其他的卧具床铺，就是贫穷的象征。南比克瓦拉人则赤裸裸地睡在地面上。旱季的时候天气相当冷，他们便紧紧相倚靠取暖，或是睡在渐灭的营火四周，常常在早上醒来的时候，人是躺在仍然微温的灰烬上面。帕雷西印第安人因此给他们取绰号叫做“睡在光地面上的人”（uaikoakoré）。

我曾提到过，在乌帝阿里帝，后来在就鲁耶那和我们为邻的那一小群南比克瓦拉人包括 6 个家族：族长的家族包括 3 个太太和一个十几岁的女儿；另外 5 个家族都由一对夫妇和一两个小孩所组成。所有人都有亲戚关系，因为他们喜欢和自己的侄女结婚，也就是和姊妹的女儿结婚，这就是人类学家所称的“交表兄妹”（cross-cousins），即父亲姊妹的女儿，或母亲兄弟的女儿。这一类的侄子从出生开始就用一特别名称加以称呼，该名称的意思即配偶，而另外其他的侄子（也就是兄弟的孩子或姊妹的孩子，人类学上称为平表亲，parallel cousins）则互认为兄弟姊妹，不能通婚。所有的族群成员似乎都相处得不错，不过，即使族群这么小，连小孩在内共 23 人，还是有些问题存在。一个年轻的鳏夫刚刚再娶一位不懂事的年轻女人，她拒绝照顾前妻留下的孩子，两个女孩，一个 6 岁，另一个两三岁。较大的女孩很小心地照顾妹妹，但那小女孩还是没得到应得的照顾。其他的家族便轮流照顾她，但这造成不少困扰。族中的成人很希望我能收养那个小女孩，但小孩子们发明了他们自己的解决方式！他们觉得非常好笑的方式：那个小女孩刚学会走路，因此他们把她带到我那里，用清楚明白的手势要我娶她为妻。

另外一个家族里面的那对父母年纪较大，他们的女儿本已出嫁，怀孕，但被丈夫遗弃，便搬回去住。另外还有一对年轻夫妇，婴儿仍在喂奶阶段，受刚为人父母有关的种种禁忌的限制：他们不准到河中洗澡，因此脏得不得了，由于不能吃大部分的食物而面黄肌瘦，再加上未断奶的孩子的父母不得参与社群活动，整日无所事事。有时候，那年轻的爸爸会自己一个人出去打猎或采集野生植物；年轻妻子则由丈夫或父母供应食物。

虽然南比克瓦拉人很容易相处，对拿着笔记本和相机的人类学者的出现也不觉有何奇怪之处，可是人类学工作的进行却因语言问题而变得颇为复杂。首先，他们把人名的使用视为禁忌，因此，为了辨别个别的人，我们只好采用电报工人和土著之间所同意的方法，也就是给每个土著安上一个葡萄牙语的别号，像朱利欧、荷谢玛丽亚、路易莎等，不然就用“野兔”或“糖”这样的绰号。有个印第安人因为留有山羊胡子，被隆洞或和隆洞一起的人取名为“卡卫格纳克”(Cavaignac)。印第安人通常没有胡子，山羊胡更是少见。

有一天我正在和一群小孩玩耍的时候，一个小女孩被同伴打，跑来躲在我身旁，表情神秘地在我耳边轻轻地说了些什么。我不懂她在说什么，便要她重复好几遍，她的敌人变得很生气，明白她在做什么，便也跑过来向我说一些好像是最神秘的事情。考虑了一段时间，问了几次以后，我终于明白到底是怎么回事。为了报复，那小女孩跑过来告诉我她的敌人的名字，她的敌人明白她的行为以后，为了报复，便跑过来告诉我她的名字。从此以后，事情便好办了，虽然有点不择手段。我便故意让小孩子互相为敌，终于因此而知道他们每个人的名字。然后，和他们之间建立起某种共同为恶的气氛以后，不用多大的困难便从他们口中得知他们父母的名字了。当大人们明白我们的闲谈内容以后，把小孩大骂一顿，从此以后，消息来源便又断了。

南比克瓦拉语包括好几种方言，没有一种被研究过。其语言有特别的字尾和某些特别的动词形式。电报线沿线所使用的语言只不过是种洋泾浜语，只能做简单的初步会话之用。由于土著的热心和机智，我学会说简单的南比克瓦拉语。幸运的是，这语言里面有些很有用的字眼，比方说东部方言中的 kititu，在其他地方方言中的 dige、dage 或 tchore，可以加到名词后面，把名词变成动词，必要的时候还可以加上一个否定词。用这种办法可以把想说的话说出来，不过，这种基础的南比克瓦拉语没办法用来表达比较细密的观念。土著对这种方法非常明白，因为他们想说葡萄牙语的时候，便把这种方法倒过来使用；“耳朵”和“眼睛”表示听或了解以及见到，为了表示听不到或看不到，他们便说 orelha acabô（耳朵我完毕），或 ôlho acabô（眼睛我完毕）。

南比克瓦拉语的语音不明晰，好像话是加了重音或悄悄地说出来那样。妇女喜欢把某些字眼变音来加强这个特征，比方说把 kitiku 说成 kediutsu；有时候则语音不明晰地说话，听起来好像是小孩子的喃喃自语一样。他们完全明白自己发音的特点和奇怪之处，当我不懂他们在说什么，请他们再说一遍的时候，他们会故意夸大他们说话的方式。当我觉得灰心而放弃的时候，他们便大笑，互说笑话：他们比我更行。

我不久以后就明白，除了动词的词头以外，南比克瓦拉语还使用一打左右的别的词头，把生物和事物分成十几类：人发、动物毛和羽毛；尖物和小洞；长形物，坚硬的或可弯曲的；水果、种子和圆形物；吊着或会抖动的事物；肿胀的形状或充满水的形状；树皮、皮肤的其他覆盖物，等等。这个特征和中美洲及南美西北部的一个语族——齐布查（Chibcha）语族类似。这种语言是曾在目前的哥伦比亚繁盛过一段时期的一个伟大文明的语言，这个文明介于墨西哥的古文明与秘鲁的古文明之间；南比克瓦拉可能是齐布查的南支之一（不过，在事实上，把生物和事物如此分类也存在于很多其他的美洲语言之中，南比克瓦拉与齐布查的关系这一点，我目前觉得比以前所觉得的更缺乏可信度）。基于这点，我们更有理由不可相信外表。即使他们目前的生活简陋无比，这群在体型上和最早的墨西哥人相似，在语言上又和齐布查王国接近的土著，不可能是真正的原始人。他们过去的历史我们仍然一无所知，他们目前生存的地理环境甚为恶劣，这两者或许有一天能让我们解释他们目前的处境只不过是到目前为止被历史拒绝分给他们肥牛的浪荡子罢了。

二十七　家庭生活

南比克瓦拉印第安人天亮醒来，拨动营火，过了一个寒冷的夜晚以后，用一切可能的办法取暖，然后吃一顿简单的早餐，食物是前一天晚上剩下来的东西。吃完以后不久，男人出去打猎，有的成群结队，有的单独行动。妇女留在营地煮东西。妇女和小孩喜欢在水中嬉戏，然后有时会生火，大家在火堆旁边取暖，故意夸张地全身发抖。在其他时间里面他们也不时去洗澡。日常的工作每天无多大变化。准备食物是最花时间与精力的活动：木薯得磨碎、压汁，把纤维弄干以后再煮；还有奎马胡（cumaru）果，用来调味，使每样东西都加上一种苦苦的杏仁味，这种果必须去壳再煮。必要的时候，妇女小孩会出去采集野果生菜。如果不缺食物的话，妇女就编织东西，有时蹲着，有时跪着，臀部坐在脚跟上面。不然她们就雕刻、磨亮或串珠子，珠子以果壳或贝类制成，有时制造耳坠及其他饰物。如果工作做烦了，她们互相捉蚤子，或者懒洋洋地混日子，不然就睡觉。

一天里面最热的那段时间，整个营地静寂无声；营地住民，有的睡觉，其他的默不做声，都在享受其住处提供给他们的那些不完全的阴凉空间。其他的时间里，他们一面工作一面聊天。几乎常常是快乐欢愉，他们说笑话，有时说些色情的或淫秽的笑话，常常因此引起一阵大笑。工作常被访客或问题所打断；如果有狗或马开始交尾的话，每个人都停下工作，兴致勃勃地观察其过程。对这类重要事件发表完评论以后，他们又开始工作。

小孩大多整天无所事事；小女孩有时会帮助年纪大一点的妇女做事，小男孩则不做事，不然就到河边钓鱼。留在营地的男人担任编篮子的工作，有时帮忙做些家事。每个家族里面大都一片和谐。下午三四点的时候，出猎的男人回到营地，整个气氛变得比较有生气，谈话比较大声，比较生动，各种家族以外的群体开始出现。木薯饼或其他在白天找到的食物都拿来吃掉。傍晚的时候，轮到负责砍柴的一两个妇人便去附近的矮树林找木头来生营火。在最后黄昏的光亮之中，可以看见他们走回营地，步履因为所背负的重担而蹒跚，木头放在篮子里面，用带子挂在头上背回来。她们要蹲下来，身体微微往后倾斜，才能使篮子靠在地面，使她们能把绑在前额的带子拿下，把篮子中的木头取出来。

树枝和木头堆放于营地的一个角落，各人随其需要自己拿去使用。各个家族都围在他们自己的火堆四周，火这时已开始闪亮。晚上的时间大都花在聊天、唱歌或跳舞上面。有时候这类娱乐活动会一直进行到清晨，不过通常在互相抚摸和友善的互骂一阵以后，结了婚的夫妇便紧紧地靠在一起，母亲把睡着的孩子抱住，一切都安静下来。一个寒冷寂静的夜晚，只偶尔被木头烧裂的声音，或添加柴火的人轻巧的脚步声，或狗吠声和小孩的哭声所打断。

南比克瓦拉人生的小孩数目不多：我后来发现，没有生小孩的夫妇并非罕见；只生一两个孩子似乎是相当自然平常的现象，很少在一个家族里看到超过 3 个小孩的情形。小孩断奶以前，其父母不准做爱，而小孩通常要到 3 岁的时候才断奶。母亲把小孩带在大腿旁边，用一条树皮或棉布做的宽带子绑住；如果要再多带一个婴孩的话，她便无法背篮子了。他们游走不定的生存方式，再加上物质环境的匮乏，使他们不得不异常小心；必要的时候，妇女毫不迟疑地用机械性的办法或用植物药物来引致流产。

然而，土著觉得并且表现出来，对自己的孩子极强烈的喜爱，小孩子也很喜爱其父母。不过，这种喜爱之情有时候被他们也相当容易陷入的易怒及情绪低落所掩盖。有个小男孩深为消化不良所苦；他头痛生病，大部分时间不是在睡觉就是在呻吟。没有人对他表示任何关心之意，整整一天的时间没有人理他。到晚上的时候，他妈妈去他身旁，在他睡觉的时候很细心地替他捉虱子，向别人打手势要他们离得远一点，用她自己的手臂给那男孩当做摇篮。

另外有一次，一个年轻的妈妈轻轻地打她小孩的背，和他玩耍；那婴儿被打以后开始大笑，年轻的妈妈越玩越起劲，竟然越打越大力，一直到婴儿开始大哭为止。婴儿哭了以后，年轻妈妈便停止打他，开始安慰他。

有一次我看见一个小孤儿，前面已提到过的那一个，被跳舞的大人踩在脚下；大家都兴奋地玩乐时，那小女孩跌倒在地上，没有任何人察觉到。

心里不高兴的时候，小孩子常常打他们的妈妈，后者很少抗议。小孩从不受处罚，我从没看见大人打小孩，除了玩耍时以外，连假装作势要打也看不到。小孩子有时候哭，原因是他们把自己弄痛，不然就是和别的小孩吵架，或者肚子饿，或者不愿意大人替他们捉虱子。不过，最后那种情形不常发生；不论是捉虱的人或被捉虱的人都似乎很喜欢这项活动。这种行为同时也是兴趣或关爱的表现。如果一个小孩或丈夫希望有人替他们捉虱子的时候，他会把头靠在妇女的膝上，先靠一边，然后再转过来换另一边。捉虱子的办法有时是把头发不断地分开，或者把一撮头发拉起来对着亮光。一捉到虱子马上就送进嘴里吃掉。小孩哭的时候，他家族的人或一个较大的小孩会安慰他。

因此，母亲和小孩一起，形成一幅欢乐迷人的图画。母亲由草墙里面拿一样东西给她的小孩，当小孩伸手要去接的时候，又突然把东西拿回去，同时说："从前面拿！从后面拿！"有时候，母亲会把小孩举起来，假装要把小孩丢到地上，同时尖声大笑地叫道："我要把你丢到地上！"小孩以尖锐的声音大叫："不要！"

小孩以一种急切的、要求很多的爱意把母亲包围来报答母亲的爱；小孩子会注意使其母亲得到她理该分到的那份猎物。在尚年幼的几年时间，小孩和母亲生活得很亲密。在迁徙的时候，母亲带着小孩直到小孩自己会走路为止；然后两人还是走得很接近。父亲出去打猎的时候，小孩和母亲留在营地或村落里面，但是过几年以后，性别的不同便有些差异了。父亲对儿子的兴趣比对女儿要来得高，因为他得教导男孩各种男性的工作；母亲与女儿的关系，性质也类似。不过在和小孩打交道的时候，做父亲的人也表现我以上所提的那种亲切的关爱之意。父亲把小孩背在肩膀上面，给小孩制造合适的小型武器。

父亲也负责把传统神话说给自己的孩子听，在说故事的过程中把故事转变一下，使小孩子很轻易地就能懂。“每个人都死了！一个人也不剩！连一个人也没有！什么也没有！”这就是小孩子听到关于南美洲那场毁灭了人类第一个部族的洪水的故事之开头。

在一夫多妻的婚姻里面，第一个妻子的小孩和年轻的后母之间常存在着一种特别的关系。后者和其他小女孩之间具有一种同志的精神，因此可以把这样的一个小群体看做是一个小女孩和年轻妇女所组成的社会，她们一起到河中洗澡，集体跑到树丛中去大小便，一起抽烟、一起说笑话、一起纵情于价值可疑的游戏里面，比方说轮流往对方的脸上吐大量的口水。这类关系，由于其关系很紧密，也很受尊重和喜爱，虽然其中不含太多的礼貌因素，和我们（法国）社会里面存在于年轻男孩之间的关系很类似。虽然这种关系里面甚少含有互相帮忙、互相关怀的因素，但仍然能产生一种颇奇怪的结果，使小女孩比小男孩更快发展出独立性。女孩子跟随年轻的妇人，参与她们的活动，男孩子则只能依靠自己，想形成和女孩子的群体类似的团体而不能成功；男孩子在早年的时候，常眷恋在母亲的身旁。

南比克瓦拉族小孩没什么游戏可玩。他们有时用草来卷或编东西，但娱乐活动只不过是打架，或互相恶作剧。他们的生活模仿大人。小女孩学织东西、游手好闲、大笑和睡大觉；小男孩在8～10岁左右用小弓射箭，学习男人的工作。但不论是男孩或女孩，都很快就明白，南比克瓦拉人的根本问题，有时是悲剧性的问题，乃是找寻食物，他们也很快就明白在找寻食物的过程中要扮演积极的角色。他们热情地参与采摘植物果类的工作。在食物稀少的时候，常可看见他们在营地四周找食物，挣扎着要挖出根茎类食物，或者轻巧地在草丛中走，手中拿着去掉叶子的树枝，想抓蝗虫来吃。小女孩明白妇女在经济生活中所要扮演的角色，很热心地要证明她们可以愉快胜任。

有一次我碰见一个小女孩拿着她妈妈用来携带她小妹妹的树皮巾带来小心翼翼地携带一只小狗。“你是不是在爱抚你的小狗呢?”我问她。她很严肃地回答：“我长大以后要杀野猪和猴子；狗一叫的时候我就把野猪和猴子全部乱棒打死。”

她说话的时候，文法有个错，她爸爸笑着指出来：她应该使用女性的词格来说“我长大以后”，而不是用男性的词格。她的这项错误很有趣，表达了女性想把女性的特殊经济活动提升到和男性特有的经济活动同等重要的地位。由于这个小女孩所使用的动词的真正意义是用一只棍子或棒子（在目前的例子中，一根挖掘棍），她似乎在潜意识里想把女性的采摘（包括捕捉小动物）工作与使用弓箭做武器的男性的狩猎视为同性质。

必须特别提一下那些必须互称为“配偶”的表兄妹之间的关系。这些小孩子在一起的时候，有时候就像真正结了婚的夫妇，晚上的时候会一起拿些烧了一半的木头离开自己家族的营火，到营地的一个角落去点他们自己的营火。然后，他们晚上便睡在一起，视能力而定地沉溺于大人们所玩的爱情游戏，大人们则在旁观看，觉得颇为有趣。

在谈到小孩子的时候，我得提一下和小孩很近的家畜家禽，这些家养的牲畜所受的待遇和小孩相差不远：它们也吃家族的食物，受到同等的爱护及照顾——去虱子，玩游戏，谈话，抚摸，和人没有两样。南比克瓦拉人有很多种家养的牲畜。最重要的是狗，其次是鸡，这些鸡是隆洞引入这一带的鸡种后代，猴子、鹦鹉，很多种其他的鸟类，偶尔养猪和野猫。好像只有狗有实用价值，陪妇女出去打捕小动物；但男人用弓箭狩猎的时候从来不带狗。其他的动物养着纯粹是当做宠物，并不是为了杀来吃，连鸡蛋也不吃，母鸡下蛋都下在野草矮树丛里面。但如果小鸟在圈养训练过程中死亡，土著会毫不犹豫地把小鸟吃掉。

当他们迁移住地的时候，除了能自己走路的动物以外，全部的家畜都和其他家当一样背着走。猴子挂在妇女的头发上，使她们戴上一个活冠，冠的底部是一条尾巴，卷绑在妇女的脖子上面。鹦鹉和母鸡停在篮子的顶端，其他的动物则放在篮子里面。没有一种动物可以吃个大饱，不过也总能分到一份，即使是在食物稀少的时候。他们从这些动物所取得的回报是动物提供给他们娱乐。

现在我们讨论一下大人的生活。南比克瓦拉人对性爱的态度可用他们的一句话“tamidige mondage”来表达，这句话照其字面意义，可以翻译成“做爱好”。我前面已提到他们日常生活中充满性爱的气氛。任何和情爱有关的事情都使土著感到极大的兴趣与好奇；他们很喜欢谈这个话题，他们在营地的谈话里面充满性爱的隐喻和暗示。做爱的时间通常在晚上，有时在营火附近进行，但通常要做爱的人会退到离营地百码左右的草丛里去行事。有人离去的话，马上引起注意，大家会兴趣盎然，开始谈论说笑，连小孩子也参与其中，他们对引起这一阵笑话的原因很明白。有时候一小群男人、年轻妇女和小孩会跟随到草丛矮树堆去的那一对，在矮树丛中旁观整个做爱的过程，小声耳语，压抑笑声。做爱的那一对不喜欢别人的旁观，但也只能忍耐，对他们回到营地时将要面对的说笑也只能忍耐。有时候，另一对人会追随其脚步，到树林草丛中求得安宁。

然而这一类行为并非经常发生，有关这类行为的禁忌只给这种现象提供一部分的解释。其真正的原因似乎是土著的性情。已婚的夫妇常常自由自在地在公开场合互相爱抚，而且其程度几乎没什么限制，然而我却从来没在这类爱抚过程中看见男人勃起过，一次也没有。爱抚的快感似乎并不是来自身体官能的满足，而是一种爱的游戏以及表示亲密而已。或许这也就是为什么南比克瓦拉男人并不戴巴西中部几乎所有族群的男人都戴的护阳罩的原因所在。事实上，戴护阳罩的目的，即使不是在避免勃起现象，最少也是为了表明戴者并非在性行为上富攻击性。完全不穿衣服过日子的人，还是有我们称为害羞（modesty）的观念，只是害羞与不知害羞的标准不同罢了。巴西的印第安人，像某些美拉尼西亚人一样，害羞与不知羞的界限并非以身体裸露的程度为判别标准，而是以平静与兴奋为区别的准绳。

然而，这些微妙的区别有时不免导致我们与印第安人之间的误会，其错误既不在我们，也不在印第安人。举例来说吧，看到一个或好几个年轻貌美的女人全身赤裸躺在沙上，搔着我脚时挑逗性地笑着，碰到这种情况要完全无动于衷相当困难。每次我去河中洗澡的时候，常常被半打左右的女人，老少都有，集体攻击而感到很尴尬，她们的目标是我的肥皂，她们非常喜欢肥皂。在日常生活里面，她们会毫不迟疑地做出类似的动作；年轻的女人全身涂满红色树脂以后，会跑去睡在我的吊床上面，使我不得不忍受一张沾满红色的吊床；有时候走在地上和一群报导人正在工作的时候，会觉得有人在拉我的衬衫，原来是有些女人觉得用我的衬衫擤鼻子很方便，比她们平常必须做的，先到树丛去挑一枝树枝，折成夹子状来擤鼻子要方便省事得多。

为了能了解两性之间的态度的真相，得时常记得南比克瓦拉人社会中夫妻关系的基本性质：已婚的夫妇形成一个基本的、重要的经济上与心理上的单元。这些迁移不定的族群，经常不断地分分合合，结婚的夫妇才是（最少在理论上如此）稳定的现实，并且能保证生活的需要。南比克瓦拉经济有两方面：狩猎与种植是男人的工作；采集食物则是女人的工作。男性的群体整天不停地用弓箭打猎，或是忙于在雨季的时候种东西，女性的团体则带着小孩，拿着挖掘棍在草原上采集食物，挖根茎，棒打小动物，或抓取任何他们可用做食物的东西：种子、水果、莓子、根茎、蛋和各种各样的小动物。到晚上的时候，丈夫与太太聚在他们的营火前面。当木薯成熟或仍有存货的时候，男人带回一堆根茎，由女人磨碎塑捏成扁平的饼，如果狩猎成绩好的话，猎物的肉放在营火红热的灰烬中烧烤。但是一年中有 7 个月的时间木薯是缺乏的；狩猎则要靠运气，特别是在一片多沙的荒地上面动物难得一见，很少离开河边或水边的草地或密林。而这些水边草地与密林疏疏的散布于半沙漠似的土地上面。结果是家庭食物来源主要是依赖妇女的采集活动。

我常常和他们一起吃这些令人难过的简陋食物，一年里面有半年的时间，南比克瓦拉人得靠此维生。每次男人垂头丧气地回到营地，失望而又疲惫地把没有能派上用场的弓箭丢在身旁时，女人便令人感动地从篮子里面取出零零星星的东西：几颗橙色的布里提（buriti）果子、两只肥胖的毒蜘蛛、几粒小小的蜥蜴蛋、一只蝙蝠、几颗棕榈果子和一把蝗虫。软果子在盛水的葫芦里用手压碎，硬果用石头打碎，小动物和幼虫则丢进热灰中烧烤；然后，他们全家人便高高兴兴地吃一顿无法填饱一个白人肚子的晚餐，全家人就靠此过日子。

南比克瓦拉人对“美丽”与“年轻”只用一个字来描述，对“丑陋”与“年老”的形容也只用同一个字。他们的美感评判因此基本上是建基于人本位，特别是性本位的价值上面。不过两性之间的兴趣相当复杂。男人认为女人大体上和他们自己不太一样；他们对女人在不同场合表现欲望、尊重或关爱；我刚刚提到过的名词本身就是一种敬意的表示。然而，性别上的劳动分工固然使女人负担不可或缺的任务（家族食物来源在很大程度上依赖女性的采集工作），她们的工作还是被视为一种比较次要的劳动；生命的理想活动还是狩猎或农业：有一大堆的木薯或肉类是心中永存的梦想，但很难实现。七拼八凑来的食物被视为平常的简陋食物——而实际上也是非常简陋。在南比克瓦拉的俗语中，“吃蝗虫”，也就是吃妇女小孩采集来的昆虫，其意和法国俗语所说的“过贫苦日子”（mangor de la vache enragée）差不多。同样的，女人被认为是一个亲爱的、可贵的，但也是次等的所有物。男人习以一种慈祥的怜悯语气来谈论女人，和女人讲话的时候常用一种带嘲讽的表情。男人常常说：“小孩子不晓得，但我晓得女人不晓得。”他们提到那群女人，及其典型的笑话与交谈时，常带着关爱的怜悯语气。不过，这都只是社会态度。一旦男人与他的女人单独在营火前面的时候，男人便会听女人的抱怨，记住她的要求，请她帮忙做各种工作；男性的自夸在这时候被两个合伙人间的合作所取代。他们知道互相之间是如何地需要依赖对方。

男人对女人的态度里面所含的这种暧昧性，在妇女群体的集体生活中也有其同样暧昧的对等态度存在。她们自视为一个集体，并在不少方面把这点认识表现出来。我们已提到过，她们说话和男人不同。特别是尚未生小孩的年轻太太或姨太大更是如此。做母亲的妇女及老妇人说话和男人就没什么不一样，不过，有时候也会表现出有所不同。年轻妇女喜欢小孩和十来岁的大孩子，和他们一起玩耍说笑；她们用一种某些南美洲印第安人特有的很具人性的方式来对待所圈养的动物。以上的一切使妇女在她们自己团体中的生活笼罩在特殊的气氛之下，既像小孩，又愉悦，有些不自然，而又轻浮；男人打完猎或在田园工作完毕回到营区以后，便分享这种气氛。

但妇女一旦要进行她们自己的特殊工作时，便表现出一种截然不同的态度。她们在一片静寂的营地里背对背坐成一圈，每个人很有耐心地以高度技巧进行手工艺工作。当她们在迁徙途中时，便背负着装满全家家当和补给的沉重篮子，坚定地随着族群的人迁移，身上还带着一捆捆的弓箭。男人则拿着一把弓、一两支箭、一支木标或一把挖掘棍，在队伍前面大步前进，注意看是否有猎物可打，或是否有果树。妇女们得不停地走好几里路，她们的背被窄长的、形如倒悬之钟的篮子全部遮住，绑篮子的树皮带子挂在前额，她们的脚步非常特殊：两条大腿紧靠在一起，膝盖不时碰在一起，足踝分得很开，脚板内弯，全身的重量落在足部的外侧，身体向前移动的时候臀部不停地摆动，充满活力，意志坚定，心情愉悦。

男人与女人的心理态度与经济工作上的区别也间接表现在哲学性的及宗教性的想法与活动上面。南比克瓦拉人认为女人和男人的关系与他们整个生存组织所依据的两个极端有关。他们生存所依据的两个极端是：定居的农业生活，其中包括建造房屋与种植农作物等两项男性的经济活动；另一端是游居不定的时期，食物主要由妇女的采集活动供给。定居的生活代表安全感与食欲的满足；游居的生活代表不安全、不固定以及饥饿。南比克瓦拉人对此两种季节性的生活方式有相当不同的态度。他们提到夏天的时候，心情郁闷沮丧，表现的是对人间条件有意识的、不多抱怨的忍受，还有对千篇一律的活动及其烦人重复性无可奈何的接受；但他们提到冬天的时候，则充满了新发现所带来的热情与刺激。

然而，他们的形而上学概念却把以上两者的关系完全颠倒过来。男人死了以后，灵魂显现于美洲狮身上；妇女小孩死后的灵魂则飘在空中，永远消逝无痕。这点不同就是把妇女排除于最神圣的仪式之外的理由；最神圣的仪式在农作季节开始的时候举行，用竹子做不少管子，管子喂上各种祭品，然后由男人吹奏，吹奏的地点离居住地区相当远，让妇女无法听见。

虽然我去的时候并非举行祭仪的季节，我很想听听这些笛子的吹奏声，并想取得一两支笛子做标本。在我的要求之下，一群男人出发到远方的森林去找粗大的竹管。三四天以后，我在半夜被叫醒；出去找竹管的人一直等到妇女都入睡了以后才叫醒我。他们带我去一个离营区百米左右丛林里面的隐蔽处，然后开始做笛管，做好以后开始吹奏。四个人合奏，奏的曲调完全相同，但由于竹笛的声音并非完全相同，便形成一种不太一致的协奏的印象。曲调和我已听习惯的南比克瓦拉歌曲不一样，那些歌曲的粗犷的结构及其间停的方式，有些像法国的乡村歌曲；笛子吹奏的曲调也和三孔的、鼻音重的奥卡利那笛（ocarinas）所吹奏的不一样。奥卡利那笛是由两片葫芦用蜡黏起来制成的。笛管吹奏出来的曲调只有几个音符，其音色以及节奏变化，在我听来，像极了圣乐（Sacre）的片段，特别是其中题为“祖先的祭仪活动”（Action rituelle des ancêtres）那一段里面的木管乐器吹奏部分。如果有好奇的或不谨慎的妇女在这个时候闯进来的话，会被棒打。像波洛洛族的人一样，其女性人口头上悬挂一项真实存在的形而上学的咒语，然而南比克瓦拉的妇女却并没有能像波洛洛妇女那样享有法律上的特殊地位（不过，南比克瓦拉人的嗣系似乎也是女性嗣系）。在组织如此松散的社会里面，这一类倾向都只以不明示的方式存在，而其综合必须从那些不明确的、微妙的行为模式中加以推断。

男人在描述迁移不定的生活时期时，其语气几乎是和他们在抚摸他们的妻子一样的温存，那种游走不定的生活方式最大的特征即是暂时性的居住地点和永远在身边的篮子，生存所依赖的各种最不调和的资源都要靠每天挖掘出来、收集起来、捕捉过来，他们暴露于风雨寒冷之中，那样的生活所留下的痕迹，其永久性不会超过于妇女的灵魂，那样的生活的主要依赖是妇女的经济活动，而妇女的灵魂一被风暴吹散，便消失无踪。而他们对定居时期的生活则有相当不同的看法（这种生活方式的特殊性及其古老性可由他们所种植的原始种属完全证明）；在定居生活中所进行的没有变易的农业活动次序带有一种恒久性，就像会再生转世的男人灵魂一样，那些固定的雨季住屋，那些农园会再次迸发生命，出产农作物，“即使以前的种植者死亡被遗忘了”，也无所改变。

在这里我们是不是可以看到与南比克瓦拉人那样异常不稳定，可以很快地由友善和气变得恶意敌对的性情相平行的东西呢？极少数和他们接触过的人都甚为这种性情的特征感到惊异。那个乌帝阿里帝族群也就是5年前杀死传教士的一群人。我的男性报导人描述那次攻击传教士的事件时，带着相当满足的神气，每个人自夸曾施予致命的一击。说老实话，我并不认为他们有什么错。我认识很多传教士，对其中不少人的人性以及科学的能力，我还相当佩服。但是在1930年左右企图打进马托格洛索中部的美国新教徒是很特殊的一群人：其成员来自内布拉斯加（Nebraska）或达科达（Dakota）的农村家庭，在那环境中长大的年轻人被教着去相信真的有盛满滚沸之油的油桶存在于真正的地狱之中。对其中一些人来说，成为传教士就像是买保险一样。一旦他们认为自己的救赎已经得到保证以后，他们所要做的就只是证明自己值得救赎，结果是在进行传教工作的时候，他们常表现出令人惊异的粗糙和不顾别人的感觉。

我不晓得引发那场大屠杀的意外事件是如何发生的。有次我自己犯下一个错误，差点付出最大的代价，在那里面大约可以找到那次事件的解释。南比克瓦拉人对毒药具有相当的知识。他们用木鳖属植物根茎的红色表皮来制造箭毒，用慢火把其表皮煮成胶黏状态；他们也同时使用其他的植物性毒药，每个人随身带着粉末状的毒药，装在棉织袋子中或竹筒里面，用棉线或树皮绑在身上。这些毒药是在以物易物发生争执或因性问题发生争执的时候用来做报复的；以后我将会对这些加以讨论。

除了这些科学上有效的毒药以外，南比克瓦拉人还有其他比较神秘的毒药。他们在制造上述的科学上有效的毒药时，完全公开进行，一点都不掺杂进更往北边的族群制造木鳖属植物箭毒时所要做的种种巫术性的小心翼翼和麻烦手续。南比克瓦拉人用和那些装真正的毒药完全相同的筒子，装一种木棉科（bombax）属的树之树胶薄片，这些树的树干中间肿大胀起；他们相信把这种树脂的薄片丢到敌人身上，会使敌人的身体像那种树的树干一样，也就是会肿起来而死亡。南比克瓦拉人用同一个字“南跌”（nandé）来形容真正的毒药和这种巫术性的树胶。因此，“南跌”这个词便具有比“毒药”更广的含义。它代表任何一类的威胁性行动，也指在这种行动中所可能使用的一些物质或东西。

得先做以上的说明，才能了解我底下要说的故事。我随身带去好几个用纸做的多种颜色的气球，这类气球充气的办法是靠气球底部的一只小火炬，巴西人在暑期日（Midsummer's Day）的时候便成百地放这种气球。有天晚上，很不幸地我想让印第安人明白这种气球如何充气。第一只气球被火烧掉，引起一场哄然大笑，好像他们知道该怎么做才对似的。第二个气球非常成功，很快地升空，飞得很高，其火炬的亮光很快与星星无法分辨，在空中飘了很长一段时间，然后消失掉。但是本来的一片欢乐很快变成另一种情绪；男人很专注地、愤怒地望着那只气球，妇女则用弯曲的手臂来遮住她们扭曲的脸，大家挤靠在一起。“南跌”这个名词一再出现，一再被重复。第二天早晨，一群男人代表来找我，要求检视那些气球，要看看里面有没有放“南跌”。他们非常仔细地检查了一番。还好，南比克瓦拉人对事实抱有很实际的态度（我刚刚说过的那些话还是有效，但他们的态度也的确很实际)，他们了解，至少能接受我做给他们看的实验，我在火上放一小张纸，让纸因热空气而上飘。看了我的实验证明以后，他们便像平常一样的替意外事件找个常用的借口，把错误一把推到女人头上，“女人什么也不懂”，“容易害怕”，误以为有什么大难要临头。

我自己则一点妄想也没有；这件小插曲很可能以惨剧收场。然而这场意外，以及我以后会描述的其他意外，一点都没损及和南比克瓦拉人长久亲密相处所必然形成的友谊关系。因此我最近读到一本由一个外国同行所写的书里面描写的，他对那群我曾在乌帝阿里帝一起生活过的土著的情形，感到异常伤痛。这位同行比我晚 10 年碰到他们。他去到乌帝阿里帝的时候是 1949 年，当时有两批传教士在那里活动，一批是我提到过的耶稣会教士，另外一批是美国新教的传教士。整个土著群只剩下 18 人，他的描述如下：

> 我在马托格洛索所见到的所有印第安人里面，以这一群南比克瓦拉人最为凄惨。8 个男人里面，一个有梅毒，另外有一个身体受某种感染，有一个脚受伤，有一个是又聋又哑。妇女小孩看起来倒还健康。他们不睡吊床，睡地上，因此身上老是满身脏土。夜晚寒冷的时候，他们把火熄灭，睡在犹温的灰烬之中……只有在传教士给他们衣服的时候才穿衣服，传教士要求他们穿。他们讨厌洗澡，因此身上不只盖着灰尘和灰烬，盖在皮肤与头发上，而且还盖腐烂的肉片和鱼片，再加上汗臭，使人一接近他们便很不舒服。他们看起来也有不少寄生虫，肚子鼓胀，不停地放屁。他们里面好几个人挤进我们工作用的小房间时，我们得停止工作多次，使房间透些空气……
>
> 南比克瓦拉人……脾气大，不礼貌，甚至粗鄙。好几次我

去他的营帐访问朱力欧（Julio）的时候，他躺在火堆附近，看见我来了便翻个身，背对着我说他不想讲话。传教士们告诉我，南比克瓦拉人会一而再地要求把某样东西送给他，如果不答应，他会自己动手取走。为了避免印第安人闯进去，传教士们有时会把纱门关起来，但如果南比克瓦拉人真正想闯进去的话，会把纱门扯一个洞，然后走进去……

不用和南比克瓦拉人相处多久，就可发现这种藏在底下的恨意、不信和绝望，其结果使观察者产生一种沮丧的感觉，带着一些怜悯之情。[①]

但是我认得他们的时候，虽然他们人口已因白人带来的疾病而减少很多，但仍然没有人，最少从隆洞所做的合人道的尝试以外，没有人要使他们就范，因此我要把以上的令人难过的描述忘掉，在记忆中只保留住有天晚上，我在随身携带的小火炬之火光下写进我笔记里面的这项经验：

在黑暗的草原里面，营火熊熊闪光。靠近营火的温暖，这是越来越凉的夜里而唯一的取暖方法；在棕榈叶与枝所形成的不牢靠的遮蔽物后面，这些遮蔽物都是在风雨可能吹打的那一面临时赶工搭建起来的；在装满整个社区在这个世界上的所有一切少许的财富的篮子旁边；躺在四处延伸的空无一物的地面上，饱受其他同样充满敌意、无法预料的族群的威胁之下，丈

① 奥伯格（K. Oberg）：《巴西马托格洛索北部的印第安部族》（*IndianTribes of Northern Mato Grosso, Brazil*），Smithsonian Institution，Instituteof Social Anthropology，Publ. No. 15，Washington，1953，pp. 84—85.

夫们与妻子们，紧紧地拥抱在一起，四肢交错，他们知道是身处于彼此互相支持和抚慰之中，知道对方是自己面对每日生活的困难唯一的帮手，知道对方是那种不时降临南比克瓦拉人灵魂的忧郁之感的唯一慰藉。访问者第一次和印第安人一起宿营，看到如此完全一无所有的人类，心中充满焦虑与怜悯；似乎是某种永不止息的灾难把这些人碾压在一块充满恶意的大地地面上，令他们身无一物，完全赤裸地在闪烁不定的火光旁边颤抖。他在矮树丛中摸索前行，小心地不去碰到那些在他的视线中成为火光中一些温暖的反影的手臂、手掌和胸膛。但这副凄惨的景象却到处充满呢喃细语和轻声欢笑。成双成对的人们互相拥抱，好像是要找回一种已经失去的结合一体，他走过其身边也并没中止他们的相互爱抚的动作。他可以感觉得出来，他们每个人都具有一种庞大的善意，一种非常深沉的无忧无虑的态度，一种天真的、感人的动物性的满足，而且，把所有这些情感结合起来的，还有一种可以称为是最真实的、人类爱情的最感动人的表现。

二十八　一堂书写课

我非常想知道南比克瓦拉族大约的人口数目，最少希望能间接知道。在1915年的时候，隆洞觉得其总数是20 000人，但这估计可能偏高；不过当时的每一群南比克瓦拉人都有好几百个成员，而根据我在电报线沿线所得的消息，从那以后，其人口便锐减。30年前，沙班内群（Sabané）里面为人所知的部分总数在千人以上；在1928年，沙班内群到过肯波诺弗（Campos Novos）电报站，其中除了妇女小孩以外，还有127个成年男人。但在1929年，那群人宿营于一个叫做“耶斯皮洛”（Espirro）的地点时，受到了流行感冒的侵袭。病况转成一种肺肿，结果在48小时之内死了300人。这个族群散裂，把病者和垂死者遗弃。1 000个为人所知的沙班内人，到 1938 年的时候，只剩下 19 个男人和他们的妇女小孩。数目这么少的原因，除了那场流行病以外，还得加上他们和其东部的邻近部族战争这项原因。但是，另外有个定居于离翠斯布里蒂斯（Tres Buritis）不远的大族群，在一场爆发于 1927 年的流行性感冒侵袭下，死得剩下六七个人，到 1938 年的时候只剩下 3 个人。曾经是人口数目最多的族群之一的塔伦跌（Tarundé），在 1936 年只剩下 12 个男人（加上妇女小孩）；这些男人到 1939 年只剩下 4 个。

现在，散布于整个地区的人口数可能不超过 2 000。要做有系统的统计是不可能的，因为其中有些族群一直带有强烈敌意，再加上所有的族群在迁徙季节里都到处流动。但我设法说服我那些乌帝阿里帝的朋友带我去他们的村落，在去之前先在那里把和他们有亲戚关系的其他族群的人设法集合起来；利用这种方法，我就能够测出目前的亲戚会合场面的大小，把参加人数的多寡与以前的人所观察的做比较。我答应会带礼物去，并且与他们进行以物易物的交易。那个族群的酋长在答应我的要求时态度相当犹豫：他对他要邀请的客人态度怎样没有把握，如果我的同伴和我本人居然在这块自 1925 年 7 个电报职员被谋杀以后再也没有白人进过的地区失踪的话，从 1925 年以来维持存在的这种随时会受危害的和平可能因此而破坏相当长久一段时间。

他最后答应我的要求，但有一个条件，就是我们必须把探险队缩小，只带 4 头牛运载礼物。即使是如此，我们仍然无法沿着河谷底下常用的小径行走，因为小径上的植物过分茂密，驮运的动物无法通过。我们必须沿着一条临时特别开辟出来的道路横穿高原。

时过境迁以后来回顾，那趟异常危险的旅行，看起来颇像是一场最滑稽的插曲。我们一离开就鲁耶那，同行的巴西人即刻发现印第安人妇女孩子并没有和我们一起走，和我们做伴的只有带着弓箭的印第安男人。在旅游书籍里面，这种情形意味着我们马上要遭受攻击。因此我们一面前行一面提心吊胆，不时检视我们随身携带的史密斯威森（Smith & Wesson）手枪（我们的探险队成员将手枪的名字发音为“谢密德卫雪冻”，Cemite Vechetone）和来复枪。事实证明我们的忧虑是多余的：快中午的时候，我们就赶上同一族群中的其他人，其酋长知道我们的骡子前进的速度要比带着篮子的妇女快许多，再加上背着篮子的妇女还带小孩，走得更慢，因此在我们出发的前一天晚上就让妇女小孩先出发了。

然而大家会合之后不久，印第安人就迷路了：这条新路并没有他们所想象的那么简单。傍晚的时候，我们不得不停在森林里面过夜。出发以前有人告诉我们在路上无法打猎，但印第安人什么补给也没带，要依赖我们的来复枪打猎来提供食物。我们只携带紧急情况必需的补给，根本没有办法把食物与每一个人分享。一群在一个水池旁边吃草的鹿，我们稍一靠近的时候便逃走了。第二天早上，到处都是不满，印第安人公开对酋长表示愤怒，责怪他，要他对他与我一起设计的旅行计划负责任。所有的土著，不但不动手组织一次狩猎活动，或成群出外采集食物，反而大家躺在临时的遮蔽物下面，袖手等着酋长自己去想办法来把问题解决。酋长带着他的一个太太出去，到傍晚的时候两个人才回来，背上的篮子里面装满他们花整天的时间捕捉到的蝗虫。土著认为压碎的蝗虫算不得是好食物，但还是尽心开怀地大吃一顿，精神重新振作起来。隔天早晨我们便再出发。

我们终于抵达指定的会面地点。那是一个砂质的台地，从台地上可看到一条溪水，溪水两旁都是树，在树木里面则是一些半遮掩起来的土著田园。各个族群零零散散地到达约会地点。到晚上，已有 75 个人代表 17 个家族，全挤在 13 个遮蔽用建筑物下面，这些蔽体的结构和土著营地的蔽体差不多同样简陋。他们向我解释，在雨季的时候，这些人住在5间地面小屋里面，那些小屋可维持好几个月的时间。有好几个土著似乎从来没见过白人，他们的态度相当倔气，而酋长则相当急躁，似乎是酋长勉强说服他们到这个他们不想来的地方来。我们并不感到安全，印第安人也一样。那个晚上相当寒冷，由于台地上没有树木，我们不得不像南比克瓦拉人那样躺在地面上睡觉。没有一个人睡着：整个晚上大家都有礼貌但很严密地注意对方的一举一动。

把这种危险的状况拖延太久是不理智的事情，因此我鼓励酋长尽快交换礼物。这时候发生一件很不寻常的意外事件，我要先回溯一些往事才能解释这个意外。南比克瓦拉人没有文字这是没有必要指出的，但他们还不晓得怎么画东西，只能在葫芦上面几条虚线或画成个锯齿图案。不过，我还是像与卡都卫欧人在一起的时候那样，分给他们纸张和铅笔。起先他们拿着纸笔什么也不做，然后有一天我发现他们都忙着在画平面的波浪形线条。我在奇怪他们究竟想做什么，然后我突然恍然大悟，他们是在写字，或者应该更正确地说，他们是试图要像我写字时那样的运用他们手中的铅笔。这是他们所知道的铅笔的唯一用途，因为我还没有把我的素描拿出来给他们看，使他们高兴。绝大多数人就只画些波浪形线条，但酋长自己野心比较大。毫无疑问，他是土著里面唯一了解书写的目的的人。因此他向我要一本书写簿，我们手上都各有一本以后，便开始在一起写东西。我问他有关某件事情的问题时，他不回我的话，而只在纸上画些波浪形线条，然后把那些线条拿给我看，好像我可以读得懂他的回答似的。他几乎有点相信他自己的假装若有其事是真的；每次他画完一行的时候，便相当紧张地看着那条波浪形的线条，好像希望其意义会跃出纸上的样子，但每次都接着在脸上出现失望的表情。然而他从来不承认他自己看不懂，而我和他之间有个不成文的协议，认定他那无法辨识的写字是有意义的，而且其意义如何我得假装看得懂；还好，他把他写的东西拿给我看以后，都会马上再加上口头说明，因此我也就不必再要求他解释他到底在写什么。

他一把整群的印第安人集合起来以后，便马上从篮子里面取出一片画满波浪形曲线的纸，开始表演怎么读纸上写的内容，假装犹豫了一阵，查对我要拿出来和他们交换礼物的东西清单：某某人的弓箭将换取一把砍刀；某某人的项链将换得一些珠子……这场真做的假戏一演演了两个钟头。或许他是想欺骗他自己吧？更可能的是他想令他的同伴大感惊讶，要使他们深信他是在扮演着交换物品的中间人的角色，要他们相信他和白人有联盟关系，分享白人所拥有的秘密。我们急着要尽快离开那里，因为一等到我所带来的各种宝贝全部转到土著手中的时候，也就是最危险的时刻。因此我并没有进一步做考察，还是请印第安人做向导，开始往回走。

这次不成功的聚会，还有我无意中引发的那场虚伪的表演使整个气氛令人相当不悦；更糟糕的是，我骑的骡子嘴里长疮流血，相当痛。骡子如果不是一味不耐烦地往前冲，就是突然停止不动。忽然之间，我发现自己居然落单了，一个人在矮树林里面，不知该往哪个方向走才好。

旅游书籍上说，在这种情况下，就要开一枪来吸引原来同行的人注意。我从坐骑上下来，开一枪。没有任何反应。打了第二枪以后，我似乎听到一声回应。我开第三枪，结果只是使骡子大吓一跳；骡子往前跑，在相当远的地方停下来不动了。

我有系统地把我的武器和照相用具分散开，放在一棵树的根部，仔细地记下那棵树的位置。然后跑去捉我的骡子。我远远地看到它，似乎情绪相当温顺。它一直不动，等我靠得很近伸手要去抓缰绳的时候拔腿就跑。骡子继续不停地玩这种游戏好几次，使我离原来的地点越来越远。最后我感到绝望，便突然往前跳，双手抓紧骡子的尾巴。它被这种奇怪的方式所吓，便不再逃跑了。我爬上鞍，想回去拿那些装备，但是在树丛中绕行太多次，我已无法找到我藏装备的地点了。

这场损失令我很难过，我便决定要想法子赶上那群人。但骡子和我都不知道他们到底走的是那个方向。如果不是我决定走某个方向，但骡子老大不肯走，就是我任骡子自己高兴往哪里走就往哪里走，但结果它只在原地绕圈子打转。太阳已开始掉入地平线，我的武器都已丢掉，我可能随时都会被一阵箭雨射穿。我或许不是第一个进入这个充满敌意的地带的人，但比我先到过此地的人都没有活着回去过，而且，不论我自己条件如何，我的骡子是这些缺乏食物的人最好的美食。我在脑中把这些阴郁的念头翻来覆去，一面等着日落，我身上还有些火柴，我准备生一团野火。就在我要开始生火的时候，我听到人声：两个南比克瓦拉人发现我失踪以后立刻回头来找我，从中午开始就一直跟在我走的小径后面，对他们来说，找回那些丢掉的仪器容易如儿戏，不算一回事，他们在黑暗之中领我回营区，其他人在那里等我们。

受这件愚蠢的意外事件所苦恼，我无法安睡，那些无法成眠的钟点被用来思索那场交换礼物的插曲。在那种场合，书写文字首次出现于南比克瓦拉人中间，但并不是像我们可能想象的那样经历过一个长久的、辛苦的训练过程。书写的出现只是被借用来作为一种象征，其目的是社会学的，而非智性上的使用，而且文字的真相一直未被理解。文字不是用来取得知识，帮助记忆或了解的，而只是为了增加个人的情感与地位，或者用以增加一种社会功能的权威与地位，其代价是将其余的人或社会功能加以贬抑。一个仍然活在石器时代的土著也能猜得到，这项可以借之达到了解的伟大工具，即使他自己并不晓得其真相，他也知道这工具可以用来做其他用途。书写文字毕竟有好几年的时间都只是一种机构，在世界上很大一部分地区，情况仍然如此，在那些社会里面，大多数社会成员并不晓得如何使用文字。我曾到过东巴基斯坦的吉大港山脉（Chittagong Hills），曾住在当地的村落里面，村里的人并不知道如何写字，但每个村子都有一个代书，替村里的个别人或替整个村落写东西。所有的村人都知道有书写文字这回事，在有需要的时候也使用这项工具，不过，他们是以外在者的身份去利用书写文字，把书写文字视为一种外界的沟通手段，他们自己要用口头说话的方式与这种外界手段和其代表沟通。担任代书工作的人，很少是村人团体的工作人员或雇员：代书带给书写文字的人以权力，结果是同一个人常常既是代书又是放贷者；这不仅是因为放贷者需要能读能写才能做生意，而是因为代书这样的人，正好在两个层面上都可以掌握别人。

书写是一种奇怪的发明。人们容易就会想到书写文字的出现必然给人类生存的条件带来重大的改变，而且会把这些重大改变视为主要是一种智识性质的重大改变。拥有书写文字以后大大增加人类保存知识的能力。书写文字可以说是一种人工记忆，书写文字的发展应该是使人类对自己的过去有更清楚的意识，因此而大大增加人类组织安排目前与未来生活的能力。在所有其他区别野蛮与文明的标准与界限都被一一取消击破以后，使人觉得很想最少维持住这么一项判别的标准：有些人群有书写文字，有些人群没有；前者能够累积其过去的成就，而以更快速的速度来达成他们给自己定下的目标；而后者，由于无法记得个人有限的记忆能力所能记住的那点过去，似乎不免被局限于一个起伏不定的历史里面，那样的历史既没有一个开始，也不会有任何长久存在于意识之中的目标。

然而就我们所知的，有关书写文字及其在人类演化史中所扮演的角色，却没有任何证据可支持上述的观点。人类历史上最具创造力的时期之一是在新石器时代的早期，当时发明了农业，圈养动物，还有其他种种手工艺。那样富于创造力的阶段所以能够出现，一定是在数千年之久的时间内，小型的社群不停地观察、实验，并且把其所得成果代代传承下去的结果。这些重要的发展获得极大成功，可以想见其进行过程相当精确，而且富有延续传承性，但当时还没有任何书写文字。如果书写文字的发明是在公元前 4 000 年到公元前 3 000 年之间的话，则书写文字只能看做是新石器时代革命的一项相当晚近的（毫无疑问也是间接的）结果，而绝不是产生新石器革命的先决条件之一。如果我们要追问有什么重大的发明是和书写文字紧密相连的，则在技术方面只能举出建筑。然而埃及和苏、美的建筑成就并不见得高于前哥伦布时期的某些根本不知道书写文字的美洲民族的成就。反过来说，书写文字发明以后直到现代科学诞生以前，整个世界历经 5 000 年之久，在那段时间内，人类的知识与其说是增加了，倒不如说是摇摆起落不定，后者所占的比例比前者大得多。常常有人指出，一个古希腊或古罗马公民的生活方式和一个 18 世纪欧洲中产阶级的生活方式并无太大的区别。在新石器时代，人类没有书写文字的帮助，仍然大步前进，取得好多重大成就；有了书写文字以后，西方的历史时期的文明长期停滞不前。毫无疑问，如果没有书写文字的话，很难想象会产生 19 世纪与 20 世纪的科学上的急速扩展。但书写文字固然是一必要条件，却一定不是一个解释此项扩展的充分条件。

要建立起书写文字的出现和文明的某些特质之间的互变关系，我们必须换从另一个角度加以考察。与书写文字一定同时出现的唯一现象是城镇与帝国的创建，也就是把大量的个人统合进一个政治体系里面，把那些人分划成不同的种姓或阶级。这种现象，不论如何是从埃及到中国所看到的书写文字一出现以后的典型的发展模式：书写文字似乎是被用来做剥削人类而非启蒙人类的工具。这项剥削，可以集结数以千计的工人，强迫他们去做耗尽体力的工作，可能是建筑诞生的更好说明，最少比前述的书写文字与建筑的直接关系更具可能性。我的这项假设如果正确的话，将迫使我们去承认一项事实，即书写主要功能是帮助进行奴役。把书写文字用作不关切身利益的工具，用做智识及美学上的快感的源泉等等，是次要的结果，而且这些次要的功能常常被用来强化、合理化和掩遮进行奴役那项主要功能。

不过，还是有些例外存在：非洲有些土著帝国统治了数以十万计的人；前哥伦布时期的美洲印加帝国有数以百万计的人口。然而以上两个大陆里面的这些建造帝国的尝试却也并没有产生什么恒久的结果。我们知道印加帝国创建于 12 世纪左右：3 个世纪以后，如果它自己不是已经衰颓不堪的话，皮札洛（Pizarro）所率领的士兵不会那么轻易地就将其征服。虽然我们对古代非洲的历史所知不多，但我们可感到其情况大致相似：庞大的政治群体出现了，不到几十年的时间以后，又消失无踪。因此，这些例子或许是证实了上述的假设，而非推翻它。或许书写文字本身不足以巩固知识，但书写文字可能是强化政治统治所不可或缺。如果我们看看比较接近家乡的例子，我们发现欧洲国家强迫教育的系统性的发展是和服兵役制度的扩张以及人口的无产阶级化过程齐头并进的。扫除文盲的战斗与政府对公民的权威的扩张紧密相连。每个人必须要识字，然后政府才能说：对法律无知不足构成借口。

这种过程已由国家性的层面移到国际性的层面上去，这是新创立的国家与享有优越地位国家的联盟之间某种心照不宣的勾结结果。那些新创立的国家要应付我们在一两百年前面对过的种种问题；地位优越的国家则深深地忧虑它们自己的稳定可能会受到侵害，它们害怕那些没有经过适当程度的书写文字训练的人会用口号来思考，而那些口号又能任人随意变更，很容易变成种种暗示的牺牲品。能够接近存放在图书馆中的知识以后，这些人同时也变成容易被印成文字的、在比例上要比知识还高出许多的大量谎言所左右。毫无疑问，这种现象目前已无可挽回。但是在我去过的那个南比克瓦拉人的村落里面，那些地位较低的成员却是最富理性判断力的人。他们在其酋长企图运用一种文明的手段时，便不再信任和支持他（我离开后不久，那个酋长被其村民的大部分所遗弃），他们模糊地意识到，书写文字与欺骗同时并进，突然侵入他们的社区。他们跑到更为偏远的树林里去休养生息。而与此同时，我也忍不住要佩服他们的酋长的天才，能立刻了解到书写文字可能增加他的权威，也就是一下子掌握了一项制度的根本性质，虽然他自己对该制度仍然不知如何应用。这件插曲同时使我注意到南比克瓦拉人生活的另一面：个人与群体之间的政治关系。我很快就有机会在这方面做更直接的观察。

当我们仍然在乌帝阿里帝的时候，土著里面爆发一场腐烂性眼炎的流行病。这种感染是淋病病毒引起的，流行于整个社区，造成极大的痛苦和暂时性的目盲，目盲不治疗会变成永久性的失明。有好几天的时间，整个社群处于瘫痪状态。土著治疗这种感染的办法是用一种树皮浸在水中，再用树叶卷成喇叭状，把水注入眼中。这种传染病传布到我们的群体。第一个受害者是我太太，她到目前为止参与我的所有探险研究，她的专业是研究物质文化与工艺技术；她受感染很严重，不得不离开此地。然后大多数男人也受到感染，我的巴西同伴也受了感染。不久，整个探险研究便停止了。我让主要成员留在原地休息，医生也留下来给他们必要的照顾，我自己带着两个人和几头牲畜前往肯波诺弗（Campos Novos），有人报告说在那附近看见过几群土著。在那里过了两个礼拜近乎无事可做的日子，采集还没完全成熟的水果，果树种在一个已回复到原始荒野状态的田园里面：有芭乐，其苦味和砂性的肉质常常远差于其浓郁的香味；还有槚如果（Caju），颜色鲜艳如鹦鹉，其肉质粗糙像海绵，但其汁液有点酸，味道浓郁。要取得肉类相当容易，我们只要一大清早到离营地百米左右的灌木林地区，就可轻易地射到常来该地树林的鸽子。在肯波诺弗我遇见两个族群，他们为了取得我带去的礼物而从北方下来。

这两个族群之间互相敌对，其不友善的程度不下于他们两群人对我的敌对态度。从一开始，他们并不是请我把礼物给他们，而等于是要求我这么做。在开头几天，只有一个族群的人和我们在一起，再加上一个从乌帝阿里帝先到达此地的土著。我想这个土著可能对来访的族群中的一个年轻妇女表现出过分的热情，来访者与陌生人之间的关系一下子就相当紧张，那个土著开始到我的营地来求取一种比较友善的气氛，他也和我一起进食。那个族群的人注意到这一点，有一天他出去打猎的时候，一群像是代表似的土著到我的营地来找我。他们要我在那个乌帝阿里帝土著的饮食里面下毒，语气中带着威胁；他们也随身带了毒药，一种灰色的粉末，放在4根用线绑在一起的竹管里面。这是一个尴尬的情况：我如果一口拒绝，可能他们就会攻击我，他们的敌意态度使我得小心回应。因此我想最好夸大我对他们所讲的话的无知程度，干脆假装我根本不懂他们在说什么。他们一再地重复对我说，我那个访客是个“卡扣累”（Kakoré），也就是大坏蛋，必须越快把他除掉越好，然后他们很不满意地离开。我向那个乌帝阿里帝来的土著说明这事的经过，他马上消失得无影无踪，一直到几个月以后我又回到那地区才再看见他。

还好，第二个族群隔天就来了，给第一个族群提供了一个宣泄他们敌意的对象。两个群族会面的地点在我的营区，这里既是中立地带，又是他们两个族群长途跋涉的目的地。因此我也得以看清楚整个会面的过程。男人自己前来，然后两族群的头目立刻进行一场冗长的对话。所谓对话倒不如说是双方各自发表独白，语气平缓，充满一种我从未听过的鼻音。“我们极为不乐。你们是我们的敌人！”一群人号叫着，另一群人则回答：“我们并不觉得不乐。我们是你们的兄弟，我们是朋友——朋友！我们可以相处得很好！”诸如此类。等到这场挑战与抗议进行完毕以后，他们便在我营帐旁边搭建一座公共营帐。然后大家开始唱歌跳舞，每一群人在自己的表演快结束的时候，会把自己的表演与对手的表演做比较［泰曼跌（Taimaindé）人歌唱得很好！我们歌唱得不好！］。接着又开始争吵，不用多久，紧张程度又升高。歌唱与争吵夹杂，造成非常大的噪音，而夜晚才刚开始，我对他们在唱什么吵什么无法明白。有时会出现威胁性的手势，甚至开始拉拉扯扯，其他的人便权充和解人。所有的威胁手势都以生殖器为焦点。南比克瓦拉印第安人表示很不高兴的时候，就双手握住自己的阳具，指向对手。做完这个以后，接着便攻击对方，目标是把盖在对方阳具上面的那束草扯下来。阳具“藏在草后面”，“打斗的目的是把草扯下来”。这种动作纯粹是象征性的，因为男性生殖器的遮蔽物，其材料异常单薄，既保护不了阳具，也遮掩不住阳具。有时候也会设法夺走对手的弓和箭，把弓箭藏在对手拿不到的地方。在这整个行动的过程里面，土著的情绪都异常紧张，好像他们是勃然大怒，随时会大打出手。拉拉扯扯有时会变成真正的乱打一场，但是这一次，打斗在黎明时分就止息。两边的人仍然看得出来还是充满怒意，而且频频做不友善的手势，可是他们开始检视对方，用手指摸对手的耳坠、棉制手镯和小小的羽毛饰物，同时小声地发出急促的评语，像“把它给……把它给……看，那多漂亮”。而饰物的主人则抗议说：“这很丑……旧东西……损坏的东西!”

这种“和解式的检视”代表争吵告一段落，两个族群之间开始进行另一种关系：商业交易。南比克瓦拉人的物质文化可能相当简陋，但每个族群所制造的手工艺品都为别的族群所珍爱，东部的南比克瓦拉人需要陶器与种子，北边的人则认为南边的人所制造的项链特别精致。因此，如果两个不同族群的人和平相处的话，结果会导致礼物的交换，紧张与争执被以物易物的交易所取代。

实际上很难相信他们真的是在交换礼物。那场争吵之后的那个早晨，每个人都进行日常的活动，物件或产品由一个人转移到另一个人手中，给予者甚至没有表明他是在赠送一样礼物，而获得者也并不对他新得到的东西多加注意。交换的东西包括棉花、线团、整块的胶或树脂、印度梅树汁、贝壳、耳坠、手镯和项链、整束的棕榈纤维、刺猬的刺、完整的陶罐、破碎的陶片和葫芦等。这种神秘的物品交换进行了大半天之久，然后两群人分开，各走各的路。

南比克瓦拉人依赖对方的慷慨大方。他们从来没想到要估价、争论、讨价还价、要求或取回。有个土著答应替我带信给一个邻近的族群，代价是给他一把砍刀。他带完信回来以后，我忘了把砍刀立刻给他，想他大概会回来向我要。但他并没向我要，等到第二天我已找不到他。他的同伴告诉我说，他很愤怒地离开，而我再也没有看到过他。我只好请另一个土著代替他把礼物收下来。在此情形下，一旦以物易物结束以后，一群人会心里很不满意地离开就一点也不足为奇了，不满情绪会慢慢增加（他们计算一下所得的礼物和他们付出的礼物)，直到充满攻击性的地步。这种不满的情绪常常足以引发战争；战争的爆发当然还有其他原因，比方说是进行谋杀或报复谋杀，又或抢夺妇女。然而，一个群体似乎并不觉得作为一个群体非得要替其成员所遭受的伤害取得完全同样的报复不可。然而，由于群体之间存有敌意，上述的借口常被接受，特别是如果有一个族群觉得自己很强盛的时候。打仗的建议会由一位战士提出，他把自己的不满大声喊出来，其口气跟语调和族群与族群会面时的演讲时候相同："哈啰！到这里来！过来！跟我来！我在生气！很生气！箭头！大箭头！"

穿上特殊的华服，也就是一把草盖染上红色，戴上美洲狮皮制成的头盔的男人集合在酋长的领导之下，开始跳舞。先要举行一个占卜的仪式：酋长或者巫师（如果该族群有巫师的话)，把一支箭藏在丛林中的某个地方。第二天便出去找寻那支箭。如果箭上沾血的话，就决定打仗；如果没沾血，便不打仗。很多出战行动都是如此开始，但前进几公里路以后又放弃。原来的刺激与兴奋消灭，战士们都回家了。但有些出战行动则进行到底，导致流血。南比克瓦拉人习惯于在黎明发起攻击，他们埋伏的方式是在丛林的不同地点隔一定的距离就有人藏在那里。每个人颈间挂一个哨子，攻击的讯号利用哨子由一个人传给下一个人。哨子是用绳子绑在一起的两根竹管，其声音接近蟋蟀的叫声；毫无疑问，这是为什么哨子的名称和蟋蟀的名称相同的理由。打仗用的箭和平常用来射杀大型动物的完全一样，不过在矛状的顶端有锯齿形的刃。浸过箭毒（curare)的箭头，在打猎的时候经常使用，但从不用来打仗，因为被射中的敌人在毒药能散布于身体里面的时候就能把箭拔出来。

但是，在婚姻的问题上面，还有些其他的因素。这些因素让酋长可以享受一夫多妻的特权，也就是整个群体把一夫一妻制的规则所保护的个人性的安全感（individual elements of security）拿出来与集体安全（collective security）交换，群体的成员认定酋长要对集体安全负责。每个男人只从另外一个男人那里得到一个女人，但酋长则从群体里面得到好几个太太。得到好几个太太的酋长便得以保障整个群体免于饥饿、免于危险作为回报。回报的对象不是他所娶的太太们的兄弟或父亲等个别的人，甚至不是那些因为他一夫多妻而娶不到太太的男人，回报的对象是整个群体，那个为了酋长个人的利益而把社会普行的律法（common law）网开一面的社会群体。这些考虑或许对进行一夫多妻制的理论研究不无帮助；但以上讨论的主要价值是提醒我们把国家制度视为一种提供各种保证的制度来考虑的想法，这种想法最近几年来因为有关于全民保险制度的讨论［像贝瓦里及计划（Beveridge Plan）和其他的提案］而被人重新提起，这种想法并非完全是现代才有的发展。这种想法的本质是回复到社会和政治组织最基本的性质上面去。

以上就是群体对待权威的态度。我们不妨进一步考察一下，看酋长本人如何看待他的功能，以及他可能是基于什么样的动机才去接受一个并非永远是快活的职责。南比克瓦拉酋长必须扮演一个困难的角色，他为了维持地位必须卖劲的工作。更严重的是，如果他不一直不停地有所改进的话，他就有丧失掉他花了好几个月或好几年才得到的一切。这就说明了为什么很多人不愿意接受权力，然而另外也有人不但接受权力，还设法取得权力。要评断心理动机常常是困难的，当我们在讨论的是一个和我们自己的文化很不一样的文化时，这种工作几乎是根本不可能。然而，还是可以肯定地说，光是一夫多妻这项特权，不论它在性方面、感情方面或社会方面能有多大的魅力，其本身仍然不足以构成追求酋长这个行业的充分理由。一夫多妻的婚姻是权力的一项技术条件；在提供任何深层的满足方面只能居于次要的地位。一定还有更进一步的理由。当我回想起各个不同的南比克瓦拉酋长德性上的和心理上的特征时，当我要捕捉住他们人格个性上的那些不可捉摸的特质时（这些事情无法加以科学分析，却有其价值，这要归功于人类沟通交往的本能感觉，以及对友谊的体验），我便不得不做出下面的结论：酋长之所以存在，其原因是由于在每个人类群体里面，都会有些人和他们的同人不一样，不一样的地方是在于那些人就是喜欢享有名望，他们深为责任的担负所吸引，对他们而言，公共事务的负担本身就是酬劳。不同的文化毫无疑问会让这一类的个人与个人之间的差别做不同程度的发展与表现。但是在像南比克瓦拉这样一个缺少竞争的社会里面，这种现象都会存在，就表示它可能并非完全是源出于社会性的层面，而是属于一切所有的社会都据之而建构起来的基本的心理性的原料。并不是每个人都差不多相同，即使是在那些被社会学家们视为被威力无比强大的传统所重压的原始部族里面，个别的人与个别的人之间的差异，还是被部族里的人精明地辨识出来，同时有意识地加以利用，其精明的程度和有意识的利用程度，一点都不下于我们自己所谓的“个人主义性”的文明。

换另外一个形式，以上所讲的毫无疑问的是莱布尼兹（Leibnitz）在讨论美洲野蛮人时所提到的“奇迹”。这些野蛮人的习俗，依照早期的旅行者所记载的，使莱布尼兹学到“永远不把政治哲学里面的任何假设视为已得到证实的真理”。至于我自己，我跑到地球的另一端，跑到天涯海角去寻找卢梭称之为“几乎是无法辨识的人类起源的各个阶段”的现象。在卡都卫欧族和波洛洛族的那些过分复杂的律法规则面纱的背后，我继续追寻一种状态情况，一种卢梭经常称之为“已经不存在，可能永远没有存在过，可能永远不会存在，但无论如何如果想要有一个可以用来评断我们目前的状态所必不可缺的正确观念”的状态情况。我相信，我比卢梭更幸运，我已在一个变质颓败中的社会里发现那样一种状态情况。关于这个社会的情况，去考虑其目前的状态到底是不是一种退化现象、残存现象等，都毫无意义。不管是传统性的，或是退化性的，这个社会所提供的是想象所能及的最基本简陋的社会组织和政治组织的形成。我并不需要去追溯整个使这个社会维持其简陋基本组织形式的特殊历史事件的前因后果，而且很可能那些特殊的历史事件事实上一步步地把这个社会推回到其目前这种基本形式上。我只要观察陈列在我眼前的这些社会学经验即已足够。

但是，最难捕捉的正是社会学经验本身。我一直在寻找一个被化约到其最简单的表现形式的社会。南比克瓦拉社会是如此真正地简单到无以复加的程度，我在这个社会里面所看到的，只剩下一个个别的人类。

二十九　男人、女人与酋长

1938 年的时候，位于肯波诺弗以北高原地带最高点上面的维尔黑那（Vilhena）电报站，只是几间小屋建在一片几百米见方的空地上面。这地方是铁路建造者计划建成马托格洛索地区的芝加哥的地点。据我所知，这地方目前已成为军用机场；在我去那里的时候，该地不过两户人家，他们已有 8 年之久没接到任何补给，而他们，我在前面已说明过，靠一群鹿来维持自己生理上的平衡。他们很仔细地利用那群鹿，那群鹿提供他们所需的肉类。

在维尔黑那，我认识了两个新的土著族群，其中一群有 18 个人，说的方言和我渐渐熟悉的那种很接近，另外一群有 35 个人，使用一种不知道是什么的语言，我后来也一直无法指认出那种语言到底是什么。这两群都各由自己的酋长领导；人数较少那群人的酋长的功能似乎完全是世俗性的，人数较多那群的酋长却具有类似巫师的身份。由巫师领导的那一群叫做沙班内；另外一群叫做塔伦跌。

除了语言上的差异以外，几乎不可能分辨出两个族群有何区别：他们的外貌和他们的文化几乎都一样。肯波诺弗的印第安人情形也是如此，不过维尔黑那的这两群印第安人，互相之间的关系相当友善。他们虽然有各自的营火，但一起旅行，宿营地也紧紧相邻，似乎已经决定要分享共同的命运。这是一种令人惊异的结合，因为两个族群语言不同，其酋长只能透过各自族群中的一两位可担任口译的人才能互相交谈。

他们的联合一定是相当晚近的事情。我在前面已解释过，在1907年到1930年之间，白人所带来的传染病使印第安人人口锐减。其结果之一就是有好几个族群人口消减得太厉害，已到了无法独立生存的地步。在肯波诺弗，我曾观察过南比克瓦拉社会内部的敌对情形，也看到破坏性的力量在起作用。在维尔黑那，我则有机会亲眼看见欲达致和谐的努力。毫无疑问，和我一起宿营的这些印第安人已理出一整套构想。两个族群的成年男人都互叫对方族群的女人为“姊妹”，而妇女在和对方族群的男子谈话时则使用“兄弟”一词。两个族群的男人，在互相交谈的时候，用来称呼对方的名词是自己族群的语言中意即“交表亲”（cross-cousin）的称呼，等于我们会翻译成为“姑舅表”的姻亲关系。依据南比克瓦拉的婚姻规则，这种称呼方式的意思就是两个族群的小孩都互相成为“可能的配偶”。因此可以说，经由通婚，到下一代的时候，两个族群就会合成一个。

然而，要完成这项大计划，仍有一些障碍。另外还有一个对塔伦跌族群怀有敌意的族群在这一带活动；有时候那一族群的营火清晰可见，塔伦跌人准备着任何事情都可能发生。由于我对塔伦跌方言稍懂一点，但对沙班内的语言一无所知，我觉得和塔伦跌群比较亲近一些；沙班内群的人，我无法和他们交谈，他们对我也比较疑惧。我也就无法说明那一群人的想法。我所能说的，只不过是塔伦跌人不能完全肯定他们的朋友对这项联合成一群的原则是否毫无保留。他们害怕那第三个族群，但他们更怕的是，沙班内群可能会突然改变主意，另结新盟。

不用多久就发生一件奇怪的意外，证明他们的恐惧是很有理由的。有一天，男人都出去打猎，而沙班内群的酋长没有在平常的时刻回到营地。整天没有人看见过他。夜晚降临，到晚上九十点的时候，整个营区处于一种恐慌状态，特别是失踪未归的那个人的家属。他的两个太太和小孩子紧紧拥抱在一起哭泣，哭泣他们的丈夫和父亲的死亡。在这时刻，我决定带几个土著到附近观察一番。我们才走了不到 200 米，就发现那个失踪的酋长蹲在地上，在黑暗中发抖；他全身赤裸，也就是项链、手镯、耳环、腰带等全都不见了。由我的火把的光中可以瞥见他脸上悲苦的表情和凄苦的五官。其他人扶着他回到营地，他坐下来一言不发，一副令人无可置疑的受挫折的表情。

焦急的听众迫使他说明到底发生什么事。他解释说，他被雷带走，南比克瓦拉人称雷为“阿蒙”（amon，那一天曾有一场暴风雨，预示雨季的开始）；雷把他带入空中，带到一个他指出名字的地点，离营地（在阿那内兹河，Rio Ananaz）25 公里，夺走他身上所有的饰物，然后又把他带回来，放在我们发现他的地点。大家不停地讨论这件意外，讨论到每个人都睡着为止。隔天早晨，那个沙班内群酋长就恢复常态，而且也找回他全部的饰物：没有一个人对此表示惊异，他自己也没做任何解释。接着下来那几天，塔伦跌群的人里面开始重复诉说有关这次意外的另一个版本故事。他们觉得那位酋长，在假装和超自然界沟通的情形下，实际上开始和在附近宿营的另一群印第安人进行谈判。这些指控都没有表面化，有关那个事件的官方版木，大家都在公开场合表示接受。但是在私下谈话里面，塔伦跌的酋长一点都不掩饰他的焦虑。由于这两个族群不久以后就离开了我们，我一直不知道这个故事的结局是如何。

这项意外，再加上我以前所做的观察，促使我去思考南比克瓦拉群体的性质，以及群体的酋长在群体内部所能达到的政治影响力量。再也无法找到比南比克瓦拉群体更为脆弱、更为暂时性的社会结构了。如果其酋长看起来要求过分，如果他自己占有太多妇女，如果他在食物短缺的时候无法提出满意的解决方法来，不满马上表面化。个别的成员或整个家族会离开其群体去参加别的声誉更好的酋长的群体。那个群体可能因为发现新的猎场或食物采集场，而有更丰富的食物来源，或者可能经由与邻近族群交换的结果而取得饰物与工具，或者可能由于某些胜利的出战而变得更为强大。其结果是，有一天，原来族群的酋长会发现他所率领的群体人口太少，无法解决日常生活的需要，或无法保护其妇女不被贪心的陌生人掳走。情形到此地步以后，他只好放弃酋长的地位，和族群中的剩余分子一起加入一个比较好运的群体。因此，南比克瓦拉人的社会结构很明显是变动性相当高的。族群不停地组成、解散、增加与消失，在几个月之内，一个群体的结构、大小和分布范围会大大改变，变得无法辨认。同一群体内部的政治阴谋纷争，邻近群体之间的争执，都对这些改变的模式有所影响，个人和群体的升降浮沉接二连三，其变化常令人惊异。

那么，群体的区分到底是以什么为原则呢？从经济的角度考察，由于自然资源缺乏，在游居时期需要一片相当广大的空间才能养活一个人，就使得他们不得不区分成规模不大的小群体。问题不在于为什么要区分成小群体，而是在于小群体是如何区分的。在原本的社区中，有些男人被视为领导者，这些领导者就是各个群体结合的核心。一个群体的大小，一个群体在特定时期内的稳定程度，都视其酋长维持秩序和改进自己地位的能力而定。政治权力似乎并非来自社会群体本身的需要；反而是可能成为酋长的人是整个群体的形式、大小，甚至来源的根本，可能成为酋长的人在群体尚未出现的时候已经存在。

我和两个这一类的酋长很熟悉：一个是在乌帝阿里帝，他的群体称为“瓦克雷托苦”（wakletocu），另外一个是塔伦跌群体的酋长。前者相当聪明，深知他自己的职责，精力旺盛，很会应变。他预测到任何新情况的可能结果，计划出一个特别适合我需要的旅程路线，在必要的时候，他会在沙上绘图来说明整个路线。当我们到达他的村落时，我们发现，不必我们要求他，他早已派一队人去立起绑牲口用的柱子。

他是个最有用的报导人，因为他对于我的工作有兴趣，了解我要问的问题，看到其中的困难所在。不过，他当酋长的任务用掉他很多时间；他会一下子出猎几天不归，不然就是去检视那些长种子的树的情况，看那些已有成熟水果的树木的情形。他的几个太太也经常邀请他玩爱情游戏，他都立刻答应。

一般说来，他具有一种高度的逻辑思考能力，还具有能持续坚持某项目标的能力，这两点在南比克瓦拉人里面相当少见。南比克瓦拉印第安人常常善变而且喜怒不定。在艰难不稳定的生活条件下，手中能利用的办法又如此几乎呈病态缺乏的情况下，他还是表现了一个有效的组织者的能力，可以独自担当起他的群体之福利的责任。他很有效地领导着他的群体成员，虽然其中带有相当程度的谋略算计成分在内。

那个塔伦跌群体的酋长年纪和前述的酋长相当，都是 30 岁左右，同样聪明，不过方式有些不同。瓦克雷托苦酋长让我觉得是个很精明、很有办法的人，他不断地在算计着某种政治行动。塔伦跌的酋长并非行动性的人物，而是一个喜好沉思的人，非常敏感，他的心思具有诗意，相当迷人。他意识到他自己的族人所处的没落颓败情境，这种意识使他的谈话中带着忧伤的语调："我以前也曾这么做，但是现在那些都已成过去……"这是他提到以前比较快乐的时光，那时候他的群体不但没有被削减成几个无法守住自己习惯的少数人，而是有好几百个忠实的遵守所有的南比克瓦拉文化传统的人。他对欧洲习俗的好奇心，他对我有办法研究过的附近族群的习俗之好奇心，一点都不会在我之下。和他一起进行的人类学研究工作永远不会是单向的活动：他把这种工作视为消息的交换，他对我要告诉他的一切事情都极感兴趣。他还常常向我要我所观察过的，附近的族群或远方的族群所使用的羽饰、头饰或武器的素描。我送给他的素描，他都小心地保存起来。或许他是想用这些资料来改进他自己群体的物质装备和知识水平。然而他好梦想的气质却难以产生实际的结果。不过，有一天，在设法核对潘神笙（Pan pipes）的分布地域时，我问他一些问题，他回答说从来没见过潘神笙，但很想要一张潘神笙的图。靠着那张素描图，他居然成功地做了一个粗糙的、但也可以吹奏的潘神笙乐器出来。

这两位酋长的特殊能力和他们如何取得他们的地位的情境大有关系。

在南比克瓦拉社会里面，政治权力不来自世袭。当一个酋长变老或生病而觉得没有能力继续完成他卖力的责任时，他自己会挑继承人："这个人将成为酋长……"但这种独尊似的决定只是表面的，实质上并非由他任意决定。我以后将说明一个酋长的权威在实际上是如何薄弱。选继任者的时候，就像在做其他一切决定一样，最后的决定似乎都得先探查过大众的意见：被指定的继任者同时也是大多数人所最拥护的人。但是选择新酋长不仅仅是受到整个群体的赞成或反对意见所左右；被选中的人还得准备接受这项安排。授予权力却被强烈拒绝，并非不常发生："我不愿当酋长。"这情形如果发生的话，就得另选别人。实际上，似乎并没有什么争取政治权力的强烈竞争，我所认识的酋长们，常常并不把当酋长看做是值得骄傲的事情，反而常常抱怨责任太重，负担太多。情形既是如此，我们不妨追问，酋长到底享有什么特殊权益，他的责任又是哪些。

在 1560 年左右，在鲁昂（Rouen）那地方，蒙田会见三个海员所带到欧洲去的三个巴西印第安人。蒙田问其中的一个，在他的国家里面，酋长（蒙田使用的是"国王"这个字眼）享有什么特权；那个土著本身就是一个酋长，回答道："特权，就是打仗的时候走在最前线。"蒙田把这个故事在他的《论文集》（*Essays*）其中很有名的一章里面加以描述，同时对这种骄傲自得的定义表示惊讶无比。对我而言，在 4 个世纪以后所得到的回答完全一成不变，更值得惊讶和佩服不已。政治哲学如此的一致，在文明国家里面是见不到的！这种定义看起来是会令人惊异，但是南比克瓦拉语中用来称呼酋长的名词，比这个更有意义："乌依里看跌"（Ulilikandé），其意思似乎是"那个进行联合的人"，或"那个把人们团结起来的人"。酋长一词的语源表示土著的心目中明白我已强调过的现象，也就是，酋长是被视为一个群体的成员愿意组成一个群体而存在的理由所在，而不是一个已经存在的群体觉得需要一个中央的权威而制造个酋长出来。

个人的声望，还有引发别人信心的能力是南比克瓦拉社会里面权力的来源。这两项都是一个要在危险多端的旱季游居时期里面担任向导的人不可或缺的。一年里面有六七个月的时间，酋长自己要完全负起带领他的群体的责任。他得组织出发工作，选择行进路线，决定扎营地点，决定扎营时间的长短。所有打猎、捕鱼、采集等工作的决定都取决于他，他还要决定自己的群体对待邻近群体的态度。如果一个群体的酋长同时也是村落的酋长的话（此处的“村落”一词只狭义的指雨季时期的半永久性的居住地区），他的责任就更为广泛。他决定定居时期的时间和地点；他监督田园种植工作，决定种什么植物；更重要的是，他得把一个群体的各种活动和群体的各种需要，与季节性的潜能全部联结起来。

必须立即指出的是，在执行这么多的功能时，酋长并不具有任何明确规定好的权力，也不享有任何被大众所承认的权威。权力来自同意，权力靠同意来维持其合法性。任何可鄙的行为（也就是在土著观点中视为可鄙的行为）或者是一两个不满分子所表现出来的恶意不满，都足以破坏酋长的计划，危害到他的小社群的福利。这类事情如果发生的话，酋长并不具有任何强制力。他只有在说服所有其他人都同意他的看法的时候，才能除掉不受欢迎的人。因此他必须具有维持一个不稳定的多数的政治人物所必须具备的能力，而不是一个全权的统治者所具有的权威。单单维持他自己群体的团结并不足够。他的群体在游走时期虽然可能处于几乎是完全孤立的状态，但对其他小区的存在并非毫无意识。酋长不仅是要做好自己的工作；他还必须要试图——他的群体要他如此——做得比其他的酋长更好。

在完成这些责任的时候，酋长所拥有的基本的也是主要的权力工具是酋长本人的慷慨。慷慨是原始族群之中权力的一项重要性质，特别是在美洲，慷慨扮演一个角色，即使是在只拥有简陋物品的粗陋文化里面也是这样。酋长在物质的拥有上面虽然看不出来是处于特别优厚的地位，他还是得有办法可以处置一些剩余的食物、工具、武器和余物，这些东西不论是小到什么程度，由于一般情况相当贫穷，还是可能具有可观的价值。当一个人，一个家族或整个群体觉得需要点什么的时候，他们便去找酋长。结果是，慷慨成为一个新酋长最必须具备的特质。这是经常被吹奏的音符，而同意的程度则取决于这个音符所得到的回音是和谐还是不和谐。毫无疑问，在这一方面，酋长的能力被利用到极点。群体的酋长是我们找到的最佳报导人，知道他们所处的困难地位，我很乐意给他们慷慨的报酬。但我送给他们的所有礼物很少停留在他们手中超过一两天以上。和他们住在一起几个礼拜以后，在我要离开的时候，群体的成员早已成为那些斧头、刀子、玻璃珠等等的所有人了。然而，一般说来，他们的酋长还是和我初到时一样的贫穷。送给他的所有一切（其数量要比平常普通的成员多出许多）早已都被逼着要走了。这种集体性的贪求无厌常使酋长感到绝望。当这种情形发生的时候，酋长拒绝赠送礼物，在印第安人的原始民主里面，几乎就等于是在现代国会里面要求举行一次信任投票。当一位酋长被逼得说："我再也不送任何东西了！我再也不愿意继续慷慨下去了！让别人慷慨吧，别老是要我慷慨！"的时候，他一定要确实对自己的权力信心十足，因为他的统治正在经历最严重的危机。

善于临机应变、善于想办法是智识形式的慷慨。一个好酋长表现主动和技巧。他要负责准备箭头用的毒药，要制造印第安人有时候玩的游戏里面用的野生树胶球。酋长必须善于唱歌跳舞，必须是生性乐观的人，随时给群体提供娱乐，打散日常生活中的无聊枯燥。这一类的功能很自然地导向巫师崇拜，有些酋长事实上也同时是医者和药师。不过，这一类种种性质的功能常常只留在幕后，需要表现巫术性的技能时，也都只不过是酋长功能中的次要因素。比较常见的情形是，现世界的权力和精神世界的权力分属两个不同的人物。在这一方面，南比克瓦拉人和他们西北边的邻居，也就是吐比卡瓦希普人不一样，后者的酋长同时也是巫师，会做预兆性的梦，看见奇景，进入失魂状态，变成灵媒。

虽然是以实际的目标为对象，南比克瓦拉人的酋长所拥有的技能和应变能力仍然相当可观。他对他的群体和邻近的群体常去地区的地理必须具备完整的知识；他得熟悉猎场，熟悉那些长野果的树木所在的树林；他必须知道什么时候是到猎场或到树林去的最恰当时刻，他也得知道邻近的族群会走什么路径，是友善的还是怀敌意的。他常常都是出去勘察或探测，他与其说是在带领他的群体，倒不如说是在他的群体四周徘徊。

除了一两个不具有任何真正的权威，但如果给予适当的报酬时就愿意合作的人以外，整个群体的成员和他们活力充沛的酋长相比，全部显得异常被动。好像是整个群体一旦把某些特权交予其酋长以后，就期待酋长对于整个群体的利益和安全负起全部责任似的。

这种态度可由我已描述过的那个小插曲给予很好的说明；当我们迷失方向，发现所带的补给不足时，土著并不组织一个猎队出去打猎，而是躺下来休息，让酋长和他的太太们去设法应付这种情况。

在很多地方我都提到酋长的太太们。多妻制是酋长才能享受的特权，代表对他所担负的那么多责任的一种道德上和情绪上的补偿，同时也因此使他具备一个完成那些职责的条件。除了少数例外以外，只有酋长和巫师（也就是说，如果这两种功能分别由不同的人扮演的话）可以娶好几个太太。但这里的一夫多妻制是一种特殊的一夫多妻制。一夫多妻制原意是指结好几次婚，但此地的情形实际上是只结一次婚之外再加上一种不同性质的关系。第一个妻子扮演着平常的一夫一妻制中唯一的妻子所扮演的角色。她依照习惯上的性别分工的方式行动，照顾小孩，煮食物，采集野果，以后的结合虽然也被视为婚姻，但属于不同的性质。第一个太太以外的太太属于比第一个太太更年轻的辈分。第一个太太称呼她们为"女儿"或"侄女"。这些次要的太太也不遵守性别分工的规则，而是参与男性和女性的工作。在营地里面，她们不做任何家事，只是无所事事，有时和小孩一起玩耍——她们和小孩属于同一世代——不然就是爱抚她们的丈夫，而第一个太太则忙着起火，准备食物。但是酋长出猎的时候，或出去探险的时候，或从事其他的男性活动时，次要的太太们都陪着他，给他道德上和体力上的支援。这些相当男性化的女孩，是从群体中最漂亮、最健康的女孩子里面挑选出来的，更像是情妇，而不像妻子。她们和酋长之间的关系，充满一种爱情上的伴侣同志之情，这一点和第一次婚姻的太太和酋长之间的那种家庭夫妻关系形成强烈的对比。

虽然男人与女人通常不一起洗澡，但一夫多妻的丈夫和第一位太太以外的太太们有时候会在一起洗澡，这种情形会成为活泼有趣、嬉闹不止、笑话不停的场面。晚上的时候，他和她们玩，有时候是情爱式的，两个人三个人或四个人滚成一团，和他紧紧地拥抱于沙中，或者是像小孩子似的嬉戏。比方说，那个瓦克雷托苦酋长和他的那两个年纪较轻的太太会一起躺在地面上，成为一个三角星的形状，然后把脚举到空中，有节奏地使他们的脚板互相碰撞在一起。

这种一夫多妻制的结合因此是一种多人参与的情爱同志关系再加到单偶婚姻制度上面，同时，这又是权威的性质之一，具有心理上的和经济上的功能性目的。这些太太们通常相处得很好，第一位太太的命运虽然有时候似乎是比较难堪，因为在她丈夫与年轻的情妇们嬉闹的笑声频传的情况下，她仍然得继续做她的工，有时还得亲眼看着他们玩更亲爱的游戏，但她却毫无怨言。这些不同性质的妇女角色并非一成不变或硬性划分不可逾越，有时候丈夫会和第一位太太一起嬉闹，虽然这种情况较为少见。第一位太太并非完全和生命中的欢乐无缘。此外，她较少参与情爱的游戏这一点，由于她比较受人尊重，而且对那些较年轻的太太们具有某种权威，而得到补偿平衡。

这种一夫多妻制度，对群体的生命有严重的影响。每隔一段时间就把年轻的妇女从平常的婚姻环节中夺走的结果，是酋长自己破坏了适婚年龄的男女性别均衡。年轻男子受这种制度之害最大，其中有些人因此而命定要过好几年光棍生活，不然就是娶寡妇，或娶被丈夫遗弃的老女人。

南比克瓦拉人对这个问题另有一个解决办法：同性恋。他们对同性恋的关系有一个富诗意的名词，称为 tamindige kihandige，也就是 l'amour-mensonge，“妄爱”（lying love）。年轻男子中间比较常见到这种妄爱，而且这种关系的进行远比男女情爱关系更为公开。妄爱的双方并不像要进行情爱游戏的男女那样的一起躲进丛林的一角去；他们就躺在营火附近，而附近的人嘻嘻哈哈地旁观。这类插曲是取笑的对象，但一切笑话都相当有所保留；同性恋的关系被认为是孩子气的消遣，不必多加注意。有一点还是不清楚的，就是南比克瓦拉人的同性恋者是否达成完全的满足，或者仅只局限于情感的表现，互相爱抚，像结婚的夫妇那样常常公开地表现其情感和爱抚。

只有具“交表亲”关系的年轻人，才被允许有同性恋的关系，换句话说，只有通常会互娶对方姊妹的男子之间，才准发生同性恋，等于是女孩的兄弟暂时权充代替她。每次向土著问及这一类的关系，他们的回答总是：“他们是侄表亲（或舅甥）在做爱。”成人以后，舅甥之间还继续公开表现他们之间的情感。两三个已经身为丈夫与父亲的男人，晚上的时候走在一起，手臂很富情意地环搭在彼此的身上，这样的场面很常见。

不管这一类取代性的解决方案的真相到底如何，使这种关系成为必要的那种一夫多妻制，仍然是整个群体对其酋长所做的一项重要的让步。从酋长的观点来看，他是满足的，能接近年轻漂亮的女子。这种满足（基于我已说明过的理由）与其说是肉体上的，不如说是情感上的。不过，这种一夫多妻的婚姻制度，最主要的还是由于它所具有的特殊性质，整个群体是借它来使他们的酋长可以完满达成他的种种义务。如果酋长单独一人的话，他很难比别人多劳作。酋长的那些次要的太太们，由于她们的特殊地位使她们不必负担女性的一般义务，可以帮助他，给他带来慰藉。这些小太太们，既是做拥有酋长权力的酬劳，同时也正是行使酋长权力的工具。或许可以问，从土著的观点来看，付出的代价到底值不值得。要回答这个问题，我们必须从一个比较一般性的角度来加以考察，必须问一个问题：这种南比克瓦拉的群体，把它看做是一种基本的社会结构，能在有关权力的来源与功能的问题上面给我们什么启示。

有一点得先赶快加以解决。南比克瓦拉的资料，和其他证据合在一起加以考虑，和那种老式的社会学理论正好相反。那种理论有一段时间被心理分析理论重新提出，该理论认为原始社会的酋长的原型（prototype）是象征性的父亲，因此国家的基本形式（elementary forms）就是家族的发展。我们在南比克瓦拉的资料中已看到，在最基础的权力底下，有一项与生物性现象相比较起来是全新的要素：这项新要素即是同意（consent）。权力来自同意，同时受同意所限制。那些看起来是单向型的关系，比方说像老人统治、酋长个人统治或任何其他形式的政府，只有在原来已具有复杂结构的群体中才能出现。在我所试着加以描述的这种简单形式的社会组织里面，那些形式的政府和统治方式根本不可能出现。在简单形式的社会组织里面，情形正好相反，政治关系归根结底只不过是酋长本人的能力和权威与群体的大小、团结程度以及善意两者之间的一种协调而已；所有相关的各个因素都互相影响。

当代人类学在这方面能给18世纪的思想家所提出的理论相当大的支持，能够证明这一点将是件令人心满意足的事情。卢梭的分析和存在于此处所描述的群体中的酋长和群体成员之间的类似契约式的关系并不一样，这是事实。卢梭所想的是一个性质很不一样的现象，他所考虑的是个别的人为了群体意志的利益而放弃其个别的独立性。然而，卢梭和他同时代的人能够理解到像“契约”和“同意”这一类的文化态度和特质，并不是次级的发明创造，在这一点上面他们表现出深沉的社会学本能的理解，这是仍然正确真实的。持相反看法的人，特别是休谟（Hume），则把“契约”和“同意”等看做是次级的人为创造，但是事实上，“契约”与“同意”正好是社会生活的基本原料，根本不可能想象能有任何一种政治组织里面可以缺少这些要素。

以上的说明就引致第二点观察：“同意”是权力的心理基础，而在日常生活里面，“同意”具体表现于酋长和他的同伴之间的供给与接受的过程里面，这就使“互相”（reciprocity）这个概念成为权力的另外一种基本性质。酋长是具有权力，但他必须慷慨。他有很多责任，但他也能有很多个太太。在酋长和他的群体之间，存在着一种不断更新的礼物、特权、服务与责任的均衡关系。

第八部

吐比卡瓦希普族

三十　独木舟之旅

我在6月离开库亚巴，现在已是9月。这3个月的时间里，我在高原上到处旅行，载货载人的牲畜需要休息的时候便和印第安人一起宿营，不然就是在脑中把这次旅行的过程清理一番，有点怀疑这件事到底有何意义。所骑的骡子颠簸不停，提醒我身体上的擦伤磨伤，这些伤口几乎已成为我身体很自然的一部分，如果不是每天清早都要被骡子的颠簸弄痛的话，我几乎要把那些伤口忘了。探险已淡化成无聊。几个礼拜下来，我看到的就是一片荒漠的矮树草原往后退去，这草原荒寂的程度到了活生生的植物几乎和枯死的草叶无法分清的地步。那些枯草叶散落四处，每处均代表一个已被弃置的营地。野火烧尽留下的黑色痕迹，似乎是全面走往烧毁的自然结论。

我们从乌帝阿里帝到就鲁耶那，然后再去久那（Juina）、肯波诺弗和维尔黑那；我们现在正走向高原上的最后几个站：翠斯布里蒂斯和巴饶德美佳可（Barão de Melgaço）这地方事实上是在高原脚下。每在一个地方小停，我们几乎都要丧失一头牛：有的渴死、有的累死、有的因吃有毒植物而中毒死亡。有好几头牛走在一道腐烂的木桥上时，连行李一起掉进河里，费了好大的工夫才把行李中那些宝贵的人类学收藏抢救回来。不过此类意外鲜少发生。我们每天都重复同样的活动：扎营、挂吊床和蚊帐，把行李和载货牛鞍放在虫蚁吃咬不到的地方，照顾牲畜，然后第二天把一切动作的顺序前后颠倒过来再进行一次。如果有一群土著出现的话，这个过程表就得换上另外一套：做人口普查，把人体各部分的土著名称记下来，把亲属称谓名称和系谱记下来，各种器物列成清单。我本来预想的逃避行为，却变成官僚式的例行公事。

已有5个月没下过雨，所有的猎物都不见了。如果能打到一只憔悴的鹦鹉，或一条大蜥蜴来放在饭里面一起煮，就算幸运。如果能烤只陆龟或肉质多油的黑色穿山甲，即算美味。大部分时间，我们都只能吃干肉，好几个月以前库亚巴镇上的一个屠户替我们准备的。这干肉切得很厚，卷起来，每天早上我们都把肉摊开，抖出一大堆虫出来，这样做的目的是想使干肉的味道别那么难闻，可是过了一夜，又恢复原味了。不过，有次我们猎到一只野猪；把野猪肉煮很短一段时间就吃，对我们来说其味道比葡萄酒更美妙，每个人最少一口气吃下一磅。那时候，我了解到以前关于野蛮人大吃肉类不知节制的说法了，很多旅行家都提到这点，用以说明野蛮人的蛮野无文。但是，只要试试每天吃野蛮人平日所吃的食物，马上可了解饥饿的感觉；在此情形下，能够尽情地大吃一顿，不仅仅是令人觉得填饱肚子，简直是令人觉得进了幸福的极乐之界。

自然景观渐渐有变化。高原中部的结晶矿或沉淀层，渐渐被泥土层所取代。越过草原以后，我们走进一片栗子树（此处的栗子树并非欧洲的栗子树，而是巴西原产的栗子树，学名为 Bertholletia excelsa）和柯拜巴树（copaibas）的干木林，柯拜巴树是一种高大的树木，可取树脂。河水不再清澈，而是多泥、黄褐色且有斑痕。随处可见山崩：山受侵蚀，山底下形成沼泽，长着高草和棕榈树丛。我们的骡子沿着沼泽边缘走，踩踏一片片的野凤梨园。这些野凤梨体积小，颜色橙黄，果肉上有黑斑，味道在平常的凤梨与覆盆子之间。地面散发出一种我们好几个月都闻不到的香味，像热巧克力那样，这是热带植物和有机物腐化混合起来的味道。这种味道令人立即了解为什么这样的土地上出产可可，就像法国普罗旺斯高地(Haute-Provence)有时可闻到半枯的熏衣草（lavender）所散发出来的味道，使人明白那片土地就是出产松露的地方。我们所爬的最后一片山坡，引我们到一片陡峻的草坡，直通巴饶德美佳可：展现在我们眼前的是一望无际的马查多谷地，延伸入亚马孙森林；这片森林连绵不断，长达 1500 公里，一直到委内瑞拉边境。

在巴饶德美佳可有一片片绿色的田园，潮湿的森林环绕四周，狗鸟（jacu）喇叭似的鸣声随处可闻。只要到森林里面几个钟头，便可满手猎物而归。我们对食物简直喜爱到疯狂的地步，整整 3 天时间，我们什么也不做，就是做东西吃，此后我们就什么都不缺了。我们所带的酒和糖都溶化了，开始吃亚马孙食物：特别是巴西坚果，磨碎以后放在酱里面，使酱呈乳白色。我在笔记本中曾记下这些食物实验，底下是其中的几项：

——蜂鸟（葡萄牙人称为“beija-flor”，接吻花）串起来烤，浇威士忌炙；

——烤鳄鱼尾；

——烤鹦鹉，浇上威士忌炙；

——炖狗鸟（Jacu）[1]，加上阿赛棕榈果；

——炖野火鸡（mutum），加上棕榈嫩叶，蘸巴西坚果与胡椒做成的酱吃；

——烧烤狗鸟，加焦糖。

经过这样暴食狂吃以后，我们也免不了会立志少吃，使我们有时候一连几天脱不下身上的粗蓝布衣服，这种衣服，加上遮阳帽（sun-helmets）和高及膝盖的靴子，即是我们的旅行服。然后，我开始计划旅程的第二部分。从此地开始，沿河旅行比穿越森林而走更好。加上出发时 31 头牛组成的牛队只剩下 17 头，这些牛的情况不佳，即使是在平坦的路面，也不见得能支持多久。我决定把队伍分成 3 部分。领队带一两个人走陆路，到一个采橡胶的中心把马和骡子卖掉。其他的人留在巴饶德美佳可，照顾那些牛，使牛能在肥美草地上恢复体力。老厨师提布齐欧（Tiburcio）愿意负责带领他们，这正好，因为他们都很喜欢老厨师。他们说他“黑颜色、白品质”，他的血统中有很多黑人血液，这个成语说明巴西农民也并非完全没有种族偏见。在亚马孙森林地带，被黑人追求的白女孩常常说：“难道我是一具白尸吗？为什么美洲黑秃鹰会跑来要停在我的内脏上面呢?”这句话指的是常常见到的景象：一只死鳄鱼沿河漂下，上面停着只黑色的秃鹰，一连几天的时间都吃鳄鱼的腐肉。

等牛恢复体力以后，他们就往回乌帝阿里帝的路上走。我们认

---

① Jacu，吐比族印第安人语，南美洲狗鸟的一种，特别是指学名为 Penelope obscura jacqúaçu 者。狗鸟是一种大型的美洲热带鸟类，体型大小有点像火鸡，分布于茂密的低地森林带，肉质鲜美，是猎人很喜欢的打猎对象。——译者注

为这将不成问题，因为牛已不必再载东西，而且雨季已开始把那片沙漠变成一片草原。最后，探险队中的科学工作人员和其他的人，负责把那些行李用独木舟载到有人烟的地方，然后我们就分道扬镳。我自己准备沿着曼德拉河往前走，进入玻利维亚，搭飞机穿越玻利维亚，经由柯隆巴回到巴西，然后再回到库亚巴，去乌帝阿里帝，大约在 12 月的时候，和探险队会合，把整个探险做一结束。

美佳可（Melgaço）电报局长借我们两艘木板做的轻便船，还派几个人替我们划船。再也不用和骡子打交道了！我们只要沿着马查多河顺流而下就够了。在旱季中几个月下来，使我们粗心大意，没把吊床放在有遮掩的地方，只吊在河岸的树中间。午夜的时候，暴风雨突然降临，声音像奔马；在我们醒来以前，吊床已变成大浴缸；在一片漆黑里面，我们摸索着想用防水帆布搭个临时屋顶，但雨势太大，根本没有办法搭建成功。觉睡不成了，便蹲在水中，用头撑着帆布，同时还得随时对帆布折叠处多加注意，折叠的地方容易积水，得随时把水倾掉，以免水渗下来。同行的人说故事来打发时间，我记得耶米迪欧（Emydio）所说的一个故事。

耶米迪欧的故事

一个鳏夫有个独生子，已经十几岁。有天他把儿子叫来，告诉他该结婚了。儿子问：“要怎样才能结婚?”他说：“很简单，去拜访拜访邻居，设法讨其女儿欢心。”“但我不晓得怎么讨女孩子的欢心!”“唉，弹弹吉他，快快乐乐地欢笑，歌唱就是了!”那儿子照他爸爸的方法去做，跑到女孩家的时候正好碰到女孩的爸爸过世。他的行为触犯众怒，被人丢石头赶走。他回到他爸爸的家，开始抱怨，做爸爸的向他解释遇到丧事时该如何行动。那儿子再一次到邻居的家去，正好碰上他们在杀猪。他记住他爸爸的教训，于是开始哭："多悲哀呀！他是这么好的人！我们多喜欢他呀！再也找不到像他这么好的人了！"邻居大怒把他赶走。他把这件事说给他爸爸听，他爸爸又教他该如何行事才行。他第三次到邻居家去，邻居正忙着除掉园中的蛾蝶。这个儿子仍然不知应变，大叫："多么美妙多么丰盛呀！我希望这些动物会在你们的土地上大量繁衍。希望你们永远不缺乏这种动物！"他又被赶走。

失败三次以后，他爸爸命令儿子建一间小屋。他便去树林砍树。狼人在晚上的时候经过他准备建屋的地点，觉得在那里建间房子不错，便开始着手进行。第二天早上，那儿子回到建屋地点，看见工作居然大有进展，心想："上帝在帮我的忙。"心里很高兴。于是他和狼人一起建屋，他在白天盖，狼人晚上工作，最后屋子建造完成。

为了庆祝新屋落成，年轻人准备杀一头鹿，狼人准备吃一具尸体。前者在白天把鹿带去，狼人在晚上把尸体带去。第二天，年轻人的爸爸去参加落成宴会，发现桌子上摆的是一具尸体，而不是烤鹿肉，便说："儿子啊，够了够了，你一点用也没有……"

第二天，我们到皮门塔布沿诺（Pimenta Bueno）的时候，雨仍然下个不停，我们得用水桶把水从独木舟中淘出来。这个电报站位于两条河汇流之处，一条是和地名同名的河流，另一条是马查多河。有 20 个人住在那里，有几个是内地来的白人，还有不同部族的印第安人负责电报线的维修工作：其中有瓜波垒（Guaporé）河谷来的卡毕夏阿那（Cabishiana）印第安人，有的是马查多河一带来的吐比卡瓦希普（Tupi-kawahib）印第安人。他们给我提供很有价值的资料，其中有仍处野蛮状态的吐比卡瓦希普人，这些印第安人，根据早期的报告，是被认为已经完全绝种了；以后我将再描述他们。其他的资料和一个据说是住在皮门塔布沿诺河不为人知的部族，搭独木舟要花几天的时间才到得了他们的地方，我立刻决定去接触他们，问题是要怎么去。

正好有个叫做巴伊阿（Bahia）的黑人住在电报站，他是个流动的售货员，同时也是个探险家，每年都进行一次奇妙的旅行。他会到曼德拉河河边的交界站去拿货，然后乘独木舟沿马查多河回来，再沿着皮门塔布沿诺河走两天的时间。从那里开始，他知道有条森林小路，可以拖着独木舟和货物走 3 天，一直走到瓜波垒河的一条支流，在那里把货物以奇高的价格卖掉，因为那个地方没有任何别的货源。巴伊阿同意沿着皮门塔布沿诺河一直往上走，越过平常他停靠的地点，条件是我得用货物付给他当酬劳，而不是给他现金。在他来说这是很正确的想法，因为亚马孙流域的批发价格要比我买货的圣保罗高出许多。我决定给他几匹红色法兰绒布。这些法兰绒布令我生厌，原因是我曾送给南比克瓦拉印第安人一匹红色法兰绒，第二天早上发现他们从头到脚都盖上红色法兰绒布，甚至狗身上、猴子和驯养的野猪身上也披绒布。南比克瓦拉人所开的这个玩笑大约过一个钟头以后就失色了，一片片的法兰绒被丢弃在树林草丛，再也没有人加以注意。

我们的队伍包括 4 个划桨手和两个我们自己的人，向电报站借了两条独木舟。我们开始进行这项临时起意的旅程。

对一个人类学家来说，再没有比将成为第一个到某个土著社会去的白人这件事更令人兴奋了。早在 1938 年的时候，这项无法比拟的奖赏全世界只有少数几个地方仍可能得到，数目的确很少，能用一只手算完。从那时以后，那种可能性更是越来越少了。我当时就要重新体验早期旅行者的经验。透过这种经验，重新经历现代思想的一个关键性时刻；那时候，由于大发现时期的航行结果，一个相信自己是完整无缺并且是在最完美状态的社会突然发现，好像是经由一种反启示（counter revelation），它并非孤立的，发现自己原来只是一个更广大的整体的一部分，而且，为了自我了解，必须先在这面新发现的镜子上面思考自己那不易辨识的影像。这面镜子中的一部分，几世纪以来为人所遗忘，现在就要为我，而且只为我，映出它的第一个也是最后一个影像。

有人也许会认为这一类的热烈情绪在 20 世纪是不合适的。不论关于皮门塔布沿诺河的印第安人，我们所知道的是少到什么程度，我永远不能期望这些印第安人可能会带给我的冲激足以和 400 年前列维（Léry）、史塔登（Staden）和铁卫（Thevet）第一次登岸巴西时所受的冲激相比拟。他们当时所看到的，再不会有西方的眼睛可能见到了。虽然他们第一个观察到的文明发展的路线和我们自己的不同，那些文明还是达到他们的性质所能达到全面发展与完美的地步，然而我们今天所能研究到的社会却只不过是些能力已衰弱的社群和被伤害砍伐过的社会形式。今天我们研究的对象，其条件无法和 400 年前做比较，任何比较都是虚幻的。不管距离有多远，也不管这些社会和欧洲文明之间有多少中间人与中间社会（其间的连锁关系如果有可能理得清楚的话，常是非常怪异的），这些社会还是因为欧洲文明而支离破碎。对于一片广大的无辜的人类来说，欧洲文明等于是一个庞大无比的，也是无法理解的大灾难。我们欧洲人如果忘记这件大灾难乃是我们文明的第二个面貌的话，将是一个大错误，我们文明的这一面和我们熟知的第一个面貌同样真实，同样无法否认。

人也许不同，但旅行条件却完全一样。经历了令人厌烦的高原之旅以后，溯河而上的经验令我喜欢，这条河的河道地图上没有标示，但即使是那些最微小的细节也令我想起我所非常喜欢的老式报道。

首先，必须重新温习3年前我在圣罗兰丘河所学到的那些河中旅行的故事：其中包括要对各种不同的独木舟的优劣点相当熟悉，有的独木舟是整棵树干挖空制成，有的则是几片木板制成，又按照规格的大小和形状的不同而有不同的名字：montaria、canoa、ubā或igarité，等等；还得习惯于蹲在水中几个钟头，水会由舟缝渗透进去，必须不时用小葫芦把水舀出来；身体疼痛僵硬的时候必须懂得如何很小心地慢慢移动、舒展身体，独木舟随时有倾覆的危险，得特别小心（“水没有头发”，如果掉进去的话，什么也抓不着）。最后，还得有耐心，一遇到水道不规则的时候，得把船上那些精心包装的东西卸下来，带着经过岩石的河岸时，也把独木舟扛过岩岸，心里很清楚再走过几百米，又得重来一次。

河道的不规则又分为好几类：seccos，指的是河道干枯；cachoeiras，指的是急流；saltos是瀑布。每一个不规则的地点都让划桨者很快地给安上不同的名字；有的名字可能和地理景观的某项特色有关，像castanhal或palmas；有的则和某次打猎意外事件有关，像veado、queixada或araras；有时候则和旅行者的特性有关，像criminosa，“犯罪者”，或encrenca，一个无法翻译的字，意指被逼到角落，或apertado hora，意即痛苦的一刻（其语源含有焦虑不安的意思），或者是vamos ver，意即“我们将明白……”

出发的情形没有什么特别的意外经验。我们任由划桨人照特定的韵律行动。首先，一系列的短短划动：普罗拍、普罗拍、普罗拍……然后，当上了水道以后，在桨深入水中的空当简短地在独木舟边缘大力敲两下，声音是：铁普—普罗拍，铁普；铁普—普罗拍，铁普……最后才是正常前进的韵律，桨只在每划两下的时候深入水中一次，另外一次则只轻触水面，同时轻碰独木舟，在下一次划动的时候再轻碰二次，其声音如下：铁普—普罗拍，虚……虚，铁普；铁普—普罗拍，铁普，虚……虚，铁普……这样子往前划，就使桨蓝色的一面与橙色的一面交相出现，看起来轻得和南美大鹦鹉（aras）在水中的倒影一样。事实上桨和南美大鹦鹉（aras）在水中的倒影几乎难以分辨，这些鸟成群地飞越河面，翅膀的摇动完全一致，将其金色的腹部或蓝色的背部清晰地展现出来。这一带的空气已失去旱季特有的那种透明的特色。在曙光初现的时候，一切事物都被慢慢升起于河面晨雾浓厚的玫瑰色所笼罩。我们一大早就觉得相当热，但这种间接的热会变得比较直接、确实：本来是一种分散的、四处都在的温暖的感觉，变成太阳直接攻击到人的脸和手上面。这时候我们了解为什么会流汗了。本来是粉红色的雾霭开始加上其他的色调：蓝色的岛屿开始出现。雾在散开的过程中，其颜色变得更为丰富。

溯河而上是艰苦的工作，划桨者需要休息。早上的时间用来钓鱼，钓线很简陋，以野莓子做饵，但仍钓到足够的鱼可做亚马孙流域的鱼汤；也钓到 pacus 鱼，颜色金黄，很肥，切成片来吃，每片都带骨头，像猪牛小排骨一样；也钓到 piracanjubas，一种红肉银鳞的鱼，还有艳红色的 dourados 鱼；还有 cascudos，其壳像龙虾壳一样的坚硬，不过颜色是黑的；有斑纹的 piaparas，还有 mandi、plava、curimbata、jatuarama、matrinchão……不过，得对有毒的鳍鱼小心，还有对电鱼（puraké）也得小心，这种鱼不用饵即可钓到，但所发出的电击足以电昏一头骡子。根据人们的说法，还有比这还危险的一种小鱼，能够沿着小便往上游，跑进人的肾里面去，如果有人大胆地直接小便入河水里去的话……或者，透过在陡峭的河岸之上森林所形成的巨型绿霉，我们可窥见一群猴子所引起的一大堆活动，这些猴子有好多种：guariba，嚎猴；coata、蜘蛛猴；钉子猴，zog-zog，一种在曙光初现前一个钟头会大吼大叫把整片森林吵醒的猴子，这猴的眼睛形状像杏仁，举止像人，毛皮松软光亮，看起来很像蒙古王子。此外还有各种不同的小猴子：saguin，狨；macaco do noite，夜猴，眼睛像黑胶一样；macaco de cheiro，香猴；gogo de sol，太阳喉咙猴，等等。往跳跃的猴群随便射一枪一定会打下一只猴子；烤过以后的猴子看起来像个变成木乃伊的小孩形状，两手握拳；炖来吃的话，味道像鹅肉。

快下午 3 点的时候，可听见一阵雷声，天空布满乌云，一片宽宽的、垂直的雨幕把天空遮掉一半。当人们开始猜测雨到底会不会下来的时候，那雨幕会变成条条片片状，并且开始断裂，然后会出现一片比较浅色的部分，起先闪闪发亮，然后变成浅蓝色。这时候，只有地平线的中央仍被雨占住。云层开始融化不见，其形体先在右边缩小，然后又在左边缩小，最后会完全消失。剩下来的只是一片拼凑起来的天空，背景是蓝白色，上面有蓝黑色的块块。这时候就要赶在下次的暴雨来临以前，找一个森林看起来不那么茂密的地方靠岸。我们会赶快用砍刀（叫做 facão 或 terado）砍出一小片空地；把地面清理一下。然后再审视空地上的树木，看看里面有没有“生手之树”（pau de novato novice's tree）。这指的是有一大堆红蚂蚁的树，没有经验的旅行者把吊床挂到这种树上以后，一上去睡就全身爬满红蚂蚁；也要看看有没有“pau d'alho”一种有大蒜味的树，或是 cannela merda 树，大便桂皮糖树，树名本身已足以说明个中原因。有时候运气好的话，会发现 soveira 树，在其树干上划一圈，不用几分钟的时间就可取得比一头母牛还多的乳汁。这种乳汁乳白色，多泡沫，如果生喝的话，会在不知内情的人嘴上形成一层橡胶膜；或者是找到 araa 树，这种树的果子像樱桃大小，颜色紫蓝，有点酸，味道像松脂，其酸性使用来榨这种果子的水起小泡泡；或者是 inga 树，其种子荚里面充满细细的甜甜的软毛；或者是 bacuri 树，其果子好像是从天堂（Paradise）偷出来的仙桃；最后还有 assaï 树，这是森林中的至上美味，掺水以后变成一种浓厚的覆盆子味的糖浆，可以马上饮用，如果放到第二天的话，就会变成一种水果味的、有点辛辣的起司。

我们队伍里面的人，有的专心去做这些饮食方面的工作，其他的人则在树枝底下把吊床挂好，上面覆盖一层薄薄的棕榈树叶。然后就是围在营火四周说故事的时刻，所有的故事都和幽灵鬼怪有关：lobis-homen，即狼人；无头马或有死人头的老妇人。在每一群人里面，总会有一个以前出来找钻石的人，他总是一直向往他以前那段贫困得不得了的日子，在贫困中每天却都有发大财的希望："我正忙着写东西（也就是筛砂石）的时候，看见一粒米掉进水槽；那粒米闪闪发光，Oue cousa bunnita！我不认为有任何更 cousa mais bounita（更美丽）的东西存在在这个世界上。当我们注视它的时候，好像电流穿透每个人的身体一样！"有时候则引发一场讨论。"在侯扎利欧（Rosario）与拉伦贾尔（Larenjal）之间的一座小山上有块石头闪闪发亮。其亮光几里之外都看得见，晚上的时候特别亮。——也许是水晶吧？——不，水晶在晚上不会发亮，只有钻石才会。——从来没有人去找那块石头吗？——哦，像那一类的钻石，其发现的时间以及会归何人所有都是好久以前就已注定了的！"

不想睡觉的人就负责守望，有时守到天明，他们在岸边观看野猪、大小鼠（capybara）或貘的足迹，试图用 batugue 打猎法猎动物，但都不成功；batugue 打猎法就是用粗重的棍子敲打地面，每隔一定时间打几下：碰碰碰。动物会误以为是水果从树上掉下来，会按照一定的次序跑来：先是野猪，然后是美洲狮。

我们也常常简单地生营火，然后谈谈当天发生的事情，传喝马黛茶，然后每个人都跑进他的吊床里去，上面罩着蚊帐，其形状又像茧又像风筝。蚊帐用棍子和绳子很仔细地搭在吊床上面。进吊床里以后，每个人会小心地把蚊帐的下垂部分拉起来，使它不致碰到地面，再弄出一个口袋状的地方，上面放手枪，使他伸手即可拿得到。不用多长的时间，雨就开始下了。

三十一　鲁滨孙

我们溯河而上已有 4 天之久，沿途急流很多，有时在一天之内要把船上的东西卸下再装上达 5 次之多。河流流过多岩石的地方，有时被分成好几条支流，然后再汇合；河中的暗礁有时把漂流而下的整棵树绊住，同时也挡住不少泥土和片片块块的植物。这样子形成的小岛上面，植物很快生根，连大水所带来的一片大混乱也对之毫无影响。树往四面八方长，花在瀑布上面开；很难说到底是这条河在灌溉这个奇妙的植物园，还是植物和藤类长得太茂密，快把河流闷死了。这些植物不但能垂直生长，而且能往空间里面的任何方向成长，因为土地和水的区别已被取消。再也没有河流，再也没有河岸，有的只是一片一片乱七八糟的矮树林，由水流加以灌溉，同时坚实的土地似乎升起于泡沫之上。不同的事物如此和谐并存着的现象，也存在于动物之间。土著部落需要极大的空间才能生存；但是，此地各种动物如此丰富这件事实，充分证明人并没有力量扰乱自然界的次序。那些树摇动不止的原因，并不是因为树叶被风所吹，而是树上有很多猴子，好像是有生命的果实在和树枝共舞。只要把手往水面上有岩石的方向伸出去，就会摸到有琥珀色或珊瑚色巨大硬嘴的野火鸡漆黑的羽毛，或者摸到贾克曼（Jacamin）鸟像拉布拉多宝石那样的蓝色羽毛。这些鸟并不躲避我们：它们好像是活宝石，在滴水的藤类植物和满溢着草叶的水流之间游荡，他们是布勒哲尔（Brueghels）所画的天堂图的一部分在我跟前活生生地重现出来，令人惊异。在布勒哲尔所画的天堂里，植物、野兽和人类之间有一种亲密的关系，使我们回到以前上帝所创造的一切生物之间尚未有分界的时代去。

第 5 天下午，一条窄小的独木舟停靠在河岸，这表示我们已抵达目的地。附近有片矮树丛，好像是让我们扎营的好地方。印第安人的村落离河有一公里的距离。里面有个农园，最长的距离有 100 米左右，位于一块卵形且清理过的地面上，建有三间半圆形的集体住屋，其中央的柱子突出于屋顶外面，像桅杆一样。两间主屋位于蛋形空间宽边的两端，互相面对。第三间位于窄的那一端，这间屋子和跳舞场之间有条小径穿过农园相通。

全村落人口有 25 人，再加上一个 12 岁的男孩子，这男孩子说的语言和其他人不同，据我了解，是个战俘，不过别人对待他的态度和对待其他小孩没什么差别。男人和妇女穿的衣服和南比克瓦拉印第安人一样少，不过男人都戴一种椎形的护阳套（penis sheath），像波洛洛人所戴的那样；还有，南比克瓦拉印第安人有时在阳具上面戴一丛草，这种习惯在这里比较常见。男性和女性都戴唇塞，用硬树脂制成，琥珀色；戴项链，用珠贝圆盘或块片串成，甚至用磨亮的贝壳串成。他们的手腕、手臂、小腿和足踝都绑着棉带子。还有，妇女把鼻膈穿孔，穿上由黑色和白色的圆盘相间排列而成的棒状物，紧紧地用绳子穿绑在坚硬的纤维上面。

他们的体形外观和南比克瓦拉人很不一样：躯干粗厚、腿短、肤色很浅。他们的浅色皮肤，再加上有点蒙古人种的外观，使他们之中的有些人看起来像高加索人。他们把全身的体毛都仔细拔除：用手把睫毛拔掉；眉毛则先涂胶，任其硬化好几天，然后再剥撕开来，连眉毛一起拔掉。头颅前面的头发则剃（更确切地说，是烧掉）成圆圈状，使前额完全暴露出来。天庭部分则用一种我从未见过的方法把毛发拔掉。把一条线的两端扭转，形成一个圈套，把毛发放入圈套里面。线的一端用牙齿咬着，用一只手把圈套维持开放状态，另一只手则去拉线的另一端，这样子把圈套两边的线绞得更紧，在绞紧的过程中也就把毛发拔除了。

这些印第安人称呼自己为蒙蝶（Mundé），以前的人类学著作中从没提到过他们。他们的语言听起来令人愉快，尾音都加重音，像zip、zep、pep、zet、tap、kat等，好像是用铙钹在打节奏。这种语言和下辛古区（Lower Yingu）的某些发音方法相近，也和最近记录到的瓜波垒河右岸支流的语言接近，瓜波垒河右岸支流的河源很接近蒙蝶居住的地域。就我所知，从我那次和他们碰面以后，再也没有人接触过他们。唯一的例外，是个女传教士，1950年前不久，她在瓜波垒河上游碰见过一两个。我在他们那里待了一个星期，相当满意。我很少碰到像他们这么好的主人。他们的举止直截了当，相当简洁、有耐心而又真正友善。他们带我去看他们的庄园，在庄园里面种着包谷、木薯、番薯、花生、烟草、加拉巴士（calabash）树和大小不等不同种类的豆子。他们在清理一片地要种东西的时候，把棕榈树头留着不清除，树头上会生白色的肥蛭，是他们很喜欢吃的美食：他们的田园因此不但是种植物的地方，同时也是蓄养动物的地方。

间接分散的光线会照进这些圆形的小屋里面，同时阳光也会由房屋的裂缝直接照射进去。这些小屋的建筑过程相当仔细，先把柱子竖立围成一圈，其顶端再弯曲成叉状排列，都弯成某个角度，形成屋子内部的扶壁，上面披挂起 10 个左右由棉花结成的吊床。所有的圆柱都在离地 4 米左右的地方碰在一起，和中央的那根穿透屋顶的柱子连接起来。柱子上面再放上平面的、围成圆圈的树枝，树枝上面再放上棕榈，棕榈叶子都编起来向着同一个方向，互相叠起来像瓦片那样。最大型的屋子直径 12 米左右，里面住 4 个家族，每个家族各占住两片扶壁之间的空间。扶壁共有 6 个，但面对面的两个门那里，扶壁间的空间没有人住，以利于来往走动。我就在这地方住，坐在土著所用的小木凳上面。木凳由横切的、中间淘空的棕榈木头制成，倒过来放着坐。我们吃用陶制的盘子烧烤的包谷粒。喝又像啤酒又像汤，而是用包谷制成叫做“齐茶”（chicha）的饮料。装齐茶饮料的是加拉巴士木，其内部涂着黑色的一层，外面则有雕刻出来或烧炙出来的线条、锯齿、圆形或多边形的装饰图案。

虽然我不懂他们的语言，也没有通译，我还是尝试着捕捉蒙蝶人思考方式的某些面貌，比方说其群体的组织结构、亲属制度与亲属称谓、身体各部分的名称、颜色的名称等等。我用经常随身携带的颜色表问到颜色的名称。亲属称谓和身体各部分的称谓，颜色与形状（比方说雕刻在加拉巴士木上面的图样形状）常具有一些共同的特征，使其性质介于语汇与文法之间：其中每一群都形成一个体系，不同的语言用来排列或混淆其所欲表达的关系，使我们可以做一些假设，即使这些假设只不过和某个个别社会的特殊性质有关。

然而，虽然我怀着热情着手进行这些工作，做完了以后却留给我一种空虚的感觉。

我以前很想接触到野蛮的极限；我的愿望可以说是达到了，我现在面对着这群迷人的印第安人，在我之前没有任何白人与他们接触过，也许以后也不会有白人和他们接触。经过这一趟迷人的溯河之旅以后，我的确找到我要找的野蛮人了。但是，老天，他们是过分的野蛮了。由于我是在探险旅程的尾声才找到他们，无法花真正去了解他们所需要花的时间。我手中有限的资源，我自己和同伴们疲惫至极的身体状况，更因雨季而引发的热病变得更糟，使我只能做短暂的停留，像在丛林中上学一段短时间那样，而不能待几个月做研究。他们就在眼前，很乐意教我有关他们的习俗与信仰的一切，但是我却不懂他们的语言。他们就像镜中的影像一样的近在眼前，我可以触摸得到，但却不能了解他们。我自己，还有我的专业，或许都犯了错误，错误地以为人并不一直就是人，是一样的人；认为有些人因为他们的肤色和他们的习惯令我们吃惊而更值得我们注意。我只要能成功地猜测到他们是怎样的，他们的奇异性立刻消失；那样的话，我不是大可留在我自己的村落里吗？然而，如果是像现在我所碰到的情况，他们能保持他们的奇异性，而我既然根本没有办法得知他们的奇异性之内容，那也就对我毫无用处。在这两个极端之间，我们生存所赖的种种借口，是由什么样模棱两可的例子所提供的呢？归根结底，人类学所做的研究观察，只进行到可以理解的程度，然后就中途停止，因此在读者心中所造成的混淆，用一些被某些人视为理所当然的习惯来使事实上相似的其他人感到惊讶，这样做，受骗的到底是人类学家自己呢，还是读者？到底是那些相信我们的读者受骗呢？还是我们人类学家自己？我们在没有把作为我们的虚荣心之借口的那些残剩的原始文化社会之神秘性都去除以前不会感到满意。(或许我才是真正的受骗者吧?)

然而，即使居住在这片土地上的人所说的话我听不懂，土地本身却能直接对我说话。在那令我神迷不已的沿河景色之外，或许我的祈祷会成真，会得知这片原始土地及其居民的秘密。这项秘密到底藏于何处?那一片外表上的大混乱，看起来似乎就是全部的秘密，但却又令人无法捉摸，在这之外，到底还隐藏了什么?我可以挑出某些个别的景象，将之抽离开来；但是我所挑出来的这棵树、这朵花，是不是就是秘密之所在呢?很可能是在别的地方。作为一个整体，这一切使我深深感动，然而构成这个整体的各个部分，我却无法把握，这会不会只是幻觉呢?如果我要接受这一切，认这一切为真实的话，我至少要能加以全面掌握，把所有一切构成部分都包括在内。我弃绝整个广阔的景观，我环顾四周，将之缩减范围，只注意这片多泥的水湄，这一枝草叶；我如果把视线扩展的话，没有任何事实可以证明我不会在这个不重要的部分发现一片默东树林(Bois de Mendon)，每天都被最真实的野蛮人不断地践踏，但在上面却看不到任何属于星期五（《鲁滨孙漂流记》中的野蛮人名字）的脚印。

回程沿河而下的航行，速度相当快。这一次，那些仍然深为这些招待我们的印第安人所困惑的划桨者，不愿意在任何有急流的地方停留下来卸货搬船，而是直接把船头指向浪涛汹涌的水面。我们会误以为整条船突然静止不动好几秒钟，摇晃得异常厉害，两岸的景观急速后退。然后，一切会突然静寂下来；我们已在急流底端平静的水面上，这时候我们开始感到头晕目眩。

只花两天的时间，我们便回到皮门塔布沿诺，我订下一项新计划，需要一番解释才能让人了解。在1915年，隆洞快结束他的探险以前，发现几群说吐比语的人，他和其中三个族群接触过，但其余的一直深怀敌意。他们之中最大的一群定居于马查多河的上流，从左岸起要走两个钟头，位于一条名叫“乳猪川”（Igarapé do Leitão）的小支流上面。这个族群即是“塔克瓦提普”（Takwatip）族群或宗族，意即“竹族”。不过，用“宗族”（clan）这个名称，是否合适是有商榷余地的。吐比卡瓦希普族群都各自形成单一的村落，很具排他性的固守各自的猎场疆界，他们与邻近族群互通婚姻大抵以结盟为目的，而非因为遵守某些严格的婚姻规则。塔克瓦提普族群的首领是阿拔塔拉酋长（Chief Abaitara）。与他们在河岸同一边的族群包括：北边有一个其内情外人一无所知而由一位叫皮查拉酋长（Chief Pitsara）所领导的族群；南边位于塔姆里巴河（Rio Tamuripa）岸的伊波提瓦（Ipotiwat）族群（“伊波提瓦”是一种蔓藤植物的名字），其酋长名叫卡曼德贾拉（Kamandjara）；位于塔姆里巴河与卡古拉河（Igarapé do Cacoal）之间的是贾波提费（Jabotifet，意即“龟族”）族群，其酋长名叫麦拉（Maira）。在马查多河左岸姆贵河（Rio Muqui）河谷则住着帕拉那瓦（Paranawat，意即“川河族”）族群。任何人想与之接触，他们都报以一阵箭雨。再往南一点，于伊塔匹西河（Igarapé de Itapici），另有一个不知名的族群。以上就是我在 1938 年所能得到的消息，其来源是得自那些早在隆洞委员会时期即定居在这一带的采橡胶者。隆洞本人的报告中，有关吐比卡瓦希普族的消息非常零星。

和在皮门塔布沿诺电报站已文明化了的吐比卡瓦希普人交谈，我从而得知了 20 个左右的宗族名。此外，学者与人类学田野工作者、尼姆衍达朱（Curt Nimuendaju）的研究也帮助我们了解一些这个部族的历史。“卡瓦希普”这个名称颇像以前一个吐比族的名称，该吐比族的名称为“卡拔希拔”（Cabahiba），18 世纪与 19 世纪的文件中常常提到“卡拔希拔族”，当时他们分布于塔帕久兹河（Rio

Tapajoz）的上游与中游。他们似乎是慢慢地被另一个吐比族，即猛都鲁苦（Mundurucu）族所赶出原住地。他们被渐渐往西赶的时候，分裂成几个部族，其中为人所知的只有帕林亭亭族（Parintintin），分布于马查多河下游，及更南边的吐比卡瓦希普族。因此，这些印第安人很可能是亚马孙流域中下游伟大的吐比族后代，他们分布于沿海一带，其文物的辉煌曾为16世纪和17世纪的旅行者所亲见；他们无意所造成的影响，使文艺复兴时代的政治与道德哲学踏上后来导致法国大革命的路线。能成为可能是第一个亲身走入仍然维持着原貌的吐比族村落的白人，就好像搭一座桥，横跨400年的间隔，而与列维、史塔登、德·苏沙、铁卫，甚至是蒙田并驾齐驱。蒙田在其散文集中讨论有食人习俗之部族的那篇文章里，曾就他和在鲁昂所遇见的吐比印第安人的对谈写了不少感想。和吐比印第安人对谈的确是一项莫大的诱惑！

在隆洞与吐比卡瓦希普印第安人接触的时候，塔克瓦提普族在一个野心勃勃、精力充沛的酋长领导下，正在扩张其权力，把不少其他族群置于其权威之下。在几乎像是沙漠一样的高原上面待了几个月以后，隆洞的伙伴们对于阿拔塔拉酋长领导下的印第安人，在潮湿的森林和在“伊加波斯”（Igapos，意即会泛水的河岸），所开垦出来的数以英里计（在塞尔陶习惯用很夸张的语言）的田园赞赏不止，大为惊讶。这些田园使印第安人有余粮供应给当时的探险者，那些探险者已处于饥饿的边缘好长一段时间。

和塔克瓦提普族接触了两年以后，隆洞说服他们将其村落移到马查多河右岸，到那直至今天为止仍然在国际地图上标示着印第安村（Aldeia dos Indios）的地方，位于圣佩德罗河河口，南纬11度5分，西经62度3分。这地点做地理普查比较方便，比较容易取得食物供应，找到帮忙划独木舟的印第安人。河流均被急流、窄流与瀑布打散成几条小支流，在这些河流上，印第安人乘着他们轻巧的独木舟，是在这类河川上面航行的专家。

此外，我还取得一份关于这个新成立的村落的描述，这新村落目前已不存在。隆洞抵达那个在森林中的村落时，据他的描述，村落的屋子是长方形的，没墙，只不过是一片棕榈叶覆盖成两面倾斜的屋顶，架在立于地面的树干上。我所取得的有关新村落的描述，其情形与隆洞所描述的一样。20 间左右的房屋，每间规格大约是 4 米乘 6 米，排成一个直径 20 米左右的圆圈，圆圈里面只有两间较宽敞的屋子，规格是 18 米乘 6 米，其中一间是阿拔塔拉酋长和他的几个太太以及未成年的小孩们的住屋，另一间是他已婚的最小的儿子之住屋。他的两个年纪较长的儿子仍是单身，像其他人一样住在外面那圈房子里面，他们像别的单身汉一样，都到酋长的房子去进食。在中央的屋子与外圈的屋子之间的空间，有家禽走动的小径。

这种格局的村落和 16 世纪的作家们所描述的吐比族的村落住屋格局已有很大的不同，不过，阿拔塔拉酋长所率领的五六百个印第安人的村落情况与目前的印第安人的情况比较起来，其间的差异要比上述的差异大得更多。阿拔塔拉酋长在 1925 年被谋杀。在 1918 年到 1920 年之间，一场流行感冒，使他的村落人口骤减到只剩 25 个男人、22 个女人和 18 个小孩。马查多河上游的皇帝阿拔塔拉酋长被谋杀以后，村落中又开始一场暴力斗争。包括阿拔塔拉的谋杀者在内的 4 个人都在 1925 年被杀，动机都是和爱情纠纷有关的报复。不久以后，剩余下来的人决定抛弃那个村落，迁移到皮门塔布沿诺电报站去住，路程是溯河而上，乘独木舟走两天。在 1938 年，整个族群只剩下 5 个男人，一个女人和一个小女孩，他们会讲一种葡萄牙方言，似乎已成为当地新巴西小区的一部分。看起来这似乎就是吐比卡瓦希普人之历史的最后一幕了，至少是马查多河右岸的所有吐比卡瓦希普人的最后一幕，除了在姆贵河河谷左岸的那群无人可以接近得了的帕拉那瓦（Paranawat）人以外，大概就没有吐比卡瓦希普人了。

然而，我在1938年10月抵达皮门塔·布沿诺的时候，听说三年前有一群前此未为人知的吐比卡瓦希普人在河岸出现。过了两年，同一群人又被人碰见。阿拔塔拉酋长目前仅存的儿子（他名字和他父亲一样，以下的描述中将也称他为阿拔塔拉），目前待在皮门塔布沿诺，他曾去过这群吐比卡瓦希普人的村落。村落位于森林中间，完全与外界隔绝，从马查多河右岸走路进去要两天时间，没有任何小径可寻。这群人的首领向阿拔塔拉做过承诺，说两年以后他们要到阿拔塔拉居住的地方回拜他。他们回拜的时间，正好差不多就是我们到达皮门塔布沿诺的时候。这项承诺对居住在电报站附近的土著而言，非常的重要，因为他们严重缺乏女性（成年男女比例是5∶1）；阿拔塔拉告诉他们说，他所见到的那个前此未为人知的聚落女性过剩。阿拔塔拉本人的太太已去世多年，很希望借着与他野蛮的族胞建立友善关系而能续娶。在此情形下，我费了相当大的工夫，说服他答应做我的向导，带我去和他们见面。他对此事的可能结局不乐观，但仍然答应了。

上岸进入森林的地点，离皮门塔布沿诺电报站的距离乘独木舟顺流而下要航行三天，位于一条流入马查多河的名为波金候河（Igarapé do Porquinho）的小河口。从那里上岸可走路到森林中的吐比卡瓦希普人的村落。在离两河交汇地点不远，我们发现一块小规模的自然形成的空地，不致淹水，因为该处的河岸高出水面好几米。我们卸下工具和装备：那是准备送给土著的小箱的礼物，干肉、豆子和米。我们扎起一个比平常更为结实的营帐，要能维持到我们回来的时候。做这些工作，加上准备行程，共花掉我们一天的时间。情况颇为复杂。我前面已提过，我不得不和一部分的队员分开。而维拉（Jehan Vellard），探险队的医生，又不幸染上疟疾，不得不先到一个采橡胶者的小规模中心去休息，到那里，乘独木舟顺流而下要走 3 天（在这些不易航行的溪流里面，溯河而上要花比顺流而下长两三倍的时间）。因此，实际参与工作的人就只剩下法利阿（Luis de Castro Faria）、我的巴西旅伴、阿拔塔拉、我自己，再加上 5 个人。5 个人里面有两个留下守营，3 个人和我们一起进入森林。我们人数很少，每人又得带吊床、蚊帐、毯子、武器和弹药，因此，除了一点咖啡、干肉和法瑞哈酱（farinha d'agua）以外，什么都无法带。后者是用木薯制成，先泡在河水里面（这也就是其名称的来源），然后发酵：变成砾石块状，很硬，要吃的时候，如果加适当水分，味道很好，有点像奶油。此外，我们把希望放在沿途发现的巴西坚果，这种坚果在这一带数量不少。把一颗大坚果（如果从离地 20～30 米的树顶掉下来的话，这种坚果的硬球形壳可以打死一个人）放在两脚之间，使劲地用斧头（terçado）敲开，里面有 30～40 颗三角形的果仁，还有乳状、带蓝色的汁液，这些果仁和汁液足够好几个人饱餐一顿。

我们在黎明前出发。先走过好几个拉杰罗（lageiros），也就是一片片尚未被冲积土覆盖的高原岩石，上面几乎是一片光溜，什么也不长；然后，走过一片片长着矛形被称为沙贝札（sapézals）的高原草地；过了两个小时以后，我们进入森林里面。

三十二　在森林之中

从孩提时开始，海洋即令我兴起复杂的感想。海岸，以及退潮时海洋所暂时退让出来的那片额外的空间，深深地吸引着我。海洋每隔一段时间所退让出来的那片额外的空间，海潮与人类不停地争着要控制它；它代表大自然对人类事业的挑战，也代表一个隐藏着的想象不到的宇宙，因此而深深吸引着我。对之加以观察所可能发现的事物，对想象力是极大的刺激。在塞里尼（Benvenuto Cellini，16世纪意大利雕刻家）与15世纪的意大利艺术大师之间，我觉得我比较亲近塞里尼。我像塞里尼一样，喜欢在退潮的时候去海滩漫步，追随那条陡峻的海岸所形成的路线，采集有洞的砾石，采集贝壳，其形状线纹被海洋所侵蚀、改造，或者是被植物的根茎弯扭成奇形怪状。我用海滩捡回来的东西，成立一个私人的小博物馆。用这些漂浮来的、冲刷来的杂七杂八的东西组成一个博物馆，其有效性并不低于任何收藏杰作的博物馆；更进一步说，创造出那些杰作的活动，虽然是人类心灵内部，而非外部活动的产物，基本上可能和大自然界所创造出来的，没什么太大的差别。

但我既非船员也非渔人，这一大片水还是使我觉得受挫，这一大片水偷走我的半个宇宙，还有，甚至在内陆也可感到其存在，而且使整个乡下显得更为荒凉。在陆地上常见的多样性，我觉得海洋将之一举毁灭；海洋提供一大片空间，还有种种不同的色调，可供我们思索，但其代价是，这么一大片令人难以忍受的单调，以及这么一大片的平坦，而其中并无任何谷地藏着可丰富我想象力的种种惊奇。

还有，我从海洋中所得到的种种诱人之处在现代世界中已不再存在。大多数的欧洲国家，都一任其海岸挤满别墅、旅馆和赌场，好像某些老化之中的动物，在其身体四周长出一层无法穿透的越来越厚的毛皮那样，其皮肤已无法呼吸，也因此加速其老化的过程。海岸不再像以前一样，提供一个海洋的、孤独的、象征性的前奏，而变成一个战场，人类在此战场中每隔一段时间就动员一切力量来征服自由，同时把自由的价值否定掉，创造出条件来使大家同意互相剥夺各自的自由。海滩，一度是海洋向我们提供其年代久远的大变动的产物之地，向我们提供一大堆令人惊异的事物用以显示大自然界永远是前卫的；现在却被成群结队的人们所践踏，成为只展示、摆设一大堆奇丑无比的垃圾的地方。

因此，我就比较喜欢山，而不那么喜欢海，几年以来这种喜爱已成为一种嫉妒性的爱情。我讨厌那些和我一样喜欢山更甚于喜欢海的人，因为他们对我们珍爱的孤独构成威胁；但同时我也看不起那些把山认为只不过是过度疲倦与封闭的地平线之同义词的人们，他们无法体验山岳在我身上所引发的情绪。只有在整个社会都一致承认山岳比海洋更好，同时又让我能单独拥有山岳的时候，我才会感到满足。应该说明的是，我对山的热情并不包括那些非常非常高的山；那些很高的山所能提供的快乐虽是无法否认的，但不够明确，令我失望；很高的山所提供的快乐有时是强烈的体质性的，甚至是器官性的，特别是爬那些山所需要的体力。然而，这些快乐却都停留在形式层面，甚至是抽象的层面，因为其中所需要之高度集中的注意力，使人完全投入很复杂的工作上面，而其性质接近于机械学与几何学，这也是事物本然的现象。我喜欢的是被称为 la montagne à vaches（牧牛带）那一部分的山岳，特别是在 1 400 米到 2 200米之间的那一带：在此高度，仍没高到会使自然景观变得贫瘠的地步，不过也已不易种植农作物，但大自然却在这一带呈现出一种间歇无常的、灼热的生命现象。在这一带的高台阶上面，保存了比山谷底下的土地更少被人征服的面貌，和我们喜欢错误地想象是人类最早时候所知道的土地的情景比较接近。

海洋提供给我的是一个冲淡了的景观，山岳则使我觉得其景观是浓缩的。山岳景观实际上是浓缩的，因为在同样的直线距离里面，山的褶皱造成一个较大的表面积。还有，这个比较浓密的宇宙其潜在能力比较不那么容易用尽；山上变化无常的天气，加上高度的不同，暴露程度与土壤性质的差异，使不同的山坡，不同的层次，不同的季节之间的对比变得更为明显。我和很多人不同，很少因为身处一个狭窄的山谷里面，两边的山接近得像墙一样，上空只能看到一小片天空，太阳在几个小时之内就走完，而感到沮丧难过。相反的，我觉得这种直立的景观充满生气。这样的自然景观不仅仅是被动地接受我的注视，像一幅图画那样，其细部可以在维持一定距离的情况下，不必要任何亲身参与就能了解；这种景观邀请我去与之进行对谈，在对谈之中两者都要尽最大的努力。我检视研究这样的景观所花费的体力是我必须做出的让步，经由这项让步，这自然景观便让我了解其存在。山岳的景观，既难驾驭，又深具吸引力，永远把它的一半遮蔽起来，不让我瞧见，但这种遮蔽的目的只是为了使它的另外一半得以新生，新的方法是经由上坡与下坡之间互补的景观，似乎在和我共舞，在此舞蹈之中，我感觉到如果我能了解引发这些景观背后的那些真理的话，我应该能更为成功地、自由地带动这场舞蹈。

然而，在目前，虽然我不得不承认自己虽然不自觉有什么变化，但我对山岳的爱在慢慢削弱，好像浪潮沿着沙滩退去那样。我的思想维持不变，是山岳本身渐渐离我而去。同样的快乐现在已不能那么敏锐地感觉得到，因为我享受这种快乐太久又太专注了。在那些我经常走的路径两边，即使本来是惊喜的都已变得熟悉；我不再在羊齿植物与岩石之中往上爬，而是在回忆中的那些鬼影间往上爬了。而我的记忆已渐丧失其魅力，原因有二：其一，使用过度已使其丧失新鲜感；其二，更重要的是，这么几年下来，我得做越来越大的努力，才能取得一种快感，而该快感本身给我的感觉也一次比一次淡薄。我已开始老了，而我所得到的唯一警告是，我那些一向清晰无比的计划和蓝图之轮廓，都开始有些模糊了。我仍然有能力完成以前做过的计划，但是我已没有能力保证这些计划的完成会带给我如同以往经常毫无差错地带给我的满足之感。

现在吸引我的是森林。我发现森林具有山岳所具有的魅力，而其魅力是以一种比较和平、比较亲近的方式展现出来。这么长时间穿梭于沙漠一般的巴西中部草原以后，我已能够重新欣赏古代人所那么喜爱的粗犷的大自然：新生的草、花卉以及草木丛所具有的那种湿湿的凉快之感。结果是我无法再对多岩石的法国塞文山脉具有以前那种无商量妥协余地的爱情了；我开始明白，我们这一代人对普罗旺斯地区的那份热烈情感是我们自己创造出来的奸计，这种奸计已开始欺骗我们自己了。为了取得发现新事物的快感——这是我们的文明剥夺的我们的一项至上的愉悦——我们把那些应该是可以用来使新奇事物本身就具有价值的那些事物都牺牲掉了。那一类的大自然已被忽视了这么久，使人已经无法充分完全地享受另外一类的大自然。现在我们已经丧失了比较真确的那一类大自然，我们只好降低我们的野心，把标准降到目前尚可得到那类大自然上面，把干燥与坚硬加以颂赞，因为从此以后，我们所能掌握到的大自然的形式就只有这些了。

然而，在进行这项被迫的前进时，我们把森林遗忘了。森林的茂密丝毫不亚于我们的城镇，而居住其中的生物，形成一种社会，比沙漠更有效地把我们拒斥于森林之外。不论是高山山坡上面的沙漠，或是普罗旺斯地区阳光处处的山峦，我们都能狂热地往里面侵入。而一个由树木和植物所形成的社区，却能与人保持一段距离，并且很快地把人的痕迹遮盖起来。森林比较不易侵入，想进入森林的人，得像爬山一样做出让步，但森林对人所要求的让步要比山岳对人所要求的更为直截了当。森林的原野没有庞大的山脉那么广阔，会很迅速地把一个有限的世界封闭起来，形成一个和沙漠里面的荒地一样完全的孤悬世界。在那片孤悬世界里面，一个由草、花、霉、昆虫等所组成的群体在进行着其不受干扰的独立存在，而我们只有在具有足够程度的耐心和谦卑之情时，才能进入其中。方圆几十平方米的森林就足以把外界完全隔绝；一个世界转变成另外一个，在那个世界里面，眼睛所见到的不再是那么美观，然而比视觉更接近灵魂的听觉与嗅觉，却得以完全独立发挥。像沉静、凉快、和平这些我们以为早已消失的恩宠又再——重现。和植物世界亲密的接触给我们带来目前的海洋已拒绝提供的，而山岳只有在我们付出极高代价以后才肯提供的东西。然而，就我而言，要确信以上所讲的，必须得先使森林以其最恶毒的形式强加在我身上，然后我才能了解到其普遍的特性。事实上，我现在正要进入其中以便能遇见吐比卡瓦希普人，他们的森林与我们欧洲的森林之间差别太大了，大到很难找到字眼加以描述的程度。

由外表看来，亚马孙森林看起来像是一大堆凝固了的泡泡，是一大堆绿色的肿胀的直线堆积；好像是某种病变侵袭了整个河流景观的全部。但是，只要你打破其表皮，往里面走，一切便都改观：由内部来看，整个混乱的一团变成一个庞大的宇宙。整片森林不再只是一个地面的大骚动，它可能是一个全新的星球上面的世界，像我们自己的星球一样丰饶，而且正在取代我们的星球。

一旦眼睛习惯于辨识森林里面各个靠得很近的平面以后，一旦心灵克服最初的被完全掩盖的印象以后，便可看见一个复杂的个体陈列面前。即使各个不同的层次之间有些不均衡的地方，分界线条也有些模糊之处，然而还是可以分辨出互相重叠的层面，都展现同样的模式：首先是高度不过人身长的植物和草的顶端；在那上面，则是树木苍白的树干和一丛丛的蔓藤植物，暂时享受一片没被其他植物覆盖的空间；再往上面，这些树干和蔓藤枝都被粗壮的矮树之叶或野生香蕉树（pacova）的紫红花所掩盖；树干与蔓藤枝突然又短暂地从这一片植物泡沫中出现，但很快又隐没到棕榈叶里面去了；然后又在更高的地方再出现一次，在这里可以看到第一批平面生长的枝干，没有叶子，但盖满了兰科和凤梨科（Bromelinceae）的寄生植物，就像船桅上面缠着绳索那样；然后，在人类视线看不见的地方，这个植物世界以一些庞大的圆顶覆盖而完成，那些圆顶有的是绿色，有的则一片叶子也没有，在后者的情况中，上面则盖覆着白色、黄色、橙色、紫色或红紫色的花。欧洲来的观察者会因看到这片世界像春天一般的清新而大感惊讶，这种清新的规模已庞大到不成比例的程度，观察者所能想到的、唯一可资比较的是秋天欧洲树木那一片宽阔的、华丽的鲜艳。

而在旅行者的脚底下，还有一些和这些往上空升起的层次构成对照的另一种层次。认为自己是走在地面上将只是一种幻想，因为地面事实上是淹没在一层深厚的、不稳定的、互相交错的一大堆根茎、根部所生的萌芽条、枝叶丛和苔藓底下；每次找不到一个坚实的落脚处时，都会有往下陷的危险，有时会陷得很深。而随身带着鲁西达使得前行的步履变得更加困难重重。

鲁西达是一只小母猴，紫色皮肤，毛皮灰色像西伯利亚松鼠那样，有条会抓东西的尾巴。它属于绒毛猴（Lagothryx）属，一般称之为巴瑞古豆（barrigudo），因为这种猴子的肚子通常相当大。一个南比克瓦拉妇人把它送给我，当时它只有几个礼拜大，妇人用嘴喂她，白天晚上都让它缠在头发上面；这只小猴子附着在妇人的头发上，把妇人的头发当做是母猴的毛皮和脊骨（母猴一般把小猴背在背上）。我设法用乳瓶来取代嘴对嘴的喂食方式，在瓶中掺点威士忌，就能使小猴子呼呼大睡，这样我就慢慢地可以在晚上自由行动。但是在白天时，鲁西达无论如何只愿意接受一种妥协式的安排：它肯放弃我的头发，而改攀附在我的左脚靴子上面，它用四肢紧紧抱住靴子，在脚背上面不远的部位，从早到晚绝不放弃松手。这种安排在骑马或乘独木舟的时候，都没有什么问题。但步行时，问题便大了，因为每根刺，低重的树枝或一片沼泽都令鲁西达发出刺耳的尖叫。我设法要使它改攀在我手臂上，我肩膀上，甚至是我头发上，全都徒劳无功。它什么也不要，只要我的左脚靴子，那是它所生长的森林里面唯一的保护和安全地点。它虽生长于森林，但和人类相伴几个月的时间，已足以使它对森林感到非常陌生，好像它是在文明世界的种种享受之中成长的一样。因此，我左脚一跛一跛地走路，每次我不小心踩到什么的时候便被尖叫声弄得震耳欲聋，同时我还得注意看阿拔塔拉的背影，这个向导不停地在绿色的半明半暗之中以短促的脚步前进，有时消失在大树的背后，用开山刀在矮树丛的蔓藤之中开出一条路来，有时候则左弯右拐地踩着一条我们无法理解的路径前行，一步步地带引我们深入树林之中。

为了忘掉满身的疲惫，我让心思随意漫想。根据我行走的节奏，在我脑海中一首首小诗不断地成形，在脑中盘旋好几个小时之久，好像是满满一口被过度咀嚼而已全无味道的食物那样，食物虽然已无滋味，但仍不肯吐出或吞下，因为食物留在口中提供了某种最起码的陪伴物。森林里面那水族箱一样的气氛使我得到灵感，写下这首四行诗：

头足类海底生物的森林里
一颗巨大的海贝，茸毛
还带着黏涎，在粉红色的岩石上
被火奴鲁鲁月鱼的肚子磨蚀。

或者，应该说是为了与上面一首做对比吧，我构想出对城市郊区令人不快的回忆：

草垫已擦干净
肥皂水洗过的石板道正发亮
路旁的树啊

是被丢弃的大扫把

最后，还有另外一首四行诗，这首诗很适合其情境，但在形式上一直没有完成；即使到现在每次我去长途散步的时候还是在我脑海中徘徊不去：

亚马孙河，亲爱的亚马孙河
你缺少右乳房
你告诉我们一大堆吹牛故事
但你的路未免太狭窄了。①

快到黎明时，我们绕过一片丛林之后，突然发现对面有两个土著正往相反的方向走去，年纪较大的那个大约 40 岁，穿一件破旧的睡衣，发长垂肩；另一个头发很短，身上几乎全裸，只在阳具上套一小草盖；他的背上背着一个用绿色棕榈叶制成的篮子，紧紧地绑着一只巨大的角鹰，角鹰被绑得像只鸡那样，虽然其羽毛灰白相间，黄色的嘴极为有力，头上还有一头冠羽耸立，但看起来非常可怜。两个人手上都拿着弓和箭。

从他们和阿拔塔拉的谈话中，知道他们两人分别是我们要寻找的村落之酋长和酋长助理；他们走在其他村人的前头，其他人在森林中的某处游走；他们都走往马查多的方向，目的是皮门塔布沿诺电报站，为了履行他们一年以前许下的诺言；那只角鹰是要送给主人的礼物。这一点都不符合我们的目的，我们不仅仅是要会见这些土著，而且想去看他们的村落。因此。我们答应他们在波金候营区

---

① 法文原诗均押韵，中译无法兼顾，只能意译。——译者注

有一大堆礼物要给他们，我们说服两个土著往回走，和我们去他们的村落，把我们当客人来接待（这一点他们很不愿意做）；然后，我们再一起沿河前行。我们一达成协议以后，那只被绑得死死的角鹰便被毫不客气地丢在河边，其命运似乎只有很快饿死或活活被蚂蚁咬死一途。以后两个星期的时间内，再也没人提起过那只角鹰，唯一的一次是简短地就事论事地说："角鹰已死。"两个卡瓦希普人消失于森林之中，他们去告诉其族的人我们要来的消息，我们则继续往前走。

角鹰这个小插曲值得思考。早期编年纪的作者有好几位都提到，吐比人有养鹰的习惯，用猴子喂鹰，目的是每隔一段时间可以拔鹰羽；隆洞提到过，吐比卡瓦希普人有此习惯，其他观察者在提到辛古（Xingu）和阿拉瓜亚（Aragnaya）沿岸的一些部族时，也提到养鹰的习惯。因此，一群残存的吐比卡瓦希普人会有养鹰的习惯便一点也不奇怪，他们会把他们视为最珍贵财产的鹰拿来当做礼物也并不奇怪，特别是如果这群土著真的决定（我当时已开始怀疑到这点，后来事实证明他们的确已决定如此）永远离开自己的村落，去加入文明世界的行列。但是，这一切却使人更难理解为什么他们会把那只角鹰这样随手一丢，任其自生自灭。然而，要考虑这种把传统价值坚决扬弃的现象，就必须把整个南美洲及其他地区受殖民的历史考虑在内。当一种生活方式被破坏的时候，失去其中的某些要素，导致所有其他要素随着贬值；我刚刚观察到或许正是这种现象的一个典型个例吧。

一份简单的晚餐，几片干牛肉（xarqne），烧烤过但没有去盐，再加上一些森林产品：巴西坚果；野生的可可树果子，果肉有酸味，带泡沫，白色；帕马（pama）树的果子，槚如树的果子和种子。整个晚上，雨不停地落在吊床上的棕榈叶上面。黎明时，整个白天都寂静无声的森林，有好几分钟的时间到处都是猴子和鹦鹉的叫声。我们继续往前走，每个人都想办法看住在他前面一个人的背影，深信只要在小径上落后个几米就会完全丧失方向概念，立刻掉到听不见同伴叫声的地方。森林有一项最特殊的性质，它似乎融在一种比空气更为凝滞的事物之中，能穿透的阳光都呈绿色，声音也无法传得很远。森林中的一片异常的沉默，可能是上述条件造成的，这种沉默也感染到在森林中旅行的人，而且旅行者由于走路需要特别小心早已倾向于保持沉默。他的心理状态和身体状态合起来，造成一种几乎是无法忍受的压迫之感。

图 42　竹片守护着通往村落之路

有时候我们的向导会在他所选择的别人看不见的小径旁边弯下腰，很得意地把一片叶子翻过来，让我们看藏在叶子底下矛状的竹片，这竹片和地面形成一个角度，会刺穿侵入的敌人的脚。这种装置吐比卡瓦希普人称为“岷”（min），用来保护通往他们村落的小径；古代的吐比人所使用的规模更为巨大。

下午的时候我们到达一个“卡斯坦哈尔”（castanhal），这是一丛栗子树，土著（有计划地使用森林资源）在其附近清理出一小片空地，以便能更有效地采摘栗子。整个村落的人即宿营此地：男人赤裸，只戴着我提到首长同伴时提过的阳具遮护盖；妇女也赤裸，只穿一条短短的紧紧的土著织的棉布裙；裙子本来用“印度梅”树脂染成红色，但穿过一段时间以后，已变成锈棕色。

整个村落的人口包括 6 个妇女、7 个男人，其中一个只有 10 多岁，另外有 3 个小女孩，年龄分别为一岁、两岁、三岁。毫无疑问，这是想象中可以存在下去的最小的族群之一。他们和外界完全隔绝，最少已有 13 年之久（也就是自从阿拔塔拉的村落消失以后算起）。此外，这一群人里面有两个人的下肢麻痹：一个年轻妇女撑着两根棍子走路，一个年轻男人则在地面上像个无腿的人那样拖着自己的身体移动。他的膝盖突出于萎缩的双腿上面，底部则高高肿起，好像充满液体似的；他左脚大脚趾瘫痪不能动，但右脚的还能动。然而，这两个行动不便的人却都能轻易地在森林中随群移动，甚至走很长的路程。我在想是不是在他们尚未和文明世界建立起持久性的接触以前就已感染了小儿麻痹或一些其他的病毒呢？看着这些不幸的可怜人，在人类所可能遭遇到的最恶劣的自然环境中完全靠自己而生活，我很难过的想起铁卫在 16 世纪时看过沿岸一带的吐比人以后对他们的描述。铁卫很惊奇地发现一个族群“由和我们完全相同的要素所构成……却从来没染上麻风、瘫痪、痉挛、溃烂性的疾病或溃疡，或者任何其他可在外表皮肤上看得出来的败坏身体的疾病”。铁卫一点都不会想到他自己和他的同伴正是携带上述疾病病原之人的先导者。

三十三　蟋蟀的村落

下午快结束的时候，我们抵达那个村落。村落位于一片人工清理出来的空地上，从村落可以看见底下一条带溪流狭窄的河谷。那条溪流我后来查明是乳猪川，流入马查多河的一条支流，在马查多河与姆贵河交汇点下游几公里处的右岸流入马查多河。

整个村落由四间大致正方形的房子组成，都一排一排，与溪流平行。最大的两间房子是住宅，可由用打结的棉绳吊挂在柱子中间的那些吊床看出来。另外两间房子有相当长时间无人居住，其中一间位于两间大房子中间，看起来更像是仓库或躲避处。粗看之下，会认为这些房子和当地的巴西住宅属于同一类型。实际上，这些房子的设计相当不同，因为由柱子圈围起来的地区比用柱子支撑着的由两层棕榈树叶盖成的屋顶面积要小很多，整个建筑看起来像正方形的蘑菇。然而，这个基本结构并非一眼就可看得出来，因为还有假墙和屋顶的外围平行，不过并没有高到和屋顶相连的程度。这些围篱，事实上是围篱而不是围墙，是用剖开的棕榈树干并排捆绑而成的，突出的一面朝向屋外。至于那间主要的住屋，也就是位于两间仓库之间的那一间所使用的棕榈树干都有刻痕，形成五角形的洞，像箭的缺口那样，外面的墙壁上面画着红色与黑色的画，都是粗糙的用印度梅树染料和某种树脂画成的。依照土著报导人的说法，这些图画画的是一个人，妇女，一只角鹰，几个小孩，一件像箭缺口那样的事物，一只蟾蜍，一条狗，一只庞大的不知名的四脚动物，两条锯齿状的线条，两条鱼，两只四脚动物，一只美洲狮，最后还有一幅用正方形、新月形和圆圈所组成的对称图案。

图 43　茅屋里的壁画

图 44　茅屋里的壁画

虽然这些房子一点都不像邻近的印第安部族住屋，这些房子仍然很可能是依照传统格式建成的。隆洞发现吐比卡瓦希普族人的时候，他们的房子已经是正方形或长方形了，而且屋顶也都是双层的。还有，这种蘑菇状的结构一点都不像任何新巴西式的建筑。值得一提的是，和前哥伦布时期不少文化有关的各种考古资料里面，曾提到这类高顶建筑住屋。

吐比卡瓦希普文化的另外一项原创特质是他们像与他们有血缘关系的帕林亭亭（Parintintin）印第安人一样，既不种烟草也不吸烟。看见我们把所带的香烟取出来的时候，村落酋长挖苦地大叫："因安阿庇特！"（Ianeapit！这是大便！）隆洞委员会的报告里面甚至提到过，当他们刚和吐比卡瓦希普建立接触的时候，后者对有抽烟者在场异常不高兴，到了强制性地把雪茄和香烟从抽烟者口中抢夺出来的地步。帕林亭亭语言里面没有"烟草"这个名词，但吐比卡瓦希普人有一个名词来指称烟草，这就是"他巴克"（tabak），和我们的名词相同，都是从西印度群岛土著的语言，很可能是加勒比印第安人的语言，借用过来的。瓜波垒（Guaporé）沿岸的部族所说的各种方言里面或许可以找出这其中的传递线索出来，那些方言也使用同一个名词来称呼烟草。或者是他们从西班牙语借用过去（葡萄牙语称之为 fumo），不然就是（像很多证据证明的）瓜波垒河沿岸的文化传统代表着一个古老的瓜亚那—加勒比文明（Guyana-Caribbean Civilization）的最西南端。这个文明的蛛丝马迹也可在辛古河（Xingu）下游一带找到。需附带指出的是，南比克瓦拉人是无可救药的老烟枪，而吐比卡瓦希普人的其他邻居族群，克普奇里瓦特族（Kepkiriwat）和蒙蝶族（Mundé），则使用中空的筒子用鼻子吸烟。因此，在巴西中部居然会有一群部族不使用烟草是一件神秘的事情，特别是如果我们考虑到古代的吐比人曾大量使用烟草，更使这件事实变成一个不可解的谜。

在没有烟抽的情况下，我们正要被 16 世纪的旅行家称之为“卡侯因”（cahouin）的仪式欢迎入村。“卡侯因”用吐比卡瓦希普的语言说是“考伊”（kaui），这种仪式也就是在一起喝“齐茶”（chicha）。齐茶是用包谷制成的，土著在其村落四周用火烧出来的空地上面种很多种类的包谷。早期的作家描述过烧齐茶所使用的锅子，其高度有一人高，也提到部落的处女在齐茶仪式中要担任的工作是把一大堆唾沫吐进锅中使包谷液体发酵。或许是吐比卡瓦希普人所使用的锅子太小，或许是这个村落处女短缺，这次只找来三个小女孩子，强迫她们吐唾沫在煮过的敲碎的包谷里面。当天晚上所酿造出来的汁液就被喝光，其味道美妙又清心润口，但是发酵过程不够完全。

在观看那些田园的时候，我们发现田园里面有一个巨型的木头笼子，本来是用来关那只角鹰的，笼子里面还有四散的角鹰吃剩的骨头，在笼子四周种着土豆、豆子、好几种红辣椒、小芋头、番薯、木薯和包谷。除了这些食物以外，土著还采集野果野菜。举例来说，他们把一种森林野草的顶端绑成一小束一小束，以便其种子会成堆成堆地掉下来。这些种子他们拿来放在陶片上面烤，一直加热到种子爆开。像爆米花一样，其味道也接近爆包谷花。

当卡侯因仪式正在进行的时候，很复杂地又煮又搅，拿着用半个葫芦做的长柄勺子的妇女在拌那液体的时候，我趁机会利用白日仅剩的光亮来观察这些印第安人。

妇女穿棉裙，在手腕和脚踝上紧紧地绑着线圈，戴着用貘齿串成或用一片片鹿骨串成的项链。她们的脸上有刺花，使用的颜料是简尼巴果（genipa）的青黑色汁液；在双颊上，各有一条粗重的斜线从耳垂那里开始，一直延伸到唇角，上面再画上 4 道垂直线，在下巴上有 4 条横列的水平线，每一条的两边都加上短短的线条。大体上说来，她们都蓄短发，经常用耙子似的梳子加以梳理，有时候用由棉线绑在一起的小木棍制成的较细致的梳子梳理头发。

男人身上唯一的服饰是前面已提到过的圆锥状的遮阳态。正好有个土著在自己动手制造这种东西。他把刚摘下来的一片野生香蕉树（pacova）叶子中间的杆抽掉，把叶片外围较硬的部分去掉；然后折两次。每一片的长约 30 厘米，宽约 7 厘米，他把两片穿插在一起，折叠的地方互成直角，因此而变成三角规的形状，叶片的较厚部分有两个在旁边，4 个在顶端，顶端地方两片穿插在一起；然后再把这一部分沿着棱线折叠起来，把突出的两端削下丢掉，这时候他手中就拿着一个小小的由 8 个叶片较厚部分组成的等腰三角形的东西；他再把这个三角形东西套在大拇指上面，先套前面，再套后面，底端两角的顶部全部切除，用木针和植物线把两边缝在一起。这就大功告成，只要把它套上去就可以了。套的办法是把包皮拉穿过护阳套的开口，免得它脱落，而且包皮拉长的张力使阳具维持挺起的态势。每个男人都戴这种护阳套，如果有人把护阳套弄丢了的话，便会立刻把包皮扯长挂在他用做腰带的绳子上面。

那些房子几乎是空无一物。里面只能见到：用棉线织成的吊床；几只土制的锅罐，一个平底锅，用以烤干包谷或木薯浆；葫芦做的容器；木椿和木臼；木制锉子用以磨木薯；篮子状的筛子；用齿类制造的雕刻工具；纺锤；还有几把长达170厘米左右的弓。箭则有好几种：有的只有一根竹片，打猎用的话是矛形竹片，打仗用的则呈锯齿形，另外还有一些捕鱼用的箭，则有好几个箭头。最后还有几件乐器，13只管子的潘神笙和4个洞的箫。

到晚上的时候，酋长郑重其事地端给我们"卡侯因"和一种炖豆，豆子体积庞大，和红辣椒一起炖，非常辣。和南比克瓦拉人住在一起有半年之久以后，能吃到这样的辣炖豆子实在是令人心满意足。南比克瓦拉人既不用盐，也不用任何调味品，他们的口味精细到要把所有食物煮好以后先用水泡冷才吃。此地的土著把盐放在一个小葫芦里面让大家取用。土著的盐是一种褐色的液体，酋长本人并不和我们一起进食，只在旁边看，不过他坚持要在我们面前先自己尝尝那些盐，因为我们很可能会以为那些盐是什么毒药。这种液体和道瑞布南可（toari branco）木头的灰搅拌在一起吃。这一顿虽然相当简单，但是进食过程中的那份尊严气氛，使我想到古代的吐比酋长一定曾经有任人随意吃住的习惯，就像一个早期的旅行家所说过的那样。

另外，还有一件更令人惊奇的小插曲。在仓库里面睡了一夜以后，我发现我那条皮带被蟋蟀啃咬过，在这以前我从来没被这种昆虫困扰过，我以前到过的那些部族，开因给恩、卡都卫欧、波洛洛、帕雷西、南比克瓦拉和蒙蝶所住的地方都没有蟋蟀。只有和吐比族在一起的时候，才会发生这种不幸，就像400年以前，爱福赫和列维亲身经验过的那样："因此，趁我在讨论这个题目的时候，我把这类小动物形容一下……它们并不比我们的蟋蟀更大，在晚上的时候，也和我们的蟋蟀一样成群地出现在火堆附近，只要他们发现任何东西，就大肆啃咬。但有一个主要的不同，就是他们会把皮鞍和皮鞋大啃一阵，把皮的表层啃光，使皮鞍皮鞋的主人第二天早上发现皮鞍皮鞋都变成白色，被剥掉一层皮……"由于蟋蟀（和蚂蚁或其他具破坏性的昆虫不同）只啃皮件的表层，我的皮带的确成为"一片白色，被剥掉一层皮"，也因此成为一种昆虫和一个人类族群之间的一种奇怪的、只有他们才有的、存在了好几个世纪的关系之见证。

太阳一出来的时候，我们队中的一个人到森林里面，猎森林边缘飞来飞去的鸽子。没隔多久，我们听到一声枪响，不过没有任何人多加注意。很快，有位土著脸色惊恐苍白，非常激动地向我们这边跑来：他想说明一些什么；当时阿拔塔拉不在场，不能替我们翻译。不过，我们可以听见从森林那个方向传来一阵大喊大叫的声音，隔了一会儿，那个猎鸽子的人穿过种了农作物的土地向我们跑来，他用左手握着右臂，右臂的底部碎成一片：他靠在枪上，枪走火了。法利阿和我商量该怎么办。三根指头几乎全断，手掌似乎已被打碎，看来只有砍掉一途了。但我们无法忍下心来动这手术，因为那会使这位同伴终身残障。他和他兄弟本来住在库亚巴郊外的一个小村子里面，我们把他俩找来参加探险队，觉得对他俩有份特别的责任，因为他还非常年轻，他具有农民的忠诚之心，又非常精明，使我们非常喜欢他。由于他的本行是照顾运货的牲口，把货物装到骡子和牛的背上，需要有双很精巧的手，把手砍掉对他来说将是大灾大难。在心里充满不安之感的情况下，我们决定把他那断了的手指重新安放回原来的地方，用药布尽我们所能地绑扎妥当，同时立刻回头。我们一回到营地的时候，法利阿就把受伤的人带去给留在乌鲁巴的探险队医生看，如果土著还能相处的话，我就留下来，在河畔和他们一起宿营，一直等到两个礼拜以后船开回来为止（沿河而下的旅程要三天，溯河而上要花一个礼拜左右）。印第安人被这项意外所震惊，而且害怕或许我们会改变原来对他们的友善态度，他们便同意我们所提出的所有建议；因此，再次让他们去做准备工作，我们便开始先行走入森林之中。

整个旅程充满噩梦的气氛，我所能记得的相当有限。受伤的年轻人一路上向前快速猛冲，我们几乎跟不上他；他走在最前头，连向导都被抛在后面，他似乎很清楚应该往哪个方向走才对一样，虽然在事实上我们以前走过的小径早已被杂草植物重新封闭掉了。晚上的时候，我们用安眠药使他入睡。还好他很少使用药物，因此安眠药可以充分发挥效用。到第二天下午，我们抵达营区的时候，发现他的手上爬满虫子，这些虫子原来是他会如此疼痛不堪的原因。三天以后我们把他交给医生时，却已没有化脓的危险了，因为那些虫子一点一滴地把腐烂的肉全吃个精光。这时候已经完全没有必要把手切除了。医生替他做了一系列的费时颇久的小手术，前前后后花费一个月的时间，正好使维拉医师可以充分发挥他的活体解剖家与昆虫学家的高超技巧，结果是，耶米迪欧的手复原成很不赖的形状。我们在 12 月的时候到达曼德拉河，我便教他搭飞机去库亚巴以便能好好恢复体力。但是在 1 月后，我回到那地区去和探险队的主力会合，顺便去探望他父母，没想到他父母非常不高兴地责怪我。责怪的原因并非他们的儿子身受这么多的痛苦，遭受痛苦在塞尔陶被视为日常生活中的家常便饭，不值一提，他们责怪我的原因是我居然会那么残酷，把他们的儿子送上天空。把人送上天空，在他们眼中是件恶魔似的举动，他们想不通为什么会有人想得出来要把这种可怕的事情横加在一个基督徒的身上。

三十四　贾宾鸟的闹剧

我的新家族由下面几个成员组成：一个是塔培拉希（Taperahi）酋长和他的 4 个太太：玛路阿拜（Maruabai）年纪最大；昆哈津（Kunhatsin），玛路阿拜与她前夫所生的女儿；塔克瓦美（Takwame）；还有伊安诺帕莫科（Ianopamoko），一个年轻的跛脚女人。这个一夫多妻的家庭养了 5 个小孩：卡迷你（Kamini）和普卫累札（Pwereza），两个看来分别是 17 岁与 15 岁的男孩，还有 3 个仍是婴儿的小女孩，帕耶赖（Paerai）、托培契阿（Topekea）和苦培卡希（Kupekahi）。

帕廷（Potien）年约 20 岁，是村落酋长的副手，也是玛路阿拜与其前夫所生的儿子。此外还有一个名叫韦拉卡鲁（Wirakaru）的老妇人；她所生的两个十来岁的儿子塔克瓦里（Takwari）和卡拉穆阿（Karamua），前者仍然未婚，后者则与其侄女偏哈娜（Penhana）结婚，偏哈娜差不多是刚达可婚年龄；最后还有他们的侄表亲，一个叫做瓦列拉（Walera）的年轻跛脚者。

和南比克瓦拉人不一样的是吐比卡瓦希普并不把他们的名字视为秘密，而且他们的名字实际上都有意义，正像16世纪的旅行家曾指出吐比人的名字都有意义一样。列维观察到："就像我们给狗及其他动物取名字一样，他们给自己取名字的时候是随意用他们所熟悉的事物之名字来命名，比方说沙里歌伊（Sarigoy）这样的人名，是一种四脚动物的名字，阿里格南（Arignan）则是母鸡，阿拉布腾（Arabouten）是一种巴西树木，品多（Pindo）是一种高草，诸如此类。"

土著向我解释他们的名字的意思时，所说的正是如此。塔培拉希很显然是一种小鸟，羽毛黑白相间；昆哈津的意思是白皮肤或浅色皮肤的女人；塔克瓦美和塔克瓦里这两个名字则来自一种叫做塔克瓦拉（Takwara）的竹子；帕廷的意思是一种淡水虾；韦拉卡鲁是一种人体的小寄生虫之名字；卡拉穆阿是一种植物；瓦列拉是另一种竹子。

另外一个16世纪的旅行家史塔登（Staden）说，妇女"通常以鸟、鱼和水果的名称命名"；他又说每次丈夫杀死一个俘虏的时候，他太太和他自己都要取一个新名字。我的同伴们遵守这个风俗；举例来说，卡拉穆阿有另外一个名字叫贾那苦（Janaku），他向我解释道，因为"他已杀过一个人"。

土著从小孩变成少年的时候也取新名字，到成年时又取新名字。因此每个人都有两个、三个或四个名字，关于这一点他们并不觉得有任何必要向我隐瞒。这些名字相当值得注意，由于每个家族嗣系倾向于采取由同一类的语根所形成的一组名字，而且和那个氏族（clan）有关联。我在研究的那个村落的居民大多属于“迷阿辣”（mialat，野猪）氏族；但在村落形成过程中，其成员曾和“帕拉那瓦”（Paranawat，河族）、“塔克瓦提普”（Takwatip，竹族）等氏族的成员通婚。最后提到的这个氏族的所有成员，其名字均由名祖词（éponyme① term）衍生出来：塔克瓦美（Takwame）、塔克瓦鲁美（Takwarumé）、塔克瓦里（Takwari）、瓦列拉（walera，这是一种巨竹）、托培希（Topehi，一种同一属的果子）和卡拉穆阿（Karamua，也是一种植物，但没有指认明白）。

这些印第安人的社会组织最令人惊奇的一点是其酋长几乎是一个人独自占有整个群体中所有的女人。6 个已达青春期的女人里面有 4 个是他太太，另外一个（偏哈娜）是他妹妹因而不能结婚，最后一个（韦拉卡鲁）则是一个没有人会感兴趣的老妇人，这就表示塔培拉希酋长在生理情况许可范围之内已拥有他所可能拥有的所有女人做他太太了。他的家庭里面扮演主要角色的女人是昆哈津，昆哈津是除了跛脚的伊安诺帕莫科以外最年轻的一个，同时她长得非常非常漂亮——在这一点人类学家和土著的观点完全一致。在家庭地位上，玛路阿拜是第二太太，她自己的女儿地位比她还高。

第一太太似乎是用比其他太太更直接的方式在帮助她丈夫，其他的太太负责家庭杂务，像煮东西看小孩等。所有的小孩都在一起长大，所有的太太轮流给每个小孩喂奶，以至于我一直弄不清楚各个小孩真正的母亲是哪一位。而第一太太则是整天跟着丈夫到处跑，帮他接待陌生人，管理要送给别人的礼物，指挥整个家庭的活动。这种情况正好和我在南比克瓦拉社会所观察到的情形相反，在

---

① Éponyme，古希腊用语，形容用其名作为城市名或年号的神或英雄等。——译者注

那里做家事的是第一太太，其他的年轻太太们则很密切地和酋长一起扮演男人的角色。

酋长对其群体中的女人享有特权的主要理由似乎是基于酋长的本质来得特别杰出这样的信念。酋长常被看做具有一种无法控制的脾气；酋长会进入昏迷状态，神灵附体，有时候必须用强制力量，才能阻止他杀人（在后面，我将描述一个酋长在神灵附体的情况下真的杀死人的例子）；他具有预言的能力，还有其他才能；最后，他的性欲远过常人，为了满足性欲，他不得不娶好几个太太。我停留在土著营区的那两个礼拜里面，常常注意到塔培拉希酋长的行为，和他同伴的行为比较之下，似乎不平常。他似乎有一种不得不到处走动的狂烈冲动；每天，他至少把吊床位置搬动三次，同时，把遮盖在吊床上面用以挡雨的雨篷搬动，而每次他大搬家的时候，他的太太们、孩子们和副手帕廷也跟着搬。每天早晨他带着太太们、孩子们消失在森林之中，根据土著的说法，是去做爱。过半个小时或一个小时以后，他们一群人又回到营区，马上准备再大搬家。

其次，酋长这种一夫多妻的特权，在一定程度上，被他不时把女人借给同一社群的土著及陌生人这一习俗所冲淡。帕廷不只是副手，他等于是酋长家族成员，分享其食物，有时帮忙看小孩，同时还享有其他的好处。每个 16 世纪的作者，都大大描写吐比南巴（Tupinamba）族的酋长们对陌生人如何大方。我们一到达村落里，这种好客的习俗马上使阿拔塔拉享尽好处。酋长把伊安诺帕莫科借给阿拔塔拉，那时候她已怀孕。我留在这个村落的那段时期内，她和阿拔塔拉睡同一吊床，由阿拔塔拉拿食物给她吃。

阿拔塔拉秘密地对我说，这种慷慨大方并非毫无目的。塔培拉希提出要阿拔塔拉就把伊安诺帕莫科留做他的女人，条件是以其女儿托培希（Topehi）来交换，当时托培希差不多 8 岁；阿拔塔拉告诉我说："Karijiraen taleko ehi nipoka."（酋长想要我的女儿）阿拔塔拉对此提案没有兴趣，因为伊安诺帕莫科是个跛子，成不了好帮手。"甚至连去河里提水都做不来"，他说。此外，拿一个残障的成人来交换一个前途大有可为的女孩子，一点都不公平。阿拔塔拉有他自己的打算：把托培希给酋长可以，但要拿苦培卡希（Kupekahi）来交换。苦培卡希那时只有两岁，他特别强调这个女孩子是塔克瓦美的女儿，和他一样属于塔克瓦提普氏族，他对这个女孩子具有舅父般的特权。他同时计划，应该把塔克瓦美本人也送给在皮门塔布沿诺电报站的一个土著。这样做的话，可以在一定程度上把婚姻关系平衡过来，因为塔克瓦里自己已和小苦培卡希订婚，而一旦所有这些交换关系进行完毕以后，塔培拉希酋长就失去两个太太，但同时也得到托培希这个新太太。

我不晓得这些讨论的结局到底如何，但是我们在一起的那两个礼拜时间内，这些讨论在有关系的人里面造成相当大的紧张，有时候，情况变得相当令人担忧。阿拔塔拉非常想要得到那个才只两岁的未婚妻，要使她将来成为他心爱的太太，虽然他自己的年纪已在30～35岁之间。他送她一些小礼物，当那小女孩自己一个人在河岸玩的时候，阿拔塔拉不知疲倦地欣赏她，而且要我欣赏她，看她那些强壮的小手小脚：再过十几年她会是多漂亮的一个女孩子啊！虽然他已鳏居好几年，却一点都不因为要再等这么长的一段时间而难过：他无疑算准了伊安诺帕莫科会添补这段等待的时间。那个小女孩在他身上所引起的那些微妙的情感是一种对未来的色情白日梦，一种对小孩子负有责任的类似亲长关爱之情，以及一个年纪不小的哥哥在年纪相当大以后才得到一个小妹妹的那种深怀爱心的同伴之情三者的无邪混合。

另外一个因素，也对这种不公平的妇女分配方式提供补偿，这就是弟承寡嫂制（levirate）——死了丈夫的女人，由丈夫的兄弟承娶。这是阿拔塔拉第一次婚姻的方式，那次婚姻是违反他自己意愿的。他不得不娶他哥哥的寡妇，一方面是基于要服从爸爸的命令，另一方面则是出于他寡嫂的强烈要求；他寡嫂"老是跟在左右"。除了弟承寡嫂制以外，吐比卡瓦希普社会还有兄弟共妻的一妻多夫制（fraternal polyandry），偏哈娜就是一例。她是一个细长的小女孩，刚刚达到青春期：她丈夫是卡拉穆阿，但卡拉穆阿和另外两个男人——塔克瓦里及瓦列拉，共同分享她。这两个人里面，塔克瓦里是卡拉穆阿的弟弟，而瓦列拉则是他们两兄弟的分类亲属制的兄弟，也算是偏哈娜的小叔。"卡拉穆阿把太太借给兄弟"，因为"兄弟之间不会嫉妒"。在平常，虽然兄弟的太太与丈夫的兄弟之间并不故意互相回避，但他们之间的关系都保持一种相当冷淡的态度。有人把太太借给他兄弟的时候，可以看得出来，因为在出借的那一天里面，被借出去的太太与她丈夫的兄弟之关系会比较亲密，他们在一起嬉笑，说笑话，她丈夫的兄弟会拿食物给她吃。有一天，塔克瓦里把偏哈娜借来，塔克瓦里在我身旁进食，就在他差不多要开始进食的当儿，他叫他兄弟卡拉穆阿去"把偏哈娜找来吃点东西"。偏哈娜并不饿，因她已先和她丈夫吃过了；然而偏哈娜还是来了，吃一口然后再走开。同样的，阿拔塔拉会离开我的营火，带走他的食物去和伊安诺帕莫科一起吃。

因此，酋长在婚姻方面的特权所引起的问题，吐比卡瓦希普人是利用一夫多妻制与一妻多夫制的结合来加以解决。我当时离开南比克瓦拉人才不过几个礼拜，竟然发现这两个在地理上距离这么近的族群会各自发展出如此截然不同的方式来解决一个完全一样的问题，感到实在很令人惊异。南比克瓦拉族群的酋长，我们已看到过，同样享有一夫多妻制的特权，同样因此而造成族群内部年轻男人与适婚年轻女人比例失调的结果。但是，吐比卡瓦希普人因此利用一妻多夫制来解决问题，而南比克瓦拉人则容许他们的青春期男子肆行同性恋来解决问题。在吐比卡瓦希普语言里面，描述同性恋的关系是使用鄙夷性的字眼，他们显然是对这种行为采取谴责态度。然而，列维却曾经不怀好意地对他们的祖先做过下面的观察："既然他们在吵架时，偶尔也会互骂对方为'提维累'（Tyvire）。吐比卡瓦希普人用一个几乎是一样的字眼：提乌库鲁娃（Teukuruwa），意思就是鸡奸者，我们或许可因此假设（我并不是使用肯定的语气）他们之中是有人犯着这种可鄙的罪。"

在吐比卡瓦希普人的社会里面，酋长制度具有相当程度的复杂组织，我们的村落还仍然象征性地与这种组织有关联，很像是在某些小法庭里面，虽然早已失去以前的光彩，但仍然有个忠心不二的律师在全力扮演管家的角色，以求维持住庄严地位的尊严。这也正是帕廷伺候塔培拉希的模式。帕廷忠心地替他主人服务，充满敬重之情；而他自己又非常受群体中其他成员的敬重，甚至到了敬畏的程度，使人会误以为塔培拉希酋长像以前的阿拔塔拉酋长那样，统治着好几千人，或有好几千个家臣在听他指挥似的。在阿拔塔拉酋长的时代，其酋长统治政团包括 4 个等级：酋长、侍卫、次要官员和随从。酋长有权治人死罪。和在 16 世纪的时候一样，平常的执刑方式是淹死，执行的工作由次要官员负责。不过，酋长也照顾其人民，同时，如我不久后就发现的，酋长和陌生人进行谈判，技巧相当精明。

我当时有一个烧饭用的大型铝锅，有天早晨塔培拉希由阿拔塔拉陪着权充翻译，两人一起来找我要那只铝锅，他们说，交换条件是在我们停留村内的时期内，酋长将保证使那只铝锅永远装满"卡侯田"（cahouin）供我们享用。我试图向他说明，这只铝锅是我必不可少的用具，但在阿拔塔拉把我的话翻给他听的整个过程中，塔培拉希酋长的脸上一直挂着微笑，好像我的答案正好圆满了他最最珍爱的梦似的，果然不错，当阿拔塔拉把我拒绝让铝锅给他的理由陈说完毕以后，塔培拉希脸上仍然堆满笑容，伸手取铝锅，一言不发地把铝锅算成是他自己的财物。对我而言，除了接受以外别无他法可想。塔培拉希守住他自己的承诺，拿走锅子以后，整个礼拜的时间我们都有最优质的“卡侯因”可喝，是用包谷和托卡利（tocari）混合煮成的；我喝一大堆“卡侯因”，一直不停地想再多喝，唯一使我没有喝个不停的原因是有点怕帮我们吐口水来酿造“卡侯因”的3个小女孩的唾液腺受到损伤。这个插曲令我想起爱福赫（Yves d'Evreux）所写的一段话：“如果有人想要得到他同伴的一件什么东西，他会很坦白地说出来：除非那件东西的所有人真的是宝贝那件东西到了无以复加的地步，否则会立刻把对方所要的东西送给他，送给他东西的原因是，双方都明白，如果开口要求的那一方拥有任何给的那一方所想要的东西的话，也会在对方开口要的时候立刻就送给他。”

吐比卡瓦希普人对酋长功能的看法和南比克瓦拉人很不一样。如果追问他们，要他们解释对酋长功能的看法的话，他们会回答说：“酋长永远快乐。”塔培拉希酋长在任何情况下所表现的那种非常特殊的充满活力的品质，是这项定义的最好说明；然而，这种现象不能单单以他的天生才能来加以解释，因为吐比卡瓦希普的酋长制度和南比克瓦拉的制度不同，吐比卡瓦希普酋长是依照男性嗣来世袭的。普卫累扎将成为塔培拉希的继任人；事实上，普卫累札看起来比他的兄弟卡迷你更年轻，除外在还注意到一些其他的迹象，较年轻的儿子可能会越过他哥哥而继承酋长的位置。在过去，酋长的职责之一是举行宴会，酋长被看做是宴会的“老大”或“所有人”。男男女女身上涂满颜料（主要是用一种尚未指认出来的叶子之紫色汁液来画，这种汁液也用于彩绘陶器），除了大吃大喝以外，还跳舞唱歌；伴奏的是四五支巨型的箫，用长达 1.2 米的竹管制成，顶部有个小竹管，用纤维固定，在一边切出一只簧。当“宴会主席”表示开始的时候，男人便抢着要在肩上背一个吹箫者，那种互相竞争、争先恐后的场面令人想起波洛洛人比赛“马里多”（Marid-do）舞的游戏，还有杰族的背树干赛跑。

宴会举行以前先发出邀请，使参加者有时间去捕捉熏制老鼠、猴子和松鼠一类的小动物，他们把这些熏过的小动物串起来挂在脖子上面。他们还玩一种轮子游戏，把村落成员分成两队：年轻者与年长者。两队人在一个圆形地区的西边排列起来，每一队派出一个投手或掷手，分别占住北方和南方的位置。他们把一种用树干横切制成的实心圆盘滚向对方。这个树干圆盘即是目标，当此目标滚过射手前方的时候，射手们便想法把箭射在上面，每次射中目标的时候，射手便可取得对手队的一支箭。这种游戏比赛和在北美洲的一些部族中所玩的几乎是一模一样。

还有另外一种射箭比赛，用假人做靶，玩这种游戏有相当程度的危险性。他们相信把箭射到支撑假人的柱子上的射手一定会死于巫术；任何人敢用木头雕刻人形假人也会遭到相同命运，通常假人要用草做，不然就是做个猴形的假人。

就这样，日了一天一天地过去，我收集了一些一个曾经令欧洲人觉得无比神奇的，在我离开马查多河上游的右岸时正在渐渐消失的文化之残余碎片：时间是 1938 年 11 月 7 日，我在这一天搭上从乌鲁巴开回来的船，这个村落的土著也开始往皮门塔布沿诺的方向迁移，去和定居在电报站附近的阿拔塔拉家人与同伴会合。

然而，就在这个濒临绝灭的文化其最后残余就要消除殆尽的时候，我又看到一件令我吃惊的事情。它发生于夜晚完全降临，大地一片黑暗之后不久，那时候，每个人正在充分利用营火的最后一片光亮，准备入睡。塔培拉希酋长已经躺在他的吊床上面；突然他用一种断断续续的、遥远无比的声音开始唱歌，这种声音一点都不像是他会发出的。两个男人（瓦列拉和卡迷你）马上跑过去蹲在酋长的脚边，整个小小的社群充满一种极度的兴奋之情。瓦列拉呼叫几声；酋长的歌声跟着变得比较明晰，歌声变得比较坚强。突然之间，我明白发生在眼前的是什么事情了：塔培拉希酋长是在演戏，不，更确切地说，他是在表演一场小歌剧，歌曲与说词穿插出现。他自己一个人扮演十几个角色，每个角色的音调都不一样——尖锐的声音、假嗓音、喉音或缠绵的声音；每个角色也都各有其主要的乐题，等于是每个人都有其主题曲。酋长所唱出来的曲子非常像是葛里哥利单旋律圣乐（Gregorian chant）。南比克瓦拉人以笛子吹奏的音乐令我想起圣乐（Sacre）；现在我觉得是在倾听一场异国情调的婚礼（Noces）。

透过阿拔塔拉的帮忙——他对这场表演兴趣太高，很难得使他向我多做说明——我对表演的主题有些大致的概念。所演的是一场闹剧，主角是贾宾鸟（jabim bird，一种羽毛黄黑相间的莺鸟，其歌声很像人声）；其他的角色包括淡水龟、美洲狮、隼、食蚁兽、貘、蜥蜴等动物；剧中出现的物件包括：棍子、杵和弓；最后还有精灵，像鬼魅马伊拉（maira）。所有这些角色，其表现方式非常符合这些角色原来的性质，不用多久，我自己就可辨认出来，出场唱的是什么角色了。故事的情节以贾宾鸟的探险旅程为中心。贾宾鸟先是饱受其他动物的威胁，然后设计用各种不同方法克服他们，最后终于得胜。有时候，塔培拉希酋长似乎有如神助，歌声、朗诵争先恐后的出现，引起四周人一阵阵的笑声。有时候，他好像筋疲力尽，声音变成微弱，他尝试各种不同的主题，但无法决定到底是用哪一个最好。这时候，蹲在他脚下的两个朗诵者，或单独一人，或两个一起帮他忙，重复一段诵词使酋长可以松一口气，要不就提议某个音乐主题给酋长，或者是暂时扮演某个角色，在这种时候，整场演出就变成是一场真正的对白与对唱。因此而得以恢复精力的塔培拉希酋长接着便开始表演故事中的另一阶段。

夜越来越深，事情变得很明显，这一场诗歌创作是在丧失意识的情况下演出的，表演者完全受他自己创造出来的角色左右。他自己唱出来的各种声音都不是他本来的；每种声音的性质都如此独特，毫不混淆，很难相信这些声音是发自同一个人。在快唱完第二段的时候，塔培拉希酋长一边唱歌，一边突然地跑下他的吊床，开始步履蹒跚地到处乱走，要求喝“卡侯因”。他已“神灵附体”。突然，他抓起一把刀，奔向他的第一太太昆哈津，昆哈津马上逃进森林里面才免被酋长所伤，其他的男人则抓住酋长，强迫他躺回吊床上去，然后他马上就睡着了。第二天清晨，一切照常。

三十五　亚马孙流域

抵达乌鲁巴以后，我发现探险队的同伴住在一间广阔的草屋里面，草屋建在架子上面，里面分隔成好几个房间。从乌鲁巴开始，就可行驶机动船。但我们得等河水水位涨高，还得等 3 周，机动船才能开到乌鲁巴。我们没有事做，只有把剩下来的装备卖给当地人，或者和他们交换鸡、蛋和牛奶，此地有一两头乳牛。然后就是懒散地过日子，恢复体力。每天早上，我们把所剩的巧克力溶入牛奶里面，吃早餐的时候看着维拉医师把耶米迪欧受伤的手上之裂片取掉一些，同时设法使那只手恢复原状。这项手术，使人觉得胆战心惊，几乎要昏倒，但同时又非常吸引人，在我脑海里，这治手的一幕和森林的某种景象无法分开，同样充满形状与威胁。拿我自己的左手做模型，我开始画风景，全部由各式各样的手所组成，手从身体伸出来，像蔓藤植物一般的扭扭曲曲、缠缠绕绕。画了一打左右这一类的素描以后我觉得得到解脱，才开始又回去观察人类与事物。那些素描在第二次世界大战期间全部掉了，毫无疑问地目前该是放在一个被人遗忘的德国阁楼里面。

从乌鲁巴到曼德拉河这一带，电报线沿线的电报站都和采橡胶者的小村在同一地点，这使河岸人口分布的情形具有一定的逻辑性。这些居民看起来没有高原上的那么荒谬，这里的居民所过的生活也不那么带着噩梦性质。或者说，最少，这儿的噩梦还依照各地不同的资源而有些变化，呈现相当程度的多样性。在这里可以看见厨房外面的小菜园里种着西瓜，其瓜肉好像紫红色的不冷不热的雪；围在栏子里面的一些抓来的龟，给居住此地的人带来类似每个礼拜天吃一次鸡肉的美食。在节庆时，甚至可以吃到真正的鸡肉，做成“褐汁鸡”(gallinha em molho pardo)，吃完鸡肉以后，就吃“腐糕”(bolo podre)，喝“驴茶”(cha de burro，即是包谷加牛奶)，和“少女的唾沫”(baba de moça，一种酸乳酪浇蜂蜜)。另外还有有毒的木薯汁，和红辣椒一起发酵几个礼拜，是一种味道浓厚、爽口的酱汁。这是一个丰饶的地方。Aqui só falta o que não tem：这里，除了我们没有的东西以外，什么都不缺。

这些食物全部都无法形容的美味，亚马孙流域的语言喜欢用夸张的语气。一般说来，一种医疗方法或一种甜点都是“鬼 样的”好或坏；瀑布一定是“令人头昏目眩”，一片兽肉就是“一只怪物”，一种情况必然是“无可救药”。日常谈话里面充满了农民对语意的曲解，比方说把音节颠倒：precisa 变成 percisa；perfeitamente 变成 prefeitamente；Tiburcio 变成 Tribucio。言谈之中也常会中断一段时间，其沉默无声再被严肃的突发叫声所中断，他们会突然叫

Sim Senhor 或 Disparate！这些喊叫和各种不同的想法之间的关系，就像森林一样的混杂、晦暗。

一两个流动售货员，称为 regatão 或 mascatc，大都是叙利亚人或黎巴嫩人，乘独木舟到各处卖东西，把医药和报纸带到各地，报纸送到的时候已过时好几个礼拜，潮湿破败。在被留放于一个采橡胶者小屋里的一张旧报纸上面，我才知道 4 个月以前发生过的慕尼黑协定与全国总动员。我得附带指出，住在森林里面的人，其想象力要比住在草原上的更为丰富，举例来说，有些人颇具诗人的想象能力，有个父亲名叫“山多瓦尔”（Sandoval）、母亲叫做玛丽亚（Maria）的家庭，给他们的小孩取名字的时候，利用他们两人自己名字的音节加以重组，创造出新名字来做小孩的名字！女孩子叫做瓦尔玛（Valma）和瓦尔玛丽亚（Valmaria）、瓦尔玛丽莎（Valmarisa），男孩子叫做“山多玛”（Sandomar）和“玛丽瓦尔”（Marival），再下一代的人则取“瓦尔多玛”（Valdomar）和“瓦尔奇玛”（Valkimar）这样的名字。好卖弄学问的人则把他们的儿子取亚里士多德和牛顿这样的名字。亚马孙森林地带的人非常喜欢吃一些名字富丽堂皇的成药，像“宝贝药酒”、“东方秘药”、“郭多娜精品”、“布里斯多药丸”、“英国宝水”和“天堂香膏”，等等。他们有时吞食硫化盐致命，不然就是吃奈宁的二氯氢氧化合物，药吃太多，到了一点牙痛就得吃整瓶阿司匹林才能止痛的地步。马查多河上游有一个小小的转运港，很具象征意味地只往更上游地区运送两样货品：坟墓的栏杆和灌肠器。

在这类“有学理根据”的药物以外，还另有一类俗药，包括禁忌和祷告。在怀孕期间，孕妇并不需禁食任何食物，但生产后一周时间之内只能吃鸡肉和松鸡。产后一周直到第 40 天这段期间，除了鸡肉与松鸡以外，还可吃鹿肉和某些鱼类（pacu、piava 和 sardinha)。从第45天开始，可以有性关系，也可以吃野猪肉和所谓的“白鱼”。产后整整一年的时间内，她不可吃貘、龟、红鹿、野火鸡(moutum)或“皮性的”鱼(leathery、fish、jatuarama和curimata)。报导人对这些习俗的解释如下：“上帝的律法规定，从开天辟地以来，女人在第四十天才洁净。如果不这样的话，结果可悲。——月经后的女人不洁净，和此女人在一起的男人也就不洁净；这是上帝给女人订的律法。”接着，最后还加上：“女人是很精致脆弱的。”

此外，还有干蟾蜍的祷告(Oração do sapo secco)，差不多已属黑巫术的范围，可在廉价的传奇小说*Livro de* São *Cypriano*中读到。找一只库鲁鲁或沙波列台洛(Sapo leiteiro)种的大蟾蜍，埋在土中，一直埋到颈部为止，时间必须是星期五；然后用艳红的火炭喂它，它会把火炭全吞进去。过一个礼拜，你回去埋大蟾蜍的地点，会发现它已消失不见。但在埋蟾蜍的地方，会长出一棵有三叉枝的树，每一树枝颜色都不同。白色代表爱情，红色代表绝望，黑色代表哀悼。祷告的名称来自蟾蜍干枯掉这项事实，连秃鹰也不会想吃它。那枝符合做此仪式之人愿望的树枝会被折断，不让任何人看见。在埋蟾蜍的时候便把干蟾蜍的祷告念出来：

我把你埋在一尺深的地下
我把你踩在脚下越深越好
你必须使我逃过任何危险
我把任务完成以后将把你放掉
我的保护者将受圣阿马洛庇护
海浪将是我的解救者
大地的灰尘将给我带来宁静

保护神啊，永远和我在一起
魔鬼就永远不会有力量抓我
在正午时刻
这祷告将被听明
圣阿马洛，你，和残酷动物的最高主宰们
将会是我的保护者玛里铁拉（?）①
阿门。

另外还有两种祷词："豆子的祷词"和"蝙蝠的祷词"。

在此地的那几条可航行小机动船的河流附近，换句话说，在那些像玛瑙斯为代表的地方，文明省未被削减到只成为一种遥远的记忆，而仍然是可以在一生中重新与之建立两三次接触的真实事物，在这样的地方可以发现非常具有创意、个性独特至今人意想不到的程度的人物。一个电报站的经理就是这样的人物之一，他和太太及两个孩子住在一起，经由自己的努力，在森林里面开辟出一大片土地来耕种，同时还做留声机，酿整桶整桶的白兰地。命运不停地和他作对。每天晚上，他的马都遭受鬼魅蝙蝠攻击。他给那些马用帆布做一层保护篷，但马把帆布篷从树枝上扯下来；他用红辣椒涂马身，接着又用硫化铜涂马身，但那些吸血蝙蝠用翅膀把马身上所涂的全抹掉，继续吸马血。唯一有效的应付办法是把马扮得像野猪模样，把 4 张野猪皮切开再缝起来穿在马的身上。他的想象力丰富无比，有一次他去玛瑙斯，该地的医生大敲他一笔，旅馆任他挨饿，他的小孩子由于生意人的鼓动，看到什么就买什么，结果使他的积蓄全部付诸流水，但不久他即把这件曾使他耿耿于怀的事情忘掉了。

① "玛里铁拉"后面，原著即附有问号。——译者注

我很想多用篇幅来描述这些令人感动的亚马孙森林人物，描述他们的特异性格与他们的绝望之情。其中有些人，像隆洞或其同伴，是英雄与圣徒，他们把实证主义历法（Positivist calendar）里面的名字撒在未被探测过的疆域上，他们有的人宁可被谋杀，也不肯对印第安人的攻击大肆报复。有的则是猴急的冒险者，跑进丛林深处，看见只有他们才晓得的奇怪部族，抢骗走该部族仅有的少数收成，其下场却是不用多久就被该部族的箭射死；有的则是梦想家，在遥远的河谷建造一闪即逝的帝国；还有虚有其表的骗子在寂寞的移民边区花费掉一大堆精力，如果是在以前的话，还可能因此赢得副总督的职位。最后还有一些人，成为比他们更强有力的人们所故意制造出来的幻梦之牺牲品；这些牺牲者的古怪命运可由马查多河沿途的冒险者为代表。他们活动的范围距离吐比卡瓦希普族与蒙蝶族居住的森林边缘不远。

下面所引的故事，笔法虽奇怪但不失某种富丽的性质，是从亚马孙地区的一份报纸上面录下来的，那份报纸名叫 *A Pena Evangelica*，时间是 1938 年。

> 在 1920 年，橡胶价格下跌，雷穆多·培雷拉·巴西上校（Patrāto）抛弃谢林葛（Seringaes），这在此地圣托美河（Igarapé São Thomé）西岸，仍然大致未受影响，光阴似箭。自从我离开巴西上校的庄园以后，关于那里丰饶的森林的记忆一直深深刻印在我少年时代的灵魂上面。后来我已渐渐从橡胶价格猛跌所带来的漠不关心里面恢复过来，变得世故，渐渐习惯贝托雷提亚埃塞勒沙（Bertholetia Excelsa），在这时候我却突然想起在圣托美河常常看到的卡斯当埃斯（Castanhaes）。有一天，我去找以前的老板巴西上校，他住在贝蓝姆多巴拉

(Belem do Para)的大旅馆里面。仍然可以看出他还是相当富有。我向他请求允许我去“他的”樱桃果园工作。他大方地答应，授权我自己去做。他开口说：“那些庄园均已被弃；那地方太远，只有逃不开的人才会还留在那里。我不晓得他们如何过日子，这个问题我也不感兴趣。你可以去。”

我设法弄了一点钱，要求公司给我 aviacão(这是指先提供东西给借贷者使用的专有名词)，那时公司包括 J. Adonias、Adelino G. Bastos 和 Goçalves Pereira 合伙公司等。我买了一张亚马孙河运公司的汽船船票出发前往塔帕久兹(Tapajoz)。在伊塔伊土巴(Itaituba)，我和帕尔玛(Rufino Monte Palma)及门东卡(Melentino Telles de Mendoça)会合。我们三个人都各带 50 个人同行。我们共同合作努力，结果成功了。不久我们抵达圣托美河河口。我们发现到的是一个令人哀伤的、被放弃了的小区：迷糊的老人、半裸的妇女和四肢僵硬满面惊恐的小孩。把住处建好，东西都准备妥当以后，我召集我带去的人，再加上这个家庭的成员，我向他们说：“我给你们每一个人一套东西，子弹、盐和面粉。”在我的小茅屋里面没有钟也没有日历；我们在可以看清我们粗硬的双手形状时开工，一直做到上帝把黑夜带给我们为止。不同意的人将没有东西吃，他们只能吃棕榈果做的粥和阿拿贾盐(anaja salt，anaja 棕榈树的树芽黄过以后会有一些苦苦的咸咸的残渣)。我们的食物可以维持 60 天，我们不得不善加利用，这段宝贵的光阴一刻都浪费不得。我的合伙人也照我的榜样做，60 天以后，我们收获了 1 420桶(每桶大约有 130 公斤)的栗果。把栗果装在独木舟上面，我们沿河而下，到达伊塔伊土巴(Itaituba)。我和帕尔玛及其他人留在那里等机动船山铁尔莫号(Santelmo)，我们一等

> 等了两个礼拜。后来我们终于到达皮门塔尔港（Pimental），便把栗果与其他的东西装到“色塔内久”（Sertanejo）上面，在贝蓝姆（Belem）把栗果以47块巴西银币一公斤的价钱（合2.3美金）出售。不幸的是，有4个人在旅途中死亡。我们再也没回去过那个地方。然而目前价格涨到220银币一公斤，这是1936—1937年那一季的最高价格，收获栗果的确是利润优厚的。栗果坚实可靠，万无一失，不像地里面的钻石永远无法捉摸，无从预测。我的库亚巴的朋友们，那就是如何在马托格洛索邦靠“帕拉栗子树”（Paro chestnuts）谋生的办法。

在60天之内，150到170个人左右一共赚了美金3 500元。然而这样的报酬，和那些采橡胶的人比起来，已经是收入可观了。我在最后几个礼拜的那段时间看到了这个濒死的行业所喘出来的最后几口气，也看到采橡胶工人悲惨的处境。

三十六　谢林葛尔

产橡胶的主要两种树是 hevea 和 castilloa，在当地方言中分别称为“谢林葛”（Seringa）与“柯恰”（Caucha）。第一种比较重要，只长在河流附近，而河堤一带的土地划分并不很清楚，由于某些模糊的政府授权手续，并不属其主人控制，而是归一些“老大”（bosses）控制；每一个“老大”，即 patrões de Seringal（谢林葛尔老大）都负责一间店，卖食物及杂货；有时候他是店东，不过大多数情形是生意人的代理或小河运公司的代理，这些河运公司独占某一河流及其支流的所有货运。采橡胶的人是“雇佣”（clint），事实上也被称为是他定居附近一带的那间店之“雇佣”或“客户”（freguêz）；他向那间店购买一切装备，也就是他的 aviação（前一章已解释过)，他把所采的橡胶全卖给那间店；作为交换条件，他取得所需的设备及一季所需的必需品，全都算在他的账上。此外，他还分配到一块采橡胶的地区，叫做 colloção。一个 colloção 包括好几条叫做 estradas 的小路，以他的小屋为起始点，主要的产橡胶的树木都在那些小路附近，这些都是“老大”及其手下先在森林里面发现的。

每天一大清早（一般相信在早上天未亮的时候工作比较好)，采橡胶的人（seringnero）手上拿着弯刀（faca)，帽子上安一盏灯（coronga)，像矿工那样，沿着小路去采橡胶。他在“谢林葛”树上割个缺口，割的时候很仔细，称为“旗子法”或“鱼骨法”；割得不好的话，橡胶树的橡胶汁就流不出来，或者是从此以后不再有橡胶汁。

到早上 10 点左右，他就应该割过 150～180 棵树；然后，吃过中饭以后，他重新沿着那些小路走一遍，把从清早起一直不停滴进挂在树上的锡杯里的橡胶汁收集起来。把锡杯中的橡胶汁倒进一个他自己做的，粗棉布料子，浸过橡胶汁的袋子里面。他在晚上 5 点左右回家，开始第三阶段的工作，把在准备中的橡胶球“养肥”：把“橡胶汁”(milk）慢慢倒入一块在小火上面横着的竹竿四周凝结化的橡胶块里面。小火的烟使橡胶汁凝结成一层层薄薄的橡胶，竹竿上圆球状的橡胶块不停地在火上转动。这种橡胶球如果达到30～70 公斤左右的标准重量时，就已经是成品了。其重量标准视地点而有差别。如果橡胶树已没有多少汁液，要弄好一个橡胶球有时需要几个礼拜的时间。这些球有很多种，视汁液的品质与制造方法而有差异，全都存放在河流的两岸，“老大”每年去收运一次。在店里面，把这些球体压成“橡胶皮”（peles de borracha)，再串绑成筏，沿河流下到玛瑙斯或贝蓝姆（Belem)。这些筏一碰到瀑布必定散开，等瀑布过了以后再耐心地串绑起来。

因此，把这种复杂的情况简单地说明，我们可以说采橡胶的人依赖“老大”，“老大”又依赖那些控制主要河道的河运公司。这种体系是橡胶价格猛跌的结果，时间是从1910年开始，当时亚洲出产的橡胶开始与巴西产品竞争。采橡胶这种工作除了真正毫无办法的人以外无人感兴趣，然而河流航运仍然利润颇高，特别是在“谢林葛尔”（采胶区）卖的东西都比外面市价贵4倍左右。最有力量的人放弃橡胶，但继续从事河运生意，这使他们可以不冒任何风险地控制整个体系，因为“老大”不论如何都得任河运公司摆布，河运公司可以抬高价格，也可以拒绝供应货品。一个“老大”，如果店里无货就会失去客户，客户可以逃走不还债，或者留在原地活活饿死。

“老大”依赖河运公司，“客户”依赖“老大”。到1938年的时候，橡胶价格不及价钱看好时的五十分之一；第二次世界大战虽然使价格回升了一段时间，但目前的情况并没好多少。沿着马查多河两岸，视当年收成好坏而定，一个人一年可采得200～1 200公斤橡胶。用最好的价格去估计，在1938年这些收成可用来买到他一年生活必需品的一半左右，买米、黑豆、干肉、盐、枪弹、石蜡和棉织品。另外一半的必需品则得靠打猎所得来供应，还有就是负更多的债；采橡胶的人都是以负债开始，然后，绝大多数的情形，都是负债越来越多，直到死掉为止。

在这里可提一下1938年时，一个4口人的家庭月支出账目表的典型。每公斤稻米的价格有差异，这将使有兴趣的读者可以把价格换算成国际黄金标准价格。

一个家庭的年度预算还得加上棉布，1938年一匹棉布的价格在30～120巴西银币之间；还有鞋子，一双40～60银币；帽子一顶50～60银币；以及针线、扣子和医药。如前所述，此地吃药量很大，举例来说，一粒奎宁（每一家庭成员每天要吃一粒）或一粒阿司匹林卖1银币。还得记住的是，马查多河两岸最好的“季节”一季下来（采橡胶季节从 4 月到 9 月，雨季的时候森林里面寸步难行）可得 2 400 银币（橡胶 1936 年在玛瑙斯卖价是每公斤 4 银币，其中一半归生产者）。即使采胶者没有年轻小孩，即使他只吃打猎得来的肉类，只吃自己种自己制造的木薯粉，单单最低食品消费就要花掉他在年收成异常好时的全年所得了。

	每单位的巴西银币价格	巴西银币总价
4 公斤烧菜用的动物油	10.500	42
5 公斤糖	4.500	22.500
3 公斤咖啡	5	15
1 公斤石蜡	5	5
4 块肥皂	3	12
3 公斤盐（腌兽肉之用）	3	9
20 颗子弹（0.44 口径）	1.200	24
4 磅烟草	8.500	34
4 包卷烟纸	1.200	6
10 包火柴	0.500	5
100 克胡椒（腌东西用）	3	3
2 头大蒜	1.500	3
4 罐浓缩炼乳（婴儿用）	5	20
5 公斤米	3.500	17.500
30 公斤木薯粉	2.500	75
6 公斤埃查克（xargue，干肉）	8	48
总计		341

不论是否自己当老板，“老大”永远活在破产的阴影之下，如果他的“客户”在未偿还“老大”所预支给他的债务就逃走的话，“老大”就破产。因此，他雇佣武装人员在河上看守。我们离开吐比卡瓦希普之后没有几天，碰见一件奇怪的事情，将永远留在我记忆中，作为“谢林葛尔”的印象本身。以下是 1938 年 12 月 3 日我在日记上所写下的关于这件插曲的描述。

> 10 点左右，灰蒙蒙的天气。我们的独木舟队遇见一个瘦瘦的男人，他的妻子和一个 10 岁左右的孩子乘着一只小蒙他利亚舟，太太是个胖胖的黑白混血儿，头发卷曲。他们全都筋疲力尽，那女人一边说话一边掉眼泪。他们已在马查多河上航行 6 天之久，通过 11 个瀑布，其中有一个得扛着独木舟过瀑布地带，他们是去追一个逃走的客户及其太太。那客户带着一条独木舟和随身物品逃走，他们取得店里赊给的东西以后就逃走了，留下一张字条，上面写着：“东西太贵我没有勇气偿还。”这几个人是加耶达诺（Gaetano）老大雇用的人，对他们因此要负的责任深感恐惧，正在设法找回那个逃走的人，要他还债，把他带回老大那里。他们带枪。

带的是来复枪，通常是点四四的温彻斯特，平常是打猎用的，但必要时，也用做其他用途。

几个星期以后，我在一家卡拉玛公司（Calama Limitada）所开的店门口看到一张布告，这店位于马查多河与曼德拉河交汇之处，布告内容如下：

非常豪华的货物

包括动物油、奶油和牛奶唯经老大特许

才能赊账

否则

一律现金交易

或以等价物品交换!

在这张布告下面，紧贴着另外一张：

顺溜溜的秀发

不论多卷曲的头发

甚至黑人的头发

都会变成顺溜溜

只要经常使用最新出品的

阿里商德

在“大瓶子”店有售

玛瑙斯，乌鲁瓜雅那街

事实上，人们深受疾病与贫穷考验，“谢林葛尔”地带的生活并非永远如此沉闷无趣。毫无疑问的，那样的日子是一去不复返了，当橡胶价格一片看好，人们在河流交汇处建造木头客栈，整夜灯火辉煌，有些采胶人一夜之间在此把几年积蓄花个精光，第二天回去向富同情心的老大借采胶所需的装备，再重新开始，我看过一个这类客栈的遗迹，名称仍然叫做梵蒂冈，一个令人想起它过去光辉日子的名称。以前在星期天时，人们穿着条纹丝质裤子，戴软帽，穿皮鞋去听射击专家用不同口径的手枪射击表演，像独奏者一般。现在，在整个谢林葛尔采胶地区，已无法买到一条丝质裤子。但是这地方仍具有某种暧昧的魅力，来自那些和采胶者同居过着一种毫无保障之生活的年轻女人。以前用以描述这类“婚姻”关系的说法是“他们在绿色教堂结的婚”。这些女人有时候会开舞会，每个人拿出 5 银币或咖啡或茶，或把她们的屋子借出来，如果那房子比一般房子大的话，或是她们的灯足够点一整个晚上。她们穿薄薄的衣服，脸上化妆，做个头发，走进跳舞场所时吻主人的手。但她们的化妆与其说是为了造成美的幻象，倒不如说是为了看起来健康。在胭脂与粉底下掩藏起来的是梅毒、肺痨和疟疾。她们穿着高跟鞋从与她们的男人居住的地方（称为 barraço）来。她们一年到头穿得破破烂烂，衣衫不整，但在这天晚上看起来崭新漂亮；不过她们必须穿着晚礼服沿着泥泞的森林小路走两三公里路才到得了舞会会场。而且为了打点整齐，她们得趁黑暗时在脏兮兮的溪水里面冒着雨洗澡，那天雨一直下个不停。在这薄薄一层的文明与门外的恶劣现实之间存在着绝大的对比。

她们所穿的剪裁不佳的服装更强调了她们印第安人的体形特征：乳房很高，几乎是在腋下，被服装的料子压得不成形状，肚皮突出；臂膀小小的，瘦长的腿，形状很美，腕和脚踝很细致。男人穿白裤子，厚鞋子，宽夹克，趋前邀请舞伴共舞。她们有的是“伴侣”（companheiras），有的是“管家者”（amasiadas，即替一个男人管家），有的是“独立者”（desoccupadas，即没有特定对象）。男人牵着女人的手，走到舞场（palanque）中间，舞场用“巴巴苏”（babassu）草建成，照明的是一盏微微作响叫做“法洛尔”（farol）的煤油灯。要跳舞的人等一两分钟以捕捉“卡拉卡查”（caracachá）所发出来的强烈节奏。卡拉卡查是一盒钉子，由暂时休息的跳舞者负责敲打节拍。把握住节拍以后，一对对便起舞：一，二～三；一，二～三；等等。由于小屋建在架子上面，地板在脚的摩擦踩踏之下摇动不已。

他们所跳的舞属于另一个时代。特别是黛斯菲特拉（desfeitera），由不断的重复组成，在反复之间的空当，手风琴［有时候还用梵亚朗琴（violão）和卡瓦金侯琴（cavaquinho）伴奏］会停止，让每个男人轮流即兴一段对白，充满戏谑或性爱暗示，女人也得以类似的方式回应一段。对女人来说，这不是容易的事，因为她们觉得不好意思，尴尬害羞，有的脸红避免回应，其他的则迅速低声呢喃些令人听不懂的对白，好像小女孩在背书一样。下面是有天晚上在乌鲁巴被即兴朗诵不停的对白：

> 一个是医生，一个是教授，另一个是博物馆研究员，这三个里挑一个你所要的。

还好，被问这个问题的那个可怜女人没有回答。

如果舞会一开开好几个晚上的话，女人每天晚上都换不同的服装。

南比克瓦拉人把我带回石器时代去，吐比卡瓦希普人带我回到16世纪；在这里我觉得置身18世纪，在想象之中，觉得西印度群岛上的一个小港口或沿海一带的小港口情形一定是这个样子的。我已走过整个大陆。而，这趟很快就要结束的旅程终点却首先以从时间的底部往上升的方式进入我的意识里面。

第九部

归返

三十七　奥古斯都封神记

旅途中有一段特别令人沮丧，是停留在肯波诺弗那一段。同行的人因为受流行疫病侵袭，而落后在80公里以外的地方，动弹不得。和他们分开的结果是，我只能整天在电报站外面等待，眼看着一打左右的人渐渐步向死亡，有的是死于疟疾、利什曼病（leishmaniosis，一种疟性热病）或钩虫，但主要的死因还是饥饿。那个我雇来洗衣服的帕雷西（Paressi）妇人，不但向我要肥皂，还要食物：她的理由是，不然的话，她没有力气洗衣服。这话是真的：这里的人已丧失一切生活的能力。又弱又病而无法奋斗，他们便设法减少活动，降低需要，借此而达到一种昏沉的状态，只需要使用最低程度的体力，同时又能钝化他们对自己悲惨情境的意识。

印第安人则在另一方面促成这种令人沮丧的气氛。那两个在肯波诺弗会过面互相敌对的印第安族群，对我并不见得友善，他们之间也经常处于随时会打成一团的状态。我得保持高度的警觉，任何人类学工作都无法进行。在正常的情况下，做田野工作本身即已是负担沉重：必须在黎明时起床，一直要保持清醒到最后一个土著睡觉为止；得使自己不受注意，但又得随时都在；要什么都看见，什么都记得，什么都注意；要表现出一种让人丢脸的冒昧，向一个满鼻都是鼻涕的脏鬼求取消息，在别人稍表不得不顺你意思或是粗心大意的时候，设法加以利用到最大的程度；不然的话，就是由于整个部族的情绪突然改变，而不得不把一切好奇之心压抑起来，退缩到一种保留的态度，有时要一退缩就是好几天的时间。人类学家在进行其本行的工作时，心里充满疑虑：他放弃自己的环境，放弃自己的朋友、自己的生活方式；花费相当大笔的金钱和可观的精力，危害到自己的健康，难道所有这一切的真正目的只是为了使自己能够被一两打情况悲惨、注定不久就要绝种的人物所接受吗？何况那些人最主要的工作不过是互相捉蚤子和睡大觉，而人类学者的工作成功或失败，却又完全要视这些人的高兴与否而定。当土著是毫无疑问地不怀好意时，像肯波诺弗的例子，便使情况变得更为糟糕。他们甚至拒绝被人看见；一点警告也不说，他们就突然失踪好几天，去打猎或去采集食物。为了希望能重新建立起一个难得建立的联系，人类学家只好在附近游荡，消磨时间，重新咀嚼已经到手的那点有限的资料；他把旧笔记重读一遍，重抄一遍，设法加以解释；不然就是给自己安排一些琐碎的、无意义的工作，像测量两个烧煮食物的地点之间的距离，或者计算一下那些已经被弃置的小屋到底使用多少根树枝之类。这真是一张关于我们的工作的漫画。

然而，最重要的是，他会自问：为什么我跑到这里来？我到底是希望些什么？我的目标到底是什么？人类学研究的本质到底是什么？它是不是像其他正常的职业那样的一种职业？它和别的行业的区别是不是仅仅在于选择人类学工作的人，他们的工作室或实验室和他们的住宅之间距离相隔个好几千公里？或者是，选择人类学工作是一种比较激烈的选择，表示人类学者实际上是把他自己所生所长的整个制度都加以怀疑？我离开法国，中断我的大学学院生涯已有 5 年之久。在这 5 年的时间内，我以前的同事里那些比较明智的人已开始在沿着学院的阶梯往上爬：那些对政治有兴趣的人，像我以前那样，已经成为国会议员，不久就要当部长。而我自己呢，仍然在沙漠荒原中踱来踱去，在跟踪几个病态的残余的人类。到底是因为什么人，或因为什么事情，使我中断我自己存在的正常途径？这一切会不会只是我自己所玩的一种手法，一种聪明的旁门左道，其结果能使我重拾旧业，而且是带着额外的优势，会被人承认的优势？或者是我这项决定是我自己和自己的社会情境之间存在一种深藏的不适应表现？这种深藏的不适应会使我不论是做什么，都无可避免要感到与自己的社会情境越来越疏远？经由一项令人惊奇的哑谜，我的探险生涯，并没有向我展现一个新世界，反而是造成把我带回到原来的旧世界去的结果，那个我一直在找寻的世界在我的掌握之间消失于无形。这正像那些我原本出发要去征服的那些人和景观，一旦在我力量掌握之中就失去了我本来认为他们会带给我的意义那样，因此目前这些令人失望但确实存在的影像，我便用其他的影像加以取代，其他的那些影像是我的过去所遗留下来的，当那些影像仍然还是环绕我四周的真实的一部分时，看起来并不具有什么特别的重要性。在一个没有多少双眼睛注视过的地区里面旅行，和那些使我能够在时光上回溯好几千年之久的社会分享其存在的经验（贫困就是这些代价，他们已经先付出了），结果是我自己已经不再对两个不同的世界具有完整的意识。到我脑海里来的是那个我把自己割离开的法国乡下的一些变幻不拘的景象，或者是那个我确信我已经扬弃否定掉了的文化其最平常无比的表现方式，像音乐或诗的片段。我如果不掩饰我自己生命历程的轨迹的话，我确实相信过我已扬弃了那个文化。然而在马托格洛索西部的高原上面，一连好几个礼拜的时间，如影随形地缠绕我脑际的，不是那些陈列在我四周、我不会再有第二次机会看见的事物，而是一段被篡改了的曲调，再加上我自己记忆力的不足而更显得软弱无力的曲调——肖邦作品第十号，钢琴练习曲第三号。这支曲子，经过一种我当时已深切意识到的辛酸嘲讽的扭曲，居然成为我所遗弃在背后的一切的具体象征。

为什么会是肖邦呢？我自己从来并不特别喜欢他的作品。在我的成长过程中，我所受的教养令我仰慕瓦格纳，不久以前我自己发现了杜步西，不过在这以前我已知道斯特拉文斯基的《婚礼》（*Noces*），曾听过其第二场或第三场的演奏，那作品展现给我一整个世界，一个在我看来似乎比巴西中部草原更为真实、更为丰富的世界，同时也击碎在听到那件作品以前所已经形成的所有有关音乐的一切信念。不过在我离开法国时，提供我所需要的精神支柱的作品是佩尔亚（Pelléas）；因此，为什么会是肖邦呢，而且还是他最枯燥无味的不重要的作品，居然在我身处一片荒野之中时硬是跑来缠绕着我呢？给这个问题找答案，比进行将会使我在专业上面更说得过去的人类学观察还令我关心，我想到，从肖邦到杜步西之间的行进过程，如果把它整个颠倒过来的话，可能显得更为壮阔。原来使我更喜爱杜步西的那些快乐之感，现在我可在肖邦的作品里面得到，但却是在一种异常的、不确定的、容易接受的形式底下，以至于在开始的时候我根本注意不到，而直接地去选择接近用最显而易见的表现方式表现出来的作品。我现在正在完成一种双重的进步：经由更好的了解比较早期的作家作品，我便能够在那些作品里面发现某些隐藏起来的美，任何人如果不先知道杜步西的作品的话，便无法欣赏到这些隐藏起来的美。我对肖邦的喜爱是一种增加、丰富的结果，而不是一种削减、折断的结果，如果一个人认为音乐的发展止于肖邦的话，就是后者。与此同时，我已不需要全面性、完整性的刺激，就能引发某些情感：一点提示，一点隐喻，某些形式的一点预示，就已经足够。

走完一英里又一英里，同样的曲调在我记忆中不停反复，没有办法消除。它似乎不断地在展示它的新魅力。先是缓慢地出现，然后它似乎在揉着它的线，好像是想把将要来临的终结掩藏起来似的。揉线打结的举动变得越来越无法抽离开来，以致令人开始怀疑或许整支曲子就要崩溃；突然地，下一个音符带来完整的终结，整个逃避的路程显得更为大胆，特别是前面先出现的那些危险的音符，使得这样的结束变成必要，也使得这样的收尾成为可能；一旦最后一个音符被听见，达致最后一个音符的前面所有的音符都被映照明白，具有新意义：那些前行的音符所在追寻的，再也不会被视为是随意而为了，而是一种准备工作替那个想象不到的结束方式做准备。或许，这也就是旅行的本质吧，是一种对我自己脑袋中的沙漠的探察，而不是对那些在我周遭的沙漠的探察吧？有天下午，当所有的人，所有的事物都在强力无比的热度之中熟睡时，我蹲坐在蚊帐覆盖下的吊床上，蚊帐保护我免被“害虫”——南美洲人这样称呼蚊子——所害，但是蚊帐的眼太密，使蚊帐里面的空气更难呼吸，这时候，我突然有个主意，我觉得在困扰着我的这些问题可以作为一场舞台剧的主题。在我脑中，整个戏清晰无比，好像已经写好了一样。印第安人对我而言已不存在：整整 6 天的时间，我从早到晚在写满词汇表、素描和谱系表的纸张背面不停的写作。但6天过去以后，灵感已经枯竭，剧本仍未写就，而灵感也一去不复返。把当时所急急写下来的手稿重读一遍，我不觉得有什么值得惋惜的。

我的剧本称为《奥古斯都封神记》，其形式是高乃依（Corneille）的《西拿》（*Cinna*）一剧的改编。剧中有两个主角，从小就是朋友，后来各自追寻不同的事业，在两人事业的紧要关头上面又重逢。其中一个，自以为已放弃文明世界，却发现自己原来是在用一种相当复杂的方式要重回文明世界，不过那种方法把他本来相信要面对的选择意义与价值都摧毁了。另外一个人，从出生开始即被挑选出来要过高级社会生活，享有其中的种种荣耀，发现到他的一切努力都是倾力导向于一个把上述那一切都化为乌有的结局；而这两个人，在试图毁灭对方的时候，却都同时是在寻求一种方法，即使是因此而致死也在所不惜，要把对方的过去所代表的意义保存下来。

剧本是这样开场的：罗马的贵族院想颁给奥古斯都一项比皇帝更高的荣耀，投票通过替奥古斯都举行成神的仪式，让他有生之年就位列众神。在皇宫花园里面，两个卫士在讨论这项新闻，要预测从他们的观点来看会产生什么样的结果。那样会不会使警察的工作无法进行呢？要如何去保护一个神呢？神可以随心所欲地变成昆虫，或使自己成为隐身者？也能随意使人动弹不得。他们讨论到可不可能举行罢工，最后决定，不论如何他们都应该加薪。

警察首长接着出现，向这两个卫士解释，他们的想法是何等错误。警察并没有被赋予任何使命可以使他们和他们要服务的对象之间具有任何差别。他们不应该对最后的目标表示关心，他们与他们的主人之人身及利益是无法分开的，他们借着主人的光辉反射而具有光彩。一个替神化了的国家元首服务的警察队伍本身就也跟着化为神圣。对他们来说，就像对他们成神的主人来说一样，一切都成为可能。警察本身会达成其真正的本质，因而，按照侦探机构的格言之说法，警察本身可以说就能看见听见一切事情而不会引起任何疑心。

在下一景里面，不同的角色从贵族院走出来，对刚刚举行过的院会发表评论。几个不同的场面显示出对于由人转变成神的各种互相矛盾的看法；重要利益集团的代言人在想着各种新的赚钱机会。奥古斯都本人，不愧是个皇帝，只关心他的权力要如何巩固的问题，最后终于可免受阴谋和内讧的困扰。对他太太李维亚（Livia）而言，成神仪式是他生涯中的最高峰："这正是他该得的！"换句话说，等于是被选入法兰西学院（Académie Française）……奥古斯都的妹妹卡蜜尔（Camille）爱着西拿，西拿在外流浪 10 年之后回到罗马，卡蜜尔把这个消息告诉奥古斯都，她希望奥古斯都会召见西拿。西拿还是跟以前一样任性且具诗人气质，很可能说服奥古斯都，免得他就此倒向既成体制永不回头。李维亚表示反对：西拿一直都给奥古斯都的事业带来破坏性的影响，西拿是个疯子，只有和野蛮人在一起的时候才会快乐。奥古斯都很想接受他太太这个想法。但是，他开始被由教士、画家和诗人们所组成的一系列陈情代表的出现而感到困惑，他们都认为奥古斯都成神以后等于是被赶出这个人间世界：教士们认为神化了的奥古斯都会把地上人间的权柄转到他们手中，因为教士乃是诸神与人类之间的正式中间人。艺术家们则要把奥古斯都从一个血肉之躯变成一个理念：这想法令这对皇家夫妻甚为惶恐，他们可以想象那外表被弄得更美、比真人还庞大的大理石雕像，他们建议倒不如用各种形式的旋涡和多面体来表现。这一片大混乱，更因为一群淫荡的女人其各种争执不已的要求而弄得无法收拾。李达（Leda）、欧罗巴（Europa）、阿免娜（Alcmena）和丹娜耶（Danaë）都坚持要把她们与诸神交往的经验提供给奥古斯都。

然后奥古斯都孤独一人，和一只鹰在对话：这鹰不是普通的鸟，不是神性的徽记，而是一只野鹰，摸起来暖和，闻起来发臭的那种。不过这也正是朱比特的鹰，那只把葛尼梅地（Ganymede）带走的鹰，经过一场流血争斗之后，年轻的男孩葛尼梅地挣扎无效，还是被鹰抓走。这只鹰向满脸狐疑的奥古斯都解释道，他对即将要取得神性内容正好是不会再感觉到他目前所感到的那种厌恶之情，现在因为他还是一个人，所以被那种厌恶之感所笼罩。奥古斯都将感到自己已经成神，但并不是经由什么神采四射的感觉，也不是由于任何可制造奇迹的能力，而是由于他会有能力忍受一只野兽靠近身旁而不感到厌恶，能够忍受野兽的臭味，忍受野兽将覆盖在他身上的粪便。腐尸、残败和有机排泄物对他而言将变成非常熟悉："蝴蝶会飞到你脖子上来做爱，任何一种地面对你而言都将成为可以安睡之所；你不会再像现在这样，看见到处竖着刺，布满虫子和传染病。"

在第二幕里面，奥古斯都由于和鹰对话过，开始意识到自然与社会之间的关系所存在的问题以后，决定再次和西拿见面。西拿在过去比较喜欢自然，不喜欢社会，这正好和导致奥古斯都取得皇帝式的神性所做的选择相反。西拿感到非常失望。在他10年的浪迹生涯中，他除了想念那个青梅竹马的朋友卡蜜尔以外，什么事也没做。那时候如果他开口的话，早已娶得卡蜜尔为妻。奥古斯都会非常高兴地把妹妹卡蜜尔嫁给西拿。不过，要依照社会习俗的律法来得到卡蜜尔对他来说是无法忍受的事情；西拿要经由向整个既成秩序挑战的方式得到卡蜜尔，而不是通过既成体制。因此他决定取得隐遁者的声望，使他能迫使社会摊牌，使社会让他得到社会本来就准备赋予他的女人。

现在西拿终于头上戴着荣耀的光环回来了，他现在是每一场社会性的晚宴都最欢迎、要求列席的探险家，但只有他自己明白，他付出如此高昂的代价所取得的名声，其基础只不过是个大谎言。在人们认为他所亲身经历过的那些经验里面，没有一件是真实的；旅行是一场大虚幻，是一种烦死人的过程；整个过程只会对那些习惯于反射的影像而对真正的现实不熟悉的人才会觉得真实无虚。西拿对奥古斯都命定要得到的那一切感到嫉妒，因此想要拥有一个比他的更为广大的帝国："我告诉我自己，没有任何一个人类的心灵，甚至连柏拉图的都包括在内，能够想象世界上所有的花卉和叶子的无限多样性，而我就是要知道这一点；我将要收集恐惧、寒冷、饥饿和疲惫所引起的感觉，那些感觉是你们这些居住在库藏丰足的谷仓旁精致舒服的房屋里的人连想都无法想象得到的。我吃过蜥蜴、蛇和蝗虫；我在吃这些令你们一想到就会反胃的食物时，怀抱的是一个将要接受入教仪式的人的心情和信念，我深信我将因此而在我自己和宇宙之间建立起新的联系。"但是经过这一切的努力之后，西拿意识到他什么也没找到。"我失去一切，"他说，"甚至连那些最人性的对我都变成不具人性。为了填满那些无止无尽的空虚时日，我便背诵埃斯库罗斯（Aeschylos）或索福克勒斯（Sophocles）给自己听；我后来对其中的一些片段熟悉到无以复加的地步，以至于现在我去戏院的时候，已经无法享受剧场的美了。每一片段都令我想起灰尘满天的道路、炙烧过的草和被沙子弄红的眼睛。"

第二幕最后的几个场面，表现奥古斯都、西拿和卡蜜尔等人所陷在其中的不同的相反情境。卡蜜尔对她的探险家充满崇拜之情，探险家设法要让她了解旅行家的故事都充满欺骗，且都徒劳无功。"即使我有办法把这些事件中每一件的茫然空虚以及不具意义表达出来，我的游记仍然还是不得不采取说一种令人出神、可以吸引住人们注意力的说故事方式才能说得出来。然而那经验本身根本就是空虚；我所看到的大地和这里的大地近似，草叶也和这片草地的草叶一模一样。”卡蜜尔对此深感愤怒，卡蜜尔本来就很明白，在她的爱人眼中，卡蜜尔自己的存在本身也深受西拿所深感痛苦的那种对一切都失去兴趣的毛病所苦：西拿对卡蜜尔的兴趣已不再是一个人对另外一个人本身的兴趣，西拿只是把卡蜜尔视为西拿自己与社会之间唯一可能留存的联系之象征。奥古斯都自己则警觉到西拿所说的和那只鹰所说的并无二致，不过他却下不了决心来改变已做的决定：太多政治利益都和他的封神牵扯在一起，但是更重要的是，他要反抗那种认为没有什么绝对稳当的结局可以让行动的人物既能享受行动后的奖赏又能得到心灵平静的想法。

第三幕在危机的气氛中开始；封神大典的前一天晚上，罗马被神性事物所淹没：皇宫的墙出现裂缝，植物和动物冲进皇宫。整座城市回到原始自然状态，好像被一场大灾变所毁那样。卡蜜尔和西拿断绝交往，这使西拿得到一个最后完整的证明，证明一项他早已意识到的失败。西拿把一切的不满发泄到奥古斯都身上。不管那个毫无秩序的繁茂的大自然，目前在他眼中和人类社会所能提供的较密实的快乐比较起来是如何的空虚不实，他要单独一个人来品尝其滋味。“这个什么也不是，我晓得，但我既然选择它，这个空虚本身对我还是宝贵的。”奥古斯都可能会成功地把自然与社会结合起来，而且取得前者作为后者的额外奖赏，而不是必须要弃绝社会以拥有自然，这种可能性对他而言是无法忍受的。为了证明不得不在两者之间做一选择，他决定暗杀奥古斯都。

正在这个时候，奥古斯都要求西拿帮他的忙。他如何可以使那些已不再依据他意志推进的事件终止而转向，同时又能维持他的公共形象于变？在一阵高度兴奋的心情下，他们认为找到了解决的方案：这就是让西拿把奥古斯都谋杀掉，正如西拿本来计划要做的那样。这样做可以使他们都取得各自梦想的不朽：奥古斯都将能享受书本上的、雕像上的和崇拜上的官方不朽；而西拿也可享受到弑皇的恶名昭彰之不朽，这种不朽使西拿可以既重回社会，又能继续不断的反对社会。

我已经记不清楚这个剧本在原来计划中的收尾到底是怎样了，因为最后几场仍然没有写完。我想是卡蜜尔不甘不愿地提供了一个总结局。卡蜜尔又重燃起原来的情感，说服她哥哥是他自己把整个情况做了错误的解释，事实上是西拿，而不是那只鹰，才是诸神的使者。如果卡蜜尔所说的不错的话，奥古斯都觉得有使用政治方法把整个问题解决掉的可能。他只要能欺骗西拿，就能同时欺骗诸神。他们同意把卫士撤走，然后奥古斯都自愿成为西拿短剑下的无助牺牲。但在实际上奥古斯都却做了安排，增加双倍的贴身卫士，使得西拿根本就无法接近他。这正好符合他们两人不同的一生事业之方向，奥古斯都的最后一项行动还是圆满成功：他成为神；但却是人类中间的神，同时他会赦免西拿。但对西拿而言，这只构成另外一项失败。

三十八　一小杯朗姆酒[1]

前一章描述的戏剧寓言，只有一个道理：说明一个在不正常的生活条件中度过一段长时间以后的旅行者，所显露出来的心理失调。但是问题仍在：人类学家如何克服他的选择所造成的矛盾？他眼前就有一个现成社会，可以作研究对象——他自己的社会；他为什么决定放弃这个社会，把他的耐心和热诚保留给另外一个社会，而且常常是一个最遥远、最陌生的社会？他选择人类学做职业，就是把他的耐心和热诚从本国同胞身上转走。人类学家对自己

---

① 传统上，被送上断头台的法国罪犯，都可以在行刑之前抽一根烟，喝一小杯朗姆酒。列维-斯特劳斯在这里使用这个题目，一方面是指本章所讨论的朗姆酒的重要意义，另一方面也是指人类学家自己和整个人类的可能命运。——英译者注

群体的态度很少是中立的，并非意外。如果他是行政官员或传教人员，我们可以因此推论说，他选择认同一个制度，到了奉献一生来推广、宣传那个制度的地步；如果他的职业是科学性的或学院性的工作，我们又很可能在他过去的历史中发现一些客观因素，显示他对他出生的社会适应不良。他选择了他的角色，或者是想找到一个实际的方法来调和他对一个群体的忠诚，和他对这群体有所保留之处，或者只是很简单地把本来就已感觉到的对自己社会的疏离之感变成一种长处，使他能较容易地接近不同的社会，因为他实际上已经在朝向那些不同社会的半路上了。

但是，如果他诚实，他就面对着一个问题：他所赋予异地社会的价值——那个异地社会与他自己的社会愈相异，他似乎就认为那个社会的价值愈高——并没有独立的基础：他由于厌恶或敌视他人生环境的习俗风尚，而在另外一个社会里看到价值。人类学家和自己的同胞在一起的时候，往往倾向于颠覆既有体制、反叛传统行为，但是，当他处理一个和他本身社会不相同的社会，他不但看起来充满尊敬之情，甚至到了采取保守主义观点的地步。这种现象，并不单纯出于是偏见。事实上，和偏见大异其趣：我就认得几位遵行自己社会规范的人类学家。但是，这些人类学家所以遵奉自己社会的习俗，是走了一段迂回路以后的结果，也就是把自己本身的社会和他研究的异地社会作了一种同化。他们忠诚所向，还是后者，而他们所以放弃最初对自己社会的反叛，原因是他们对异地社会又作了让步，也就是说，他们像处理所有社会那样处理自己的社会。这种两难处境，并没有任何两全的妙法：人类学家或者是遵行自己社群的规范，而其他所有社群在他心中最多只能引发一种一闪即逝、亦还带有不赞同的好奇心，不然的话，就是人类学家能全心全意把自己奉献给其他社群，而令他的客观性受损，因为，不论有意或无心，他都不得不把自己至少从一个社会里面抽离出来，才能全心全意地把自己奉献给所有社会。这样做的结果也就使他自己犯下了一项罪过，这项罪过和他认为那些不同意人类学工作有其特殊价值的人所犯的大罪过性质完全一样。

我第一次被这种自我怀疑所困扰，是在这本书开头描述的那段被迫停留在西印度群岛的时候。在马丁尼克岛，我去看过一些生锈的、缺少保养的朗姆酒厂，其设备和造酒方法从 18 世纪以来未做任何改变。在波多黎各，我则在那家几乎独占全岛蔗糖生产的工厂里看见一大堆珐琅质酒糟和铬质酒管。但是，我在那些盖满一大堆废料的古老木头酒桶子前面尝到的各种马丁尼克的朗姆酒，都是又香又醇，而在波多黎各的现代酒厂中尝到的，则是又粗又糙。我们也许可以因此假定，马丁尼克的朗姆酒所以香醇，是因为使用古老过时的造酒方法，在造酒过程中免不了渗入各种不纯的杂质。对我而言，两地酒产的对比，正说明了文明的矛盾：文明的迷人之处主要来自沉淀其中的各种不纯之物，然而这并不表示我们就可借此放弃清理文明溪流的责任。由于在两方面都对，我们也就必须承认错误。要照理性办事，设法增加产量以便能降低单位生产成本，这是对的。但是去颂赞那些我们正努力要加以消除的各种不完美，这也是对的。社会生活也就是一种毁灭掉使社会生活有味道之东西的过程。一旦我们不再考虑自己的社会而改研究其他异社会的时候，似乎这种矛盾就消失了。我们自己深陷在我们自己社会的淡化过程之中，因此在某意义上说来，乃是利害相关的一方。我们根本没有办法不去想要那些我们本身的处境逼着我们去达成的事物；而当我们面对的是其他社会时，情形就完全改观：在第一个例子中根本无法维持的客观性分文不取地就送到我们手中。由于我们只是正在进行中的转形的旁观者，而不是其活动代理，我们也就更能比较评估其未来与过去，因为这些都只是美学沉思或智性思考的课题，而不是深深印在我们心灵上面的灵魂的焦虑。

用以上的讨论方式，或许我已在一定程度上点明矛盾的性质；我指出其根源，也说明我们要如何面对它。但是我却也并没有把矛盾解决。是不是这种矛盾乃是恒久性的呢？有时候确实有人如此认为，而且用这种观点来谴责人类学家。由于我们的专业使我们偏向和我们自己的社会结构、文化结构大不相同的结构，常常高估了前者，而低估后者的价值，因此有人说我们犯了一项根本性的罪恶，说我们不使用同一标准。我们怎么能够宣言异社会的确有价值呢？除非是以促使我们去做研究工作的社会之价值为标准，我们又如何做判断呢？由于我们自己永远无法逃出制约我们的社会规范，我们要把包括我们自己社会在内的所有社会都加以比较研究的种种努力，被认为追根究底只不过是一种欲说还羞的自以为自己社会比所有其他社会更为优越的手法罢了。

在这些假装老实的批评者所做的推理背面，除了一个不高明的双关语以外什么也没有：他们只不过是试图把神秘化（mystification，他们自己耽溺其中）装扮成神秘主义（mysticism，他们错误地指控我们相信这一套）的反面罢了。考古学研究或人类学研究已证明，有些文明，不论是当代的或是已消失的，知道，或曾经知道，如何比我们更好地解决某些我们自己一直在致力解决的问题。只需举一个例子：最近几年我们才发现爱斯基摩人的衣服和住屋所根据的原料上以及生理上的原则，我们才明白这些我们以前一无所知的原则，使他们能够生活于艰困的气候条件之下，他们对那种恶劣环境的适应并非是依靠或利用他们体质上的什么特别之处。了解这些事实以后，同时我们也就明白为什么那些由探险家们所引介所谓改进的爱斯基摩服装，事实上比一无是处更为糟糕，事实上造成与原初想象完全相反的结果。土著的解决办法完美无缺；而我们一旦掌握了其解决方法所根据的理论以后就可马上明白这一点。

不过真正的问题并不在此。如果我们以我们自己给自己定下的目标为标准来衡量其他社会群体所取得的成就的话，我们有时候不得不承认别的社会群体的成就是更为可观；但是在这样做的时候，我们自己就握住了评断他们的权利，也就因此而鄙夷他们所有的那些并不和我们自订的目标吻合的目标。这样子我们就在隐约之间自认为我们的社会，我们的习惯与规范享有一种特殊的优越地位，因为本由另外一个社会群体的观察者会对同样的事例下不同的评断。事实既是如此，人类学研究又怎么可以宣称是科学的研究呢？为了建立一个客观的研究，我们必须避免做这一类的评断。我们必须接受下面这个事实：每一个社会都在既存人类诸种的可能性范围之内做了它自己的某种选择，而那些各种不同的选择之间无从加以比较，所有那些选择全都同样真实有效。但这样的立场又引出一个新问题；在前述的第一个例子里面，我们有坠入蒙昧主义（obscurantism）的危险，采取的方式是对一切异国异事完全视若无睹，但采取第二个立场，我们又有接受一种大折中主义（eclecticism）的危险，使我们对一个文化中的任何习俗都无法加以谴责，连残酷、不义和贫穷这些任何为之所困所苦的社会本身都会加以抗议的现象，都无法施以谴责。还有，由于这一类的毛病也存在我们自己的社会里面，如果我们竟然能把出现于别的社会里的这一类毛病视为无可避免而加以接受的话，我们又有什么权利要在我们自己社会里面对此类毛病大加攻击，欲将之消除呢？

一个人类学家的两种不同态度，也就是在自己社会是批评者，在其他社会是拥护随俗者，这样的态度背后还有另外一个矛盾，使他觉得更难以找到脱逃之路、解决之方。如果他希望对他自己社会的改进有所贡献的话，他就必须谴责所有一切他所努力反对的社会条件，不论那些社会条件是存在于哪一个社会里面，这样做的话，他也就放弃了他的客观性和超然性。反过来说，基于道德上立场一致的考虑和基于科学精确性的考虑所加在他身上的限制而必须有的超脱立场（detachment）使他不能批判自己的社会，理由是他为了要取得有关所有社会的知识，避免对任何一个社会做评断。在自己的社会要参与改革运动就使他不能了解其他的社会，但对全人类社会都具普遍性了解的渴望欲求得到满足却又不能不放弃一切进行改革的可能性。

如果这个矛盾真是无法克服的话，人类学家应该毫不迟疑地决定他要做什么样的选择：他是一个人类学家，或选择成为一个人类学家；他因此必须接受从事这项专业所不得不做的割舍（mutilation）。他宁可偏爱其他的社会，他必须接受这项偏爱所带来的后果：他的功能将只不过是去了解这些其他的社会，他没有能力以那些社会的名义有所行动，基于这些社会是不同的这个简单事实使他不能代替他们思考，不能代替他们做决定；那样做的话等于是把自己完全与他们认同。更有甚者，他还要放弃在他自己社会之内的所有行动，因为他很怕就某些价值问题采取立场，那些价值问题可能在不同的社会中同样出现，他如果就这些问题采取立场的话也就是允许他自己的思想被偏见所感染。最后剩下来的就只有最先所做的那项选择，而为了那项选择，他将不认为需要任何理由：那是一项纯粹的、无动机的行动，或者，如果有任何动机的话，也只能是一些和个性或做该项选择的个别之人其生命史有关的一些外在的考虑而已。

幸而情况并没有糟到以上所讨论的那种程度；向面前的深渊加以窥视以后，我们或许能够找到一条可以避免掉入其中的道路。这样的一条道路是可以找到的，如果我们在做评断的时候能够持平，并且把问题打散成两个不同的阶段。

没有一个社会是完美的。每一个社会都存在着一些和其自身所宣称的规范无法并存的杂质，这些杂质会具体表现为相当分量的不公不义、无感无觉与残酷，这是社会的天性。如果我们要问，这个杂质的分量要如何评估，则人类学研究能提供一个答案。如果只把少数几个社会加以比较，会使人觉得其间的差异实在太大，但是一把比较的范围扩大以后，那些差异就变得越来越小。然后我们就会发现，没有一个社会是根本上就是好的，也没有一个社会是绝对坏的；所有的社会都提供其成员某些好处，只是附带地毫无例外地也含有一定分量的罪恶，所含的罪恶总量似乎大致上相当稳定，没多大变化，这或许是和社会生活之中的某种特别的惰性正好吻合，任何组织上的努力都无法清除。

这样的断言会使旅游故事书的读者大吃一惊，这些读者都记得曾读过的某些土著社会里各种“野蛮的”习俗，想起来就会厌恶。然而这一类的肤浅反应经不起精确认知过的事实的考验，精确认知那些事实只需将之置于较广阔的视野中考察即可成功。让我们拿食人肉的风俗（cannibalism）为例，在所有野蛮习俗之中，食人肉无疑引起了最强烈的恐怖与厌恶。首先，我们得先把食人肉风俗与纯粹是为了补充营养而食人肉区分开来，也就是要把它和那些因为长期吃不到任何动物的肉而导致对人肉的吃食欲望之个例区别开来，在有些波利尼西亚岛里面，即曾出现过这一类的例子。没有任何一个社会的道德足以使其成员不致产生这一类的饥饿惨状：饥荒会迫使人类什么都吃，晚近的大屠杀集中营里发现的例子即足以证明这一点。

除了上述的情形下所发生的例子以外，尚有一些可称之为确实是食人肉风俗的例子，而其食人肉的原因是基于一种神秘的、巫术的或宗教的理由：比方说，吃食一个父亲或母亲的身体之一部分，或是吃食敌人身体之一部分，其目的是为了因此得到其美德，或因此而使其威力消失于无形。这一类的食人肉仪式通常是很隐秘地进行，通常也只食用人体的一小部分，将之磨碎或将之与其他食物混合食用，但是，即使这一类的行为是以一种比较显著的方式进行时，我们还是得承认，对这类习俗施予道德的谴责也就意味着一种对肉体复活这种事情的信仰（肉体如果可以复活的话，对尸体加以损伤就会妨碍肉体的复活，因此该受到谴责），不然就意味着相信灵魂与肉体之间有关联，这样子也就不得不相信与之有关的肉体与灵魂二元论。这也就是说，不论是相信前者还是后者，其信念的性质基本上和导致仪式性的食人肉风俗背后的信念没有什么不同，那么，我们也就没有任何理由偏爱我们自己的灵肉二元论而又谴责他们的二元论信仰了。我们可能会指控有食人肉风俗的社会对逝者的追念丝毫不表敬意，但在事实上他们对逝者的不敬在程度上一点都不会超过我们自己的社会在解剖台上所忍受下来的对逝者的不敬，考虑到这一层的话，前面所申论的也就更见其真确了。

然而最重要的是，我们必须理解到，我们自己的某些习惯，在一个来自不同社会的观察者眼中，可能会被看做是在性质上接近食人肉风俗，虽然我们会觉得食人肉风俗必定与文明的理念格格不入。我脑中在想的例子包括我们的法律与监狱体系。如果我们站在旁观的立场去研究社会，我们很可能会把所有的社会大致分为两类，形成明显的对比：有一类具有食人肉风俗——这也就是认为处理那些具有危险性能力的人，唯一办法是把那一类人吃掉，吃掉一点就可以把那些人的危险力量中立化、消弭于无形，甚至能把那些力量转化成为有利的力量；另外一类或许可以称之为具有吐人肉风俗（anthropemy，这个词来自希腊文的 émein，呕吐），我们自己的社会属于这一类；而对相同的问题，这一类社会采取一种完全对反的解决办法，其具体内容是把危险性的人物排斥出社会体之外，把那些人永久性地或暂时性地孤立起来，使他们失去与其同胞接触的机会，把他们关在特别为达到这项目的而建设的机构里面。绝大多数我们称之为原始的社会都认为这种习俗万分恐怖；具有这种风俗，会使我们在他们眼中犯下我们常会指控他们所犯的同样野蛮的罪行，因为这两种行为虽然相反，却也正是互相对称的两个极端。

那些在我们看来似乎是在某些方面相当野蛮的社会，如果我们从另一个角度考虑，可能会变成相当仁慈而且人道。让我们拿北美洲平原区的印第安人（Plains Indians）为例子，举他们做例子来讨论这个问题具有双重意义，因为他们既具有一些轻度的食人肉风俗，同时还具有在原始社会中甚为少见的组织化了的警察制度。他们的警察（同时也是司法人员）永远不会想到以切断罪犯的社会关系来惩罚罪犯。如果某个土著触犯部族的法律，处罚他的办法是把他的一切财产全都毁坏，包括他的营帐和马匹在内。但在处罚他的过程中，执法的警察却也同时等于欠他一笔债：警察必须负责组织社会成员，集体偿还他因为犯罪而遭到的所有损失。集体偿还罪犯的一切损失，就使那个罪犯有负于整个社会，罪犯也就不得不对他们表示感激，表示感激的办法是由整个社会包括警察在内的一切成员帮助他累积一大堆礼物来送给偿还他损失的人，这样子也就把整个取予关系又倒转过来；这样的一来一往接二连三地继续下去，致送礼物，归还礼物，一直到由该项犯罪行为所引起的失序状态渐渐消失于无形，整个社会又回复以前秩序井然的时候为止。这样的习惯不但远比我们自己的办法人道，这样的办法之逻辑也更完整一致，即使我们把整个问题用现代欧洲心理学的名词陈述出来，他们的办法还是更完整一致；从逻辑的观点来看，施予惩罚这样的概念既然表示把罪犯“小孩子化”（infantilization），罪犯也就理所当然有权得到奖励，如果光只处罚，而不加以奖励的话，原来的处罚程序便不会有效，甚至会产生出和我们所想要的完全相反的结果。我们的制度是最高程度的荒谬，因为我们既把罪犯当做小孩，以便我们有权对罪犯施加惩罚，同时又把罪犯当做大人，目的是为了拒绝给他任何安慰；同时我们却相信我们在精神上大为进步，而所依据的理由只不过是，我们不把我们的几个同胞吃掉，而是使他们饱受身体上与道德上的割体断魂。

这一类的分析，如果诚恳地、一步一步毫不退缩地去进行的话，就得到两项结果：首先，它使我们在评价和我们自己相当不同的习俗与生活方式时，会带着一份不急躁的缓和性，以及一份诚恳之情，同时却也不致把绝对性美德附加到他们头上，没有一个社会具有绝对性的美德。其次，它把我们自己的习俗所带有的那种自以为本来就是正确的高傲消除掉，这种高傲的自以为是的感觉常常出现于那些对其他社会的习俗并不熟悉的人身上，也常常出现在那些对其他社会的习俗具有片面知识与偏见的人身上。因此，事实上人类学分析的确是偏向于偏爱其他的社会，偏向于反对自己的社会；就这一点而言，人类学分析的确存在着自我矛盾。但是更进一步加以分析的话，就会发现这种矛盾的表面性大过于实质性。

有时候有人说，欧洲社会是唯一产生出人类学家的社会，而且欧洲社会的伟大之处正在于此。人类学家可能会想要否定欧洲社会在任何其他方面的优越性，但是他们必须尊重此处所提出的这一项优越性，因为如果这项优越性都不存在的话，人类学家自己也就不存在了。但是，事实上，人们也可以做出正好相反的宣称：西欧之所以会产生人类学家，正是因为西欧深受强烈的自责所苦，这种强烈的自责迫使它去把自己的形象和其他不同的社会做比较，希望在比较之后，那些社会也被表明为具有西欧社会的种种缺陷，或者是可以借以帮助解释西欧社会的种种缺陷是如何从自己社会内部发展出来的。然而，即使把我们的社会和所有其他社会，包括过去的和现在的在内，加以比较真的会动摇我们的社会基础的话，其他的社会也会遭受相同的命运。我在前面提到过大多数社会的一般性，与此种平均性的一般性构成对比的是一些食人魔的社会，而碰巧我们自己的社会即是其中之一。这并非出于意外，因为如果我们自己不是食人魔的社会之一的话，而且如果我们不是在这种不光彩的食人魔竞赛中得第一名的话，我们就不会是人类学的发明者了，因为我们也就不会有发明人类学的需要了。人类学家比别人更无法忽略他自己的文明，更无法认为自己和自己社会的错误缺点毫无关系，因为人类学家本身的存在除了是一种取得救赎的努力以外根本就无法理解，人类学家是赎罪的象征。然而还有其他的一些社会也同样沾染了这种的原罪；这类社会的数目或许并不很多，而当我们把进步的标尺越往下移的时候，其数目也变得越来越少。我只需举出阿兹铁克（Aztec）文化来做例子。阿兹铁克文化是美洲历史的一个无法愈合的伤口，它对血与酷刑的那种病狂性的嗜好（这种嗜好事实上是全人类性的，不过在阿兹铁克人里面，就比较上我们所能界定的范围之内来看，这种嗜好是十分显著地以非常过分之方式表现出来），不论从为了克服对死亡之恐惧这样的需要去考虑是如何可解，使他们和我们自己旗鼓相当，其原因并不是只有阿兹铁克人才具有此种恶习，而是因为阿兹铁克人像我们一样，其具有恶习的程度到了无以复加的地步。

然而我们自己这样谴责自己，并不表示我们准备把一张完美无缺证书颁给任何一个社会，过去的或现在的，存在于特定时空之处的任何社会。那样做的话，就是犯下一个货真价实的不义行为，因为我们就会因此而没了解到底下的事实，如果我们真是那个社会的成员的话，我们会觉得那个社会无法忍受，我们会以如同我们谴责自己社会的理由来谴责那个社会。这是不是表示我们因此不得不批判任何形式的社会组织呢？是不是我们就要歌颂一种自然状态，一种社会组织免不了要加以败坏的自然状态呢？当狄德罗写下“对任何跑来强加秩序的人提高警觉”时的想法。他觉得人类“简史”可以这样写：“先是有一个自然人；然后在自然人身体里面引进一个人为的人，接着在人所住的洞穴里面就产生永无止息的战斗，直到生命结束为止。”这是一个荒谬的想法。人无法和语言分开，有语言就表示有社会。布干维尔的波利尼西亚人［狄德罗在他的《布干维尔游记补遗》（*Supplément au voyage de Bougainville*）中提出这个理论］作为社会生物的程度，和我们不相上下。采取任何别的观点就是违反人类学分析，而不是迈向那本书鼓励我们去探讨的做人类学分析的方向。

对这些问题思考越多，就越使我确信，对这类问题的答案，除了卢梭所提出的那个答案以外，别无其他答案。卢梭，遭受太多的中伤，目前受人误解的程度远甚于任何其他时候，被荒谬的指控为曾经歌颂自然状态——狄德罗的确犯下歌颂自然状态的错误，但是卢梭并没有——事实上卢梭所说的正好相反，他是可以告诉我们如何逃出那个矛盾的唯一的思想家。到今天为止我们仍然跟在卢梭的反对者后面陷在那个矛盾里摸索乱撞。卢梭是所有18世纪的哲学家里面最人类学的：虽然他从未到过远方的土地，他的引证资料是他那时代的人所可能做到的程度之内最为完整的，和伏尔泰不同，他赋予那些引证资料以活泼的生命，因为他对农民的习俗和流行的大众思想怀有一份热情的好奇。卢梭是我们的大师和兄弟，对他我们是如此不知感恩，要不是这份敬意和他伟大的名声并不相称，这本书的每一页都应该可以说是题献给他的。我们将能够从人类学家的处境本身带来的矛盾中脱离出来，唯一的办法是，经由我们自己的努力，来重复卢梭所采取的步骤。卢梭的步骤使他得以从《论人类不平等的起源》（*Discours sur lorigine de l'négalite*）所留下的一片荒废之中往前迈进，而建造出《契约论》（*Contrat Social*）这样宏伟的结构，其中的秘密则在《爱弥儿》（*Emile*）里面表露出来。是卢梭教导我们，把所有的社会组织形式都拆散以后，我们仍然可以发现能让我们拿来建造一个新的组织形式的各项原则。

卢梭从来没犯过狄德罗所犯的把自然人理想化的错误。他从来不会有把自然状态与社会状态相互混淆不清的危险；他知道社会状态本来就存在于人类身上，但社会状态导致罪恶；唯一的问题是要去弄明白到底这些罪恶本身是否本来就存在于社会状态之中。要弄明白就表示要越过种种腐败与犯罪，去找出人类社会的无法动摇的基础。

对于这样的追寻工作，人类学的比较研究可以在两方面有所帮助。它表明那个基础无法在我们的文明里面找到：在所有已知的社会里面，我们的社会无疑的是离开那个基础最为遥远的一个。与此同时，经由理出大多数的人类社会所共有的特征，可以帮助我们提出一个范型，没有任何一个社会是那个范型的真实体现，不过那个范型指出我们的研究工作所该追随的方向。卢梭认为我们今天称之为新石器时代的生活方式代表着最接近那个范型的一个实验性的体现。人们也许会，也许不会同意他的想法。我自己则倾向于相信他是对的。到新石器时代的时候，人类已经发明了人类安全所需的大部分发明。我们已讨论过，为什么可以把书写文字排除在那些必须的发明之外；认为书写文字是一柄双刀剑并不代表原始主义；这种想法的真实性已由当代的“自动反馈学家”（cyberneticians）再次发现。在新石器时代，人类知道如何使自己免于寒冷与饥饿；人类也已取得休闲时间可用来思考；无疑的当时人类对疾病仍然束手无策，但是我们仍然不能确定，卫生的改进除了把维持人口均衡的责任由流行病的身上（流行病这种维持人口均衡的办法并不会比其他任何办法更恐怖）转嫁到像广泛遍布的饥荒以及灭种战争等等现象之上以外，还产生了什么别的结果出来。

在那个神秘的新石器时代，人类并不比目前更自由；但是使他成为奴隶的只不过是他的人性。由于他对自然的控制力量仍然相当有限，他也就受到做梦这个安全垫的保护，也在相当程度上从奴役中解放出来。当这些梦都变成知识以后，人类的力量也就增加，变成是值得自傲的原因之一。然而这个力量，把我们向宇宙渐渐推进，自然只不过是我们在主观上意识到人类与整个物质宇宙正在渐渐汇合成为一体罢了，物质宇宙强大的因果决定性的规律，已不再是遥不可及、令人惊叹了，那些因果决定性的规律现在正利用思想本身来做为居间的媒介，正在替一个沉寂无声的世界把我们殖民化，而我们自己已经变成是那个无声世界的代理人。

卢梭相信，如果人类能够“在原始社会状态的懒惰与我们自尊自大所导致的无法抑制的忙忙碌碌之间维持一个快乐的调和”状态，这将对人类的幸福更为有利，他相信这种情况对人类最好，而人类之所以离开那种状态，乃是由于“某些不愉快的意外机会”，这机会当然就是机械化，机械化是双重的意外现象，因为它是特殊唯一的，同时又是晚近才出现的。毫无疑问，卢梭这个想法是正确的。然而，不论如何，这个中间状态很清楚的并不是一种原始状态，因为它假定，同时承认一定程度的进步；而没有任何一个已知的社会可以说是这种状态异常真确的具现，即使如果“野蛮人的例子，野蛮人被证实为都处于此一阶段，似乎也证实人类本来就一直想要停留在这个阶段里面”。

研究这些野蛮人并不会使我们发现一个乌托邦式的自然状态，也不会让我们在丛林深处发现完美的社会；它只能帮助我们建构一个人类社会的理论模型，这个模型不和任何可以观察得到的现实完全一致，不过借着它的帮助，我们也许可以成功地区分“在人类目前的天性中，什么是始源性的，什么是人为的；取得关于一种状态的知识，那种状态已不存在，可能从来没存在过，将来也可能永远不会存在，不过仍然还是必须对该种状态具有一个正确的概念，这非常重要，如果我们要能够对我们目前的状态做一个正确有效的评断的话”。我已引过这一段话来指出我对南比克瓦拉社会的研究意义所在。卢梭的思想，一直都是走在他时代的前面，并不把理论社会学与实验室里面的研究或田野中的研究分开使其不相关联，他了解到田野工作是必要的。自然人并不是先于社会而存在，也不是在社会之外存在。我们的任务是重新发现人类蕴涵在社会状态里面的那个形式，在社会之外的人类是无法想象的；这表示要设计出一套实验计划，为了得到有关于自然人的知识便不得不设计那个实验计划，还要决定“一些方法以便于能够在社会内部去进行那些实验”。

然而那个模型——这是卢梭的解决方法——是恒久性的、普遍性的。其他的社会或许并不比我们自己的更好；即使我们倾向于相信他们事实上确是更好，我们手边也没有任何方法可以证明这一点。然而，能够增加对其他社会的了解的话，就使我们能够从我们自己的社会割离开来。这并不是因为我们的社会是特别坏，或是绝对的坏。但是它是我们有责任要把自己从其中解放出来的唯一的一个社会：依照定义，我们的自由是在与别人的关系之中。这样我们就可以进入第二阶段，即是使用所有的社会——但并不从其中任何社会采取任何特质——来说明社会生活的原则，我们可用来改革我们自己的习俗，但不是用来改革异社会的习俗：使用和我们刚刚提到过的那项特权完全相反的特权，只有我们自己所属的那个社会我们才能加以改造而不必冒任何在改造过程中加以毁灭的危险，因为那些改变，既然是我们自己所引动的，也就来自社会本身。

用一个独立于时空之外的模型做灵感之源，我们当然是冒着一项危险：我们可能低估了进步的真实性。这就好像我们是在宣称人类一直都是——而且在任何地方都一样——在进行同样的工作，想要达成同样的目标，因此，在整个人类的历史过程中，不同的只是所使用的方法罢了。我承认这种看法并不使我忧虑；我认为这种看法似乎和事实最为符合，和历史与人类学所显明出来的事实最为符合，但最重要的是，这种看法似乎是最有结果的想法。那些热情赞同进步这个概念的人大有无法了解人类所累积的无比财富的危险。由于他们并不怎么了解，便低估了人类在他们所注目的那条窄窄的轨道两旁所累积的可观财富；由于他们低估过去所取得的成就，他们也就把那些仍然需要达就的价值全部贬值。如果人类所关心的一直都只有一件事——如何创造一个可以在其中生活的社会——那些启示过我们的远古祖先的力量就也存在我们身上。没有任何事情是已成定局。一切都还可以改变。已经做过的，但却发现是做错的那些，可以重新来过。“黄金年代，盲目迷信把它放在我们的过去（或在我们见不到的未来），事实上就在我们自己里面。”全人类都是兄弟这样的话就会具有实际意义，如果它能使我们在最穷困的社会中找到我们自己影像的一种确证，找到一种经验，其中的教训我们可以吸收同化，和很多其他的教训一样被吸收同化。我们甚至可能在这些教训里面发现到一种始源性的清新之感。既然我们知道，好几千年下来，人类只不过是一再成功地重复自己，我们将可达到一种思想上的尊贵，其中包括追溯到所有那些一再重复的背后，把人类在最开始时那种无法界定的华丽伟大看做是我们思考的起点。作为人类对我们每一个个别的人而言，也就表示我们属于一个阶级、一个社会、一个国家、一个大块和一个文明；而对我们这些欧洲土地的居民来说，在新世界的中心所进行的冒险之意义是：首先，那个世界不是我们的，我们对那个世界的被毁灭这项罪恶要负责任。其次，再也不会有另外一个新世界：既然旧世界与新世界的对立使我们因此意识到我们自己，让我们至少用它原本的名词把它表达出来，表达的地点则是那个地点，在那里我们的世界丧失掉新世界所提供的一个机会，没能在各个不同的传教站之间做选择。

三十九　塔希拉遗址

在克什米尔山脉的山脚下，位于拉瓦尔平帝（Rawalpindi）和佩夏瓦（Peshawar）之间，离铁道几公里的地方是塔希拉（Taxila）考古遗址。我搭火车去那里，因此而成为一场不严重的戏剧性场面非自愿的肇因者。火车上只有一个一等包厢，属于老式的那种，可睡 4 个人，坐 6 个人，就像运牛的货车，又像是休闲室，又像监牢，因为窗户上都有保护用的铁栏杆。我走进包厢的时候，车中已坐了一个伊斯兰教家庭，其成员包括：丈夫、太太和两个小孩。太太蒙面纱：虽然她试图借蹲在床上，全身裹在柏卡（burkah）里面把自己隔离，用背很显著夸张地对着我，和陌生人这么接近还是无法接受，这个家庭得分散开来。太太和小孩去“妇女专用”

包厢，丈夫则仍然在订了座的位子上，眼睛瞪着我。我还是勉强把这件意外加以哲学性的考虑，这件意外实际上远比不上我到站时所遇上的那个奇怪场面那么令人不快。候车室的门开往另外一个房间，那房间有棕色的木板墙壁，还有一打左右的椅子排在墙边，好像是准备给内脏学会之类的组织开会用似的。我在所雇的车子来到之前，还得在候车室待相当一段时间。

我搭的是那种叫做“迦里”（gharry）的小马车，乘客和马车夫背对而坐，每次车子颠簸时均有被丢下车的危险。这种迦里车载我到考古遗址去，走的是一条灰尘遍布的道路，两旁有用晒干的土砖盖成的矮屋子。房子附近有尤加利树、柽树、桑树以及辣椒。在一座青绿色的石头山脚下，有橘子和柠檬果园，山上则有些野生的橄榄树。我越过穿着蜡笔色彩衣服的农民，衣服颜色有白色、紫色、粉红和黄色，头上戴着像锅饼一样的头巾。最后终于到达在博物馆四周的行政用建筑。我出发前已谈妥会在此地停一段短时间，只要能够去看过遗迹即行。然而，由拉合尔所拍发的“官用紧急”电报，由于旁遮普的水灾，在我抵达之后 5 天才传到，当初我实在大可什么也不必说自己闯进去。

塔希拉的考古遗址，以前的名字是梵文的“塔克夏西拉”（Takshasilâ），意即采石工人之城。这个城所在地点是一个双重的圆形斜坡，深度有 10 公里左右，由两条河的河谷汇集而成，两条河分别是哈洛（Haro）和塔木拉那拉（Tamra Nala），也就是古代的提伯里欧波塔模斯（Tiberio Potamos）。这两个河谷，以及河谷之间的山脊，历经 10～12 个世纪之久，都不断地一直有人居住其中，最早是挖掘出来的最古老村落的地基，其年代可上推至公元前 6 世纪，一直延续到白匈奴把佛教寺院毁坏为止。白匈奴在公元 5 世纪与 6 世纪之间侵入贵霜（Kushan）和笈沓（Gupta）王国。沿着河谷往上走也就是顺着历史发展的方向往下运动。位于中间山脊脚下的柏希尔立（Bhir Mound）是年代最古老的遗址；其上游几公里的地方即是色卡普镇（Sirkap），这地方最繁荣的时候是帕尔特人（Parthians）[1] 统治的时候，而在离城墙不远的地方可看到简笛阿尔（Jandial）的琐罗亚斯德教寺庙，提亚那的阿波罗尼斯（Appollonius of Tyana）曾到过这个寺庙；再往更远一点的地方走就是色苏克的贵霜城（the Kushan city of Sirsuk），在城四周的高地上面则是佛教的纪念性建筑物和佛教的僧院，墨赫拉·墨拉都（Mohra Moradu）、贾乌里安（Jaulian）和达玛拉吉卡（Dharmarâjikâ）等僧院即在此地，到处都可看见塑像，原来是用未烧过的土塑成的，然而因为匈奴点燃的火炬烧烤过，意外地保存到了今天。

公元前 5 世纪左右，有一个村落被包括在阿契明尼地安帝国（Achemenedean empire）的疆域里面，后来成为一个大学中心。公元前 326 年，亚历山大在向朱姆那（Jumna）进军的途中，曾经在目前是柏希尔丘废墟遗址所在的地点停留好几个礼拜。再过一个世纪以后，毛利雅（Maurya）的皇帝们统治着塔希拉（Taxua），阿苏卡（Asoka）在这里大事鼓励传播佛教，建造了最庞大的佛塔（stupa）。公元前 231 年他死以后，毛利雅帝国跟着瓦解，被巴克崔亚（Bactria）的希腊政权所取代。公元前 80 年左右，塞西亚人（Scythians）在这一代定居下来，然后他们又被帕尔特所取代。后者所建立的帝国，在公元 30 年左右的时候，从塔希拉一直延伸到都拉欧罗波（Doura-Europos）。一般认为阿波罗尼斯差不多是在这个时候到过此地。然而在此之前 200 年左右，贵霜人的族群已开始从中国西北部往这个方向移动。他们在公元前 170 年左右离开中国西

---

① 伊朗北部古民族。——译者注

北，一直移动，经过巴克崔亚省、欧克苏（Oxus）河、喀布尔（Kabul），最后抵达印度北部，在公元60年左右占据该地，在帕尔特帝国附近停留相当一段时间。早在公元3世纪的时候，贵霜王朝即开始没落，再过200年便被入侵的匈奴完全消灭。当玄奘在6世纪抵达塔希拉的时候，这个中国朝圣者只能找到贵霜那已经消失的荣耀华辉的一点蛛丝马迹而已。

在色卡普（Sirkap）的中心，有一座纪念性建筑充分显现出塔希拉的重要性。色卡普的城市计划是四边形的，街道绝对笔直，目前的废墟仍可清楚地看出其痕迹。那座有重大意义的建筑物是一座神坛，一般称之为“双头鹰的神坛”，神坛底座有三个柱廊的浅浮雕：一个有希腊罗马风格的山形墙，另一个是孟加拉风格的钤形，第三个则接近在巴尔胡（Bharhut）大门上所见的那种古老的佛教风格。但即使是如此，我们如果只把塔希拉看做是好几个世纪以来古代世界三个最伟大的精神传统，希腊海伦主义、印度教及佛教曾经并存过的地方的话，我们将会低估了塔希拉的意义。琐罗亚斯德的波斯也曾存在此地，再加上帕尔特人、塞西亚人这些草原地带的文明，曾与希腊的灵感结合过，因而创造出珠宝商所曾摸过的最美丽的饰物；而有关这一切的记忆，当伊斯兰（Islam）侵入此地再也不曾离开过的时候，还仍然没有完全被人遗忘。除了基督教以外，所有一切曾塑造影响过旧世界的力量均汇合于此地。距离遥远的泉将其水混合。我自己是个欧洲的访客，在废墟上面沉思，代表着那个没到过此地的传统。除了这个地点，这个提供一个它的文化缩影的地点以外，如何能够找到一个更合适的地点，可以让旧世界的一个居民来重新建立起它与它的过去之联系，来思考它的命运呢？

有天晚上，我在柏希尔丘周围逛。柏希尔丘的范围是以一道乱石废物堆成的墙为分界。这个规模不大的村落，现在只剩下其地基，其建筑物的高度并没有超出那些我现在走在其中的几何形街道之上。我觉得自己是从很高的地方或从很远的地方，在俯视这个村落的格局规划，而这种幻觉，由于此地没有植物而更增强的幻觉，倒是给历史视野增添了深度。这些房子可能曾经被那些跟随亚历山大远征的脚步而来的希腊雕塑家住过，他们是甘得哈拉（Gandhara）艺术的创造者，他们引发古代佛教徒的勇气，使他们敢塑造他们的神之形象。有样东西在我脚边闪闪发光令我止步：原来是个小银币，因为最近所下的雨被冲出来，银币上面刻了希腊文：MENANDRU BASILEUS SÔTEROS。今天的西方世界会是什么样的情况呢？如果当初想把地中海世界与印度联结成一体的尝试成功地维持了下来的话，在那种情形之下，基督教或伊斯兰教还会出现吗？困扰我的主要是伊斯兰教的出现，而这并不是因为过去几个月以来我一直身处于伊斯兰教的环境之中。在此地，当我在看着这些希腊式佛教艺术（Graeco-Buddhist）的伟大成就时，我的眼睛和我的心灵却一直牵挂着过去几个礼拜以来在德里、亚格拉（Agra）和拉合尔等地花时间精力拜访过的蒙兀儿王宫（Mogul Palaces）所留下来的记忆。我对东方历史与典籍一无所知，因此其工艺就给我强有力的冲激（就像我到那些我不懂得他们语言的原始民族去访问时所发生过的那样），这些工艺提供给我唯一的一项明显特征可以让我用以思考。

到过加尔各答以后，看过那些拥挤着贫民的邋遢郊区，那一切似乎只是把赤道地区杂乱的繁茂丛生转化到人类层面罢了，看过这些之后，到达德里时我曾希望可以找到历史的宁静。我想象自己安住于城堡旁边的一间老式旅馆里面，像在法国卡尔卡松（Carcassonne）或塞米尔（Semur）那样，我可以在那里的月光下沉思；当被问及是要住在新城还是旧城时，我毫不迟疑地随便挑一间旧城的旅馆。当计程车在一片毫无任何形貌特质的地区开了30多公里路，可以想象我心情之惊讶，计程车驶过的地区，看起来很像是一个古战场，废墟在荒草中隐约可见，在这里突出一块，那里窜出一团，看起来又很像是一个被弃置的建筑工地。当我们最后终于到达所谓的旧城时，我的失望更为加深：像其他地方一样，德里旧城就像是个英国的军营要塞。以后的几天里面，我发现德里并不像欧洲的城市那样集中于一个有限的小地区，而是像一片裸露在风中的丛林灌木区，城市遗迹四处散布，像丢在赌桌上的骰子那样。每个国王都试图建造一座他自己的城镇，把以前国王的城镇弃置，或是加以捣毁以便取得建筑材料。德里并非只有一个，而是有十二三个，各个德里之间隔着几十公里远，全连在一块散布着古坟、纪念性建筑物与巨冢的平原上面。伊斯兰教对待历史的态度已开始令我惊讶，那种态度和我们的完全相反，本身又自相矛盾：伊斯兰教有建立一个传统的欲望，但同时却又有种压抑不住的强烈欲望，想把先前的一切传统都毁灭，每个国王都企图创造一些永不磨灭的东西，采取的办法是把时间销毁。

因此，像个尽责识理的观光客，我开始走很长的距离以便看见所有的纪念性建筑物，每个建筑物好像都是建于沙漠之中一样。

红堡（Red Fort）不像是纪念性建筑，而更像皇宫，其风格包含了文艺复兴时代风格的一些影响（皮埃特拉都拉 Pietra dura 的镶嵌艺术即是一例），还有初期的路易十五时代风格，后面这一种风格似乎是得自蒙兀儿风格的影响。所使用的材料非常富丽，装饰也非常精致，但我仍有一种没得到满足的感觉。这整个建筑物并没任何“建筑之感”，认为这是一座皇宫的印象得加以修正：这更像是一堆帐篷的集合，用坚硬的材料搭在一个花园里面，而花园本身又只不过是一个理想化的营区。所有装饰理念似乎全来自于纺织工艺：大理石的天盖像窗帘的褶纹，而贾利（jali）实际上（真的是实际上，而非只是比喻）是“石头的花边”。盖在皇宫宝座上面的大理石华盖则是原来的有帷幔、可以折叠的木头制华盖的翻版；这顶华盖一点都不像是这间接待室的一部分，就像木头制的华盖一样不调和。甚至连胡马依安（Humayun）的坟墓，虽然是很古老，在参观者心目中还是引起一种似乎有什么必要的部分竟然缺少了的两种感觉。整座坟墓形成一个令人印象深刻的庞然大物，其中每一细节都精致无比，但是在各个细节与整座坟墓建筑之间，却无法找出任何有机的关联出来。

那个伟大的清真寺（Jamma Masjid），年代可追溯至 17 世纪，在结构上与颜色上都比较令西方的访客觉得可亲。几乎可以令人同意整座建筑的理念和格局都把清真寺视为一个整体。在这里，付了四百法郎的代价后，我可以看到最古老的一本《古兰经》，一根先知穆罕默德的胡子，放在一块蜡片上面，蜡片放在一个有玻璃盖子的盒子底部，盒子里面放满玫瑰花瓣，还有他穿过的拖鞋。我在看这些东西的时候，有个礼拜者，一个穷人，挨过来想借机窥看一下这些展览品，管理人员满脸厌恶地把那个穷人推开。或许是那个人没有付 400 法郎的代价，或许是这些遗物具有过分厉害的神力，不能让伊斯兰信徒瞧见吧。

想要意识这个文明的吸引力的话，得去亚格拉（Agra）。任何赞美之辞都可适用于泰姬陵（Taj Mahal），都可适用于其简易可亲的、彩色风景明信片似的魅力。甚至可以带着嘲讽的口气，指出那一队队的英国新婚夫妇享受特权，可以在右边的紫色砂石庙里度蜜月，还有那些年纪较大的，也同样是盎格鲁-撒克逊的老处女，一直到她们死的那一天为止都会珍爱她们记忆中的泰姬陵在星空底下闪耀，在朱姆那（Jumna）河中映出其白色的倒影。这是印度在 1900

年左右的一面；但如果仔细加以思考的话，很快会发现，这些现象乃是建基于深刻的亲缘性，而不是因为历史意外与征服的事实所带来的。毫无疑问，印度的欧洲化从1900年左右开始，而其征兆仍可从其语汇和维多利亚时代的习惯看得出来（糖果称为lozange，便桶椅称为commôde）。但反过来说，在这里人们亦会开始了解到20世纪开始的时候正也是西方的“印度期”，这段时期的特色包括：大量显示财富，对贫困漠不关心，喜观疲软阴沉，过分繁复的形状，感性，喜欢花卉和香水，甚至细长的小胡子、发卷和小玩意。

我去看加尔各答著名的耆那（Jain）教庙时，发现这座庙是19世纪时候一个百万富翁在一个充满塑像的公园中建造的，那些雕塑有的是生铁做的，上面再铺银，其他的则用大理石，表现的是粗糙的意大利工匠手法。在我看来，此地的石膏阁楼，外面饰有各式各样的玻璃镜子，到处都可闻到香水味，这是我们祖父母那一代人在年轻时所想象的高级妓院最野心勃勃的表现。但把这想法说出来倒不是我在责怪印度这个文明把庙盖得像妓院一样，而是在责怪我们的文明没有提供任何其他场所可让我们显示我们的自由和探索我们的感性极限，这一类的功能事实上是适合由庙来担任的。印度人，我们的印欧兄弟，似乎是映照出我们自己的一幅色情形象；他们在另一种气候条件下与不同的文明接触下发展，不过他们私人性的诱惑和我们的是如此相同，有些时候，像1900年左右即是一例，这些诱惑也重新在欧洲社会中露出到表面上来。

没有一个地方像亚格拉这样，中古波斯与古典阿拉伯文化的影响在此同时俱见，所表现出来的方式很多人认为是相当传统的。然而，我怀疑一个仍保有清醒心智的参观者在通过时能不感到震惊，在泰姬陵内，时间和空间，同时都进入到一千零一夜的世界里去了。毫无疑问，泰姬陵没有伊特玛都道乌拉（Itmadud Daulah）那么微妙细致，后者是白色、灰褐色和黄色所构成的珍珠宝贝；泰姬陵也比不上阿克巴（Akbar）的粉红色墓冢，墓冢四周只能见到猴子、鹦鹉和羚羊，位于一片砂质的景观中央，金合欢树的浅绿与地面的色调合而为一，晚上的时候，因绿色的鹦鹉、土耳其蓝的樫鸟(jays)、飞行笨重的孔雀和树底下猴子的嘈杂声使整个景观活跃了起来。

但泰姬陵像红堡或拉合尔的杰罕吉尔（Jehangir）墓冢那样，只不过是一座覆盖了帷幔的鹰架之大理石复制品，支撑那些帐幕的柱子仍然明晰可辨。在拉合尔，甚至还有镶嵌的复制品。各层建筑只不过是一层一层的重复与重叠，并没有形成一个结构性的整体。这种美感上的贫乏其潜在的理由是什么？值得深思，目前伊斯兰世界对造型艺术的轻蔑，追根究底也来自同样的理由。在拉合尔大学，我认识一位嫁给伊斯兰教徒丈夫的英格兰女士，她负责该大学的艺术系。只有女生才能听她的课，不准做雕塑，音乐变成一种地下活动，画画只是一种消遣。由于印度与巴基斯坦的分裂是以宗教来划分界限，人们对清教主义和苦修的倾向更为强烈。本地的人告诉我，艺术“已走入地下”。究其原因这恐怕并不真只是为了忠实于伊斯兰教，而是为了弃绝印度。捣毁偶像这个教条固然可以溯源于阿伯拉罕，但目前的现象带着当代的政治与民族国家的意义在内。把艺术踩在脚下是一种宣誓绝不再与印度结合的方式。

偶像崇拜在印度仍然生猛鲜活，偶像崇拜的原意是指神本身存在于其偶像之中的信仰。这种信仰存在于加尔各答郊区用强化水泥建筑成的信徒集会所里面，在那里，一些新兴教派的教士，剃光头、赤足、着黄袍，在寺庙旁边很现代的办公室里，接见信徒，同时坐在打字机旁边处理他们最近到加州传教时所得到的捐献；这种信仰也存在于卡里加特（Kali Ghat）的贫民窟里面：“这是一间 17

世纪的寺庙。”那些做生意一样的教士兼向导对我说。然而，寺庙上面盖的是19世纪末的饰瓦。我去的时候，寺庙关闭着，不过如果我在某天早晨回去的话，站在某个特别的地点，我将可以从两柱之间的一扇半启的门窥见女神一眼。在此地，就像位于恒河岸边的克利师那（Krishna）神庙一样，寺庙本身即是一位活神的住所，只有在庆典节日才见得到，平常时日的崇拜方式是在寺庙的走廊过夜，听那些神的仆人传递几句有关活神心情如何的闲言碎语。我决定到寺庙四周走走，走进那些小巷子，里面挤满乞丐，等着教士施舍食物，这些施舍也就是教士们以极具敲诈性的高价卖神像和神的彩色照片的借口，同时偶尔可以看见神存在的比较具体的证据，榕树干里面摆着一根红色的三叉戟和一些石头，代表悉瓦神（Siva）；全面漆红的神座，代表拉克斯密（Laksmi）；一棵树的树枝上挂满各种奉品，像砾石或其他东西的片段之类，代表这棵树是拉玛克利师那神（Ramakrishna）的居所，这神只能活不能孕；一座盖满鲜花的神坛则是克利师那（Krishna），爱之神。

和这一类一方面是粗陋不堪但却也生气蓬勃的宗教艺术比较起来，伊斯兰教却只有一个正式认可的画家名叫查格泰（Chagtai），他是英格兰人水彩画家，从拉其普特人（Rajput）① 的纤细画（miniature）吸取其创作的灵感。为什么伊斯兰艺术在达到顶峰以后衰败得如此不留余地？这艺术从宫殿直接没落到市集上去，中间丝毫没经过任何转型阶段。这个现象必定是扬弃偶像与造像的结果之一。被剥夺了与现实接触的一切机会以后，艺术家便不断重复一种毫无生气的老套，严重到既无法新生也无法再赋予生命的地步。

① Rajput，英国统治印度时期文献中对原印度拉其普他拿地区居民的称呼。——译者注

这种俗套只有依赖金钱为支柱，不然就完全崩溃。在拉合尔（Lahore），伴随我去的学者对于锡克教那些装饰城堡的壁画充满鄙夷态度——“太夸张，毫无色彩概念，过分拥挤。”毫无疑问，那些壁画的确是远比不上希息玛哈尔（Shish Mahal）那个像满天星辰闪烁美丽无比的玻璃天花板。不过，如果把当代的印度宗教艺术与当代伊斯兰艺术做个比较，前者常常是庸俗、夸张、俗气而迷人的。

除了城堡以外，伊斯兰教徒在印度就只盖了些寺庙和坟墓；而城堡不过是有人居住的宫殿，坟墓与寺庙则无人居住。在这一点也可看出，要伊斯兰教去想象孤独是何等的困难。伊斯兰教把生命首先而且最重要的看做是一种群体性的事物，而一个死者则被安放入一个无人得以参与的群体里面。

而那些规模庞大的墓冢，其格局与华丽和墓冢中没用过多少心思的墓碑形成显明的对比。坟墓本身很小，死者在里面当会觉得空间不足。而环绕在坟墓四周的走廊和厅堂除了给路人享受以外一无用处。在欧洲，坟墓与所葬的人成比例：巨型墓冢（mausoleums）极为少见，在坟墓本身花不少心力和艺术工作，目的是使其看起来华丽美观，使死者觉得安适。

伊斯兰教把坟墓划分成一座豪华的纪念性建筑物，而死者无法从其中得到任何好处，与一座卑微的小停身所（其中一半是可见到的纪念塔碑，另一半是见不到的葬身处），似乎把死者关闭其中。死后的休憩这个问题用一种双重矛盾方法加以解决：一方面是过度无效果的舒适，另一方面是实际真正的不舒适，前者是后者的某种补偿。这似乎象征了伊斯兰的文化，这种文化收集最精美细致的事物——用宝石建的宫殿，玫瑰香水喷泉，食物外面包上金叶片，烟草里面渗入磨碎的珍珠——然后用这些精致的事物作为一层薄薄的掩饰，以遮盖粗陋的习俗和贯穿布满整个伊斯兰道德思想与宗教思想的顽固执迷。

在美学的层面上，伊斯兰的禁欲主义（puritanism）在放弃整个取消感性的企图以后，便满足于把感性简约到种种次要的表现方式上：香味、花边、绣花和花园。在道德层面上也可看见同类的拿不定主意、意思含混的特色：一方面是表示容忍，同时却又具有一种明显的强迫性宣教冲动。这种态度背后的真相是伊斯兰教徒与非伊斯兰的任何接触都令伊斯兰教徒充满焦虑。他们属于外地的生活方式固然保存完整，但都不时受到更自由、更富弹性的生活方式所威胁，只是接近本身就是在冒着被改变的危险。

这种现象与其说是真正的容忍，倒不如说伊斯兰教的容忍代表的是他们不停地克服他们自己来得更为准确。伊斯兰先知建议他们要容忍，使他们陷入一种永远处于危机之中的状态。先知的启示具有普遍性意义，与接受各种不同宗教信仰得以并存之间造成矛盾。这种矛盾是巴甫洛夫意义的矛盾，既导致焦虑又导致自满自足(complacency)，自满自足的原因是伊斯兰教徒觉得，由于伊斯兰教，他们可以克服上述矛盾。然而他们错了：正如有一天一个印度哲学家告诉我的，伊斯兰教徒很以他们相信像自由、平等与容忍这些大原则的普遍意义而自豪，然而紧接着又说他们是唯一实行这类大原则的人，因此而把他们很想算到自己头上的优点一下都抵消掉了。

在喀拉嗤，有一天我和一群伊斯兰教领导人与学院领导人在一起。我听他们极力颂扬他们体系的优越性，听着这些颂赞词时，我很吃惊地发现他们一再地强调一个论点：他们的体系很简易（simplicity)。在继承法方面，伊斯兰教法律系统比印度教法律系统好，因为比较简单。回避传统上不准放高利贷的规定之办法是，让银行家与客户成立合伙关系，因此，前者所拿的利息就不过是合伙所得利益的分红罢了。至于土地改革，在土地尚未完全分配光的时候，可应用伊斯兰有关可耕地的继承规定办理，等到分配完毕以后便停止应用那些法律规定，以免造成土地过分零散划分的流弊，反正那项法律规定并非基本教义的一部分："办法非常多……"

整个伊斯兰可以说事实上是一种在其信徒心中制造各种无法克服的冲突之办法，再加上一项附加说明：只要采取非常简单（简单到过分简单）的方法可以解决那些冲突。用一只手把他们推到危险边缘，再用另一只手把他们从深渊的边缘拉回。如果男人在外出露营的时候太太们和女儿们要维持贞德，还有比给她们戴上面纱封闭起来更简单的解决办法吗？这个可以解释现代柏卡（burkah）的发展，剪裁异常复杂，两个使眼睛能看得见有线边的眼洞，加上容易绑紧的绳带，看起来好像是整形用具；所使用的原料质地厚重可以沿着身体轮廓精确地披下，却又把身体轮廓线条尽可能的遮掩起来。然而这样的服饰只是把焦虑的界线拉高，因为另外一个男人只要不经意地轻轻接触到一个女人就足以使其丈夫觉得深受污辱，这使问题变得更为烦人。和一些伊斯兰年轻人恳谈之后，有两件事相当明显：其一，他们深切关心婚前贞操及婚后贞德的问题；其二，purdah，也就是隔离女人，这一方面给爱情冒险造成阻碍，另一方面由于把女人封闭在女人自己的世界中更增加爱情冒险的兴趣，而其中的微妙之处只有女人懂得。那些在年轻的时候习惯于冲入妓院（harems）的男人，有很好的理由在婚后密切监视自己的女人。

印度的伊斯兰教徒和印度教徒都用手进食。印度教徒很精巧地用手抓食物，放在"查帕蒂"（Chapati）上面吃，查帕蒂是一种大薄煎饼的名称，其做法是把陶土制的宽口瓶埋在土里，瓶中装三分之一的热炭，再把薄饼平贴在瓶子内壁快速烤制而成。伊斯兰教徒则把整个用手进食的程序变成一种体系：不可以抓起一根骨头来啃骨头上的肉。只能用右手（左手被视为不洁，因为它要用来处理方便后的卫生问题）的进食者又捏又拨骨头上的肉碎片，口渴的时候便用那只油腻不堪的手抓杯子。看到这样的进食礼节，虽然不能说和其他的进食礼节有何高下之分，但从西方人的观点不免会觉得几乎是一种故意邋遢的进食方式，不免会怀疑这并不是古老旧习的遗留，而是先知所定下的改革结果："不要做那些用刀子进食的人所做之事。"他可能是受一种毫无疑问是无意识地要有系统婴儿化（infantilization）的欲望所驱使，同时要把整个社会加上同性恋的负担，在进食完毕以后进行清净仪式，所有男人亲近地一起洗手、漱口、打嗝、吐口水到同一个痰盂里面，因此而带着一种强烈自闭性的漠不关心去参与、分享整个和暴露主义有关的对不净的同样恐惧。这种要和别人完全不可分辨的欲望，和作为一个群体必须与众不同的需要同时存在。因此，有了隔离女人的制度："让你们的女人戴上面纱，以使她们和其他女人有所区别。"

伊斯兰教的兄弟友好具有文化与宗教的基础，但不具经济或社会的性质。由于我们的神一样，好伊斯兰教徒可以随时和扫路者分享其水烟斗（hookah）。乞丐的确是我的兄弟，但此兄弟之谊的主要意义是我们对于存在于我们之间的不平等具有同样的兄弟式的认可。因此而有两个社会学上很值得注意的种属：德国迷的伊斯兰教徒和伊斯兰化的德国人。如果有人要找一个最适合于军营的宗教的话，伊斯兰就是最好的答案：严格遵守规则（每天祈祷 5 次，每次祈祷跪拜 50 次）；仔细的检查和毫无瑕疵的洁净（仪式沐浴）；男性亲密，这包括精神上的事情与身体有机功能的事情在内；还加上没有女人。

这些充满焦虑的人同时也是行动人物；由于被困在无法并存的情感之间，他们以传统的种种升华方式来补偿他们的自卑感，这些升华方式一直都和阿拉伯人的灵魂分不开：嫉妒、自傲和英雄主义。然而，他们欲求孤立在自己的世界中的决心，还有他们把特殊地域主义（parochialism）与无可救药的无根性［乌尔都（Urdu）称为一种军营语言，是很合适的］，是成立巴基斯坦这个国家的基本原因，并不能用宗教信仰所结合成的社区与历史传统加以充分解释。巴基斯坦是当代的一项社会事实，必须把它当做一项社会事实加以解释：它起源于一种集体的道德危机，迫使数以千计的个人做一项无法挽回的选择，放弃他们的土地，常常包括放弃财富在内，有时还得放弃亲人、职业以及对将来的计划，放弃先人的土地、祖先的坟墓，目的只为了在伊斯兰教徒中间做伊斯兰教徒，因为他们只有和自己人在一起才感到舒适。

这个伟大的宗教，其基础建立于天启真理的程度还没有比无法与外在世界联系的程度更大：和佛教普世同仁的慈悲相比，或和基督教期望对谈的欲望相比，伊斯兰教的不容忍在那些犯了不容忍毛病的人里面是以一种无意识的方式存在着；他们虽然不是经常不断地采用残暴强制的方式要人分享他们的真理，他们却仍然无法忍受（而这是更严重的）其他的人以其他方式存在。他们要保护自己，使自己免于自我怀疑和受辱的唯一方式是把其他人“负面化”（negativization），把其他人视为一种相异的信仰与相异的生活方式的见证。伊斯兰式兄弟亲和是一种对不信者不愿意承认的排斥之反面；伊斯兰无法承认自己有此排斥性存在，因为这样就等于是认识到不信者自己有其自己存在的充分理由。

四十　缅甸佛寺基荣之旅

我自己很明白为什么在接触到伊斯兰教的时候，我会如此不安，原因是我在伊斯兰世界中重新发现到我自己所来自的世界：伊斯兰是东方的西方。或者，更明确地说，我亲身经验了伊斯兰教的世界以后，我才能了解到今日法国思想所面临的危险。我不能轻易原谅伊斯兰，因为它显示出我们自己的影像，因为它迫使我了解到法国已开始越来越像一个伊斯兰国家的程度。伊斯兰教徒与法国人都具有同样的书卷气，同样的乌托邦理想主义精神，也都同样固执地相信，只要能在纸上把问题解决，即等于已经消除问题了。在一层法律的与拘泥形式的理性主义之掩护下，我们把世界与社会描绘成其中所有问题都可经由逻辑诡辩加以解决，一点都没注意到宇宙早已不是由我们津津乐道的实体所组构而成了。伊斯兰一直把眼光凝固于7个世纪以前现实存在的社会上面——它曾为当时真实的社会问题提出过有效的解决方案。同样的，我们（法国人）无法把我们的思考放到一个半世纪以前即已消失的时代的架构外面来，那个如今已不存在的时代是我们唯一和历史同一步调的时代——然而也为时不很久，因为拿破仑这个西方的穆罕默德并没有像穆罕默德一样成功，拿破仑失败了。像伊斯兰世界一样，革命后出现的法国社会遭遇到改头换面的革命者逃避不掉的命运，这命运即是成为某些事物状态的念旧的保存者，他们与那些目前事物之间有一度曾存在着充满活力的动态关系。

我们对那些目前仍然依赖我们的民族与文化所采取的态度，困在矛盾之中，与伊斯兰教对待其徒众及非伊斯兰世界的态度所存在的矛盾完全一样。我们似乎无法理解，对我们自己的发展曾经很有功效的原则，其他人可能不至于尊敬到不愿意拿来供他们自己使用，人不会因为我们是最先发明那些原则的人，就对我们充满感激，而不把那些原则拿来自己使用。同样的，伊斯兰首先在近东地区发明宗教宽容的原则，因此他们很不能原谅非伊斯兰教徒居然不因此而放弃自己的宗教，改信穆罕默德教。他们觉得穆罕默德教能够尊重其他一切宗教，即证明比其他宗教高明。在我们自己的例子里面，最具诡谲的是，依赖我们的大部分人口都是伊斯兰教徒，他们和我们都很容易要强迫别人接受我们的文化，这一点里面相像之处太多，以致我们很难不互相敌视——我意指在国际层次上互相敌视，因为一切差异都来自两个资产阶级在互相对抗。政治迫害与经济剥削没有任何权利要在受害者身上找借口。然而，如果人口4 500万的法国能大方地给予2 500万的伊斯兰教徒平等的公民权的话，即使大部分伊斯兰教徒并不识字（这一点，还有其他不少点，已经过时；不过，要记住这本书是1954—1955年之间写成的)，这样做也不会比美国人当年那一步大胆。当年那一步，使美国不再只是盎格鲁—撒克逊世界里一个微不足道的省份。一个世纪以前，新英格兰的公民决定允许欧洲最落后地区的人移民美国，允许欧洲社会中最穷困的阶层移民美国，而任由自己被移民的巨潮淹没。他们大胆一赌，赌赢了，其中赌注之庞大和我们押的赌注相当。

我们会不会决定冒险一试呢？把两种退步的力量结合起来，是不是可能扭转其退步的趋势？那样做也许并不能救我们自己，反而招来大灾难，如果我们用一个性质相近的错误更加强化我们本有的错误的话，如果我们任由自己把旧世界的遗产窄化成10个到15个世纪的精神贫困化的话（这种精神贫困化的西方部分，即是背景，也是媒介)。在塔希拉遗址，在那些由于希腊的影响而到处充满塑像的佛殿中，我体认到我们的旧世界还有一线机会可以联合起来；旧世界的裂痕还未到完全无法弥补的地步。这另一种未来是可能的，伊斯兰所反对的未来，伊斯兰在东方与西方之间筑起一道障碍。这项障碍不存在的话，西方和东方可能不会丧失其对同根源所在的那块土地的依恋。

毫无疑问，伊斯兰教与佛教，以其不同的方式，都和此一东方基础对立，同时它们之间也对立。然而，如果要了解两者之间的关系，我们不能把他们互相接触时所具有的历史形式加以比较，那时伊斯兰教已存在了5个世纪，而佛教已存在了将近20个世纪。即使两者之间存在着这种间隔，我们还是得把两者在其存在历史上最辉煌的时候拿来做比较。佛教的最高境界，在其最早的胜迹里依然气息清新如其今日一些比较简陋的表现形式。

在我的记忆里面，缅甸边境的农民佛寺与巴尔胡（Bharhut）的那些可上溯到公元前2世纪以前的石柱无法分开。那些石柱的残余可在加尔各答和德里见到。石柱所雕刻的年代与地点，仍未受任何希腊文化的影响，我一见称奇。对一个欧洲来的观察者，这些石柱似乎存在于时空之外，好像其雕刻者曾拥有一架能取消时间的机械，把 3 000 年的艺术史汇集于他们的作品里面。他们的作品完成于古埃及与欧洲文艺复兴时代的中点，居然纳整个艺术史发展过程于一刹那：那个过程开始于那些雕刻者不可能对之具有任何知识的时代（古埃及），结束于在他们进行那些石柱的雕刻工作时仍未开始的时代（文艺复兴）。如果有何艺术可以称为永恒，这就是了：它可能是 5 000 年以前制作的，也可能是昨天才完成的，没有任何方法可以确定何者为是。它和金字塔类似，也和我们的房屋建筑类似；那些雕刻在粉红色、细颗粒的石块上面的人体形像可以自石块上走下来，混杂在活生生的人群之中。没有一件雕塑比这个具有更深沉的祥和之感、更具亲切之情。新雕塑的女人体态丰盈而又纯真雅致，具有母性的性感，喜欢把母亲—情人与幽静的女孩做对比，而母亲—情人与幽静女孩这两种形象又都与非佛教的印度那种幽静的情人成对比：前两者所表现的是一种宁静的女人性，一种超脱于两性争斗的女人性，这种女人性也可在佛教的教士身上见到。那些男教士剃光头，和女教士简直难以区分，两者似乎形成一种第三性别，一半是寄生性的，一半是不得自由的。

如果佛教，像伊斯兰教一样，曾试图控制原始信仰的过度之处的话，佛教采取的办法是透过返回母性乳房的承诺所隐含的一体的保证。用这种办法，佛教把性欲中的狂潮与焦虑消除后，重整于人体本身。伊斯兰教所采取的是相反的步骤，沿着男性取向发展。伊斯兰教把女人关在一旁，不使人接触母性乳房：男人把女人世界转变成一个封闭的个体。毫无疑问的，伊斯兰教这样做的目的，也是希望得到宁静，但这把宁静建基于隔离原则上面：把女人隔离出社会生活之外，把不信者隔离出精神共同体之外。佛教则是完全相反，佛教把宁静看做是一种融合：与女人融合，与全人类融合，同时把神性表现成一种无性的面貌。

圣人（Sage）与先知（Prophet）的对比是最强烈的。两者都不是神，但两者之间的共同点仅止于此。在所有其他方面，圣人与先知都形成明显对照：前者贞洁，后者强欲，娶 4 个太太；前者女性化，后者有大胡子；一个是祥和的，另一个是好战的；一个是以身作则的模范，一个要当弥赛亚式的救世主。然而，两者之间有个 1200 年的空当；对于西方的意识而言，很不幸的是基督教没有能晚一点出现。如果基督教出现得更晚的话，就能在佛教与伊斯兰教中间达成一项综合。不幸的是基督教出现太早，没有能成为前两者之间的调和者，而事实上成为两者之间的转型过渡者！基督教成为两者之间的中途点，基于其内部逻辑性，还有地理的与历史的因素，命定要朝着伊斯兰教的方向发展；伊斯兰教代表着——其教徒老是以此为傲——宗教思想最高层次的发展，虽然不见得就是最好的发展；我甚至要主张，由于它是宗教思想的最高发展，它成为三大宗教里面最令人不安的一种。

人类为了免受死者的迫害，免受死后世界的恶意侵袭，免受巫术带来的焦虑，创发了三种大宗教。大致是每隔 500 年左右，人类依次发展了佛教、基督教与伊斯兰教；令人惊异的一项事实是，每个不同阶段发展出来的宗教，不但不算是比前一阶段更往前进步，反而应该看做是往后倒退。佛教里面并没有死后世界的存在：全部佛教教义可归纳为是对生命的一项严格的批判，这种批判的严格程度人类再也无法达到，释迦牟尼将一切生物与事物都视为不具任何意义。佛教是一种取消整个宇宙的学问，它同时也取消自己作为一种宗教的身份。基督教再次受恐惧所威胁，重建起死后世界，包括其中所含的希望、威胁还有最后的审判。伊斯兰教做的，只不过是把生前世界与死后世界结合起来：现世的与精神的合而为一。社会秩序取得了超自然秩序的尊严地位，政治变成神学。最后的结果是，精灵与鬼魅这些所有迷信都无法真正赋予生命的东西，全都以真实无比的老爷大人加以取代，这些老爷大人（masters）还更进一步地被容许独占死后世界的一切，使他们在原本就负担惨重的今生今世的担子上面又添加了来世的重担。

这个例子充分支持人类学家老是要追溯事物制度的源头的野心。人类除了在最开始的时候之外，从来没有能创造出任何真正伟大的东西；不论哪一个行业或哪一门学问，只有最开始的启动才是完全正确有效的。其后的所有作为，都深具迟疑，多有遗憾，都是试图一步步、一片片地再掌握那些早已被抛在脑后的事物。我先去过纽约，然后才去翡冷翠，在翡冷翠所看到的，没有任何东西令我大吃一惊：其建筑、其造型艺术，都使我觉得是一个 15 世纪的华尔街。当我把原始派画家的作品和文艺复兴时代的大师们做比较，或者把锡耶纳（Siena）画家与翡冷翠画家做比较的时候，我觉得后两者代表一种没落：后两者做的全是些不应该做的事。然而后两者的作品还是值得敬佩。创始者的作品是如此的辉煌，如此无可否认，以至于后来者即使犯了各种错误，只要其错误仍然是创新的结果，就依然会美得叫我们没有话说。

现在我能越过伊斯兰，看见印度，不过，是佛陀的印度，穆罕默德以前的印度。我作为一个欧洲人，而且因为我是欧洲人，穆罕默德的干预显得异常粗糙笨拙，横阻于我们的思想和与之很接近的印度教条之间，以致东方与西方无法携手，如果没有穆罕默德，这种合作可能会顺利和谐。我几乎要犯下那些自称基督徒与西方人的伊斯兰教徒所犯的错误，认为东方和西方两个世界的边境是在他们的东部边境线上。事实上，东方世界与西方世界互相接近的程度，远超过两者与伊斯兰教这个时代错误之间的接近程度。理性的演化过程应该是和历史上实际发生的过程相反：伊斯兰把一个比较文明的世界一分为二。对伊斯兰眼里的现代的事物，事实上是属于一个早已消逝的时代；伊斯兰具有一个长达千年的时代落后差距。伊斯兰得以完成一项革命使命，然而这项使命所影响到的是人类中比较落后的一部分，因此它育成了现实，却遏阻了潜力：它带来的那种进步，适得一项计划之反。

如果西方将其内部张力追溯到原始根源的话，就会发现，伊斯兰出现于佛教与基督教之间。使大家都伊斯兰化了，而其发生的时代，又正好是西方世界由于加入圣战行列来反对伊斯兰，却变得越来越接近伊斯兰。如果伊斯兰没有出现的话，西方世界有可能与佛教世界进行一项缓慢的互相渗透影响，会使我们的基督教化程度更为深化，使我们能够越过基督教本身而变得更加基督教化。丧失这样的机会，也就使西方世界丧失保持其女性特质的机会。

基于上述的省思，我对蒙兀儿艺术的那种暧昧性就具有比较好的了解了。蒙兀儿艺术所激起的感情根本不是建筑性的：这种感情是诗的和音乐的。而也正因为这些理由，伊斯兰艺术永远停留于阴影梦幻的层次。泰姬陵被描述为一个“大理石的梦”。这项导游手册上的用词含有一项深刻的真理。蒙兀儿人梦出艺术，他们确确实实的创造出梦中宫殿；他们并不是在建筑宫殿，而是把梦境一笔一画地具现出来。因此，他们所留下的巨型建筑物令人不安，其原因并不是由于其田园诗的风味，而是因为其外表令人觉得不实在，好像是由纸牌或贝壳叠起来的城堡。这些建筑物并不是坚实树立于地面的宫殿，而只是一些模型，想方设法要利用珍贵而坚硬的材料来取得真实存在的地位，只是不成。

印度的庙宇里面，偶像即是神自身；庙宇即是神的住所；神是真在的，庙宇因此珍贵且令人敬畏，而信徒采取的种种防禁也就有道理，例如只有在神接见其崇拜者的日子才大开庙门，此外都锁门，等等。

和这种构想不同的伊斯兰教与佛教，做出来的却是两种截然不同的反应。前者严禁偶像，毁灭偶像，其清真寺内部空无，只有崇拜者的聚集赋予它生命。佛教则用神像（images）来取代偶像（idols），对神像的数目毫无限制，因为神像并不是神自身，而只是令人想起神，神像数目越多，人的想象力就越受到刺激。印度教的神殿只供奉一座偶像，伊斯兰的神殿什么都不供奉，佛教的神殿则供奉一大堆神的模拟像。希腊化佛教中心的雕塑、神殿和佛塔数目繁多，使人到了寸步难行的地步，这样的经验使人得到充分的准备，以迎接缅甸边境简陋的基荣（Kyong）里面那些一排一排的大量制造出来的神像雕塑。

1950 年 9 月，我到吉大港山地（Chittagong Hills）的一个墨族村庄（Mogh Village）去住了一段时间。每天早上我都看见妇女带食物去给庙宇中的教士（和尚）吃。午睡的时候，听见敲锣的声音，这些锣声使祈祷和诵读缅文字母的儿童声音维持一定的节奏。那间基荣小庙（Kyong）位在村子外面不远，建于西藏画家特别喜欢画在其画面上作为背景之用的一座小山顶上面。山脚下是一座佛塔（jédi）：这个村子很穷，佛塔只不过是一座圆形的土筑建筑物，有 7 层，位于竹围圈成的一片正方形空地里面。爬山以前，我们把鞋子脱掉，光脚接触到质地细致的、湿湿的地面给人一种柔软的感觉。在山坡两旁种着凤梨，但那些凤梨在前一天已被村民拔去，村民觉得教士的生计已由村民供给，不应该再自己种水果。山顶的形状接近正方形，其中三边有茅草建筑物，都没有墙壁，建筑物里面放着巨大的竹器，上面覆盖五颜六色的像风筝一样的纸制品，这是游行用的装饰物。在另一边是寺庙，建在高架上面，好像村子里面的房子一样，建筑式样也几乎相同，只是规模稍大一点，另外在屋顶上面还盖一层正方形的茅顶建筑。沿着泥巴山坡爬上山以后，入庙前的洗净仪式变成非常自然而不具有什么宗教意义。我们进入庙内，庙内的光线，除了茅草墙自然透露进来的光线以外，就只来自一盏灯笼，位于神坛上方，用布条或草绳悬挂起来。神坛上面堆了50多个铜制神像，神像旁边挂有一面锣；墙上挂着几张彩色的宗教版画和一具鹿头。地板是用剖开的竹子编制而成，被信徒的光脚磨得很光亮，比地毯更具弹性。整个室内有干草的味道，气氛很平和安详，像谷仓一样。这个简单的、宽敞的房间很像是一个中空的草堆，站在铺着草席之床边的两个教士（和尚），举动彬彬有礼，他们两人把崇拜所需的物件摆放在一起，或者是制造崇拜用的物件时所表现出来的那份令人感念的诚意——所有这一切，使我觉得，这里的一切最接近我想象中的一个敬神的场所所该有的样子，这一切使我觉得这间简陋的寺庙比我经验过的任何其他地方更接近一个真正礼敬神明的场所。“你不必跟着我做。”陪伴我的人对我说，同时跪倒地，向神坛祭拜4次。我照他的话做，没有跟他一起跪拜。然而，我没有跪拜的原因，倒并不是因为我自觉地不那样做，而是为了礼貌！他知道我并没有和他一样的信仰，如果我跟着跪拜的话，可能会对他的宗教仪式构成侮辱，因为他会觉得我把他的崇拜仪式看做只不过是一种习俗罢了；然而在事实上，这是少有的一次，我如果俯身跪拜心中不会存有任何尴尬之感的经验。在我自己和这种方式的宗教之间不会有任何产生误解的机会。这并不是在偶像面前俯身跪拜，也不是崇拜一个假想中的超自然秩序，而只是向一个思想家的具决定性的智慧表示敬意，或者是向一个创造出那个思想家的故事传说的社会致敬，这位思想家和这个社会在25个世纪前即已出现，而我自己所属的文明对这位思想家及其社会所能做的唯一贡献是肯定其智慧与成就。

那些教过我的大师们所教的，我所读过的哲学家的著作，我所访问研究过的那些社会，甚至是西方所最引以为傲的科学本身，从以上这一切，我所学到的，除了一点点智慧以外可以说什么也没有。而那些智慧，如果明白摆摊开来，还不是和那个圣者佛陀在树下沉思所得结论吻合？每一项志在了解的举动都毁掉那被了解对象本身，而对另一项性质不同的物件有利。而这第二种物件又要我们再努力去了解它，将之毁掉，对另外一种物件有利，这种过程反反复复永不止息，一直到我们碰到最后的存在，在那个时候意义的存在与毫无意义之间的区别完全淌失：那也就是我们出发之点。人类最早发现并提出这些真理已经有2 500年了。在这2 500年之间，我们没有发现任何新东西，我们所发现的，就像我们一个一个地试尽一切可能逃出此两难式的方法那样，只不过是累积下更多更多的证明，证实了那个我们希望能回避掉的结论。

这并不表示我不明白过分匆促的放弃及无所事事所可能带来的种种危险。这个非智（non-knowledge）的伟大宗教并非建基于我们没有了解能力上面。这个伟大宗教本身即是我们有能力了解的明证，并提升我们，使我们可以发现种种真理，这些真理存在的方式是实存（being）与知识（knowledge）互不相容的方式。经过一种特别大胆的行动，它把形而上学的问题化约到人类行为的层面，在思想史上只有马克思主义也做到这一点。其宗派分别只存在于社会学的层面，大乘与小乘的区别在于个人的救赎到底是不是要建基依赖于全人类的救赎。

然而，佛教的道德观在历史上所提出的解决方式，使我们要面对两个同样令人不安的选择：任何人如果觉得个人救赎必须建基于全人类的救赎的话，便会把自己封闭于修道院里面；任何对此问题提出否定答案（即认为个人救赎不必和全人类均得到救赎有关）的人则在唯我主义的美德中得到廉价的满足自得。

然而不公不义、贫穷困顿和痛苦实际存在人间，它们给以上两类选择之间提供一项居中调停的手段。我们并非独立自存，不论我们是否对整个人类的处境发现既聋又哑，漠不关心，或者是认为我们自己要对整个人类全体负责，其间的选择并非完全掌握于我们手中。佛教本身可以维持其完整性，同时也能对外面世界的要求有所反应。在这个世界上一片很广大的地区内，甚至或许已找到把两者连接起来的锁链。如果达到大彻大悟的辩证法之最后一步是合理的话，那么，在其前面的一切辩证思维，还有一切与之雷同的思维，也就是合理的。最后完全否认意义，乃是一连串的步骤的最后一步，那些步骤一步步地从较有限的意义步向较广大的意义。没有经过其他的那些步骤，便无法达到那最后的一步，而最后一步的完成本身就使其前面的所有步骤都在事后认定其有效性。每一步骤都以其自己的方式，在其本身的层面上，和一种真理吻合。马克思主义的批判使人类从原始的奴役状态中解放出来，教导人类只要能把事物放在较广大的脉络中加以考虑，则他的处境中那些看似显然的意义便会消失于无形；佛教的批判使人类得到完全的解放，在此两种批判之间既不存在着对立，更不存在任何矛盾。两种批判所做的是同一件事情，只是运作的层次不同罢了。过去 2 000 年来人类知识的增进，就使一个极端走向另一极端变成无可避免，而这些知识的增进之取得，得归功于思想由东方往西方的不断移动，然后再由西方往东方移动，后者移动的唯一理由或许只是去证实知识的源泉开始罢了。人们一旦用人与人之间的现实关系来思考以后，信念与迷信便消散于无形，伦理学融化于历史过程，变易不居的形式被结构所取代，创世被空无所取代。只要把最原始的过程折叠起来，就能发现整个过程的对称性；整个过程的各个部分都可互相重叠。每一个完成过的阶段并没有摧毁先前的阶段所具的意义；他们只是证实其意义。

人类在其自身的心理思想与历史的脉络中行动，在其身上不但存在着他以前所曾采取过的种种立场，而且还具有一切他将来会采取的种种立场。他同时存在于一切地点，他是一个往前冲的群众，不断地重现以前出现过的所有一切阶段。因为我们存在于好几个世界里面，每个世界都比包含于其中的世界更真实，但又比将之包含在内的世界更不真实一些。有些世界能经由行动而被我们认知；有些则只在思想中经历过；然而不同的世界并存所造成的外表上的矛盾，其得到解决的方式是由于我们都觉得有责任要把最亲近的世界赋予意义，而拒绝承认较疏远的有任何意义；实际上，真理存在于一步步地把意义扩大的过程中，这个过程与我们的感觉正好相反，一直到意义本身涨大到爆裂为止。

情形既如上述，我作为一个人类学家，和其他一些人类学家一样，已深深被影响到全人类的一项矛盾所困扰，这项矛盾有其自身存在的内在理由。只有在把两个极端孤立起来的时候，矛盾才存在：如果引导行动的思想会导致发现意义不存在的话，那么行动又有何用？然而对意义不存在的发现并不是马上可以做到的：我必须经过思想过程才能达到那个结论，而且我无法一步就完成整个过程。不管整个过程是像释迦所说的有 12 个步骤，或者是有更多或更少的步骤，这些步骤均同时存在，为了达到上述的结论，我便不停地要生活于各种不同的情境里面，而每一种情境都对我有所要求：我对其他人类负有责任，正如我对知识负有责任。历史、政治、经济世界、社会世界、物理世界，包括围绕着我的一圈一环的天空，所有这一切对我而言，都是无可逃避的，要在思想上脱离它们，就不得不把我自身的一部分割让给它们的每一个。像一块击中水面形成圈圈涟漪的圆石一样，为了到达水底，我不得不往水中跳。

这个世界开始的时候，人类并不存在，这个世界结束的时候，人类也不会存在。我将要用一生的时间加以描述，人们设法了解的人类制度、道德和习俗，只不过是一闪即逝的光辉花朵，对整个世界而言，这些光辉花朵不具任何意义，如果有意义的话，也只不过是整个世界生灭的过程中允许人类扮演人类所扮演的那份角色罢了。然而人类的角色并没有使人类具有一个独立于整个衰败过程之外的特殊地位，人类的一切作为，即使都避免不了失败的命运，也并没有能扭转整个宇宙性的衰亡程序，相反的，人类自己似乎成为整个世界事物秩序瓦解过程最强有力的催化剂，在急速的促使越来越强有力的事物进入惰性不动的状态，一种有一天将会导致终极的惰性不动状态。从人类开始呼吸开始进食的时候起，经过发现和使用火，一直到目前原子与热核的装置发明为止，除了生儿育女以外，人类所做的一切事情，就只是不断的破坏数以亿万计的结构，把那些结构肢解分裂到无法重新整合的地步。不错，人类建造城镇，移植土地；然而，经过思考以后，我们发现城市化与农业本身是创造惰性不动的工具，城市化与农业所导致的种种组织，其速率与规模远比不上两者所导致的惰性与静止不动。至于人类心灵所创造出来的一切，其意义只有在人类心灵还存在的时候才能存在，一旦人类心灵本质消失了以后，便会混入一般性的混乱混沌里。因此，整个人类文明，把它作为一个整体加以考虑，可以说是一种异常繁复的架构和过程，其功用如果不是为了创造产生物理学家称为熵（entropy），也就是惰性这种东西的话，我们可能会很想把它看做是提供人类世界可以继续存在下去的机会。每一句对话，每一句印出来的文字，都使人与人得以沟通，沟通的结果就是创造出平等的层次，而在未沟通以前有信息隔阂存在，因为隔阂的存在而同时存在着较大程度的组织性，人类学实际上可以改成为“熵类学”（entropology），改成为研究最高层次的解体过程的学问。

然而我存在。我当然不是以一个个体的身份存在，因为就这方面而言，我只不过是一个赌注与战场，一个永远处于危险之中的赌注与战场，只不过是一个社会，由我脑壳中数以亿万计的神经细胞所组成的社会，与我的身体这个机械人两者之间斗争的赌注与战场。心理学、形而上学和艺术都无法提供我任何庇护所。这些全都是神话，现在正受一种将要出现的新社会学的研究，这种新社会学处理以上种种神话的方式不会比传统社会学更客气。自我不仅仅是可厌：在“我们”与“空无”之间，根本没有自我得以容身的处所。而如果，在最后，我选择“我们”（us）的话，虽然这个“我们”也只不过是一种表象的雷同，我还是投入其中，其理由不外是，除非我毁灭我自己——这样做就不用再做选择了——我在这个表象雷同与空无（nothing）之间只能做一项选择。我是为了做选择而做选择，因为做选择代表我对人类存在条件毫无保留的接受；我做选择就使我不必自陷于知识的傲慢之中，知识的傲慢毫无用处，这一点我可由其目标的毫无结果看得出来，做选择的结果，我就同时同意要把这项选择的种种要求放在大多数人的解放所需要的种种客观要求之下，对大多数人类而言，连做这种选择的机会本身都仍然无法取得。

就像个人并非单独存在于群体里面一样，就像一个社会并非单独存在于其他社会之中一样，人类并不是单独存在于宇宙之中。当有一天人类所有文化所形成的色带或彩虹终于被我们的狂热推入一片空无之中。只要我们仍然存在，只要世界仍然存在，那条纤细的弧形，使我们与无法达致之点联系起来的弧形就会存在，就会展示给我们一条与通往奴役之路相反的道路。人类或许无法追随那条道路前行，但思考那条道路使人类具有特权使自己的存在有价值。至于中止整个过程本身，控制那些冲力，那些逼迫人类把需要之墙的裂缝一块块的堵塞起来，把自己关在自己的牢笼里面沉思自己工作成绩的冲力。这是每个社会都想取得的特权，不论其信仰是什么，不论其政治体系如何，也不论其文明程度的高低。在这种特权上面，每个社会把它的闲暇、它的快乐、它的心安自得以及它的自由都联系其上。这种对生命不可或缺的、可以解开联系的可能性——哦！对野蛮人说声心爱的再见，对探险告别！——这种可能性就是去掌握住，在我们这个种属可以短暂的中断其蚁窝似的活动，思考一下其存在的本质以及其继续存在的本质，在思想界限之下，在社会之外之上：对一块比任何人类的创造物都远为漂亮的矿石沉思一段时间；去闻一闻一朵水仙花的深处所散发出来的味道，其香味所隐藏的学问比我们所有书本全部加起来还多；或者是在那充满耐心、宁静与互谅的短暂凝视之中，这种凝视有时候，经由某种非自愿的互相了解，会出现于一个人与一只猫短暂的互相注目之中。

1954 年 10 月 12 日—1955 年 3 月 5 日

TRISTES TROPIQUES

CLAUDE LĒVI－STRAUSS

本书根据 Jonathan Cape Limited 1973 年英译本，参酌 Librairie Plon（Paris）1955 年法文原版译出。

图书在版编目（CIP）数据

忧郁的热带/（法）克洛德·列维-斯特劳斯著；王志明译．
北京：中国人民大学出版社，2009
（列维-斯特劳斯文集；15）
ISBN 978-7-300-11007-3

Ⅰ．忧…
Ⅱ．①克… ②王…
Ⅲ．人类学-研究
Ⅳ．C912.4

中国版本图书馆 CIP 数据核字（2009）第 128532 号

列维-斯特劳斯文集⑮（补卷）
忧郁的热带
［法］克洛德·列维-斯特劳斯 著
王志明 译

出版发行	中国人民大学出版社		
社　　址	北京中关村大街 31 号	邮政编码	100080
电　　话	010－62511242（总编室）		010－62511770（质管部）
	010－82501766（邮购部）		010－62514148（门市部）
	010－62515195（发行公司）		010－62515275（盗版举报）
网　　址	http://www.crup.com.cn		
经　　销	新华书店		
印　　刷	北京华联印刷有限公司		
开　　本	890 mm×1240 mm　1/32	版　　次	2009 年 9 月第 1 版
印　　张	18.25 插页 5	印　　次	2025 年 11 月第 22 次印刷
字　　数	436 000	定　　价	79.00 元（平装）